中国旅游业普通高等教育应用型规划教材

旅游景观审美

（第二版）

主编　吴获

中国旅游出版社

再版说明

时光飞逝，转眼间距离《旅游景观审美》首版面世已经时隔近四年。先前受到编辑老师的邀约，希望能将《旅游景观审美》一书进一步补充和完善，以纳入“中国旅游业普通高等教育应用型规划教材”系列丛书中。能够受到再版修订委托对我来说既是一种责任，也是一种激励。对于《旅游景观审美》，我个人的定位是希望它能成为教材中的通识读本，不仅高校的学生能接触到、愿意读、喜欢读，更希望所有热爱旅游、热爱生活、对审美和文化有追求的人能够关注它，也确实能从中受益，这也是我编写这本书的初心。如今有机会能够弥补首版的一些遗憾和缺失，使其更加完善，于我来说实在是一种幸运。在这一版教材中，我补充了之前阐述中未能详尽之处，同时插入了与内容相关的更多图片，以方便读者能够更好地理解相关内容。考虑到现在大众对博物馆旅游的青睐，将博物馆景观一章进行了重点补充和修订，希望能够对大家有所助益并产生共鸣。

最后，再次感谢对本书付出巨大努力的我的学生。感谢所有参考文献的作者和图片的提供者，你们让我深深地体会到站在巨人的肩膀上是多么荣幸。感谢中国旅游出版社对我的信任，感谢责任编辑细致而贴心的指导；感谢我的爱人全力支持我的工作，关心我的生活，感谢我越来越懂事贴心的女儿，让我能够潜心学术，轻装前行。感谢所有打开这本书的人，愿爱与美与您永相伴。

吴荻

2022 年 1 月于大连

前言

圣·奥古斯丁曾说过:“世界是一本书;待在家里的人只读了它的一页”。而旅游活动便是人类“阅读”世界的一条重要途径,并有了“非定居无以为家,非出游则无以开拓胸襟”的说法。由于旅游活动具有领域综合性、时空历史性和景观逸趣性的特征,在发展进程中逐渐孕育产生出了旅游文化。在文化的影响下,当人们在旅游过程中面对各种景观产生欣赏与感悟时,审美就诞生了。所以旅游景观审美是旅游活动中最有感染和教化功能的精神文化活动,它的意义与价值在于:一方面通过对不同景观的审美使人们获得精神的满足与愉悦,产生一种对历史、人生、人性、自由等的重新审视,获得一种精神的完满,从而对自己、他人与世界充满了无限的感怀与情谊,深刻地感受到生命的恩泽,进而形成对世间万物充满爱意、包容理解的博大胸襟与气度;另一方面通过审美方法的学习与领悟,提升人们的审美格调与品位,为鉴赏力与创造力的培养奠定基础,这也是本书撰写的意义所在。

旅游景观千差万别,大体可分为自然景观和人文景观。主要是遵循人们欣赏山水、动植物时的审美感受与审美方式同欣赏亭台楼阁、书法绘画、器具雕塑、风土人情方面存在一定的差异性,这也是本书章节划分的依据与出发点。本书共十一章,包括两大方面的内容。一是旅游景观审美的理论与方法(第一章至第三章)。这部分内容主要是从概念及概念间的关系入手建立旅游景观审美的概念体系,明确旅游景观审美的类型与特征、意义与价值。在此基础上进一步理解旅游景观审美的理论基础——美学,及与其他相关学科的关系,全面把握旅游景观审美的学科复杂性特征,最终掌握旅游景观审美的原理与方法。二是不同类型旅游景观的审美(第四章至第十一章),这部分内容以自然景观与人文景观为两大类型进行展开,在人文景观的分类中除传统的类型外,整合设置了文化艺术景观、风俗文化景观、技术工艺景观、博物馆景观和休闲文化景观类型,以适应新时代旅游景观的审美趋势。

目前关于旅游审美的书籍已有多部出版,它们为本书的撰写提供了丰富的理论素材,但本书依然力求尝试一种突破与创新,主要体现在以下几方面。一是理论与实践的结合。旅游审美是美学理论在旅游领域的一种实践活动,它离不开理论的指导。因此,本书首先通过建立“概念—理论—方法”的旅游景观审美理论体系,使读者掌握旅游景观审美的基本概念、了解支撑与辅助学科间的关系、把握旅游景观审美的原理与方法,在读者心中构建起旅游景观审美的基本范式。二是中西合璧的审美视野。若说世界上有一门学科具有广泛的共识性,那么非美学莫属。旅游景观审美作为美学的一个分支也具有共识性的特征，甚至有些旅游景观与旅游者间的文化差异越大越容易形成审美愉悦。为了能够建立旅游景观审美的全面知识体系，本书在撰写中对古今中外旅游景观的发展历程、特征与类型进行了分类阐述，并特别安排了各类景观的中西方审美的比较，使读者能够了解东西方在同类旅游景观审美过程中的异同，进而以最广阔的视野最大限度地把握旅游景观审美的精髓。三是时代特色审美景观的融入。尽管本书的旅游景观包括了自然景观和人文景观，但是在人文景观部分融入了当今时代比较流行的旅游景观，如博物馆景观、工艺品景观、非物质文化遗产景观以及休闲文化景观。这些具有典型时代特色的旅游景观的融入，将人们对于传统旅游景观的关注逐渐拓展到新的领域，使人们有更多的机会去发现与感受旅游景观带来的别样审美体验。

最后，非常感谢为本书的撰写付出了巨大努力的我的硕士研究生崔康宁、曹宇薇和金婷婷，感谢他们在寒冷的冬日里放弃了自己的休假时间，在春节之前完成了本书部分章节的撰写与修订。同时也感谢为本书提供图片的个人与组织，尤其是我的朋友吴春明教授对本书部分图片的无偿支持。同时也深深感谢中国旅游出版社与本人的合作，感谢编辑孙妍峰老师的辛苦付出。同样也把最深的感谢献给我的爱人与孩子，感谢你们对我工作的支持与理解，你们的爱与包容让我无限温暖。

本书在成稿过程中，借鉴和参考了许多相关的研究成果，在此对有关专家、学者和研究者表示衷心的感谢。书中难免存在疏漏和不足，敬请读者指正。

吴荻

2018.4

目录

第一章 绪论

旅游作为现代人精神生活的一部分，无论是崇拜异国或异地的民情风俗，开阔眼界，增长见识；还是向往高山峻岭，海洋飞瀑，窥探大自然奥秘，捕捉美的灵感；还是徜徉于文物古迹之间，追寻历史遗迹，探究文化艺术，加深对人类文明的感受；还是为了改变生活环境，寻找生活乐趣，表现为一种人生的追求等；都是人们体验和追求美的一种方式，因此，旅游本身就是一种审美活动。作为开篇章，本章将从旅游与审美的概念入手，通过梳理旅游与审美间的关系，指出旅游审美的意义与价值。

第一节 旅游景观与审美概述

旅游的本质是旅游者在异地身心自由的体验，而审美是旅游者最基本、最主要的体验。有学者分析认为从某种角度来讲，旅游活动就是审美活动，这是因为旅游活动和审美活动具有同质性，旅游心理活动和审美心理活动具有同质性，旅游活动和审美活动需求满足具有同质性。实际上，旅游是对美的发现与体验。作为旅游审美主体的旅游者，只有在旅游主体、旅游客体、旅游介体的和谐中，才能真切地体验到旅游景观带来的审美愉悦。

一、旅游与旅游景观

（一）旅游

旅游从字义来看，“旅”是旅行、外出，即为了实现某一目的而在空间上从甲地到乙地的行进过程；“游”是外出游览、观光、娱乐，即为达到这些目的所做的旅行，二者合起来即旅游。旅行偏重于行，旅游不但有“行”，且有观光、娱乐之义，因此旅游比旅行的范围更广。从英文来讲，旅游（tour）这个词来源于拉丁语的“tornare”和希腊语的“tornos”，其含义是“车床或圆圈；围绕一个中心点或轴的运动”。这个含义在现代英语中演变为“顺序”。Tour 加上后缀 –ism 即 tourism，被定义为“一种行动或过程以及特定行为或特性”。Tour 加上后缀 –ist 即 tourist，则意指“从事特定活动的人”。词根 tour 与后缀 –ism 和 –ist 连在一起，指按照圆形轨迹的移动，所以旅游指一种往返的行程，即指离开后再回到起点的活动，而完成这个行程的人就被称为旅游者（tourist）。

因此，从词源意义来看，旅游是随着人类社会经济的发展而产生的，是人类社会发展到一定阶段的产物。随着社会经济的发展，世界上旅游的人数越来越多，旅游的方式和类型也越来越多，旅游企业数量日趋增加。同时，旅游也是一种异地休闲和“游戏”活动，具有很强的娱乐性、审美性、自由性、享受性。人们之所以到某地去旅游，或者是因为那里很美丽，或者是因为那里很奇异，或是去放松，或是去消遣，而不应是通过所从事的活动获得报酬或实利。

（二）旅游景观

“景观”一词起源于德文，最初没有空间界限，只是泛指一片或一块乡村土地的风景或景色。16世纪末，“景观”主要被用作绘画术语，主要指陆地上的自然景色。17—18世纪，园林设计师基于对艺术效果的追求，开始采用“景观”一词，将人为建筑与自然环境所构成的整体景象称为景观，并对此设计、建造和评价。这时的景观成为描述自然、人文及其共同构成的整体景象的总称，包括自然和人为作用后的形态，常用风景、风光、景色、景象等术语描述。至此，“景观”一词主要突出的是一种综合的和直观的视觉感受。

至 19 世纪初，近代地理学创始人洪堡（1769—1859）将景观概念数次引入地理学，并从此形成作为“自然地域综合体”代名词的景观概念。这里的景观在强调其地域整体性的同时，更强调综合性，认为景观是由气候、地貌、水文、土壤、植被等自然要素以及文化要素组成的地域综合体。

20 世纪，“景观论”引入旅游科学，出现“旅游景观”的概念。旅游被认为是人们为寻求审美和愉悦为主要目的而前往异地进行的一种具有社会、休闲和消费属性的短暂经历。也就是说，旅游活动是人们对景观的体验过程，其本质就是审美。根据“景观”一词在旅游和地理中的意义，旅游景观是指旅游目的地的具有审美意义的自然和人文多种要素有规律地组合的地域综合体，包括物质的山水和人工景观，也包括无形的空间环境及文化精神因素。

二、审美与审美文化

旅游是一种集自然美、艺术美与社会生活美为一体的综合性审美实践活动。作为旅游审美对象的旅游景观，是一种具有审美信息、空间形式和时间立体性的观赏实体。旅游景观既包含了审美对象的审美形态、审美价值和审美特征，也包含了审美各要素的地域空间分布与组合形式。此外，还包含了审美对象的历史文化内涵，以及人类审美意识的发展过程。

（一）审美

审美是人类认识世界的一种特殊形式，指人与世界（社会和自然）形成一种无功利的、形象的和情感的关系状态。审美是人的身心自由体验和全面发展的重要体现形式之一。简要地说，审美就是欣赏、领会事物（包括自然）的美。具体地讲，就是对具体的欣赏对象和欣赏体验做出具体的审视与分析，懂得为什么“这样”美，美在“何处”。通过反复的审美实践，丰富审美经验，增强审美能力，提高审美的精神愉悦度。而旅游景观的审美受景观形成因素、形成过程、地域空间环境和人类的审美心理等因素的影响，主要特征表现在以下三方面：

1. 多样性

旅游景观审美的多样性，首先表现为组成景观的要素是多样的。北京大学建筑与景观设计学院教授俞孔坚在分析湖泊景观系统的构成及其美学质量的评价时，把山体、植被、天象、湖岸、湖面点缀、水体、层次七个要素作为影响湖泊景观审美的要素。同样，一个山地景观系统应包括山体、山形、水体、植被、天象和层次等审美要素。其次是形态的多样性，不管是自然景观还是人文景观，都以一定形态表现它的存在，景观的形态由其体量、线条、质地等要素体现，从而形成雄、奇、险、秀、柔等景观特征。再次是色彩的多样性，以褐色系列为主调的山色，以绿色系列为主调的草色、林色，以红色系列为主调的花色，以蓝色系列为主调的水色和天色，以黄色为主调的土色，构成了旅游景观色彩斑斓的审美特征。此外，旅游景观还有丰富的动态和声态等特征。所谓的形形色色、千姿百态、丰富多彩等都表明了旅游景观审美的多样性。

2. 地域性

地理环境的地域差异是旅游景观形成旅游吸引的基本条件。自然景观是地球表面各组成要素在一定地域或一定地点相互作用下形成的。人文景观是在不同的地域、不同社会形态、不同民族的社会文化差异下形成的。同样，旅游审美的主体——旅游者，在不同地域环境和社会变化差异下形成了不同的审美心理和审美习惯。沿海地区的旅游者特别向往大漠风光和异域风情；热带、亚热带地区的旅游者则向往冰雪景观；农村人向往城市风光，城市人寻找田园风光等；这就是旅游景观地域差异的魅力。

3. 社会性

人类的审美是在漫长的社会发展过程中逐步形成和发展的，带有明显的社会烙印。人文景观是人类文明发展的产物，它们从不同的角度、不同的层次以不同的方式反映着不同社会历史阶段和不同社会制度下的社会现象和社会内涵，即使是自然景观，在经过漫长的审美历程之后，大多已经成为“人化”或“人的本质对象化”了的审美对象。

（二）审美文化

旅游审美领域可分为自然领域、社会活动领域和艺术领域，在展开的过程中历史地形成了自然审美文化、社会审美文化和艺术审美文化三种类型。

1. 自然审美文化

自然审美文化是以大自然为载体的审美文化，也可谓之物态审美文化。人类审美在自然领域的展开相对较晚，因受人与自然关系的制约，远古时代人类与自然之间存在敌对、疏远的关系。随着社会生产力的进步，人类心智的开化，人类逐渐将自然由实用对象转化为审美对象。这种转变在中国大体始于先秦，成于魏晋南北朝时期。而在西方，对自然的审美要比东方晚一些。到当今时代，自然界在现代旅游审美活动中的地位日渐提高，在工业化、城市化的进程中，越来越多的人“久在樊笼里”，渴望“复得返自然”。

2. 社会审美文化

原国家旅游局曾对一批美国游客的旅华目的做过调查，结果显示，美国游客对中国人民生活方式、习俗和伦理道德感兴趣的占 50% 以上，远远超过以游山玩水为主要目的的人数比例。外国游客为什么偏偏喜爱民俗风情呢？其主要原因是旅游不仅仅是欣赏自然美景，人类的社会交往、社会活动过程也是美的创造过程，也都值得欣赏。这些美普遍地存在于人类的道德伦理、习俗礼仪、婚姻家庭、宗教信仰以及社会劳动和社会产品之中，是旅游者所愿意欣赏的社会之美。

3. 艺术审美文化

旅游活动中的艺术审美是指旅游者与作为旅游审美客体的各种艺术作品发生“同构”关系而产生的文化形态。艺术作品具有鲜明的主体性特点，它决定了旅游活动中艺术审美文化的特点：一是这种审美文化具有主导性、强制性，从而使得导游人员介入旅游者审美过程具有重要意义；二是艺术品的审美价值主要在于它的内在意蕴，这种内在意蕴是社会文化的历史积淀，欣赏艺术作品必须具备一定的艺术修养；三是艺术审美对旅游者的反馈影响独特而深刻。艺术审美不仅具有娱乐作用，还具有审美认识和审美教育作用，使人受到真善美的熏陶，思想上受到启迪，引导人们树立积极向上的人生观和世界观。

三、旅游景观的审美范畴

审美范畴是审美活动中形成的一系列能够概括相应的审美形态、标识审美价值类型的概念范畴。它一方面可以揭示审美对象客体属性方面的特点，另一方面说明了主体在审美感受方面的特点。在人类审美活动的历史中，不同的社会文化和历史时期由于社会历史、文化背景、价值取向的不同，形成了不同的审美形态，产生了不同类型的审美价值，展示了不同的审美风格，审美形态中不同类型的价值和风格用特定的概念概括出来，就是审美范畴。人类历史上不同文化和不同时代都形成了各自的审美范畴，如果对它们进行归类总结的话，基本上可以划分为优美、壮美、悲情、悲剧、崇高、丑陋、滑稽和荒诞。

现代旅游审美作为一项大众化的文化消费活动，其审美倾向首先受到当代审美文化和市场文化趋向的影响，同时又反过来影响着当代审美文化和市场文化的发展进程。审美范畴的广泛化是当代审美文化的一个重要趋向，这种趋向影响到旅游审美，使得旅游审美范畴的广泛化变得十分突出，既有对高雅、古典艺术的欣赏，也有对通俗、现代文艺的欣赏；既有对自然山水、艺术的纯美观照，也有对民俗风情、生活娱乐活动的宽泛审美。

第二节　旅游景观审美的类型

旅游是人们以消遣、审美、求知等为主要目的，到日常生活环境之外的地方旅行、游览和逗留的身心自由体验。它分为自然景观和人文景观两大类。一般而言，自然景观形成于地质历史时期，人文景观则是人类社会的产物。

一、自然景观

自然景观是由各种自然要素组成并相互作用而形成的自然风景。这种风景具有美学和科学价值，具有旅游吸引功能和游览观赏价值，如银光闪闪的河川、千姿百态的地貌、晶莹潋滟的湖泉、波涛万顷的海洋、光怪陆离的洞穴、幽雅静谧的森林、珍奇逗人的动物和温暖宜人的气候等。这些山、水、气、光、动物、植物等自然要素的巧妙结合，构成千变万化的景象和环境，通过人的视觉、听觉、嗅觉、味觉、触觉、联想等，在理念的感知印象和综合分析下，使人产生美感并获得精神与物质上的享受。

（一）根据开发利用情况划分

自然景观依据开发利用情况的不同，可将其分为以下两种：

1. 原始自然景观

原始自然景观指以纯自然美为基本特征的景观，这类景观大都分布在我国的西部和边远地区。原始自然景观之所以原始，是因为它们深藏于崇山峻岭之中，交通不便，人烟稀少，不易被发现，因此历史上人为干扰较少，才使其原始风貌保留至今。像珠穆朗玛峰奇景、东北的林海雪原、四川的稻城亚丁、西藏的雅鲁藏布大峡谷以及边远地区的保护区等，都属于原始自然景观。

2. 人文点缀自然景观

人文点缀自然景观指主要分布在我国东部经济较发达地区的自然景观，这类景观大都经过了人类的加工。但这些加工都保持了自然美的原形，只是根据自然景物的特点，合理布局一些人文构筑物。这些人文构筑物不仅没有破坏自然美，反而使自然美的个性更加突出。如列入《世界遗产名录》的黄山、峨眉山、泰山、武夷山、庐山、青城山等都属于人文点缀自然景观。

（二）根据构景要素及景观特征划分

根据构景要素及景观特征，可将自然景观分为以下四种：

1. 地质地貌旅游资源景观

地质地貌景观包括一些特殊的地貌类型和地质景观。地质地貌景观是其他类型景观形成的基础，有较高的游览价值，深受游客的欢迎。其中对游客吸引力较大的是山地景观，主要包括花岗岩山地、岩溶山地、丹霞山地、火山熔岩山地、海岸山地等。

2. 水体旅游资源景观

水体景观主要包括地球表面的各种液态及固态水体景观。液态水体景观包括江河、湖泊、流泉、飞瀑和海洋；固态水体景观主要指各类冰川。

“山无水不活，水无山不媚”“因山而峻，因水而秀”，这充分体现了水的魅力。水作为一项重要的旅游资源，是构景的基本要素。水体的存在造就了地表千姿百态的自然景观。水体对于自然景观形成的重要作用是它最深层次的美感，也是最容易被人们忽视的美感。从表象美感特征看，水体景观在其他自然要素的作用下，不仅有形、有色、有味、有声、有动、有静，更有其特有的美感——影。水面可以倒映出地面上的一切景物，实物虚影上下辉映，可谓是世间最美的画面。水体不仅能构成美丽的景观供人们观赏，同时还是开展水上运动的最佳场所。

3. 生物旅游资源景观

生物是指自然界有生命的物质，由植物、动物和微生物组成，其中肉眼能看到的很多动植物的美学特征都具有较强的旅游吸引力，形成了自然旅游资源中不可缺少的一大组成部分——生物旅游资源。生物景观包括了动物和植物景观，主要包括森林、古树名木、花卉、珍稀性奇异性动物等。

4. 气象气候旅游资源景观

气候往往作为区域景观的背景景观而存在，而天象景观则直接作为游客观赏的对象。同时短暂的天气也可成为游人观赏的对象，主要包括月色景观、海市蜃楼、雨景、冰雪景、云雾景等。

地球表面地域辽阔，形态复杂，气候类型多样。夏季避暑、冬季避寒、溜冰滑雪、漂流潜水，各得其所。气象气候不仅具有造景的直接功能，例如，人们向往蓬莱仙境，为的是目睹海市蜃楼；冒严寒去吉林，目标是观赏雾凇；莫干山历来是人们心目中的避暑胜地。而且气候还有育景的间接作用，如我国南、北方的园林建筑和民居住宅都根据当地气候特点设计建造。在南方，炎夏多雨，各类建筑都着眼于通风、防潮、避雨、遮阳。而华北地区的封闭式院落，外墙厚实，北向门窗少而小，以避冬季西北寒风的侵袭。

本书在构景要素及景观特征划分的基础上对自然景观进行了划分，依旧分为四大类，即山体景观、水域景观、生物植物景观和气象景观。

二、人文景观

人文景观是人类文化的结晶，它是自人类出现之日起，由人类活动所产生的流传至今的物质化或精神化、经过开发达到引起旅游者兴趣和滞留目的的景观，包括建筑体、寺观、古城、雕塑、绘画、文艺、民俗、歌舞艺术等。也就是说，这种人类的创造物或者是几千年历史积累下来的，或者是当今文明进步的产物。它们不仅为人们所利用，也为人们所欣赏，成为旅游审美活动中的重要景观。按传统分类法，其具体类型如下：

（一）历史遗迹人文景观

历史遗迹人文景观是指历史遗留下来的人文景观。它是人文景观中较为古老的景观，一般带有很强的神秘性，能唤起游人探索、思考和学习的欲望。具体包括古人类文化遗址、古工程、古建筑、古代宗教文化、古典园林、帝王陵墓以及其他有历史纪念意义的地方。诸如周口店、良渚、三星堆、金沙等古人类遗址；都江堰、长城等古工程遗迹；故宫、十三陵、天坛、赵州桥等古建筑遗迹；布达拉宫、灵隐寺、少林寺、大雁塔、应县木塔等古代寺塔遗迹；沧浪亭、拙政园、狮子林、留园、瞻园等古典园林遗址；秦始皇陵、乾陵、黄帝陵、十三陵等古代陵墓遗址等。

（二）现代人文景观

现代城市具有居住、生产、商业、交通、信息、教育、娱乐等设施，有建筑、园林、休闲等景观，可满足旅游者食、住、行、游、购、娱等旅游需求，常成为重要的旅游目的地。现代人文景观是现代社会人类生产和生活活动所创造的、具有审美吸引价值的景观，包括现代城市景观、现代乡村景观、产业景观和人造旅游景观。例如广州塔、上海外滩等城市景观；河南南街村、山西大寨村、江苏永联村、浙江高家堂村等现代乡村景观；苏州工业园、北京保险产业园、东莞联科国际信息产业园等产业景观；北京环球影城、上海迪士尼、成都欢乐谷等人造旅游景观。

（三）文学艺术景观

文学艺术有着极强的生命力，与旅游的关系也十分密切。历代文学家的故居、墓地、生平活动的纪念地，山水文学涉及的景点，众多的名胜楹联、石刻与碑帖、雕塑与绘画、书法与篆刻，戏曲与音乐舞蹈、民间传说故事等都造就了一大批人文旅游景观。如唐代张继的诗《枫桥夜泊》中提到的苏州寒山寺；让人怀念起“横眉冷对千夫指，俯首甘为孺子牛”的革命斗士的绍兴鲁迅故居；安静含蓄、稳健内敛的大同云冈石窟和洛阳龙门石窟；重视笔墨情趣，讲究虚实藏露，极富装饰性色彩的敦煌莫高窟壁画；因流传的“阿诗玛”的故事而愈加美丽动人的云南石林中的独石“阿诗玛”等。

（四）民俗采风景观

世界各民族的民俗、节庆、服饰、食俗、文化艺术、经济活动都因地而异，丰富多彩。这种地域性的差异，是极有价值的人文旅游景观。如让游客入乡随俗乐在其中的西双版纳地区的泼水节；让人心惊胆战的西班牙斗牛节；让人欢快惬意的慕尼黑啤酒节；以及大师云集、精彩纷呈的乌镇戏剧节等。

（五）食、购旅游景观

现代旅游包括食、住、行、游、购、娱六大部分。饮食文化素来为人们津津乐道，而在旅游购物方面，人们对土特产更是情有独钟，如旅游业发达的中国香港、新加坡等都以其丰富的食、购旅游景观吸引着大量游人。

基于此，本书在借鉴前人归类方法的基础上将人文景观划分为建筑景观、古典园林景观、文化艺术景观、风俗文化景观、技术工艺景观、博物馆景观、休闲文化景观七大类，并分章节进行了详细的阐述。具体分类如下：

（1）建筑景观；

（2）古典园林景观；

（3）文化艺术景观，包括书法景观、绘画景观和雕塑景观；

（4）风俗文化景观，包括节庆景观、民俗景观、饮食景观；

（5）技术工艺景观，包括工艺品景观、非物质文化景观；

（6）博物馆景观；

（7）休闲文化景观。

第三节　旅游景观审美的特征

一、自然景观的审美特征

在自然景观中形象美是最为突出的特征。它以地形的空间形态为基础，但并非简单的地貌学概念，而是赋予多种自然要素及某些人文因素一定程度的形象美。这种形象美自形成以来陆续出现，不断完善、充实、精练和提高，概括起来，即雄、奇、险、秀、幽、野、奥、旷。在形象美的基础上还交织着色彩美、动态美、静态美、朦胧美、听觉美、嗅觉美、触觉美等。这些美感的因素在时空上的组合、变幻、互补，构成了瑰丽的自然景观。

（一）雄伟

雄伟是指建筑等景观的形象体态高大挺拔、气势雄浑。具体表现为雄壮、壮丽、壮观、崇高等。这是最能激动人心的景观审美状态。泰山拔地于华北大平原、凌驾于齐鲁丘陵之上，高峻之极，素有“泰山天下雄”之誉。崇高表现在山体体积巨大，山形凹凸不平、奔放不羁，山势在许多情形下为直线条。所以，雄伟美首先体现在山体高大上。高有相对高度和绝对高度两种效果。泰山海拔1524米，为五台山、峨眉山的一半。但泰山雄伟高大就在于其相对高度达1300多米。相对高度给人以最直接的雄伟视觉感受。“会当凌绝顶，一览众山小”点出了泰山相对高度的审美意境。

雄伟的另一个特征还表现为挺拔，即为较陡的坡度和峻峭的气势，山坡陡、线条挺直。人们观山时仰视角度越大，越易产生高大雄伟的形象效果。泰山崛起于华北大平原东缘，有通天拔地之势。除了西北600千米以外的太行山可以与之比高外，千里之内无可与之相比者。泰山南坡有东西向断层，山体显得骤然上升。汶河流域下陷，山势陡峻，更有依天壁立之感，气势尤为壮观。泰山山高且宏大，基础广达数百里，主体庞大而厚重。泰山500米以下，起伏和缓的峰丘主要是侵蚀作用所为。500~800米，因地质构造活动强烈抬升使之陡峭而起。这种“山势累叠，山峰高耸”的造型，给人以稳重感，故“稳如泰山”“重如泰山”“泰山如坐”由此而得。泰山山体主要由片麻岩组成，石质坚硬，铮铮铁骨给人以雄浑、坚实的感受。配以山石间的苍松翠柏，增添了雄伟写意的审美风格。

名山景观雄伟之美的特征并非泰山独有。凡高大的山岳，条件相当，都可具有雄伟的形象美。“五岳”的共同点在于它们的相对高度都在1000米以上，而且又都是断块隆起的山体。“五岳”之雄由于各自景观景物构成不同，环境、历史、人文景观等条件各异而各具雄姿。其他名山也有不少以雄伟特征而著名，如“峨眉一派出昆仑”有雄秀之美、天柱山有雄奇之美等。在自然景观中，雄伟壮观的形象所带来的审美感受多为赞叹、震惊、崇敬和愉悦。

(二)奇特

奇特指少见或独具一格的景观审美形象。奇是相对于常见的景观形态而言，大有出人意料、激动人心之感。另外在激动之余，奇特景观形象启迪人们去思索、去探求它的形成原因。雁荡山之奇使沈括在对比黄土高原地貌后提出了“流水侵蚀地貌”的观点。奇景之美往往会激发审美者的想象力，成为诗人、画家、摄影师、文学家进行创作以及神话故事、民间传说创作的良好素材。

黄山天下奇，表现在石奇、松奇、云奇，以及它们之间的有机结合。莲花峰 1873 米，光明顶 1841 米，千米以上的高峰有 72 座，劈地摩天集于一地。两组断裂和地质构造隆起将黄山花岗岩切成块体，造成高峻态势。垂直节理和风化崩塌构成了奇岩奇石景观。天都峰平均坡度 70° 左右，最陡的磴道达 85°，其他名峰也是“直削无枝，拔自绝壑”。黄山峰奇，表现为峰多、峰密，72 峰参差骈出，地连天涌。山峰紧凑，互成对景。石峰、山石受构造、断裂、节理影响形成悬岩、峭壁、石柱、石林；花岗岩经风化作用形成石墩、石蛋及各种巧石。奇石以象形石为主，如笔架山、石猴观海、鲤鱼背等，形如神似十分奇妙。松奇，黄山松或盘根虬干悬结于危岩，或于峭壁裂缝间破石而出。既有著名的有“迎客松”“凤凰松”等十大名松，也有狮子林、万松林等苍郁松林。黄山松不但形象美，而且奇在刚劲挺拔，战风霜雨雪，崖壁上皆生机勃勃。所以，黄山松的形态美与内在风格美，都会给人以遐想启迪。云奇，云雾弥漫四合，汪洋如海。有时淡抹轻妆，有时浓墨重彩。黄山一年有 200 天左右有云雾，云雾的聚散、奔涌、升降、飘逸变化，装点着黄山，使之瑰丽奇幻。

(三)险峻

险峻是由危峰峻岭、悬崖峭壁、陡坡深谷、狭窄山脊构成的自然景观。它打破了自然界某些平庸的风格，刺激视觉，令人惊心动魄，激发人们的探险心理，从而对游人产生吸引力。“无限风光在险峰”说明了险与美的关系。除了天下险的华山，庐山的“五老峰”、武夷山的“大王峰”、黄山的“天都峰”、九华山的“天台峰”等都有险峻的形象美。名山虽险，却险而不危，目的是通过历险领略其美，悟到一些人生的哲理，激发起开创事业的胆略和勇气。

华山天下险，《山海经》中说过“太华之山，削成四方，其高五千仞，其广十里”，讲出了华山的险、陡、高、大之特色。“自古华山一条路”则集中概括了华山险峻的形象特征。第三纪初，秦岭和渭河之间产生东西向大断裂。秦岭与华山隆起，渭河下陷。上升时断裂纵横，把秦岭切割成若干断块，华山为其中之一。它“耸峙关中，照临西土”为西岳当之无愧。主峰落雁峰高 2200 米，如一方通天石柱，仰观华岳，气魄非凡。由青柯坪通往主峰为险道，它与西峰有 700 米之远，但高差近千米。过这千米险崖须历经“千尺幢”“百尺峡”“老君犁沟”“擦耳崖”“苍龙岭”五大险关，最后到达风景如画的“太虚幻境”——华顶。若要去南峰要过最险的一段凌空跳板，长空栈道。华山几乎无路不险，但人们却又无险不路，胆大心细，无往不胜。

山可险，水也可险。“峰与天关接，舟从地窟行”描绘了三峡的山险、水险和行舟之难。金沙江的虎跳峡，水险山危。漂流者在深谷激流中行驰，与险情恶浪搏击更为惊险。北京司马台长城有一段称为“天桥”，长不过百米，只有一砖之宽，两侧断崖绝壁，墙头劲风不休，过此险段者实为好汉。“险莫若剑阁”是对四川剑门关的描述。“蜀道之难，难于上青天”，剑门是古蜀道的险关，为大剑山七十二峰间一峡谷。摩天石壁间仅有宽 20~50 厘米的峡缝，它使秦蜀咽喉要道成为古代百余次战争中的抢占点。可以说险峻形象之美构成了传统景观审美中的重要内容。

（四）秀丽

秀者柔也。从美学上讲，秀丽是相对于雄伟而言的，它属于优美这个美学范畴。主要表现为雅致、精巧、清秀。它能诱发审美者的情怀，给人以亲切和亲近感。在自然界衡量秀丽景观形象的标志有林木葱郁、水色净美和山体线条柔和，这也是“峨眉天下秀”为历代人们所赞咏的原因。峨眉主峰高 3099 米，山体虽高大，但远观其形态，轮廓线条流畅柔美。在云雾景象下，两峨如眉，使人联想到“峨眉两片翠浮空，日月跳转成双瞳”的“蛾眉”之美。峨眉山植被丰茂，色彩翠黛，覆盖率达 80%以上。山上有许多原生植被。一山之上有寒、温、热三带气候，有 3000 多种植物，100 多种珍稀树种。漫山的峨眉杜鹃花极为瑰丽，有“植物王国”之称。峨眉山景观分三层，起伏和缓的低山丘陵，山形与植被层层密密，景观幽秀。山体紧凑，主峰险拔高耸，群山如碧，景观雄秀。深入山道中，密林、芳草、鲜花、鸟语、流泉、新鲜空气无不令人陶然。

（五）幽深

幽深幽静是一种特殊的形象审美状态，它通常在较小的空间范围内组成环环相扣的空间形象，以突出景观的意境美。观赏者不能从一点领略其整体之美，而是循小径、绕曲廊做序列式的游赏。因此，它属于含蓄、虚实相互补的美学范畴。在地貌上常以崇山深谷或山麓山坳，辅以高大乔木盖顶，构成半围合的空间。这种景观常见于三面或四面环山，一方出口的山间小盆地，是寺观庙宇等建筑的理想环境，如峨眉山的伏虎寺、五台山台怀镇、九华山的九华街、泰山的普照寺、武夷山的小桃源、庐山的白鹿洞书院等都给人以幽深的感觉。

曲径通幽处，深山藏古刹。幽深的环境景观给人以稳定、安全的心理感受，有着世外桃源的幽美感。隋代古刹天台山国清寺卧于南麓的溪谷之中。山麓前小盆地的幽境成了帝王的“风水宝地”，明十三陵、清东陵、清西陵也有类似的风水环境。总之，幽美在于深藏，景深渲染了景观的意境美。

（六）奥秘

奥是比幽景更为封闭的空间景观。通常为壑深如渊、似洞非洞、见天如线如孔的环境，岩溶洞府为典型之例。奥景深奥迷离、妙不可测，常附有神仙鬼怪的传说，吸引人们探险揭秘。徐霞客游历名山大川，曾先后探察过 100 多座溶洞。奥景之美是对人类普遍存在的好奇心的满足。

（七）畅旷

畅旷又称旷远、旷景，指无遮拦的广博视野空间所呈现的审美状态。广阔的水面、平原、草原等都具有畅旷美。其特点是视域开阔、界面坦荡，可极目天际，使人心旷神怡。可见，畅旷与幽深、奥秘相反，它使欣赏者的心胸坦荡，情思奔放。旷景有平旷与高旷之分。平旷以平原、水面得景。在大观楼看“五百里滇池奔来眼底”，在湖岸看“落霞与孤鹜齐飞，秋水共长天一色”，在江岸看“孤帆远影碧空尽，唯见长江天际流”，在田间看“野旷天低树，江清月近人”，都具有平旷的意境。高旷则在高处俯视览胜。在峰顶“一览众山小”；在华山“只有天在上，更无山与齐”；在衡岳“上观碧落星辰近，下视红尘世界遥”。旷景状态之美在于审美时的畅想，领悟宇宙和自身的价值，开拓胸怀，激起雄心壮志。

（八）野朴

野朴或曰古朴、自然、粗犷，是指未受人类破坏，或很少受到人类活动干扰的自然景观带来的审美状态。从生态学的角度，景观保持着其原生性，如原始状态的山脉、水体、森林、原野等。此外，热带雨林景观、动植物保护区、雪域高原、大漠戈壁荒原等，都带有不同色彩的古朴、自然、粗犷的审美状态。今天人们旅游兴趣逐渐转向追求自然，回归自然的趋势越来越强，以野朴为特色的景观将会受到极大的欢迎。野朴旅游的特征表现为，人们从单纯在自然中享受，转向在自然中体验。

二、人文景观的审美特征

人文景观所蕴含的美学意义丰富而多样，它的审美特征主要体现在特色文化美、历史价值美、独特意境美和隐秘幽玄美四方面。

（一）文化特色美

人文景观是人类长期实践和创造的结果，是人类历史文化的产物或现代文明的结晶，其审美意向和文化内涵十分鲜明。以中国古代建筑为例，它和人类创造的为自身服务的其他物质环境一样，但在构建之始，人们却既考虑到使用功能，又关照到审美价值。建筑自身的形制、格局、结构、间架、部件、装饰等都具备一定的形式美和技艺美，其组合构成了建筑的外观和细部艺术特色。但从深层次来看，建筑是一种特色文化。其中融入了本民族或本地域的物态文化、制度文化和精神文化等各个文化层次的具体内容。因此，审视古代建筑文化之美至少要把握住建筑文化的丰富内涵。如北京的四合院是中国传统文化的产物。它是几代同堂理想生活模式的典范，是忠孝伦理观念的物质表现形态。这些都是中国传统特色文化的体现。离开文化特色，它们就没有任何审美价值了。所以，不同国家、不同地域、不同民族的人文景观都是以其文化特色而取胜的。也正因为如此，人文景观最重要的审美特征就是文化特色美。

（二）历史价值美

历史是一种永恒。它是时间的音符和空间的塑形凝结而成的或虚灵飞动或厚重质实的诗篇。没有历史，就没有文化，也就没有人文。相当多的旅游人文景观是历史遗存，每一个人文景观都有它在历史过程中通过文化积累形成的环境特色，都有自己独特的形式和内容，无论从哪方面来说，都具有相应的历史价值。历史价值标志着穿越时间隧道所遗存下来的物质文明和精神文明的轨迹，它展现过去，启悟现在和将来。比如，登临长城，骋目远望，群山绵延，长城则如巨龙起舞，气势磅礴，人们所感受到的已不是一条用砖土筑成的高高的城墙空间存在，而是一统天下的秦始皇的万丈豪情和中华民族的伟大意志和力量，乃至与此相关的一页页史册和一幅幅图景。长城已经成为中华民族历史的凝聚、历史的见证和历史的教科书。

（三）独特意境美

意境也称为境界，是中国美学中一个重要的审美概念。它既是品评审美对象的价值标准，又是通过长期艺术实践总结出来的一条审美规律和创作原则。

人文景观往往因地而异、因时而变。不同的人文景观，具有不同的独特意境。目睹历代碑林，仿佛沐浴在翰墨溢香的殿堂；漫步在苏州园林，看小桥流水，观亭台园艺，登假山楼阁，这些景致或充满野朴逸趣，或静谧清幽，或富丽优雅，或舒朗宽绰，无论哪一种都让人们深深体会到园林主人的意趣与追求以及中国古典文学与美学融合所产生的独特的境界之美。

（四）隐秘幽玄美

人文景观中有许多非常隐秘幽玄的东西，值得人们不断地去钩玄、抉微和探幽，以得其所以，获其美蕴。隐、秘、幽、玄四个字指的是人文景观具有精深、奥秘、神奇、难解的特点。

有许多人文景观巧到极致，出神入化，让人不易理解，感到神奇莫测。中国古代人文景观中，渗透着阴阳、五行、天干、地支、八卦、星宿、风水、天人合一等被高度抽象出的、看似非常简易却又非常深奥的学问。陕西的秦始皇陵，规模恢宏，建造不凡，其枕山抵河的位置，其陪葬墓坑的布局，其暗道机关的设置都神秘莫测。西汉马王堆的女尸，千年不腐，肌肉尚有弹性，涉及遗体保护的古老秘方；陕西乾陵的无字碑，一反帝王树碑立传的常规，这是一个很有作为的女皇留给后人的一大谜团。

总之，人文景观中的宗教景观、阴阳五行、太极八卦、风水学说等均属神秘文化范畴，隐秘幽玄之美也蕴含其中。即便是除此以外的其他许多人文景观，同样体现隐秘幽玄之美，其能引起人们的探究兴趣，从而使人的需求得到满足。

第四节 旅游景观审美的意义

旅游审美活动作为一项综合性的审美实践活动，涉及范围甚广，通常具有多重效应。首先，旅游审美作为个体在短暂时间里的一种人生情趣活动，对个体的身心舒展和健康产生莫大影响；其次，从社会范围看，旅游审美活动对社会整体人文精神的提升也是有着积极意义的。

一、调节心理环境

现代人的精神困境表现在现实人生中的许多方面。在商品社会里，精神与情感的双重失落或失衡，使人们往往处于一种难以解脱的躁动和不安的心理环境之中。在分工细致、操作重复、生活单调、环境嘈杂和污染严重的现代工业社会或后工业社会，不同形式的焦虑、受挫、苦闷、忧郁、失望甚至厌世等心态和情绪，均不可避免地使人们盲目于世事劳碌，而忘却了人生的多维度属性。当人们一有机会审视精神世界的时候，才发现丧失了人生太多的追求。于是，人们出于自我调节或暂时逃避的心理，纷纷外出旅行，改换生活环境，渴望在寻访名山大川、文物古迹等一系列旅游观赏活动中，享受大自然带来的难得的宁静和安逸，达到洗涤心灵、陶冶性情的目的。

事实上，当人们放下处世的心机，走出烦扰的市街，抬头看看蓝天白云、红花绿草，一种轻松愉悦、心荡神驰之感就会油然而生，就会体验到一种“久在樊笼里，复得返自然”的不可名状的乐趣，疲惫的身心也会相应得到解脱。此时此刻，在凝神观照自然万象的过程中，人们或触景生情，或托情于物，或物我回环交流，望大地山河而心胸激荡，睹鱼跃鸢飞而欣然自得，临汪洋巨瀑而肃然起敬，对修竹清泉而净尽杂念……可以说旅游观光过程中特殊的时空审美感受与情感慰藉，能在很大程度上使人摆脱世俗的羁绊，获得心灵的自由，忘却往日的忧愁，净化内心的环境等。不少中外社会学家和心理学家，皆把旅游观光当作调节情思意趣的有效手段和解决社会文化心理问题的重要途径，因为旅游审美具有净化情感和调节心理环境的医疗妙用。这是旅游间接的社会价值所在，也是旅游景观审美的“无用之用”所在。

历史地看，无论是古代提倡“逍遥游”的庄子、“性本爱丘山”的陶潜、修禅于深山的王维、视山水为“盛世补偿”的郭熙，还是现代荡桨秦淮河的朱自清和俞平伯，都用实际行动和言语记载了山水旅游审美的畅神作用。

二、造就高尚的灵魂

自然和社会蕴含着无穷深奥的人生哲理，是启迪人类心灵的最好导师。正如英国诗人布莱克所说：

一颗沙里看出一个世界 / 一朵野花里一座天堂 / 把无限放在你的手掌上 / 永恒在一刹那收藏。

人们对世界更为深刻的认识往往来自审美鉴赏。旅游观光作为一项全球性的社会文化现象或综合性的审美实践活动，实际也是一项“寓教于乐”的普及性审美教育活动。在大自然和社会人文环境中，人有可能摆脱像席勒所说那种被动的“感性”存在状态而获得理性和意志的自由、精神的解放和实现“人性的完善”，或者摆脱像马尔库塞所说的那种“单面性”存在状态而获得“新感性”和健全的人格。事实证明，旅游观光不仅为游人提供了广泛的审美实践机会，而且通过其潜移默化的特殊作用，有益于陶冶情操、升华精神、促进身心健康、满足人们的求知欲望和审美需要、激发人们的民族自豪感和爱国心，以及培养和提高人们对现实世界以及文化艺术的审美鉴赏能力。

康德曾说：一个人如果能够离开浮华的居室而欣赏大自然的美，他的内心肯定“具有一颗优美的灵魂”，而且“令人尊敬”。而这种“优美的灵魂”也就是要通过审美实践培养人们具有良好的审美态度、高超的审美能力和高雅的审美趣味。这样，个体会建立起比较高的审美标准和审美理想，从而乐于耳闻目染那些优美或崇高的审美对象，慢慢将自己的审美涵养渗透于灵魂深处，成为真正的君子仁人。

三、推进社会审美化的进程

由于旅游业在构成上是一种延展性极强的特殊产业，几乎涉及社会劳动的一切领域，如建筑、装潢、交通、饮食、服饰、环境、艺术、服务、陶瓷、文化、教育等。而所有这些劳动领域的最终产品在造型、款式、风格、色调、品位、氛围、设计和功能等方面，不仅要具备可靠的实用价值，而且要具有丰富的审美价值，以便满足旅游者不同层次的包括审美需求在内的各种需求。所谓“宾客至上”的原则，一方面具体地落实在招待服务的态度上，另一方面也落实在旅游行业硬件设施、服务环境的美化上，后者显然使任何一个与旅游业有密切关联的城市或区域都会注意改进自身各方面的形象因素，从而吸引更多的旅游者。

旅游观光作为促进社会审美化的动因之一，还表现在旅游者与旅游目的地居民的相互影响和相互交往等方面。比如，在许多异族人文风情旅游地，因为游客的蜂拥而至，当地居民会自然而然地根据大多数人的审美习惯保留或恢复民族传统习俗，诸如将自己居住的房屋修新如旧，或者穿上民族传统服饰，保持民族传统生活习惯等。除了物质生活的审美化之外，旅游观光对促进精神生活的审美化也有一定的推动作用。比如，在伦理道德方面，旅游者在与东道主的广泛交往中，以助人为乐、尊老爱幼、拾金不昧、真诚相待等为具体内容的社会风尚美和道德情操美，往往对人产生一种潜移默化的作用，会触发人的良知、陶冶人的情操、提高人的精神境界、改善人际关系、创造和睦相处的气氛等。这些无疑是社会生活审美化朝着健康方向发展的可喜迹象。

【思考题】

1. 简述审美文化的类型。
2. 试述自然景观的审美特征。
3. 试述人文景观的审美特征。
4. 试述旅游景观审美的价值与意义。

第二章 旅游景观审美的理论基础

古往今来，哲人对美的寻找经历了一个漫长的历程。对于美的本质、美的概念以及评价美的标准的探索更是不曾有一刻停止。那么究竟什么是美？什么是美学？美学又与哲学、心理学、伦理学等众多学科有着怎样的关系？它如何引导人们的思维，影响人们的生活？带着这些问题，本书将前人的诸多观点进行了归纳梳理，作为本书的开篇，更是作为了解美、了解美学，踏入旅游美学之门的第一步。

第一节 美学概述

一、美学释义

美学是一门古老而年轻的学科。言其古老，是因为人类审美意识的起源和美学思想的演化是古老而深邃的；言其年轻，是说美学作为一门学科的历史是短暂的。直到1750年，鲍姆加通出版了以“美学”命名的著作，美学才揭开了自己的学科史。

美学的英文名称为“Aesthetics”，该词源于希腊文，词根含义为“感觉”“感兴趣”“感性的”。鲍姆加通认为，既然人的心理活动包括知、情、意三个方面，相应地，就应该有三门学科去研究。“知”是理性认识，那时欧洲大陆已有逻辑学在研究；“意”是道德活动，已有伦理学在研究。“情”是感性认识和情感，却一直没有一门相应的独立学科去研究，这不能不说是一个缺陷。于是，鲍姆加通主张通过一门专门的科学来研究这个被人遗漏的部分，这门科学就是“美学”。他提出了两个理由：其一，人的认识既然被分为理性认识和感性认识，哲学家就没有理由只研究理性认识而不研究感性认识；其二，理性认识是“清晰的认识”，感性认识是“混乱的认识”，但其界线的划分并不是绝对的。人的认识是一个从低级向高级、由混乱到清晰的不断发展的过程，甚至这中间还有一个既不黑暗也不光明、既不混乱也不清晰的阶段，如诗的想象往往就处于这一阶段。在鲍姆加通那里，美学的原意就是研究人的感性的学科。感性也称感觉，指人的感觉、情感、欲望、想象、幻想和直觉等活动。鲍姆加通从“感性”的角度给“美”下了定义：“美”就是“完善的感性”，美学是“感性认识的科学，自由艺术的理论，低级认识论，以美的方式去思维的艺术，理性类比的艺术”。作为一门独立的学科，美学为感性认识提供规则，并探求“感性认识的完善”。随后，德国古典哲学家康德、黑格尔在各自著作中沿用了鲍姆加通所创造的“美学”这一术语。康德在鲍姆加通之后，进一步将美学作为独立领域深入探讨。康德秉承了鲍姆加通的观点，用他的三大批判构建了自己的哲学体系，其中《判断力批判》考察情感及其活动，《纯粹理性批判》研究人的认识结构，《实践理性批判》研究意志及道德，并辨析了“美”与“崇高”的问题。德国哲学家黑格尔在美学著作《美学》中说：“美学的对象就是广大的美的领域，说得更精确一点，就是美的艺术。”

古希腊的亚里士多德认为美学就是艺术哲学，他的《诗学》早就开启了以艺术作为美学研究对象的先河，认为美学就是研究审美经验或审美心理。马克思在《1844 年经济学哲学手稿》中将美与人类劳动联系起来，对人们理解美的根源有重要的启示。在美学成为独立学科之前，许多重要的美学问题都是在艺术理论中阐述的，艺术品集中体现着艺术家对美的思考，并认为一切真正有价值的艺术品都应该是美的。

周宪（2008）在《美学是什么》著作中说：“美学，是哲学的一个分支，它关注的是美和趣味的理解，以及对艺术、文学和风格的鉴赏。美学力图分析讨论这些问题时所使用的概念和论点，考察心灵的审美状态，评价作为审美陈述的那些对象。”

二、美学的发展历程

美学学科的名称 Aesthetics 是德国哲学家鲍姆加通在 1750 年首次提出来的，至今只有 272 年的历史。但是不能说，西方美学的历史是从鲍姆加通开始的，在鲍姆加通之前没有美学。事实上，无论在东方和西方，美学思想都已有两千多年的历史。

很多学者，如杜夫海纳、塔塔科维奇都认为，西方美学的历史是从柏拉图开始的。尽管在柏拉图之前，毕达哥拉斯等人开始讨论美学问题，但柏拉图是第一个从哲学思辨的高度讨论美学问题的哲学家。当代波兰研究美学史的著名学者塔塔科维奇说：“从没有一个哲学家比柏拉图的涉猎范围更广，他是一个美学家、形而上学家、逻辑学家和伦理学大师。”“他在美学领域中的兴趣、论述和独到的思想，范围非常之广。”在柏拉图那里，“美和艺术的观念第一次被引入一个伟大的哲学体系”。塔塔科维奇强调指出，决不能把美学史限制在美学这一名称出现之后的范围内，因为美学问题在很早以前就以其他名称被讨论了。

学者们把西方美学的发展划分为若干阶段。比较常见的划分是：希腊罗马美学、中世纪和文艺复兴美学、17—18 世纪美学、德国古典美学、19 世纪和 20 世纪初期美学（近代美学）、20 世纪直至当今的美学（现当代美学）。西方美学在 2500 多年的历史发展过程中，影响最大的美学家以及从美学学科建设的角度看最值得重视的美学家有柏拉图、亚里士多德、阿法罗定、奥古斯丁、托马斯·阿奎那、康德、席勒、黑格尔等。当然在两千多年的历史进程中，还有很多与美学相邻的学科如心理学、语言学、人类学、文化史、艺术史等学科的思想家，他们也对美学的发展做出了贡献。

“美学”学科的名称是近代才由西方传入中国的。但是不能说，在近代之前中国没有美学。也不能说，中国古代有“美”无“学”。在中国历史上，审美意识早就有了。如中国新石器时代的陶器，很明显体现了当时人类的审美意识。美学是审美意识的理论形态，在中国，至少从老子就开始有了。

先秦是中国古典美学发展的第一个黄金时代。老子、孔子、《易传》、庄子的美学奠定了中国古典美学的发展方向。

中国美学真正的起点是老子。老子提出和阐发了一系列概念，如“道”“气”“象”“有”“无”“虚”“实”“味”“妙”等，对于中国古典美学形成自己的体系和特点，产生了极为重大的影响。老子开创了道家美学的传统。中国古典美学的元气论、中国古典美学的意象说、中国古典美学的意境说、中国古典美学关于审美心胸的理论等，都发源于老子的哲学和美学。

孔子开创了儒家美学的传统。儒家美学的出发点和中心是探讨审美和艺术在社会生活中的作用，孔子是中国历史上第一个重视和提倡美育的思想家。孔子突出了“兴”这个范畴，提出了“诗可以兴”的命题，“知者乐水，仁者乐山”的命题，对后世产生了深远的影响。孔子还认为，最高的人生境界是一种审美境界。

《易传》是产生于战国时期的儒家经典。这部著作提出了“生生之谓易”的命题，提出了“易者象也”的命题，提出了儒家的生命哲学和生命美学，对中国古典美学的发展产生了深远的影响。这部著作突出了“象”这个范畴，成为中国美学的意象说产生的重要环节。

庄子继承和发展了老子的道家美学的传统。庄子提出了一种超功利、超逻辑的“游”的境界，是一种高度自由的精神境界。这是对美感特点的深刻认识。

魏晋南北朝时期是中国古典美学发展的第二个黄金时代。在魏晋玄学的影响下，魏晋南北朝美学家提出了一大批美学范畴和美学命题，如“气”“妙”“神”“意象”“风骨”“隐秀”“传神写照”“气韵生动”“得意忘象”等。所有这些范畴和命题，对后代都有深远的影响。

在唐、五代和宋元时期，中国古典美学继续得到发展。在儒家美学和道家美学这两条路线之外，禅宗对中国古典美学也产生越来越大的影响。

北宗禅主张存在一个实体化的心的本体，以慧能为代表的南宗禅则否定这个实体化的心的本体。慧能认为，“心”的作用就是念念不住，它没有实体，所以是“无心”“无念”。这个“心”只有通过在此心上显现的世界万物而显现自己。反过来，世界万物在这个自由活泼的心灵上刹那间显现的样子也就是事物本来的样子。这样，慧能就将现象世界从空寂状态中解救出来，恢复了现象世界的生动活泼、万紫千红的本来面目。这就是禅宗强调的“心物不二”。禅宗这种刹那事实的理论启示人们体验审美的世界。审美世界就是在人的瞬间直觉中生成的意象世界，这个意象世界是显现世界万物的本来面目的真实世界。

唐代思想家柳宗元曾提出一个“美不自美，因人而彰”的重要命题。这个命题也可以从禅宗这种“心物不二”的模式去理解，即世上的美并不是离开人的一种实体化的存在，而是在人心上显现的世界。唐代美学还有一个重要贡献是形成了意境的理论。

清代前期是中国美学第三个黄金时代。这是中国古典美学的总结时期。王夫之以“意象”为中心的美学体系就是中国古典美学的总结性的形态，是中国古典美学的高峰。王夫之提出了一系列极为深刻的美学命题，至今对人们理解美和美感仍有很大的启发。

在这个时期还出现了一批从各个艺术领域探讨美学问题的杰出美学家，如金圣叹、李渔、石涛等。其中石涛的著作《画语录》具有很强的理论性，并形成了自己的体系。在某种程度上，它们也可以看作中国古典美学的总结性的形态。

从老子、孔子、《易传》、庄子，一直到王夫之、石涛，中国古代思想家提出了一系列重要的美学范畴和命题，贡献了极其丰富的、极具原创性的美学思想。中国美学的理论遗产是 21 世纪构建真正具有国际性的现代美学体系的宝贵的思想资料。

三、中国近现代美学思潮

（一）近代美学思潮

从 1840 年鸦片战争开始，中国进入近代。中国近代美学家，影响最大的是梁启超、王国维、蔡元培，他们的共同特点是都热心学习和介绍西方美学（主要是德国美学），并尝试把西方美学和中国美学结合起来。其中在学术上成就最大的是王国维。王国维的美学思想深受康德、叔本华的影响。王国维的“境界说”，以及他的《人间词话》《红楼梦评论》《宋元戏曲考》等著作，对中国近现代美学以及对中国近现代整个学术界都有很大影响。蔡元培的贡献主要是他在担任教育总长和北京大学校长期间大力提倡美育和艺术教育。他不仅在北大亲自讲授美学课，而且组织“画法研究会”“音乐研究会”“音乐传习所”，实际推行美育。蔡元培的理论和实践对北京大学的影响十分深远。正是由于这种影响，北京大学逐渐形成了重视美学研究和重视美育的优良传统。1917 年，蔡元培在北京神州学会发表题为《以美育代宗教说》的讲演，影响也很大。蔡元培在提倡美育方面产生的影响一直持续到现当代。

（二）现代美学思潮

1919 年的“五四”运动标志着中国的历史进入了现代。在中国现代美学史上，贡献最大、影响最大的是朱光潜和宗白华这两位美学家。他们的美学思想有两个特点是值得重视的：第一，他们的美学思想都在不同程度上反映了西方美学从“主客二分”的思维模式走向“天人合一”的思维模式的趋势；第二，他们的美学思想都反映了中国近代以来寻求中西美学融合的趋势。

朱光潜的美学，从总体上来说，还是传统的认识论的模式，也就是主客二分的模式。但是在对审美活动进行具体分析的时候，他常常突破这种“主客二分”的模式，而趋向于“天人合一”的模式。他在分析审美活动时最常用的话是“物我两忘”“物我同一”“情景契合”“情景相生”。情景相生而且契合无间，“象”也就成了“意象”。这就产生了朱光潜的美在“意象”的思想。朱光潜强调意象包含有人的创造，意象的“意蕴”是审美活动所赋予的。

朱光潜对西方美学和中国美学都有精深的研究。他在 20 世纪 30 年代出版的两部影响最大的著作《谈美》和《文艺心理学》，主要是介绍西方近代美学思想，特别是克罗齐的“直觉说”、里普斯的“移情说”和布洛的“距离说”。他的另外两部著作《悲剧心理学》和《变态心理学》详细介绍了叔本华、尼采等人的悲剧理论以及弗洛伊德、荣格的精神分析心理学理论。20 世纪 60 年代他又写了两卷本《西方美学史》。书中对某些西方美学家的研究，不仅处于当时国内学术界的最高水平，而且对国际学术界的研究成果也有突破。朱光潜还翻译了一大批西方美学经典著作，如柏拉图《文艺对话集》、黑格尔《美学》(三大卷，共四册)、维柯《新科学》、克罗齐《美学原理》等。这是朱光潜对我国美学学科建设的不可磨灭的贡献。由于朱光潜精通好几国语言，中文的修养又极高，同时他对西方文化（哲学、美学、心理学、文学、艺术等）有极广博的知识，所以他的这些译著都称得上是翻译史上的经典。

朱光潜在介绍西方美学的同时，又努力寻求中西美学的融合。最突出的表现就是他的《诗论》这本书。在这本书中，朱光潜企图用西方的美学来研究中国的古典诗歌，找出其中的规律。这就是一种融合中西美学的努力。这种努力集中表现为对于诗歌意象的研究。《诗论》这本书就是以意象为中心展开的。一本《诗论》可以说就是一本关于诗歌意象的理论著作。

宗白华美学思想的立足点是中国哲学。他认为，中西的形而上学分属两大体系：西洋是唯理的体系，中国是生命的体系。唯理的体系是要了解世界的基本结构、秩序理数，所以是宇宙论、范畴论；生命的体系则是要了解、体验世界的意趣（意味）、价值，所以是本体论、价值论。从中国古代这一天人合一的生命哲学出发，他也提出了美在“意象”的观点。他说，艺术家“所表现的是主观的生命情调与客观的自然景象交融互渗，成就一个鸢飞鱼跃，活泼玲珑，渊然而深的灵境”。这个“灵境”就是意象世界，意象世界乃是“情”与“景”的结晶，“景中全是情，情具象而为景，因而涌现了一个独特的宇宙，崭新的意象，为人类增加了丰富的想象，替世界开辟了新境。他又说：“象如日，创化万物，明朗万物！”这个意象世界，照亮一个充满情趣的真实的世界。在这个意象世界中，人们乃能了解、体验人生的意味与价值。

宗白华同样也对中西美学都有很深的理解和研究。他翻译了康德的《判断力批判》上卷，翻译了德国瓦尔特·赫斯编的《欧洲现代画派画论选》，写了研究歌德的论文，对歌德的人格和艺术做了独到的阐释。同时，他写了《论中西画法的渊源与基础》《中西画法所表现的空间意识》《论〈世说新语〉和晋人的美》《中国艺术意境之诞生》《中国诗画中所表现的空间意识》等论文，对中国美学和中国艺术做了极其深刻的阐释。宗白华也一直倡导和追求中西美学的融合。早在“五四”时期，他就说：“将来世界新文化一定是融合两种文化的优点而加之以新创造的。这融合东西文化的事业以中国人最相宜，因为中国人吸取西方新文化以融合东方，比欧洲人采撷东方旧文化，以融合西方，较为容易，以中国文字语言艰难的缘故。中国人天资本极聪颖，中国学者心胸思想本极宏大，若再养成积极创造的精神，不流入消极悲观，一定有伟大的将来，于世界文化上一定有绝大的贡献。”这段话不仅提出了东西方文化融合而成为世界新文化的伟大理想，而且指出中国学者在实现这一理想中可以做出自己独特的、别人不能替代的贡献。宗白华的这段话，至今仍然极有教益和启发，因为他指出了一个重要的道理：中国学者在学术文化领域（包括美学领域）应该有自己的立足点。

在中国现代，除了朱光潜、宗白华，还有一位在美育领域做出很大贡献的人物应该提到，那就是丰子恺。丰子恺是大画家，同时又是音乐教育家、文学家。他在美育、美术教育、音乐教育等方面写了大量的普及性的文章和著作，哺育了一代又一代的青少年。丰子恺的一生是审美的一生、艺术的一生。他影响青少年最深的是他洒落如光风霁月的胸襟，以及他至性深情的赤子之心。

（三）当代美学思潮

1949 年中华人民共和国成立标志着中国历史进入当代。中国当代美学的发展，最突出的景象是出现了两次美学热潮。第一次，就是 20 世纪 50—60 年代出现的一场美学大讨论。那场讨论是从批判朱光潜的美学观点开始的。主要讨论一个问题即美的本质问题（美是主观的，还是客观的），出现了美学的所谓几大派，即蔡仪主张美是客观的一派，吕荧、高尔太主张美是主观的一派，朱光潜主张美是主客观的统一的一派，李泽厚主张美是客观性与社会性的统一的一派。

随着整个社会关注的重点集中到经济建设，计算机、经济、法律、工商管理等学科越来越热，整个“文化热”就逐渐消退了，“美学热”也逐渐消退了。实际上，美学理论建设的真正进展，正是在“美学热”消退之后，即从 20 世纪 80 年代末一直到 21 世纪初。有相当多的美学研究者认识到，为了真正推进美学理论建设，必须跳出“主客二分”认识论的框框。在这个认识的基础上，很多人在美学基本原理的建构方面进行了各种新的探索和尝试。其中最引人注目的是张世英。张世英长期从事西方哲学的研究，特别是德国古典哲学的研究和中国哲学加以沟通，在哲学和美学的基本理论方面提出一系列新的看法，出版了《天人之际》《进入澄明之境》《哲学导论》《境界与文化》等著作。张世英的这些著作对于中西美学的沟通和融合，对于美学理论的建设，都有很大的推动作用。

在 20 世纪 50—90 年代的这一段时间，有两本美学和美育方面的著作在中国文化界有很大的影响。一本是车尔尼雪夫斯基的学位论文。他提出“美是生活”的论点，在 20 世纪 40 年代和 50 年代的中国文学界产生了广泛的影响。还有一本是《傅雷家书》。这是著名翻译家、艺术教育家傅雷和他的夫人给傅聪、傅敏等人的家书的摘编。这虽是一本家书，但是傅雷在其中发表了有关美学、美育和艺术的许多深刻的见解，最重要的是全书充溢着傅雷的人格精神。读这本书，可以使人们懂得什么是爱，懂得什么是艺术，懂得一个真正有文化、有教养的人是一种什么样的胸襟，一种什么样的气概，一种什么样的精神境界。这本书和前面提到的丰子恺的著作，都属于 20 世纪中国出版的最好的美育读物，因为这些书可以使人的灵魂得到净化，可以使人的境界得到升华。

四、美的本质

（一）美在意象

至此，也许很多人会问那么审美活动中的“美”究竟在哪里呢？中国传统美学的回答是：“美”在意象。中国传统美学认为，审美活动就是要在物理世界之外构建一个情景交融的意象世界，即所谓“山苍树秀，水活石润，于天地之外，别有一种灵奇”，所谓“一草一树，一丘一壑，皆灵想独辟，总非人间所有”。这个意象世界就是审美对象，也就是平常所说的广义的美（包括各种审美形态）

“意象”是中国传统美学的一个核心概念。“意象”这个词最早的源头可以追溯到《易传》，而第一次铸成这个词的是南北朝时期的刘勰。刘勰之后，很多思想家、艺术家对意象进行研究，逐渐形成了中国传统美学的意象说。在中国传统美学看来，意象是美的本体，意象也是艺术的本体。中国传统美学给予“意象”的最一般的规定，是“情景交融”。中国传统美学认为，“情”“景”的统一乃是审美意象的基本结构。但是这里说的“情”与“景”不能理解为互相外在的两个实体化的东西，而是“情”与“景”的欣合和畅、一气流通。王夫之说：“情景名为二，而实不可离。”如果“情”“景”二分，互相外在，互相隔离，那就不可能产生审美意象。离开主体“情”，“景”就不能显现，就成了“虚景”；离开客体“景”，“情”就不能产生，也就成了“虚情”。只有“情”“景”的统一，所谓“情不虚情，情皆可景，景非虚景，景总含情”，才能构成审美意象。

朱光潜、宗白华吸取了中国传统美学关于“意象”的思想。在朱光潜、宗白华的美学思想中，审美对象（“美”）是“意象”，是审美活动中“情”“景”相生的产物，是一个创造。

朱光潜在《论美》这本书的“开场白”就明白指出：美感的世界纯粹是意象世界。他在《论文学》这本书的第一节指出：它一方面是现实人生的返照，另一方面是现实人生的超脱。在《诗论》一书中，朱光潜用王国维的“境界”一词来称呼“美”的本体。他说：比如欣赏自然风景，就一方面说，心情随风景千变万化，睹鱼跃鸢飞而欣然自得，闻胡笳暮角则黯然神伤；就另一方面说，风景也随心情而变化生长，心情千变万化，风景也随之千变万化，惜别时蜡烛似乎垂泪，兴到时青山亦觉点头。这两种貌似相反实相同的现象就是从前人说的“即景生情，因情生景”。情景相生而且契合无间，情恰能称景，景也恰能传情，这便是诗的境界。每个诗的境界都必有“情趣”和“意象”两个要素。“情趣”简称“情”，“意象”即是“景”。

朱光潜在这里用的“意象”的概念相当于一般说的“表象”，即郑板桥说的“眼中之竹”，而他说的“诗的境界”则相当于“意象”，即郑板桥说的“胸中之竹”和“手中之竹”。

朱光潜在《诗论》中强调，“诗的境界”（意象）是直觉的产物。他说：“凝神观照之际，心中只有一个完整的孤立的意象，无比较，无分析，无旁涉，结果常致物我由两忘而同一，我的情趣与物的意态遂往复交流，不知不觉之中人情与物理互相渗透。”这就是“直觉”。

在20世纪50年代的美学讨论中，朱光潜把“意象”称之为“物的形象”或“物乙”。他一再说，“美”（审美对象）不是“物”而是“物的形象”（“物乙”）。这个“物的形象”不同于物的“感觉形象”和“表象”，他说：“‘表象’是物的模样的直接反映，而‘物的形象’（艺术意义的）则是根据‘表象’来加工的结果。”“物本身的模样是自然形态的东西。物的形象是‘美’这一属性的本体，是艺术形态的东西。”这“物的形象”或“物乙”，就是“意象”。朱光潜在这里明确说，意象就是美的本体。

宗白华在他的著作中也一再强调审美活动是人的心灵与世界的沟通，美乃是一种情景交融的“艺术境界”。他说：“以宇宙人生的具体为对象，赏玩它的色相、秩序、节奏、和谐，借以窥见自我的最深心灵的反映；化实景而为虚境，创形象以为象征，使人类最高的心灵具体化、肉身化，这就是‘艺术境界’。艺术境界主于美。所以一切美的光是来自心灵的源泉：没有心灵的映射，是无所谓美的。”

宗白华指出，意象乃是“情”与“景”的结晶品。“在一个艺术表现里情和景交融互渗，因而发掘出最深的情，一层比一层更深的情，同时也透入了最深的景，一层比一层晶莹的景；景中全是情，情具象而为景，因而涌现了一个独特的宇宙，崭新的意象，为人类增加了丰富的想象，替世界开辟了新境，正如恽南田所说‘皆灵想之所独辟，总非人间所有’！”这是一个虚灵世界，“一种永恒的灵的空间”。在这个虚灵世界中人们乃能了解和体验人生的意味、情趣和价值。

他以中国绘画为例来说明审美活动的这种本质。他说：“中国宋元山水画是最写实的作品，而同时是最空灵的精神体现，心灵与自然完全合一。花鸟画所表现出的亦复如是。勃莱克的诗句：‘一沙一世界，一花一天国’，真可以用来咏赞一幅精妙的宋人花鸟。一天的春色寄托在数点桃花，二三水鸟启示着自然的无限生机。中国人不是像浮士德‘追求’着‘无限’，乃是在一丘一壑、一花一鸟中发现了无限，表现了无限，所以他的态度是悠然意远而又怡然自足的。他是超脱的，但又不是出世的。他的画是讲求空灵的，但又是极写实的。他以气韵生动为理想，但又要充满着静气。一言蔽之，他是最超越自然而又最亲近自然，是世界最心灵化的艺术，而同时是自然的本身。”

宗白华的这些论述极为深刻。他指出，“美”（艺术境界）乃是人的心灵与世界的沟通，是万象在人的自由自在的感觉里表现自己，是情景交融而创造的一个独特的宇宙，一个显示人生的意味、情趣和价值的虚灵的世界，是心灵与自然完全合一的鸢飞鱼跃、活泼玲珑、渊然而深的灵境。这些论述都给人们极深的启示。

（二）灿烂的感性

在中国美学看来，美在意象。审美意象最主要的性质有以下四点：

第一，审美意象不是一种物理的实在，也不是一个抽象的理念世界，而是一个完整的、充满意蕴、充满情趣的感性世界，也就是中国美学所说的情景交融的世界。

第二，审美意象不是一个既成的、实体化的存在，而是在审美活动的过程中生成的。柳宗元说：“美不自美，因人而彰。”“彰”就是生成。审美意象只能存在于审美活动之中。

第三，意象世界显现一个真实的世界，即人与万物一体的生活世界，也就是王夫之所说的“如所存而显之”“显现真实”（显现存在的本来面貌）。

第四，审美意象给人一种审美的愉悦，即王夫之所谓“动人无际”，也就是人们平常说的使人产生美感。

在此将重点讨论审美意象的第一个性质。

审美意象不是一种物理实在，也不是一个抽象的理念世界，而是一个完整的、充满意蕴、充满情趣的感性世界。下面用中国诗人最喜欢歌咏的月亮的例子来说明这一点。

"月是故乡明"，这是杜甫有名的诗句。月亮作为一个物理的实在，在到处都是一样的（相对来说），故乡的月亮不会特别明亮，怎么说"月是故乡明"呢？原因就在这里月亮不是一个物理实在，而是一个意象世界，月亮的美在于这个意象世界。

古往今来多少诗人写过月亮的诗，但是每首诗中呈现的是不同的意象世界。例如，"月上柳梢头，人约黄昏后"，这是一个皎洁、美丽、欢快的意象世界。例如，"江上柳如烟，雁飞残月天"，这是另一种意象世界，开阔，清冷。例如，"明月出天山，苍茫云海间。长风几万里，吹度玉门关"，这又是另一种意象世界，沉郁，苍凉，与"月上柳梢头""雁飞残月天"的意趣都不相同。再如，"寒塘渡鹤影，冷月葬花魂"。这是一个寂寞、孤独、凄冷的意象世界，和前面几首诗中月亮的意趣又完全不同。同是月亮，但是意象世界不同，它所包含的意蕴也不同，给人的美感也不同。这些月亮的诗句说明，审美意象不是一种物理的实在，也不是一个抽象的理念世界，而是一个完整的、充满意蕴、充满情趣的感性的世界。

因此，审美意象首先是一个感性世界，它诉诸人的感性直观（主要是视、听这两个感觉器官，有时也包括触觉、嗅觉等感觉器官）。杜夫海纳说："美的对象首先刺激起感性，使它陶醉。"又说："美是感性的完善。""它主要是作为知觉的对象。它在完满的感性中，获得自己完满的存在、自己的价值的本原。"

但是这个感性世界不同于外界物理存在的感性世界，因为它是带有情感性质的感性世界，是有意蕴的世界。杜夫海纳说："审美对象所显示的，在显示中所具有的价值，就是所揭示的世界的情感性质。"又说："审美对象以一种不可表达的情感性质概括和表达了世界的综合整体：它把世界包含在自身之中时，使我理解了世界，在我存在于世界之前，我又回到了世界。"这种以情感性质的形式所揭示的世界的意义，就是审美意象的意蕴。所以审美意象必然是一个情景交融的世界。因此，中国传统美学用情景交融来说明意象的性质。王夫之一再强调在审美意象中情景不能分离："景中生情，情中含景，故曰景者情之景，情者景之情。""情不虚情，情皆可景，景非虚景，景总含情。""景以情合，情以景生，初不相离，唯意所适。截分两橛，则情不足兴，而景非其景。""情景虽有在心在物之分，而景生情，情生景，哀乐之触，荣悴之迎，互藏其宅。"王夫之这些话都是说，审美意象所呈现的感性世界，必然含有人的情感，必然是情景的融合。即便看来是单纯写景的诗，如"高台多悲风""蝴蝶飞南园""池塘生春草""亭皋木叶下""芙蓉露下落"等，都有情寓其中。为什么情景不能分离？最根本的原因就在于意象世界显现的是人与万物一体的生活世界，在这个生活世界中，世界万物与人的生存和命运是不可分离的。这是最本原的世界，是原初的经验世界。因此当意象世界在人的审美观照中涌现出来时，必然含有人的情感（情趣）。也就是说，意象世界必然是带有情感性质的世界。杜夫海纳说："审美对象所暗示的世界，是某种情感性质的辐射，是迫切而短暂的经验，是人们完全进入这一感受时，一瞬间发现自己命运的意义的经验。"又说："审美价值表现的是世界，把世界可能有的种种面貌都归结为情感性质；但只有在世界与它所理解的和理解它的主观性相结合时，世界才成为世界。"这些话就是说，正是包含着人的生存与命运的最原初的经验世界（即生活世界），决定了意象世界必然是一个情景交融的世界。

所以，意象世界一方面显现一个真实的世界（生活世界），另一方面是一个特定的人的世界，或一个特定的艺术家的世界，如莫扎特的世界、凡·高的世界、李白的世界、梅兰芳的世界。

总之，审美意象以一种情感性质的形式揭示世界的某种意义，这种意义“全部投入了感性之中”。“感性在表现意义时非但不逐渐减弱和消失，相反，它变得更加强烈、更加光芒四射。”

正是从感性和意义的内在统一这个角度，杜夫海纳把审美对象称为“灿烂的感性”。他说：“审美对象不是别的，只是灿烂的感性。规定审美对象的那种形式就表现了感性的圆满性与必然性，同时感性自身带有赋予它以活力的意义，并立即献交出来。”所以，“灿烂的感性”就是一个完整的、充满意蕴的感性世界，这就是审美意象，也就是广义的“美”。

五、美学研究的对象

（一）美学研究的对象是审美活动

美学研究的对象，在西方美学史上有不同的看法。本书的看法是：美学研究的对象是审美活动。

审美活动是人类的一项不可缺少的精神—文化活动，是人类的一种基本的生存活动，是人性的一项基本的价值需求。前面提到的“审美关系”和“审美经验”两种设定都可以纳入“审美活动”这个设定。因为“审美关系”是在“审美活动”中生成的。脱离审美活动，“审美关系”就成了一个抽象的、没有任何内容的概念。“审美经验”是侧重从主体心理的角度表述审美活动（即人们平常说的“美感”）。脱离审美活动，“审美经验”的研究可能局限于主体的审美心理和审美趣味，美学研究就可能变成纯粹的心理学的研究，美学就不再是美学。

（二）审美活动是人类的一种精神活动

1. 审美活动是人性的需求

审美活动并不是满足人的物质需求（吃饭、穿衣等），而是满足人的精神需求。审美活动使人回到人和世界的最原始的、最直接的、最亲近的生存关系。这种回归是人的精神需求，是人性的需求。杜夫海纳（1985）认为，审美经验揭示了人类与世界的最深刻和最亲密的关系，他需要美，是因为他需要感到他存在于世界。人存在于世界，人和世界是融合在一起的（借用中国古代的一个哲学概念就是“天人合一”）。这是一个充满意味和情趣的世界。这就是海德格尔说的“人诗意地栖息着”。这就是王夫之说的“两间之固有”的“乐”的境界。这也就是陶渊明说的“自然”。但是世俗的、实用功利的世界（陶渊明所谓“尘网”“樊笼”）遮蔽了这个原始的、充满诗意的、乐的境界。这就使人产生了审美的需求，“因为他需要感到他存在于世界”，用陶渊明的话就是“羁鸟恋旧林，池鱼思故渊”。通过审美活动，返回“自然”，从而确证自己存在于这个世界。所以说，如果没有审美活动，人就不能确证自己的存在，人就不是真正意义上的人。

2. 审美活动是人的一种以意象世界为对象的人生体验活动

意象世界照亮一个本然的生活世界。在这个以意象世界为对象的体验活动中，人获得心灵的自由，“真”“善”“美”得到了统一。

审美活动作为一种人生体验活动，这种体验活动的对象是意象世界。这个意象世界就是“美”。这个意象世界是在审美活动中创造出来的，而且它只能在审美活动中存在。这就是“美”与“美感”的同一。这个意象世界照亮一个本然的生活世界，这是人与万物融为一体的世界，是充满意味和情趣的世界。这就是“美”与“真”的统一。在这个意义上，审美活动是一种人生的体验活动。在这个体验活动中，人的心灵超越了个体生命的有限存在和有限意义，得到一种自由和解放，从而回到人的精神家园。这就是庄子说的“游”的境界。这也就是海德格尔说的“诗意地栖息”的境界。在这个意象世界的体验活动中，“真”“善”“美”得到了统一：“美”是意象世界，“真”是存在的本来面目（本然的生活世界），“善”是人生境界的提升。

审美活动是人类的一种文化活动，它在人类历史上发生、发展，它受人类的文化环境的影响和制约。因而审美活动具有社会性、历史性。

任何人都是社会的、历史的存在，因而其审美意识必然受到时代、民族、阶级、社会经济政治制度、文化修养、文化传统、风俗习惯等因素的影响。同时，任何审美活动都是在一定的社会历史环境中进行的，因而必然受到物质生产力的水平、社会经济政治状况、社会文化氛围等因素的影响。正因为这样，所以审美活动一方面是个体的精神活动，另一方面是人类的一种文化活动，它要受到社会文化环境的影响和制约。这种影响和制约，在每个个人身上，体现为不同审美趣味和审美格调，在整个社会，则体现为不同的审美风尚和时代风貌。这就是审美活动（美和美感）的社会性、历史性。

总括起来，审美活动是人的一种精神—文化活动，它的核心是以审美意象为对象的人生体验。在这种体验中，人的精神超越了“自我”的有限性，得到一种自由和解放，回到人的精神家园，从而确证了自己的存在。

第二节　美学与其他学科的联系

一、美学与哲学

美学本来从属于哲学，在西方，美学长期作为哲学的一部分，早在古希腊时期，希腊人就把人的心灵世界分为知、情、意三部分，并作为哲学研究的对象，当时已有了对“知”的研究，称为逻辑学；还有了对“意”的研究，称为伦理学；对“情”的研究的学科（即后来形成的美学）虽未形成，但也属于哲学的范围，因而，从古希腊开始的美学思想的产生到18世纪中期美学学科的诞生，美学一直从属于哲学，这是一种学科传统。如果说，哲学是关于人的世界观的学说，那么，美学就是作为人的世界观的组成部分的审美观、艺术观的学说，当然是构成哲学的一部分。

从历史上看，长期以来，美学是哲学的一个重要组成部分，它是在哲学的机体中发育和发展起来的。从古到今，各种哲学派别和哲学家，都把美学看成是哲学的一个分支。美学史上一些著名的美学家，一般都是哲学家。他们从哲学的高度来探讨美和艺术的问题，即形成了他们的美学思想，因而他们的美学思想多是包含在他们的哲学著作之中，成为他们哲学思想的一部分。只是到了近代，在鲍姆加通创立了美学以后，它才从哲学中逐渐分化出来，成为一门独立的学科。所以，从历史上看，美学和哲学是有着亲缘关系的。

从内容和性质来看，美学研究的内容与哲学有着密切关系，它是属于哲学性质的学科。因为美的哲学所要处理、探寻的问题，深刻地涉及了人类基本价值、结构等一系列根本问题，涉及了随时代而发展变化的人类学的本体论，它包括了真、善、美和知、意、情这些基本问题，尽管这些问题似乎有些古老而又陈旧，但是，由于它们与人类总体和个体存在的意义、目的有着密切的关系，所以它们仍然保持着密切、永久而动人的魅力和有效性，它们仍然在不断地引人思索。对人生的哲理思辨将使哲学永恒存在，也使美的哲学探索永恒存在。因此，美学和哲学所研究的内容，在实质上是一致的，美学研究的内容是哲学研究的内容的一部分。

从美学和哲学的相互渗透、相互促进来看，一方面，哲学为美学提供世界观和方法论的基础。任何一个美学家在研究美学问题时都离不开哲学观点的指导，他们都是站在一定的哲学立场上，按照一定的哲学观点来研究和论证美学问题的。一般来说，不同的哲学派别就形成了不同的美学派别。例如，哲学上的经验论有经验主义的美学，哲学上的唯理论有理性主义的美学，哲学上的实用主义有实用主义的美学；同样，马克思主义美学也是以马克思主义哲学——辩证唯物主义和历史唯物主义作为自己的理论指导。另一方面，美学的研究成果，反过来又可以丰富、发展哲学的内容，推动哲学的发展。例如，美学对审美意识的研究，其中包括：审美意识是怎样产生的，又是如何发展的？为什么不同时代、不同阶级、不同民族的人们会有不同的审美观念和审美趣味？审美意识和人类的社会实践有什么关系，和人们的政治思想、法律观点、宗教信仰有什么关系？这些问题研究清楚了，就有助于哲学对社会意识问题的研究，从而促进哲学的研究和发展。

二、美学与心理学

美学与心理学也有着相当密切的关系。这种关系主要表现在以下两个方面：

第一，从古至今都有从心理学角度研究美学问题的美学家和美学流派，尤其是到 19 世纪末以后心理学美学成为一大主流。西方美学史上，最早从心理学角度研究美学问题的首推亚里士多德。他在《诗学》中明确提出了摹仿说、净化说等与心理学相关的美学观点。例如，他的摹仿说不仅规定了摹仿是艺术的本质，而且把文艺的起源也归结于摹仿本能及其引起的快感。他说：“一般说来，诗的起源仿佛有两个原因，都是出于人的天性。人从孩提的时候起就有摹仿的本能（人和禽兽的分别之一，就在于人最善于摹仿，他们最初的知识就是从摹仿中得来的），人对于摹仿的作品总是感到快感。”（《诗学》）在《政治学》中亚里士多德分析了音乐的净化作用，他说：“具有净化作用的歌曲可以产生一种无害的快感。”虽然当时尚无科学意义上的心理学，然而亚里士多德对于诗（文艺）的心理学特征却做了大量细致的分析，这在当时是难能可贵的。这种对文艺的心理学分析到了18世纪英国联想心理学诞生后就更时兴了。最典型的则是英国经验派的唯物主义美学家博克，他把美和崇高分别开来，并认为它们各有不同的性状和生理、心理的根源。他认为，美来源于人的社交本能及其所引起的爱的情感，而崇高则来源于人的自我保存本能及其所引发的恐怖的情感。到了19世纪末心理学美学逐步兴起，从实验美学（费希纳）以后，所谓“自下而上”的心理学美学逐步成为汹涌的大潮，像移情说（里普斯、谷鲁斯、浮龙·李、巴希）、心理距离说（布洛）、精神分析美学（弗洛伊德）、分析心理学美学（荣格）、格式塔心理学美学（阿恩海姆）、幻觉说（朗格）等都蔚为大观。中国古代虽然没有系统的心理学美学方面的论述，然而也不乏一些类似于心理学美学的精彩论断，例如，《尚书》中就有：“诗言志，歌永言，声依永，律和声。八音克谐，无相夺伦，神人以和。”这是商周时代的断语，而到了汉代的《毛诗序》中也有：“诗者，志之所之也，在心为志，发言为诗。情动于中而形于言，言之不足故嗟叹之，嗟叹之不足故咏歌之，咏歌之不足，不知手之舞之，足之蹈之也。”以后像《文心雕龙》中刘勰关于想象（神思）、情感、联想等的论述，《诗品》中钟嵘提出的“滋味说”、韩愈的“不平则鸣说”、严羽的“妙悟说”、李贽的“童心说”、汤显祖的“主情说”、王国维的“境界说”等，都具有一些从心理学角度研究文艺问题的特点。

第二，美学研究的审美主体方面和审美创造方面都离不开心理学的研究及其最新成果的促进。美学要研究有关审美主体的美感问题和审美创造中的心理活动就必然要借助心理学，心理学的每一项新的成果都必定会引起这些问题研究的拓展和深入。像美感和文艺创作中的想象、联想、情感、形象思维等问题的研究都离不开心理学的概念及其研究的深度与广度。再比如，弗洛伊德的精神分析学给深层心理学的研究打开了无意识的新领域，因此，在美学的研究中精神分析美学就应运而生，而且促进了文艺创作欣赏中的心理研究的深入开展。20世纪中叶开始，移情论、距离说、格式塔心理学美学的产生都与心理学研究的发展密切相关。文艺心理学的发展也离不开心理学本身的深入和拓展。

三、美学与伦理学

美学与伦理学的关系也十分密切。今天所提倡的“四美”：心灵美、语言美、行为美、环境美就包含着深刻的伦理道德问题。因为伦理学研究人的行为准则，研究人与人之间、个人对国家和社会的义务等。伦理学帮助人们明辨善恶，形成正确的道德观念，规范人们的行为。美学帮助人们分清美丑，培养人们的审美能力，树立高尚的审美理想和正确的审美观念，引导人们为创造美的生活而斗争。一般来说，美的对象应当是善的，社会美的内容在实质上就是以美的形式来表现善。恶的事物不可能美（恶可以采取美的形式，如世人所说的“美女蛇”“伪君子”这类；善也可以采取丑的形式，如《巴黎圣母院》中的卡西莫多，但这里的美、丑是指表象）。但也并不是说善的事物都是美的。美与善有着内在的联系，这就决定了美学与伦理学的密切关系，主要表现在以下几个方面：

从历史上看，美学和伦理学原来都包括在哲学之中。它们都是哲学的有机组成部分。后来，随着科学的发展，它们才先后从哲学中分化出来，各自成为独立的科学。它们都是从哲学派生出来的，从产生之初就关系密切，人们称它们为姐妹学科。

从内容上看，美学和伦理学的关系更为密切。之所以如此，是由美和善的关系决定的。一般说来，美以善为基础，凡是美的事物都应该是善的，恶的东西不可能美。在社会生活领域中，美和善更加不可分割。社会美的内容在实质上来说就是以美的形式来表现善，在这里，美和善是重合的。由此可见，美学和伦理学是紧密相连的。随着社会的发展，人们对美的要求越来越高，并将美用来作为衡量一切事物的重要尺度之一。可以预见，社会生活中的美和善将逐步达到高度的统一，美学和伦理学的联系也将日益加强，"美学是未来的伦理学"。

四、美学与文艺学

美学与文艺学的关系是最为紧密的，甚至使人很难一下子把两者区分开来。这主要表现在：

第一，文艺学与美学有一个共同的研究对象——艺术。文艺学是专门研究文学艺术的，而美学又以艺术为中心研究对象，甚至像黑格尔、朱光潜等美学家干脆把美学叫作艺术哲学，使得二者难以分开，其关系显得扑朔迷离。

第二，历史上有一些著作既是文艺学著作，又是美学著作，比如亚里士多德的《诗学》、贺拉斯的《诗艺》、布瓦罗的《诗的艺术》、车尔尼雪夫斯基的《论艺术对现实的审美关系》、尼采的《悲剧的诞生》、刘勰的《文心雕龙》、钟嵘的《诗品》、王国维的《红楼梦评论》《人间词话》……这些中外名著往往既出现在中外美学史中，也同时出现于中外文艺学史中。

第三，两者研究一些共同的问题。像形象思维、内容美、形式美、文艺创作和欣赏中的联想、想象、情感、意志等问题都交叉出现在美学研究和文艺学研究之中，显得难以明确区分。

五、美学与自然科学

美学与自然科学的关系也是十分密切的，这主要表现在：

第一，从古至今，从自然科学的角度来探究美学问题的美学家和美学流派非常之多。古希腊的毕达哥拉斯及其学派就是从数学的角度来研究宇宙及其美，从而得出结论：美是数的和谐。他们还把音乐的美归结为数的原理：弹弦所发出的声音取决于弦的长度；绷得一样紧的弦，如果它们的长度成整数比，那么就会产生谐音。在这一基础上，他们发展了关于音程的数学基础的学说，制定了音阶。他们还正确地提出音乐的基本原则是数量原则。音乐节奏的和谐是由高低、长短、轻重各种不同的音调，按照一定数量的比例所组成的。亚里士多德用天球层理论为天体的运动建立了一种秩序，天体是不朽和永恒的，因而是最美的。亚里士多德认为，一种生物美不美，与它的结构形式是否与环境变化和行为变化相适应是很有关系的。亚里士多德还认为，构成世界的物体是三维的固体，可见"3"是最完美的数。古罗马建筑师维特鲁威（约公元前1世纪）所写的《建筑十书》认为建筑物必须按人体各部分的式样制定严格的比例。中国古代五行学说认为一是由无变化而生，由一直接过渡到五，五是最完美的数，而古希腊的毕达哥拉斯则认为一是根本，十是最完美的数。这些都说明，中外的古代思想家都曾经从数学、天文学（宇宙学）、生物学等自然科学的角度来探究美学问题。文艺复兴运动时期的艺术家们，由于复兴古典艺术的需要，对透视学、解剖学、几何学、色彩学、光学、声学等自然科学进行了广泛的涉猎和研究。此后，科学家们都很关心科学与美学、艺术的密切关系，直到20世纪中期以后科学中的控制论、系统论、信息论、协同论、耗散结构理论等相继兴起和发展，直接影响到了美学的发展，在西方和中国都相应地产生了控制论美学、系统论美学、信息论美学等，虽然还只是探索，但也足见自然科学与美学关系之紧密，自然科学对美学影响之巨大。

第二，不仅自然科学家，而且一般稍有知识的人，都把美学价值的美与科学价值的真联系起来。关于真与美的关系也是一个古今中外的思想家、美学家都十分关心的问题。虽然有些思想家把美看得高于真（如康德），而有些思想家把真看得高于美（如黑格尔），但是二者紧密不可分却是许多思想家、美学家的共同观点（亚里士多德、布瓦罗、狄德罗、康德、黑格尔等）。如果把自然科学的真看作对自然规律探索的结晶，那么，离开了规律和合规律性就不会有美。一般说来，美的事物必须以规律和合规律性为基础，违反自然规律的东西难以生存和发展，是很难有美的。正因为如此，柳树必须垂枝柔条才会美，松树必须挺拔直立才会美。在人类社会中曾经出现过一些缠足、文身、刺鼻、穿口等违反自然规律的奇特的所谓“美”，正因为它们不符合科学所揭示的自然规律，即使流行一时，也会随着文明的进步、科学的昌明而逐步黯然失色，悄然消逝。相反，人们最早对科学及其真理（规律）的认识也是离不开美学及其对美的揭示的，以美启真，用美学来促使科学的发展，不仅是神话时代的现实，也是当今时代社会中的惯常事实。人们的每一个发明，计算机、机器人、电视、电影最早都是从美的想象开始的。

第三，各门类自然科学还可以给美学提供一些具体的方法论。众所周知，方法论有三个层次：最高的层次是哲学方法，又称元方法，这便是实践唯物主义（即通常所说的辩证唯物主义和历史唯物主义）；中间的层次是一些具体学科的方法，如数学方法、数理统计方法、物理学方法、化学方法、生物学方法、心理学方法、社会学方法等；最低的层次则是一些通用的科学方法，如观察法、实验法、调查法、问卷法、内省法等。在这三个层次的方法之中，自然科学在后两个层面上都可以给予美学以方法论的启示和具体实践上的指导。数学、物理、生物和化学方法自近代以来在美学研究中都有运用或产生过影响，像爱因斯坦、彭加勒、李政道、杨振宁都从物理学与美学的关系上来谈论艺术和美等美学问题。20世纪80年代李政道还定期在北京举办过科学与艺术相融合的探讨和实际创作，艺术家把科学家的许多设想用艺术形象表现出来，具体体现在一些有益的美学方法论上的探讨。此外，达尔文从生物进化论的角度对人类美感起源进行探讨，也给人们许多方法论上的启迪。另外，在具体的科学方法上，自19世纪以来，自然科学常用的实验法、观察法、问卷法等具体方法也给美学带来了科学主义的思潮。19世纪末，费希纳的实验美学运用自然科学的实验法、问卷法研究美感，得出过一些有启示意义的结论，尽管在现实中这些结论往往显得捉襟见肘，比如，通过人群的问卷和实验，得出红、绿、圆、正方等颜色、形状较受人们喜爱的结论，但是，这对于完全打破纯思辨的“由上而下”的形而上学的美学方法的一统天下，却是十分重要的一步。此外，诸如运用模糊数学或用方程式、复变函数来探讨美感和美的构成因素及其相互之间的关系都是非常可喜的、有益的尝试，对美学的不断发展也是不可缺的。

第三节　美学与其他学科的区别

一、美学与哲学

尽管美学与哲学有着十分密切的联系，但二者毕竟是有区别的，二者的区别主要表现在：

其一，哲学是关于世界观整体和自然、社会、人的最一般规律的学问，哲学以整个客观世界作为自己的考察对象，而美学不过是关于审美观，关于人对现实（自然、社会、人本身）的审美关系的特殊规律的学问，是研究社会生活的一部分，即审美活动这一特殊领域。因此，二者是一般与个别、整体与部分的关系，不可混淆。

其二，哲学可以包括美学，但是决不能完全代替美学。哲学的原理、规律更加抽象；美学的原理、规律相对于哲学来说更具体一些，而相对于文艺学又显得抽象一些。所以，人们不能满足于哲学的指导，还要更加具体深入地去研究美学的原理、规律。

二、美学与心理学

美学与心理学虽关系密切，但也相互区别。

其一，心理学研究的是一般的、普遍的心理活动规律，而美学中审美心理、文艺心理的研究涉及的却是审美心理的特殊规律和文艺心理的特殊方面。二者毕竟是两种现象和规律，不可相提并论。比如研究感觉，普通心理学对于人的眼、耳、鼻、舌、身五官感觉都要全面研究，然而由于审美心理和文艺心理主要涉及眼（视觉）和耳（听觉），因而相对多地关注视觉和听觉。就是对于视觉和听觉的研究，普通心理学从生理机制到心理规律各方面都要求注意，然而审美心理学、文艺心理学则主要集中于视、听感觉的心理规律，而且这些心理规律又必须是针对审美对象和文艺作品的，与一般的对象所引起的视、听感觉也不会完全相同。

其二，心理学对于美学研究也不是全面的，审美客体的研究往往不能从心理学角度进行研究。20 世纪中叶以后心理学美学的广泛开展就使整个美学研究发生了深刻变化，移情说、距离说、精神分析美学、格式塔心理学美学等流派把美的本质也归于人的感情的投射，人与对象拉开了非功利性的心理距离，人的本能（性本能为主）的升华，对象与人的心理的异质同构等，这些说法从哲学上看都是主观唯心主义的，尽管它们都或多或少地揭示了美和美感的某些特点。因此，心理学所能解决的问题主要是对应于美学中的审美心理和文艺心理，却无法去解决审美客体的本质、形态和范畴等问题。不明白这一点，不论什么美学问题都运用心理学方法，不仅解决不了问题，而且还会产生极其错误的倾向和结论。

三、美学与伦理学

尽管美学与伦理学关系密切，但它们之间的区别仍然是不容混淆的。两者的区别主要表现在：

第一，美学研究的是人对现实的审美关系，伦理学研究的是人对现实的伦理关系，因此是不相同的。这也是美与善的区别。早在中世纪时期，托马斯·阿奎那就说过："善和美在本质上是同样的东西，因为二者都建立在同一个真实的形式上面；但它们的意义却不相同，因为善与欲望相对应，其作用恰如最后因，而美则与知识相对应，其作用如形式因。各种事物能使人一见而生快感即称为美。"因此，伦理价值——善是可以脱离外观形象的，然而却有着强烈的精神性功利目的，而审美价值——美却永远附于一定的外观形象之上，而且它是超越任何物质性或精神性功利目的的。

第二，两者有着完全不同的评判标准，不能相互替代。评判伦理价值的善，主要依据对象对人的利害关系，对人的行为、生活有好处有利益的就是善；而评判审美价值的美，主要依据对象的外观形象与人的审美需要的关系，能使人产生精神性愉悦的外观形象就是美。比如，评判一个人的相貌形体之美，主要是以这个人的面孔的形状、大小、肤色和五官的位置、形状、大小的搭配所形成的形象，这个人的高度、胸围、腰围、臀围等合比例地组成的形体来评判。若评判一个人的道德品质就不是依据上述这些形象要素，而必须依据一个人的言行是否对别人、对社会有利。同样评判一个人的行为，若评判一个人的行动的道德上的善，那就是依据这个人的行动对别人、对社会的利害；若评判一个人的行动的美，那就是依据这个人行动的姿势、动静合度所构成的形象。一个人的道德品质败坏当然可以影响别人对他的审美判断，但却无法完全否定他本身所具有的相貌形体上的美。有些人正是利用自身的某些相貌形体上的美达到了他们的卑鄙的、不可告人的道德的或政治的目的，像莫泊桑《漂亮朋友》中的杜·洛阿和司汤达《红与黑》中的于连·索黑尔就是如此。

四、美学与文艺学

美学与文艺学的区别主要表现为以下几点。

其一，文艺学的历史比美学的历史要悠久得多。从西方来看，从亚里士多德的《诗学》开始，文艺学就已经成为一门独立的学科，而美学则是到1750年鲍姆加通的《美学》出版后才成为独立的学科。在中国，从孔子《诗经》定稿开始就应该有文艺学了，至少刘勰的《文心雕龙》就已标志着独立的文艺学在中国产生了。然而，在中国独立的美学却是转道日本从西方引进的。按照陈望道在《美学纲要》中的说法："美学的历史很短，不过才产生了一百多年；中国之有美学，实以蔡元培先生提倡最早。"而按聂振斌（1991）在《中国近代美学思想史》中的说法，"王国维最先引进'美学'这一新概念"，时间大约就在1904年王国维研习和介绍康德和叔本华的哲学和美学之后。不论何种说法，都说明中国有美学这一独立学科是更加晚些的事情。

其二，美学的研究对象从一个角度来看，比文艺学研究得更广泛一些。美学不仅要以艺术为中心研究对象，还要研究艺术以外的自然和社会中的审美对象和审美现象。

其三，就文艺学和美学都研究艺术而言，美学似乎研究艺术的范围反而狭窄一些。文艺学不仅要研究艺术对现实的审美关系，还要研究人对现实的实用关系、认知关系、伦理关系。而美学则集中研究艺术对现实的审美关系，而一般不顾及其他关系。

其四，美学主要研究艺术中的抽象问题，因而被称为艺术哲学，更具哲学性质。而文艺学主要研究文艺的一些十分具体的问题，甚至细致到文艺创作中的一些具体手法，因此文艺学不及美学在理论上更抽象、更具哲学特点。

五、美学与自然科学

不管自然科学与美学关系多么密切，二者毕竟是两类不同的学科，区别主要表现为：

第一，自然科学是一种与人文科学、社会科学相对应的科学，美学则恰恰属于一门人文科学，它与社会科学的关系比与自然科学的关系更为紧密。美学以艺术为中心研究人对现实的审美关系，因此，它必定离不开人，艺术是人的审美创造，没有了人也就没有可能发生与现实的审美关系。正是人的实践、创造的自由生成了人对现实的审美关系，所以，美学是应该属于“关于人的科学”（广义的人类学）之类的科学，所以它是一门研究人对现实的审美关系的人文科学，比社会科学更关注人本身。像政治学、经济学、法学等社会科学则是更多地研究社会事物和社会现象，如政治制度、政党形式、经济制度、经济形式、法律制度、法律形式等，其对人的直接研究还是少一些。

第二，自然科学主要研究人对现实的认知关系，美学则主要研究人对现实的审美关系。正如前面所说的，人对现实的审美关系具有外观形象性、情感感染性和超越功利性。而自然科学所研究的人对现实的认知关系则具有内容抽象性、客观真理性和理论功利性。自然科学要达到对事物的内在本质、规律、本质关系的把握，因此，它不能停留在感性现象、外观形象之上，必须从感性认识深化到理性认识，而达到这种理性认识的途径是通过表象的概括性走向概念、判断、推理，从而形成抽象的理论，因而具有内容抽象性。认知关系要达到对对象的性质、状态、本质、规律的把握，就不能感情用事，不能受情感的直接影响，而要对对象采取客观、冷静的态度，以达到对对象的真理性把握，因而具有客观真理性。认知关系最终一般都应具有一定完整的理论形态或理论体系，通过这种理论形态或理论体系来实现人对现实的理论把握、精神把握，也具有十分明显的功利目的，尽管这种功利目的并不如实践把握（物质实用关系和精神伦理关系）那样直接，但仍然是不可超然物外的，因此多多少少有些利害关系，比如医学的研究就是要从理论上把握病理从而征服它，物理学的研究也是要更好地掌握水力、电力、电子信息等规律以用于开发利用，化学、生物学等无不如此。

【思考题】

1. 简述审美意象的主要性质。
2. 简述美学与自然科学的联系。
3. 简述美学与心理学的联系。
4. 简述美学与文艺学的区别。
5. 简述美学与伦理学的区别。
6. 简述美学与哲学的联系与区别。

第三章

旅游景观审美的原理与方法

旅游是一种集自然美、艺术美与社会生活美为一体的综合性审美实践活动。作为旅游审美对象的旅游景观则是一种具有审美信息、空间形式和时间立体性的观赏实体，是人们观赏品味而获得精神享受的主要内容。因此，旅游景观审美必然要了解审美的原理与方法，以使旅游者能掌握旅游审美的规律，在旅游景观的审美过程中获得更多的身心愉悦。

第一节　旅游景观审美的层次

旅游景观审美是一种具有递进特征的情感关系状态，不同的人对于同样的旅游景观会产生不同的感受和愉悦。因此，旅游景观审美具有典型的层次性，根据审美感受与愉悦的不同，将其分为形式美、意境美和意蕴美三个层次。

一、旅游景观形式美及其审美

旅游景观的形式美是人们最熟悉的美感形态，即形式所带给人赏心悦目的感官愉悦。如朗特花园的严整之美、辛辛那提滨河公园的律动之美。旅游景观作为一种客观存在，进入审美主体的主观世界的第一个层次就是表层审美结构层次。经过主体感知活动，旅游景观转换为主观性的表层审美结构。这个表层审美结构是旅游景观真正的审美对象，其独立美感形态表现为形式美。

（一）旅游景观形式美

形式美所在的层次是审美的初级层次，即艺术作品的形式层。形式美是旅游景观表层审美结构自己具有的独立审美功能，主要表现为悦耳悦目的感官欢乐。旅游景观中的鸟语花香、色彩交错、形态变换，首先带给人以丰富的感官享受。许多传统旅游景观的题名就点清了这层意思，如听松、沁芳。现代的许多旅游景观也特意针对耳目之悦，设计出“听风管”“触摸”等旅游景观设施。形式美有两种类型，包括秩序型形式美与变化型形式美。

1. 秩序型形式美

秩序型形式美即人们普遍认识的传统形式美，是指在历史演进过程中，形式所呈现的具有共同性、规律性的、广为接受的抽象的美，包括事物的自然属性（如形、声、色）及其间的组织原则（如对称、均衡、比例、节奏等，即传统形式美法则），是一种特指的符合人们审美习惯的、内容被固定下来的形式美，秩序是其主要特征。在旅游景观中，传统法国园林是以秩序为特征表现传统形式美的典型，如朗特花园、凡尔赛花园等通过规整的布局、清晰的轴线、严整的比例表现出传统形式美。

2. 变化型形式美

变化型形式美是指与传统形式美法则相悖的美感形态，如混乱、无序、怪异等，变化是其主要特征。也有人称之为传统形式美的审美变异。其实二者无论有怎样的差别，也都在形式美这个层次，本书统称之为“形式美”。

中国传统园林以变化为特征，是表现非传统形式美的典型，讲究“步移景异”，时常违背传统形式美法则，但却无可置疑地富含“形式美”。如耦园通过多变的山体、蜿蜒的池水、曲折的小桥、变换的视点表现出非传统形式美。

（二）旅游景观形式美的审美

“格式塔”心理学认为，审美对象形式结构的张力模式与人的心理结构的动力模式产生同构对应，从而形成审美体验。审美体验由于人们不同的心理模式而分化为秩序型与变化型两种类型。

1. 秩序型形式美的审美

人们普遍认为，秩序型形式美感源于先人对秩序规律把握的渴求。德国的沃林格在研究东方民族时说：“这些民族困于混沌的关联及其变幻不定的外在世界，便萌发出了一种巨大的安定需要……他们最强烈的冲动，就是这样把外物从其自然关联中，从无限的变幻不定的存在中抽离出来，净化一切依赖于生命的事物，净化一切变化无常的事物，从而使之永恒并合乎自然，使之接近其绝对的价值。在他们成功地这样做的地方，他们就感受到了那种幸福和有机形式的美从而得到满足。”因此，有学者认为在原始人心目中，原始艺术呈现出了规则、对称、简洁的图形，就等于在迷乱中创造了秩序、在混沌中创造了世界、在黑暗中创造了光明。李泽厚（1994）也认为，最早的审美感受并不是什么对具体“艺术”作品的感受，而是对形式规律的把握、对自然秩序的感受。这种对自然的秩序、规律，如节奏、次序、韵律等的掌握、熟悉和运用，使外界的合规律性和主观的合目的性达到统一，从而产生了最早的美的形式和审美的形式感。

这种原始的美感积淀下来，成为后来人类的形式美感的心理基础。“格式塔”心理学研究表明，完美简洁的“格式塔”，其形式结构都符合传统形式美法则，由于排除了混乱与紧张，使人感到愉悦、舒适与平静，因此与人们内心追求秩序的心理结构相契合。景观大师克雷的作品大多呈现的是这种秩序之美，如费城独立大道第三街区景观、科罗拉多空军学院景观等。这些景观的表层审美结构具有对称、统一、简洁、主从、均衡、协调、韵律、节奏、对比等特征，符合了人们内心积淀下来的美感心理，从而形成形式美的感觉。

2. 变化型形式美的审美

变化型形式美源于人们内心世界的另一种心理追求——对于变化的追求。美学家认为“美在于新奇”，新的刺激会使感知延长、视觉专注、愉悦感增强，从而形成美感。感官之乐多在于刺激的变化，可以免除“审美疲劳”。金学智（2000）评论说：“‘日日是晴风，西湖景易穷。’‘人皆游所见，我独观其变。’这是把握了‘变’的价值。正因为时间流程中天有不测风云，才能使园林景观日日生新，变化无穷，显现出丰富的美。”这种以变化为特征的形式美不同于人们观念中定型的以秩序为特征的传统形式美，所以可以称作非传统形式美，也有人称之为审美变异，其实都是形式美这一表面层次的不同形态。中国传统园林偏重于表现这种以变化为特征的形式美，讲求“步移景异”。园林中形态丰富多彩，空间曲折变换，就是要通过变化、新奇产生形式美。如西泠印社的多变空间、曲折的游线形成的变化之美。

在长期稳定、和谐的现代社会中，人们需要新鲜信息的刺激，需要非传统形式美的旅游景观形式。如 2007 年德国花园节的中心公园通过色彩、地形、肌理、流线等创造出充满变化的场景。解构主义作品如拉·维莱特公园就创造出非传统形式美。在当代旅游景观（其实包括所有的设计学科）的审美教育中，传统的秩序型形式美占据绝对的统治地位，以至于变化型形式美一直被边缘化。如何通过复杂化、语义化、意象化、意蕴化，突破传统形式美律条的束缚，正成为当前旅游景观艺术创作的重要课题。

实质上，秩序与变化体现着人们对于世界的认识。世界需要秩序，以保证稳定，但也需要变化以保证活力。过于秩序会形成束缚，过于变化则导致混乱。

二、旅游景观意境美及其审美

在表层形式美之外，旅游景观给人的中层美感就是意境美，它来源于由表层审美结构转换生成的中层审美结构。旅游景观艺术的这个中间层次，就是艺术形象层。依照林兴宅（1993）的观点，旅游景观审美的艺术形象——意境才是真正的审美对象，其独立美感形态表现为意境美。他说：“严格来说，通常所谓的‘艺术形象’实际上就是‘意境’或‘境界’。”

艺术形象层所具有的独立审美价值，就是通常所说的意境美。严格地说，按照文艺学理论应该称之为形象美，或称幻相美更为准确，才能全面概括意境美与意象美两种类型。

（一）旅游景观意境美

旅游景观中层审美结构具有自己独立的审美功能，就是生成意境美。意境是指由各种独立意象形成的一个共同境界指向的意象系统，经过人的想象、统觉、情感的重构而生成的虚幻境界，既有景物的客观特征，又有主体加工润色的情态特点。昆明大观楼长联描述了孙髯翁意中之境：“五百里滇池，奔来眼底。披襟岸帻，喜茫茫空阔无边。看东骧神骏，西翥灵仪，北走蜿蜒，南翔缟素……”这种重构之境超越了眼中现实旅游景观，大大拓展了视野范围与内涵深度，使人们从这种意境中感受到一种幻妙景象，体味出日常难有的超离之美，即意境美。

景观中的古藤“左盘右绕，筋张骨屈，既像骇龙腾空，苍劲夭矫，拗怒飞逸，又像惊蛇失道，蜿蜒奇诡，奋势纠结”。这些生动的景观形象引人进入一个想象的世界。现代景观大师哈普林擅长通过对自然景观形象的提炼与变换，创造出形神皆备的“城市山林”，带给人们如元朝维则在《狮子林即景》中所说的“人道我居城市里，我疑身在万山中”的梦幻般体验，如演讲堂前庭广场这种与现实若即若离、不即不离的状态，正是旅游景观意境美之所在。而哈普林的 Justin Herman 广场喷泉使人联想到城市历史上的一次地震，扭曲的喷泉形象塑造出地震后的惨痛场景，给人以象征性的体验。

旅游景观意境美不同于表层形式美的赏心悦目的感官愉悦，是心居神游所带来的悦心悦意之心灵愉悦。北宋画家郭熙在《林泉高致》中谈到“春山烟云连绵人欣欣，夏山嘉木繁阴人坦坦，秋山明净摇落人肃肃，冬山昏霾翳塞人寂寂”。这就是四时之境给人悦心悦意的意趣享受。在这种心灵的重构中，人就获得了一种心物合一的自由，即古人所说的畅神。

对于南京煦园不系舟一景的意境美体验，清代袁枚《不系舟赋》中描述得较为明确：“渺三山之在望，登一室之如舟……偶抠衣于绿野，恍遗世于丹丘……睹落而心殷稼穑，听波声而梦绕黄淮。”此赋中所言的意境，由不系舟之景而发，由诗人的主观所建构（如恍、心殷、梦绕），供诗人神游其中，象征性地达到了诗人的理想境界：“拙人涉世骑土牛，达人涉世乘虚舟。”中国传统园林中这种舟、舸、舫等景物都是为了暗示驾舟御海之意境——小舟从此逝，沧海寄余生，表现的是古人对于超离尘世的追求（孔子曰“道不行，乘桴浮于海”，见《论语·公冶长》），如退思园闹红一舸就是这种象征。

这种象征性的生存感受和体验就是意境美。古代园林、现代主题公园、游乐园主要带给人们的就是这种象征性生存感受。因此，旅游景观意境赋予艺术形象所具有的幻想性质，给人性以极度自由、充分的发挥与展现空间。李泽厚说：“这心灵的很重要的部分即是人化了的情欲。正是它，成为人的生命力量在艺术幻相世界中的呈现。这种所谓人的生命力量，就既有动物性的本能、冲动、非理性的方面，又并不能完全等同于动物性；既有社会性的观念、理想、理性的方面，又不能完全等同于理性、社会性，而正是它们二者交融渗透，表现为希望、期待、要求、动力和生命，它们以或净化，或冲突，或平宁静美，或急剧紧张的形态，呈现在艺术的幻象世界的形象层之中，打动着人们、感染着人们，启发、激励和陶冶着人们。”

（二）旅游景观意境美的审美

旅游景观意境美的生成源于旅游景观意境与生活经验不即不离的虚实相生。不即为虚，不离为实。

不离即所谓实。由于意境与生活经验二者同构相关，形成一种真实感，给人以再认的愉悦。亚里士多德说过：“人对于模仿的作品总是感到快感。”这是因为同构相关的幻境能够唤起人们的相关经验，并进行回味。旅游景观“在诉诸感觉和形成意象的过程中，就导致产生了某种听觉或视觉上的快感，同时某种意象往往伴随着某种特征的情绪和情感的体验。这本身就是艺术体验的一个环节、阶段或方面”。

不即，即所谓虚。由于意境经过了主体的加工，是非真实的、超现实的幻境，又使人体验到在现实世界无法得到的感受，从而获得精神上的象征性满足。现实世界充满了残缺、短暂的局限，满足不了人性中的生命需求，如希望、激情、自由等。而在艺术的幻象世界中，这些需求都会得到象征性的满足，从而带来心灵的愉悦。旅游景观意境与日常经验保持着距离，用“陌生化”使“距离产生美”，丰富了人们的经验，提供了欣赏世界的新视角。例如，庐山瀑布，经过李白的主体加工，形成“飞流直下三千尺，疑是银河落九天”的玄思之境，给人以壮丽、超然的感受。

勒温的拓扑心理学认为，人的心理现象是一个整体性空间现象，这一空间包括一个现实的人和围绕着这个人并对这个人的心理施加影响的环境，它们相互作用构成一个心理活动的空间，即“心理场”，它在人身上形成一个“心理紧张系统”，心理活动就是在“场内进行的心理紧张系统”的活动。这种运动趋向于人与环境紧张关系的缓和与解决，这主要通过两种途径：以实践行为达到目的；或是通过联想、想象等获得替代性满足，即象征。游戏、仪式、艺术等实际上都是一种象征。

艺术创作实际上就是把现实行动中难以解决的事物给予象征性的表现，达到某种心理与生存的平衡。对艺术形式的观照，引发主体潜意识的象征性表现，达到主客体和谐共存的状态。“在这种象征状态中，主体处于沉醉与超越之间的一种精神状态，即一方面主体沉浸在对象之中，处于‘物我同一’的体验境界；另一方面，主体又在这种自由体验中超越了现实自然的束缚，获得自我解放的愉悦。”因此，席勒认为，对形式的观照活动，是人类脱离动物的标志，是真正人性的开始。

对于不即不离的虚实相生使人生发审美愉悦，李泽厚从人类生活的角度阐释说：“由于我们日常生活的经验总是有限的、短暂的，甚至是残缺的，它们局限在一定时空范围内。于是人们便更希望从艺术的幻象世界中去得到想象的满足。人在艺术的幻象世界中常常由同情而愿意变成作品中的主人翁，自己变成了另一个人去经历生活……在这个过程中，你的心灵、情欲、兴趣甚至性格就不自觉地受到了感染、活动和培育塑造。”如Sacro Bosco公园的地狱门就会把人带入另一个构想的世界，使人产生猜测、联想，体味好奇、神秘、恐惧等别样的体验。

私家园林中的所谓隐逸生活、融于自然、归隐山林等实际上都是一种象征性生存。游乐园、主题公园所提供的活动，以及《体验经济》一书中作者所倡导的各种体验方式，实际上也就是提出了象征性生存方式。人们在这种象征性生存的意境中，获得了心物同一，主客体互渗的境界，体味心灵随意徜徉的自由感及对心灵创造力的满足、欣赏与愉悦。南宋张镃在《昭君怨·园池夜泛》中描述道：“月在碧虚中住，人向乱荷中去，花气杂风凉，满船香。云被歌声摇动，酒被诗情掇送。醉里卧花心，拥红衾。”作者在这种主客观交融的意境中，景情相生，心意酣畅，欣然自足，这种审美愉悦就是作者在园林中体验到的意境美。

按照象征性生存理论，可以认为旅游景观中层审美结构提供的意境美就是一种象征性生存带来的体验愉悦。“艺术作品中的时空倒转、变化，都扩大了自己对生活的参与，增强了对生命和潜能、情欲和愿望的实现，当然更加强了对人生的感受和体验。”因此，歌德说：“要想逃避这个世界，没有比艺术更可靠的途径；要想同世界结合，也没有比艺术更可靠的途径。”艺术可以创造出一个情景交融的幻想世界，满足人在现实中无法实现的心灵需求，这就是意境美的价值。

三、旅游景观意蕴美及其审美

在旅游景观的意境美之外，人们在优秀的作品中往往还能感受到意境背后存在着某种更深结构，会带来难以言表的心灵感动，生发无尽的意蕴，这是旅游景观真正的艺术价值所在。这种审美意蕴就是旅游景观的深层审美结构所形成的。旅游景观的表层审美结构、中层审美结构以及相应的形式美、意境美只是旅游景观两个层次的结构及美感形态，还不是旅游景观审美的根本，它们的终极目的是建构旅游景观艺术的深层审美结构——特征图式，以及形成终极美感形态——意蕴美。

（一）旅游景观意蕴与意蕴美

1. 意蕴与意蕴美的内涵

人们在欣赏旅游景观时，常常希望能够在旅游景观的表层形式背后，感悟到更深的精神内涵。优秀的旅游景观作品就能够超越平凡的作品，在形式美感之外，存在着某种特殊的结构，蕴藏深刻的意味，通达具有哲理意味的人生境界，能够激发人们生发丰富的思绪，给人以无尽的遐思。凡此种种感受、意绪、情思、体味，就是旅游景观激发出的审美意蕴，人们由此获得的精神愉悦，即意蕴美。

在审美过程中，主体在感知旅游景观意蕴的同时，自身的内涵便成为可供直观体验的对象，心灵深处的生命感、宇宙感、历史感等皆得以象征性的表现，因而获得审美的愉悦——意蕴美，这才是旅游景观欣赏的目的，是欣赏活动的本质内容。因此，所谓审美，就是主体心灵的象征性表现。所谓旅游景观作品的意蕴美，也就是主体在满足了象征性表现后所得到的审美愉悦。

2. 旅游景观意蕴的情意类型

意蕴从一般的理解上看是指主体在审美过程中的所感所悟，其内容是模糊、朦胧的，能够感知却不易明确的，即常言所谓“只可意会，不可言传”。意蕴如果从情与意的趋向上考察，可分为情感型与意念型两类。

情感型的意蕴趋向于主体感情、情绪等，表现为喜、怒、悲、愁等。如陈子昂的《登幽州台歌》中：“念天地之悠悠，独怆然而涕下”；卢纶的《题崔端公园林》中“旧山东望远，惆怅暮花飞”等。人们在故宫的高墙深院中会有雄伟壮丽的感受，产生臣服、崇敬之情；在长城的苍山古墙中则有恢宏、凝重的感受，产生怀古追思之情。这些都是主体的情感意蕴的生发。倾向于这种情感型意蕴的“境”，王昌龄称之为“情境”。

意念型的意蕴则趋向于主体在情感意蕴体验的同时，生发对人生、宇宙、历史等方面的丰富联想、思索与慨叹。如“先天下之忧而忧，后天下之乐而乐”是岳阳楼引发的范仲淹对人生的思辨。倾向于这种意念型意蕴的“境”，王昌龄称之为“意境”。

实际上，意蕴本身并非有情意之分，而是情意交融，意因情而真，情因意而浓，难分彼此，故而，王昌龄提出的“三境”在历史发展过程中，“意境”逐渐包容了“情境”，而成为中国美学的重要范畴。

（二）旅游景观意蕴的指向类型

伟大的旅游景观作品，与其他艺术一样，都是关乎人类的深层精神追求而得以永恒。优秀作品都必须具有两个条件，一是旅游景观意境要具有超越其表面寓意之外的深层内涵，如中国园林对于神居世界的向往表达；二是旅游景观意境要具有引人进入深层人生境界的能力。就像龙安寺石庭对生命与宇宙的表现一样，肯尼迪纪念碑也不是停留于表层的纪念意义，而是表现出人类生命意识中的悲剧性内涵。不同门类的艺术作品，虽然表面形式不同，但其意蕴指向却都集中在关于人类自身生存与发展的生命意识、关于社会与文化的历史意识与人类存在环境的宇宙意识三个主要方面。

1. 生命意识

生命的问题是人类永恒的问题。在无限的空间中，人的渺小无力；在永恒的时间中，生命之短暂无常，使孔子、苏格拉底、尼采、海德格尔及芸芸众生不断地探求生命的目的与意义，形成了人类心灵深处的生命意识。而艺术是表现生命意识的最重要手段。因此所谓生命力就不只是生物性的原始力量，而是积淀了社会历史的情感，这也就是人类的心理本体的情感部分。它是人是值得活着的强有力的确证。艺术的最高价值便不过如此，不可能有比这更高的价值了，无论是科学或道德都没有也不可能达到这个有关生命意义的价值。

（1）悲剧意识是生命意识中的根本意识。人的“悲剧性挣扎”（乌纳穆特）、“被抛入的设计”（海德格尔），使悲剧成为伟大艺术作品中的主题。如莎士比亚四大悲剧《哈姆雷特》《奥赛罗》《李尔王》《麦克白》，其中的大多数问题都是关于人与宇宙、人性、灵与肉、人生终极目标等根本性的问题。

（2）生命同时也是力量、意志与不朽的体现，是一种执着的追求与永恒的渴望。东西方皇家园林都以宏大的尺度、严整的布局、壮伟的气势，显示了“天行健，君子以自强不息”的生命力量与不屈意志。私家园林中的生机无限的景象又以万类欢欣的生命不息的特征指向了生命的喜悦与顽强。

（3）生命意识又表现为一种与生俱来的孤寂感。人类独处于茫茫的宇宙之中，生而寂寥。王维的《竹里馆》“独坐幽篁里，弹琴复长啸；深林人不知，明月来相照”生动描绘了在旅游景观中展现的人生孤寂。拙政园的与谁同坐轩意指“与谁同坐，明月清风我”，是社会生活孤寂的写照，更是生命孤寂的体现。日本枯山水讲求“枯、寂、佗”与日本茶庭的“和、寂、清、敬”，以及园林中的孤峰独立、老树孤存，也都是指向这种生命的孤寂。

（4）生命意识也体现为人格意识。人生存在世间，如何树立自己的生命态度，健全自己的人格，是有知者非常关注的。中国传统知识分子的人格理想较多地在自然景观与园林中体现，并得以滋养和健全。东汉仲长统在描述其园林时讲：“逍遥一世之上，睥睨天地之间，不受当时之责，永保性命之期。如是，则可以凌霄汉，出宇宙之外矣。”都是希望借助园林表现独立的人格。西方旅游景观则多用崇高来表现人格。例如，美国黑山四总统雕像、杰弗逊纪念碑、华盛顿纪念碑、大穹顶、大教堂，都在表现崇高的人类品格。

（5）生命感还体现为对自由的不懈追求。无论是旅游景观实境中的“鹰击长空，鱼翔浅底，万类霜天竞自由”，还是旅游景观意境中思想的肆意徜徉，旅游景观都以它自由的特征，给人以生命的自由表现。尤其是旅游景观的艺术性，使人类得以超越现实世界的羁绊与束缚，使人的精神在旅游景观意境中获得了归宿，并投射给世界以梦想的光辉，人在旅游景观意境中获得了自由与永恒。

2. 宇宙意识

人是宇宙的产物，认识宇宙也就是认识人类自身。艺术与科学，在两条完全不同的道路上都在对宇宙进行着不懈的探讨。对宇宙奥秘的探究，一直是人类心灵深处难以磨灭的强烈欲求，由此生发的宇宙意识，也贯穿着旅游景观发展的始终。在很多传统文化中，天人感应、万物交感是一种永恒的信仰，这在现代社会中依然延续着。康德在《实践理性批判》最后一章写道：“有两种东西，我对它们的思考越是深沉和持久，它们在我心灵中唤起的惊奇和敬畏就会日新月异，不断增长，这就是我头上的星空和心中的道德定律。”这句话甚至刻在了康德的墓碑上。“1953 年出版了三本美学著名书籍：尼古拉·哈特曼的《美学》、苏姗·朗格的《情感与形式》、杜夫海纳的《审美经验现象学》。三本书都重现了艺术作为情感符号因为与天地万物相同构对应而具有生命力量，都强调艺术作品是这种自然生命的形式。正由于人生意味与这种天人同构相沟通交会，使艺术作品所传达出的命运感、使命感、历史感、人生境界感等，具有了某种神秘的伟大力量。”

（1）东方的宇宙意识。东方的宇宙意识是一种和谐、浑整、天人合一的宇宙意识。董仲舒说：“天者，群物之祖也。故遍覆包函而无所殊，建日月风雨以和之，经阴阳寒暑以成之；故圣人法天而立道。”园林以无限广大和将天地万物笼盖无遗为特征，对“人天之际”的宇宙加以表现。人在旅游景观中，就是如同柳宗元所说“洋洋乎与造物者游，而不知其所穷。……心凝形释，与万化冥合”。

程颐、朱熹的“理一分殊”理论使咫尺山林可以象征宇宙的方法具有了理论根基。“理一分殊”理论认为，宇宙间任何微乎其微的事物（分殊）都毫无例外的最直接、最充分地体现出广大精微的宇宙本体的法理（理一）。只要能通过景物感受到宇宙本体存在、宇宙运迈无穷，再小的拳石勺水，也能使观者融入宇宙。就是在这种期待视野指引之下，欣赏者就会在旅游景观中体会宇宙间的云飞月落、物运时移，体会到宇宙中的神秘而深邃的气息。

东方旅游景观就是以其天理所依、芥子纳须弥的特点而指向宇宙意识。陈子昂《登幽州台歌》中“念天地之悠悠，独怆然而涕下”就是这种宇宙意识的情感表现。李格非在《洛阳名园记·湖园》中逐一描述了众多景点的具体风貌之后又说：“若夫百花酣而白昼眩，青蘋动而林阴合，水静而跳鱼鸣，木落而群峰出，虽四时不同，而景物皆好，则又其不可殚记者也。”这里他感受到的种种动势就是园林无处无时不在体现着极为丰富而又极为和谐的宇宙韵律。

（2）西方的宇宙意识。西方民族面对着与中国截然不同的自然地理环境，演绎出“天人相分”的宇宙观。西方的旅游景观也就较多地表现了先民与自然环境抗争所形成的对抗性的宇宙态度，以及对宇宙神秘性的恐惧与探求意识。突出人力之美的传统西方园林如勒诺特式园林，以笔直的大道、宽阔规整的草坪、高大的树木形成雄健的人工景观，强调了人与宇宙的区别；当代大地景观艺术如闪电原野，通过人工金属杆与自然闪电的联系与对比，对自然的神秘性加以表现，也是为了让人领悟宇宙意志的特别气息。

3. 历史意识

历史意识与历史感不是历史的表层事件，而是更深层次的、浸透在历史中的内涵，是体现在历史文化中的人类本质力量和精神，是人对浩瀚历史的体悟与感受。历史无所不包、无所不纳，人类的一切都在被历史所笼罩，对历史这个时间参照系，以及个体在其中的位置的寻求与把握，是人类心灵深处的不灭追求。

旅游景观中的历史感的形成，一种是靠表现，一种是靠积淀。富兰克林纪念馆内用框架形成的灵透空间，激发了人们对历史的追思与感怀，这是对历史意识的表现，较多依靠的是客体结构的表现。圆明园只剩下一个残垣断壁的遗迹，却能够让人心怀激荡，感伤不已，这是历史意识的积淀，较多依靠的是主体前结构的心理投射。在瞻园景观中，钱谦益“问楼外青山，山外白云，何处是唐宫汉阙”等，是旅游景观历史意蕴指向引发了欣赏者主体心中的历史意识的种种感怀，从而引起心灵与景观的共鸣，生发了无尽的意蕴。

（三）旅游景观意蕴美的审美

意蕴美的审美具有同构契合的特征。景观意境的特征与主体的心灵图式同构契合生成特征图式，在对特征图式的观照领悟过程中，主体心灵图式所蕴含的体验情感原型转换为具体的感受与体验，即意蕴，从中获得了审美愉悦即意蕴美。主体的心灵图式与旅游景观的深层审美结构——特征图式是核心概念。

1. 审美主体的心灵图式

（1）图式理论。

①康德的先验图式理论。哲学家康德用“先验图式”来阐释人类认识能力的心理结构。他认为，在认识活动中，现象与概念之间，并不是直接联系，而是必须存在一种中介结构，它一方面与范畴相一致，另一方面又与现象相一致。这样才使前者可能应用于后者。这个中间表象必须是纯粹的，这就是说没有任何经验内容，同时它必须一方面是知性的，另一方面是感性的。这样一种表象便是“先验图式。”图式的功能在于，“它能够把主体的心理形式投射在客体上，使之成为认识的对象，即‘现象’，主体在创造认识对象的同时，也认识了对象，即用后天的经验内容充实了先验图式”。康德的图式理论存在着唯心主义的局限，但他对于主体心灵图式的中介功能与特性的揭示，对于人们理解旅游景观艺术的活动规律与机制具有重大的意义。

②皮亚杰的认识图式理论。心理学家皮亚杰用“认识图式”来阐释认识活动中的主客体之间相互作用的机制与过程。皮亚杰认为，图式是指动作的结构或组织，这是一种动态的、认识的功能结构，能够区分作用与主体的各种刺激和相应产生的感觉，并对客体信息进行整理、归类、改造，最终整合到自身结构中。图式类似于一种分类系统，把环境进行分类、归档、存储；在具体的认识过程中，通过同化与顺应活动，对客体刺激

做出反应。皮亚杰指出了图式的发生机制。图式是一个动态的生成系统，主体遗传的本能图式只是一个起点，在之后的主客体相互作用中，后天非遗传性的图式逐渐建构起来。这个理论既正视族类的遗传因素，又强调了后天实践的作用。

③荣格的原型理论。心理学家荣格用原型的概念，从文化学与生物学的角度阐释了心灵图式的来源、构成与功能。荣格认为，原型是人类心理结构的最重要的构成内容。他说："我们在无意识中发现了那些不是个人后天获得而是经由遗传具有的性质……发现了一些先天的固有的直觉形式，也即直觉与领悟的原型。它们是一切心理过程的必不可少的先天要素。正如一个人的本能迫使他进入一种特定的存在模式一样，原型也迫使知觉与领悟进入某些特定的人类范畴。"他认为原型是文化积淀生成的。"从科学的、因果的角度，原始意象（即原型）可以被设想为一种记忆蕴藏，一种印痕或者记忆痕迹，它来源于同一种经验的无数过程的凝缩。在这方面它是某些不断发生的心理体验的积淀，并因而是他们的典型的基本形式。"从生物进化角度，他认为原型是生物本身先天固有的。"大脑的一定结构，它的奇特性质，并不能仅仅归因于周围的环境的影响。而且也同样应该归因于生物体的奇特的和自发的性质，归因于本身固有的性质。"

（2）心灵图式。

心灵图式就是人类心灵深处的各种情感与体验的原型结构，是每一次具体经验的基础。它是一种空筐结构，召唤读者填充建构。当它与特定的客体特征相遇合时，就会由其自身生发出具体可感的各种体验与情感反应。因而，它是客体形式与主体心理活动的必要中介。人们在旅游景观欣赏过程中生发的各种体悟与感怀等情感体验，如命运感、历史感、神秘感等，并非旅游景观中客观存在的，而是源自欣赏者自己的心理原型——心灵图式，一种普遍的情感类型就对应着一种心灵图式。旅游景观作品的艺术感染力，取决于主体的心理结构，因此，旅游景观的艺术创作，必须从主体的心灵图式入手，才有可能创作出深含意蕴的优秀作品。

巫汉祥（2002）认为"特征表象—心灵图式—特征图式的形式发展是一个漫长的互为因果的过程。在这个过程中，人类的整体积淀与个体活动、实践—社会与文化—心理、意识与情感、经验与体验、显意识与潜意识、实用目的与象征欲求等被整合统一了起来，某些基本特征表象积淀转化为心灵图式，心灵图式寻找或创造出新的对象特征，形成新的特征图式，其中某些特征图式又积淀转化为心灵图式，之后又创造出新的特征图式……这是一个互为因果、生生不息的生成过程，直到今天，这个过程还在持续。而心灵图式与特征图式这两个生成发展的系列本身则由人类的深层心理结构和文化形态（后来集中在文艺形态里）保留下来"。

积淀是心灵图式的承传机制，"只有那些经积淀、简化和抽象为基本结构的心灵图式才能代代相传。正是在这种不断简化的积淀过程中，人类的深层心理形成了最基本的经济有效的心灵图式。在生物水平上，它使主体保持与自然有机规律和宇宙物质规律之间的一致性；在高级心理水平上，它是主体深层象征欲求的抽象与投射机制的蓝本"。如此，通过建构与积淀，心灵图式成为不断整合、不断发展、不断继承的人类整体的深层心理结构与情感原型，影响着人类个体的具体活动与体验反应。

2. 审美对象的特征图式

与审美主体心理图式相对应，旅游景观存在着一种深层审美结构——特征图式，是审美对象的特征与主体心灵图式的契合物，是它投射、建构了主体的具体的情感体验。林兴宅先生认为，特征图式就是意境的特征与主体的心灵图式的同构契合物，也就是意境特征所表现出来的人类的“心灵图式”。旅游景观所形成的意境如果具有某种鲜明的整体特征，而这种特征又能够表现人类的某种普遍性的经验和情感类型，该特征即升华为特征图式。因此，特征图式是客体结构与主体结构遇合、整合、双向建构的结果，不是语言概念的表达。而是以形象特征表现出来，成为一种可供直观的对象。

特征图式具有抽象性与具象性，它抽象于人类心灵的普遍图式结构，具象于作品鲜明生动的特征性，如退思园中万物和谐的可感特征。它既是客体的艺术结构，连接客体，以客体形象特征为存在方式；又是主体心理结构，表现了主体的内涵。特征图式具有形象性，表现为旅游景观的整体特征，这种特征不是认识思维的抽象概念的特征，而是一个具体可感的形式特征，是通过直觉感知得到的。“‘特征图式’是艺术存在的深层本质，一方面它是审美知觉抽象的产物，是艺术形象整体的抽象结构样式，这种抽象使它能与人类普遍性的经验和情感的基本模式相连，成为人类精神生活的基本结构。另一方面，它又是依存于具体的艺术形象，因而成为直观的对象。因此，‘特征图式’是连接艺术本体与人的生命、统一艺术的物质特性与精神特性的中介。艺术的神秘性和永恒生命力的根源，最后都可以归结到‘特征图式’的特性上。‘特征图式’是艺术从个别走向普遍，从具体走向抽象，从有限通向无限，从感性的物质媒介通向理性的精神意蕴的真正秘密。”

伟大的艺术作品，如金字塔、秦陵汉阙、海明威的《老人与海》、罗丹的《思想者》、毕加索的《格尔尼卡》、贝多芬的《命运》……虽然艺术形式不同，但都具有永恒的艺术价值，就是因为有超越具体时代、具体地域的特征图式，指向人类普遍价值的存在。特征图式是一种超象的召唤结构，可以为不同时代、地域的人所把握，所投射、生发具体的而又都是通达人类共性精神追求的审美意蕴，所以有人称之为“经验共通性”。可以说，“特征图式”是优秀的艺术作品（即古人所说的上品）能够超越具体时代、地域、形象而指向人类普遍价值，从而得以永恒的根本原因。

3. 同构契合

旅游景观深层审美结构的功能是生成意蕴美，其形成具有同构契合的特征。旅游景观的意蕴是主体由旅游景观意境中生发出的情感与意识。心灵图式实质上就是人的体验与情感的原型系统，旅游景观中整体特征自身是一种动力结构，与心灵图式是同构对应的。当主体感知到旅游景观的整体特征时，特征就对心灵图式的系统产生激唤和催化作用，使其中的相应感验投射到旅游景观意境上，从而生成一种具体可感的特征图式。在主体对特征图式进行观照与玩味时，特征图式就激唤出心灵图式所包蕴的情绪体验，引发具体的情感反应，即深存的审美意蕴。这就是意蕴生成的同构契合特征。

从这个过程来考察意蕴，“象征意蕴可视为其内容，只是这是一种非常特殊的‘内容’，它是由主体‘填’进去的，特征图式只是宽泛地为它提供了某种潜在构架和诱导趋向（或曰指向性）”。“乐无意故能涵一切意。”特征图式作为一种类型结构，其功能便是以自身的“空筐”结构激唤读者的象征表现活动。“它作为一种抽象的框架，能够包容和充填进各种具体的经验和情感内容；它作为一种感性特征，能够激起深层心理的呼应与流动，唤起欣赏者自身的经验与情感的活动，在这种主客体双向流动与建构之中生成无限的意蕴。”

在契合过程中，主体的心灵图式是审美体验生发的内因，是情感体验的心理原型；客体的特征图式是决定、刺激主体情感体验方向与强度的外因，二者缺一不可。特征图式就是心灵的情感原型与感性公式，是优秀艺术作品的必备结构。如文学作品中，阿Q的“奴性人格”图式；绘画中蒙克的《呐喊》中“表达痛苦”的图式；雕塑中掷铁饼者的“生命力感”图式；以及传统园林中表现的“出世入世的痛苦”图式、“天人和谐”图式以及“天理流行”图式等。可以认为，一个特征图式就代表人类生命感受的一种结构类型。读者将自身心灵图式投射其上，并以自身体验充实、建构这个“空筐”而形成具体的情感体验时，主体自身心灵深处的生命感、宇宙感、历史感等皆得以象征性表现，因而获得审美愉悦，即意蕴美。

因而，旅游景观的审美公式就是：旅游景观物象→审美表象→审美形象→特征图式→审美意蕴。站在建构深层审美结构——特征图式的视角，重新审视旅游景观的表象系统，其根本目的就完全超出了表层审美的均衡、统一、协调等的形式美的感官愉悦。也完全超出了中层审美“可游可居”“奇妙幻化”的意境美的想象愉悦，而是为了构成作品深邃的哲理或诗情，即意蕴美。

第二节　旅游景观审美的结构

一、形式美的审美结构

（一）形式美的表层审美结构

所谓结构是“事物内在诸要素的相互作用方式，是事物各种要素相对稳定地按某种特定规则组合起来的有机整体的一种质”。旅游景观形式美的产生源于景观所具有的表层审美结构。从感知的角度来考察，这个表层审美结构是主体直觉抽象与建构的，旅游景观内在的一种系统属性、关系系统、稳定的秩序与有机形式，是一种特定的知觉式样，这个知觉式样就是完形心理学所讲的“格式塔”，也就是旅游景观系统的“知觉结构”。

完形心理学认为，一个艺术作品的审美结构就是一个审美知觉的“格式塔”。阿恩海姆解释说：“观看者的欣赏往往从作品的某一部分开始，但开始之后便急于把握整个作品的主要骨架，寻找到它的重心，用一种试探性的行为刺探它的整个结构，以便判断出它是否与它表现的整个内容相适合。如果这种探察成功了，作品看上去便处于一种与之协调一致的结构中，或者说，处于一种能充分向观看者阐明该作品意义的结构之中。”这种结构不是树木、水、石等实体，而是对它们的抽象，是其存在的组织方式，但又不是精神现象，是一种既实又虚的客观存在。如美国华盛顿州 Renton 水园，是以水池、小径、湿地、植物等，按照艺术与生物净化的秩序形成的一种结构。每个真正的旅游景观，与其他景观可以物象相同，但其结构却必然是独特的、唯一的，因而旅游景观的结构是决定性的艺术本体。如畅园与怡园同样采用的是建筑、水体、植物等景观元素，就因为内在结构的不同，才形成了不同的形式。

知觉结构就是旅游景观的表层审美结构，它是物质与精神的双重存在。"'结构'是艺术作品的物质实在过渡为艺术虚像的中介，通过这一中介，艺术作品超越自身的实在性而转化为审美的存在。这种'结构'是艺术的本质性存在。"从系统构成的角度，旅游景观表层审美结构，实质就是由审美表象为基本单位构成的一个审美表象系统。

（二）形式美的审美基本单位——审美表象

1. 表象

表象是人类认知活动与审美活动的基础形象，是经过感知的客观事物在头脑中再现的形象，是人对客观事物的感官感知与知觉加工的结果，是对客观事物的直接感知过渡到抽象思维或形象思维的中间环节。

旅游景观中，人们所见的墨西哥卫星城入口标志其实就是主观感知的表象，而非客观景物本身，但这种表象又来源于客观景物的物象系统，并非凭空产生。表象不同于视网膜上的映像。完形心理学认为，表象是知觉进行积极组织或建构的结果，知觉尤其是视知觉具有某种程度上的思维加工能力。但表象还没有上升到思维的高度，还只是对外物的基本感知。既有来源特征的客观性，又具有经知觉组织重构后的主观性。表象不是意象，因为只是初级的感知觉参与，而没有情感与经验的参与。表象也不是概念，因为还未有理念的参与，它的生成要依靠感觉器官的感觉与知觉活动。

2. 审美表象

在不同的感知目的、态度决定下，表象分化为认识目的表象（求真）、评价目的表象（求善）和审美目的表象（求美）。由于真、善、美的分化，旅游景观结构分化为认识结构、评价结构和审美结构。在目的表象分化过程中，知觉的选择是目的表象形成的内在基础。阿恩海姆认为，"从一开始，它们（感官）的目标就对准了或集中于周围环境中那些可以使生活变得更加美好和那些妨碍其生存活动顺利进行的方面"。马提斯就曾经说过，绘画时眼中的西红柿与吃饭时眼中的西红柿是明显不同的。

清代画家郑板桥对于这种艺术现象曾做过深入的分析，提出"眼中之竹，胸中之竹，手中之竹"的说法。"江馆清秋，晨起看竹，烟光日影露气，皆浮动于疏枝密叶之间。胸中勃勃遂有画意。其实胸中之竹，并不是眼中之竹也。因而磨墨展纸，落笔倏作变相，手中之竹又不是胸中之竹也。""眼中之竹"实际上已经是在审美目的与态度下，经过选择与抽象，略去竹子的功能、意义，而只强化关注竹子形态的一种"审美之竹"。

旅游景观的审美表象"眼中之竹"就是在审美目的驱动下，经由感知觉的选择力、抽象力、整合力作用，通过审美活动，人的内心形成的一种对客观景象重新建构的知觉结构体，是在目的表象分化过程中，取向于审美目的的表象。人们观赏到的旅游景观都是这种对客观景象在审美目的下进行抽象与建构的结果。审美表象的作用有两个方面：

在纵向上，审美表象是构成中层审美结构单位的审美意象的基础；在横向上，由许多表象形成的表象系统营构出一个主观物境。

（三）审美表象系统

旅游景观的表层审美结构是以审美表象为单位构成的审美表象系统。审美表象是对旅游景观物象的单一的感知，如一棵树、一张座椅，而审美表象系统则是对旅游景观物象系统的整体的感知，如辛辛那提滨河公园、纽约中央公园等一系列有内在秩序的审美表象系统，也就是一个审美表象结构体，一种“格式塔”。审美表象系统是经过主体感觉知觉加工的产物，带有主观、客观的融合特征，它含纳了审美表象的几方面要素：

1. 审美表象的形态

中文的“完形”强调的是这层意思，如树的形态、水体形态。

2. 审美表象的结构

结构是审美表象内在的组织关系，如树的枝叶结构、景区结构。结构的存在使“格式塔”超越了一般的形式、形状概念。

3. 审美表象的系统

“格式塔”还包括了视觉表象之外的一切被视为整体的东西，形成由温度、湿度、风、雨、声、味等构成的审美表象系统。

4. 审美表象的独立性

构成整体的独立成分，并不因构成整体后而失去独立地位。如旅游景观中的雕塑、材质、粗糙质感，都是构成“格式塔”的因素，也是“格式塔”的指涉内容，有时就是一个小“格式塔”。

审美表象系统作为一个“格式塔”，不只是一种外在形式，而是一种严整的结构系统，甚至是一个包容多个小“格式塔”的复杂“格式塔”系统，牵一发而动全身，不可随意更改。

因此，旅游景观形式美的创作原则应该遵循的是完形原则（注意不是“格式塔”心理学的完形法则），即无论是秩序型形式美还是变化型形式美，都要以创造完形（格式塔）为目标，围绕特定的审美表象系统，进行有序的结构组织，而绝不能是景观元素的简单堆积、设计手法的随意滥用与成功实例的盲目抄袭。

南京瞻园

二、意境美的审美结构

（一）意境美的中层审美结构

旅游景观中层审美结构是意境美的来源，是表层审美结构经过主体的统觉、想象与情感作用后建构成的审美幻境，就是旅游景观的艺术形象，即意境，它是旅游景观的真正审美对象，这是从表现形态角度考察。从系统构成的角度考察，旅游景观中层审美结构是由审美意象为基本单位构成的一个审美意象系统。

意象是指独立表象生成的幻象，如旅游景观中小溪生成的长河意象。意象包括结构意象和具象意象两种类型。意境是指群体意象所生成的幻境，包括象内之境与象外之境。象内之境是指意象系统组合之境，是意境的实境部分，如狮子林生成的狮子如嬉的幻境。象外之境是指意象系统整合幻化之境，也就是意境的虚境部分，如残粒园中有限山水生成的无限空间，以及一池三山表现的“神仙居境”。按照现代审美心理学的阐释，这种幻境是人类幻觉机能的产物，也被称为审美幻象、审美幻境。审美幻觉从 18 世纪起就已经是西方美学的重要概念。戏剧、电影、游戏都是依赖于审美幻觉来建构艺术形象，奥地利艺术评论家冈布里奇对此研究出版了《艺术与幻觉》一书；苏珊·朗格则用“幻象”或“基本幻象”来指称“意中之象”，即心灵重建的幻觉中的形象。

旅游景观意象与意境，作为幻象，具有多样性、朦胧性、宽泛性、非确定性、不可言说性，需要去体味、感受才能察知。“一峰则太华千旬，一勺则江湖万里”，人们在拳石勺水的园林中体味到东海仙境之妙，实质是通过欣赏所“幻”出来的意境来体味。

旅游景观是一个多层次、多对象的复杂审美系统，从中层审美结构的角度，独立意象与局部的意境以及整体意境，都可以成为审美对象，生成不同的审美感受，一丛竹，一片水，一峰石可以独赏；一个小园可以独立成境；几个小园又共同成为另一种境界存在。由于历来的意象与意境的复杂关系，本书将从旅游景观的中层审美结构的基本单位——审美意象开始梳理。

（二）意境美的审美基本单位——审美意象

1. 审美意象的概念

审美意象是古今中外文艺理论中的一个重要核心概念，许多人甚至主张用审美意象作为文艺体系中的“第一块基石”。对于意象的理解，众说纷纭。归结起来可以认为，意象是指客体的表象与主体的感知、思想、意念融为一体而尚未抽象为概念、观念之前，在头脑中生发的具体而生动的形象。

意象在中国的发端，可以追溯至《周易》中的“立象以尽意”；经过汉代王充的概念确立；魏晋南北朝时期刘勰的美学范畴的摄纳；以及唐朝以后的进一步发展，“意象论”逐渐成熟与完善，而后“意象论”演进为“意境论”。王昌龄、司空图、皎然等对此都做出较多的阐述。至今，意象仍然是中国学者不断关注、不断探讨的重要概念。

在西方，古代希腊时期已经出现了“意象”的概念，亚里士多德的“意象”侧重于表象；公元三世纪朗吉努斯的“意象”已经包含了“意”与“象”的统一。后来，黑格尔、康德，意象派创始人庞德、苏珊·朗格、荣格等人都从不同角度、不同侧面论述了意象的特征、生成等内容。

意象可以根据感知目的不同划分为认知意象（唯真）、评价意象（唯善）和审美意象（唯美）。本章所指的意象是指审美意象，即在众多类型的意象中，那种在“审美活动中将具有审美特性的客体表象同主体思想、情感、理想相融合，并经过想象、创造而孕育于胸中的新形象”。“是意象的一种具有审美心理内容的特殊形态，是一种渗透着主体审美评价、情感态度、审美理想和创造力的意中之象，是被接纳的具有审美特性的客体事物的‘象’与主体的智、意、情的统一体。”例如，白居易曾在《太湖石记》中写道：“有如虬如凤，若跧若动，将翔将踊，如鬼如兽，若行若骤，将攫将斗者。”这是白居易对于太湖石而想象出来的审美意象，具有自身的独特性格特征与形象魅力，也引发欣赏者进入幻想世界。乔万尼二世庭院雕塑——夜间勇士生成的火烈鸟的意象就是这样生成的审美意象。

审美表象是审美意象的生成基础。“美学之父”鲍姆加通说：“意象是感情表象。”郑板桥的“胸中之竹”就是“竹”的审美意象，生成于“眼中之竹”的审美表象。洪毅然这样阐述：“在表象的基础上，唤起种种相关的生活经验之联想……由此及彼地不断泛化、深化、丰富化，遂给‘表象’染上情绪色彩，注入主观内容，而与一定情意相结合起来，于是乃在脑中、心目中逐渐形成为饱含思想、感情、审美意趣而表现精神意境之‘意象’。”但审美意象与审美表象相比，后者外在的成分多，而审美意象经过心灵作用，已转化为主体内在生命的一部分，成为情感表现的一种形式，具有个别性与独创性。审美意象在创作中表现为构思中的创作意象；在审美活动中，表现为鉴赏过程中的审美意象。按照其感知特点，还可以分为视觉意象、听觉意象、触觉意象、感知意象、记忆意象、再造意象等。

2. 审美意象的生成

意象具有整合重构的可变特性，具有衍生创造新意象的功能，由此可以区分出原型意象与衍生意象。原型意象从现实物象原型中生成，趋向于客观原型的再现，如夜间勇士雕塑生成的火烈鸟的意象。衍生意象从原型意象中衍生而成，趋向于主观想象的再现，如峰石生成的鬼神意象。原型意象是意境中实境部分的基础，衍生意象是意境中虚境部分的基础。

（1）根据事物相似性原则，衍生出新的意象。“大多数的意象很快就和那些在时空上与它接近的其他意象联系在一起”。例如，由一棵棕榈树联想到它所生活的热带海岛的环境意象。这种横向发展的联想衍生机制，是一种普遍的基本机制，是从有限旅游景观意象生发出无尽意象系统，从而构成意境的心理基础。

（2）根据事物的特征同构原则，创造新的意象。“某些意象具有显著突出部分，这可以导致产生有着同样显著特征的意象。”例如，从一棵柳树的下垂特征想到人悲哀的意象；由几块相近的顽石想到群聚闲谈的几个朋友的意象，下垂与悲哀，相近与群聚，具有特征上的相似或同构，从而引发相关意象的产生。

（3）根据事物的特征同构原则，创造超现实的变形意象。“有的意象是另一些形象的凝缩和融合，而这些原来的形象在现实世界中本来是分离着的。比如某种意象可以显现出半人半鱼的样子，好像一只海妖。”如澳登瓦尔德庭园雕塑形成的人形生物意象其实就是这种变形衍生的超现实意象。

优秀的旅游景观特别是中国传统园林，都十分重视审美意象的生成，重视审美主体的能动作用。例如，中国园林的峰石与西方园林中的抽象雕塑，都可以很好地引发意象。旅游景观中的这些意象将现实世界极大地拓展为艺术世界，在那里，现实的真实性让位于想象的真实性，心灵的自由战胜了现实的局限，人们因此获得了一个自由的世界，以及由此而来的心灵愉悦，这是旅游景观中层审美结构的艺术目的。

（三）审美意象系统

旅游景观的中层审美结构的内在系统，是以审美意象为基本单位构成的审美意象系统，也有人称之为意象群或者意象体系。“审美意象有多种形态、多种类型，而在这些类型之间既有递进的关系，如由单一意象发展为复合意象，由感知意象、记忆意象发展为创造意象；又有相互交叉、叠合、渗透的关系，如动态意象、静态意象、复合意象、再造意象、创造意象等都不是孤立存在的，而是往往交织在一起，构成了整体的审美意象系统。”

这是审美主体在表象基础上营构出的一个主观体系，因而是因人而异的，但是都存在着一个总体倾向。虽然人们常说，有一千个读者，就有一千个哈姆雷特。但这一千个哈姆雷特其实依然共有着哈姆雷特的某些基本特征，这些基本特征就是在文本指引下、语境规约下形成的一个总体倾向。

意象系统的内在秩序是语境。对一棵树的独立欣赏或把它放在一个整体旅游景观环境中去欣赏，得到的感受是不同的，这是因为语境的规约作用。人们将语境中的各种物象作为一个系统，站在审美的角度，直接建构出相互关联的一个意象系统，语境就是人为设定的一种内在秩序，使松散、多义、独立的意象凝聚成一个有机整体，表现出松散意象难以达到的审美效果。

这就要求旅游景观物象之间能够相互建立联系，构成有机整体的文本结构。每个独立的旅游景观意象，都有各自的审美价值，如秋枫之绚烂，小溪之清幽。但是，旅游景观中的意象如果各自为政，而互不相干，不能形成一个有机系统，则失去了整体存在的价值与意义，不能深化为意境，无法引发更深层次的审美活动。优秀旅游景观中的山、水、石、树等诸多物象都形成一个相关联的整体，最终目的是要建构一个有机的意象系统，而劣质旅游景观则只是旅游景观物象的简单堆积，哪怕每个物象都美若天成。

旅游景观审美意象系统的功能是生成审美意境。旅游景观中层审美结构从系统构成上是意象系统，从表现形式上就是意境——在审美意象系统基础上生成的审美幻境。

1. 意境的概念

意境是中国古典美学的核心范畴。刘勰为意境理论奠定了基础，王昌龄首创了意境范畴，皎然提出了取境说，司空图论述了意境形态，陆时雍建构了“情境创造”论，王夫之阐释了“情景交融”，梁启超倡导了“新意境”说，王国维的“境界”说被人们认为是“意境”美学的集大成者。

古人的意境概念，含意丰富，但失于混同，不够严谨，既是物境、情境、意境的混同，又是意境与意象的混同，也是意境与意蕴的混同。如果用于表述审美过程中的深层心理的浑整状态是正确的，但是用于理论分析、创作研究，则不够精确严谨，所以在学术研究中应该仔细分别、清晰界定。

从意境生成的角度，本书同意“意境生于象外”的说法，即意境是意象系统诱发、建构的艺术境界，是经过群体意象所生成的幻境，是严格意义上的艺术审美的对象。叶维廉说：“中国诗的意象，在一种互利并存的空间关系之下，形成一种气氛、一种环境，一种召唤起某种感受但不将之说明的境界，任读者移入境中，参与完成这一强烈感受的一瞬之美感体验。”这种“不将之说明的境界”就是意境。叶朗说：“‘境生于象外’可以看作对于‘意境’这个范畴的最基本的规定。‘境’是对于在时间和空间上有限的‘象’的突破……‘境’是‘象’和‘象’外虚空的统一。”

因此，“境生于象外”即旅游景观的意境是由具体的意象生化而成的，意象是其构成的基础，意蕴是其审美价值形态，情境是包容在意境概念中的侧重情感表现的意境。

2. 意象与意境的关系

“境生于象外”。意象是构成意象系统的基本单元，意境是意象系统的整合产物，是由意象的实体性、个体性向意境的空间性、群体性转化的结果。例如龙安寺，孤立地看，几块石头，一片白沙，各自独立的意象难以生成意境，而将它们有机地组织在一起，顷刻之间，小小的庭院便会幻化生成万顷波涛。意象有时也被独立视为艺术形象，特指单一具体的幻象，如水中石头生成的岛屿意象。单独意象也可以构成观照欣赏的对象，如峰石的如虬如兽、池水的波澜与平静，但是不一定与作品整体的意境有共同的审美方向，可能是自成系统、自成作品。

绝大多数情况下，旅游景观是一个或数个物象系统，由此深化为一个或数个意象系统，最终以一个或数个意境形式成为人们的审美对象，这构成了旅游景观的层次性、多样性，也形成了整体意境与个别意境并存的状态。优秀的旅游景观作品的创作规律是在意象系统的语境规约机制下，各个单独的意象隐弱其各自的多重可能的情意指向，而强化突出它们共同的情意指向，营构出一个有机的、完整的意境。

3. 意境与意蕴的区别

从理论分析的研究角度，意境可以区分为“境”与“意”两种突出特征。“境”就是前述的审美幻境，偏重于客体形态；“意”就是“意蕴”，偏重于主体的情感感受。意蕴是主体在对意境中的欣赏体验中生发的情态，是更深层次的审美产物，是旅游景观深层审美结构的作用结果，不应与“意境”混同。

从实际艺术体验的角度，两者是浑整的；但从研究的角度，两者是两个层面的东西，混而论之，是造成历来的意境论立论繁多而又难以明晰的原因之一。因此，应该把古人的“意境”区分为“境”与“意”两部分，用“意境”表述偏重于客体形态的审美幻境；用“意蕴”表述“意境”中偏重于主体的情感体验。

一般旅游景观形成的意境只能给人具象的美感，是因为有的意蕴局限于个人的情感体验而缺少经验共通性；有的是停留在浅层的意识而缺乏文化深度。这种意境是意境中的中、下品。优秀的旅游景观形成的意境给人以更深刻的体验与感悟，在于其具有整体特征，能够形成深层审美结构——特征图式，可以激唤主体生成人类共同的意蕴指向，如生命意识、历史意识、宇宙意识等。

4. 旅游景观意境构成的两种类型

第一种类型是因构成境。这种旅游景观同抽象艺术一样，没有现实生活中的具体形象，只是抽象的几何结构形象，由此而生成的审美幻境称为结构幻境。例如草地或是地上的波纹线形成的海浪幻境、亨利·摩尔的两个球形雕塑生成“母与子的意境”、建筑飞檐产生如翼似飞的意境、流水别墅结构生成的如岩石层叠而出的意境，都是审美主体从旅游景观的结构形式出发，生成的结构幻境。因此，抽象结构生成幻境的难度比较大，需要欣赏者具有较强的审美感受力与想象力，因而较多情况是专业工作者、艺术家能够想象到、欣赏到结构幻境，而一般人只停留在其形式的表层，感受到的是它的形式美。

第二种类型是因象成境。因象成境分为两种情况：象内之境与象外之境。象内之境就是由多个意象构成的一个叠加的、并列的、具象的意象群的环境，"见山是山，见水是水"。例如，狮子林，把石头看成狮子，把石洞看成山洞，但是意象各自独立并置，仅仅是相加成境，还不是化合成境。

象内之境，没有超出意象所给定的范畴，只是意象群体构成的具体实在的境界，虽然没有更深的内涵，但是大众都能够接受，也多能够感知，所以也有一定的独立价值。它是意境的实境部分，而象外之境则是由此生发的，称为虚境。象内之境作为实境，由原型意象构成，倾向于对自然原型的再现，也更容易被主体感知和生成。"与自然原型太接近的表象的刺激度往往被感知力的'惰性'所降低，因为对某种司空见惯的对象人们是不会'眼前一亮'的，甚至会视而不见；而与自然原型太脱节的表象，又难以唤起注意，或由于对感知力和经验难度过大而受到排斥或抑制。只有那种准确地捕捉和体现了对象特征的感知对象才具有最佳刺激度，它既具有适度的新奇性和变形性以唤起感知力的注意，又具有与自然原型特征上的相似性和熟悉性，足以维持注意和调动记忆表象的重现。"如拙政园香洲如舟行水上，生成"乘桴浮于海"的意境，就是象内之境。

象外之境。龙安寺枯山水中的白砂转换成海浪、石头转换成岛，这是意象的生成，而由此将庭院之景生成海中岛屿的景象，这是象内之境，是实境；再由海中岛屿的实境幻化成神仙居境，这是象外之境，是生成的虚境，虚境大多是由衍生意象构成的。这个幻化成的"神居仙境"的旅游景观境界才是真正的旅游景观的审美对象。由此生发出的禅意、意趣则是这个意境的内在意蕴。侯幼彬先生阐释说："审美意象的这种组合，类似于电影镜头的'蒙太奇'组接。……这种'蒙太奇'组接，通过意象与意象的整合、剪辑，产生连贯、呼应、悬念、对比、暗示、联想等作用，经由'以实生虚'，在组合体中产生大片的'虚白'，强化原有意象的比兴效能，派生出本身所没有的、远远大于它们相加之和的东西。这种远大于相加之和的'新的表象、新的概念、新的形象'，就是'象外之象''景外之景'。它是审美意象整合升华的产物，它与'象内之象'和构成'象'与'象外虚空'的统一，实境与虚境的统一，从而达到实与虚、形与神、有限与无限的辩证统一，使旅游景观成为具有更多'空白'的召唤结构，具有含蓄无垠的'弦外之音'和'味外之旨'。"

达到象外之境才是意境创造的最终目的。只有实境，意境则过于具象写实，平淡无奇；但没有实境，虚境则无以为生。真正的意境是实境与虚境的有机统一。侯幼彬（1997）先生认为，"实境作为'象内之象'，是特定的、自在的、可捉摸、可感触的，是可以凭感观觉察，直觉把握，不思而得的；而虚境作为'象外之虚'，是不定的、虚幻的、难以捉摸、难以感触的，需要通过感悟和想象才能领略的。实境具有稳定性、直接性、可感性、确定性的品格；虚境具有流动性、间接性、多义性、不确定性的品格。蒲震元（1983）称实境为意境中的'稳定部分'，虚境为意境中的'神秘部分'"。他指出，实以目视，虚以神通；实由直觉，虚以智见；实处就法，虚处藏神；实以形见，虚以思进。这是对实境与虚境的性质、特点的精当概括。

三、意蕴美的审美结构

旅游景观的深层审美结构是由中层审美结构转换生成的，就是特征图式。特征图式是艺术作品特征所表现出来的人类的心灵图式。特征图式具有抽象性与具象性、形象性与超象性。特征图式的具体存在方式就是艺术形象的整体结构特征，在旅游景观中，“特征图式”表现为意境的整体特征。旅游景观意境的特征与心灵图式产生同构契合，生成特征图式，激唤出主体心灵图式所蕴含的情感体验原型，生成具体的、个人的、当下的情感体验，即意蕴。

1. 基本单位——特征

旅游景观深层审美结构是特征图式，其基本单位是特征。特征是指事物或现象的特性或特质的外在标志，是组成本质的个别标志，在旅游景观中表现为一个细节、一个元素、一个场景等物象形态。林兴宅先生认为特征具有独特性和妥帖性。独特性是指一种超出常态、与众不同的表现，从背景中脱离出来的特殊性。如石之古、拙、奇、秀的体貌；梅之曲、屈、横、斜的姿态。妥帖性是指通过少量特征便能直接掌握事物的抽象本质。泰纳喷泉以数块顽石，一缕清雾，通过突出大自然变幻莫测的特征来表现自然之神秘性，就是妥帖地以少量特征展现表达对象的本质。特征在审美活动中具有结构动力性与激唤功能。特征具有凝聚性、拓延性、新颖性与刺激性，信息高度聚集，能引发人的丰富联想。因此，特征对主体心理活动具有刺激、指向、诱导与激唤功能。

特征具有重要的功能。歌德认为，“艺术的真正生命正在于对个别特殊事物的掌握与描述”。“这种显出特征的艺术才是唯一真实的艺术。”艺术家的创作往往是客观事物的形式特征引发的。弗朗西斯·蓬捷曾说：“我必须首先声明，对于我来说，最有诱惑力的是具有出色的魅力和鲜明特征的东西。这种具有鲜明特征的东西，在物质世界中首先映入我的眼中，通过思维升华为意象，再经过加工转化为具有形象性的记号，这就像大部分哲学家在对普通事物的理解基础之上进行概括抽象一样，是人的一种精神创作活动。”如南京大屠杀现场，以其悲惨特征激发了齐康先生的创作激情与灵感。所以，艺术家、美学家历来都高度重视艺术中的“特征原则”，有其深刻的内在原因。

2. 特征系统

旅游景观深层审美结构的内在系统是以特征为基本单位构成的系统，是由多个独立意象的特征在特定艺术语境指引规约下整合构成的。如《天净沙·秋思》中枯、老、昏、小、古、西、瘦、夕、断、天涯等意象特征构成的具有整体特征指向的特征系统，以及《江雪》一诗中，绝、灭、孤、寒、独等特征形成的特征系统。在旅游景观中，拙政园则运用了活、全、生、动等特征构成了特征系统；侵华日军南京大屠杀遇难同胞纪念馆运用了枯、死、残、寂等特征构成了特征系统。

语境是人为设定的特征系统的内在秩序，使松散、多义、独立的意象特征相互建立联系，凝聚成一个有机的特征结构。语境通过对特征群进行同向强化、异向强化、复合强化等规约作用，将各种意象特征建构成相互关联的一个意象特征系统，从而形成旅游景观的整体特征，构成作品的深层审美结构——特征图式。因此，创建特征系统是深层审美结构创作的关键。

3. 特征图式的存在与感知

深层审美结构——特征图式的存在方式，就是作品意境的整体特征。而意境的功能就是承载这个特征。如马致远的《秋思》，被认为是最有意境的上品。“枯藤老树昏鸦，小桥流水人家，古道西风瘦马。夕阳西下，断肠人在天涯。”枯藤、老树、昏鸦，小桥、古道、西风、瘦马、夕阳、断肠人、天涯等一系列具有突出特征的具体意象形成一个枯败、萎缩、惆怅、没落的意境。但仅此还不是成为上品的根本原因。根本原因是这些意象所承载的一系列特征构成了特征系统，凝聚成整体特征指向了“漂泊感伤”的特征图式，这个特征图式对应着千古以来世人心中的共同情结，才能感动世人，成为千古绝唱，成为意境的“上品”。同样，在天坛中，“宏大”“宁静”“纯净”“空阔”等特征成为“天的神圣”特征图式的外在形式。

特征图式的具体存在方式就是意境的整体特征，即意境的独特的结构样式。以柳宗元的《江雪》为例，“千山鸟飞绝，万径人踪灭。孤舟蓑笠翁，独钓寒江雪”。“孤舟”“独钓”与“千山”“万径”形成强烈的比照，突出“世人皆醉，唯我独醒”的孤高之感;“千山鸟飞”“万径人踪”的生动热闹却与“绝”“灭”、虚无、沉寂映衬。这种意境特征中，可以强烈地感受到一种遗世独立的情趣与个人追求，而这正是志者失意的情感范型，它构成了《江雪》的特征图式。

第三节　旅游景观审美的形成机制

一、形式美的形成机制

旅游景观表层审美结构的生成在于主体对物象的感觉感知与知觉加工。

（一）感觉活动

旅游景观物象进入主体世界形成的是感觉。感觉是“对客观现实个别特性（如声音、颜色、气味等）的反映，是由来自物质世界的一定刺激直接作用于有机体的一定感觉器官所引起的……它同知觉紧密结合，为思维活动提供材料。”

旅游景观的感知是多种感觉共同作用的综合结果，旅游景观的形式、色彩、空间等作用于人的视觉，晨钟暮鼓、鸟语水声作用于听觉，花香气味作用于嗅觉，冰寒清风作用于人的肤觉……综合性、动态性是旅游景观感觉特性所在。以听觉为例，巴拉兹曾说：“只有当我们看到的空间是有声的时候，我们才承认它是真实的，因为声音能赋予空间以具体的深度和广度。”钱锺书先生也说：“寂静之幽深者，每以得声音衬托而得愈觉其深。”这都说明，旅游景观中听觉和视觉存在相关性和互补性，这些感觉的综合结果形成了人们对于旅游景观结构的初步感受。

（二）知觉活动

知觉在感觉之后发生作用，它是“对客观事物表面现象或外部联系的综合反映。它同感觉一样，是由客观事物直接作用于分析器所引起的。但比感觉复杂、完整。知觉是不同感觉相互联系和综合的结果。客观事物通常只有部分直接作用于感官，要认识事物的整体或联系，必须由已有的知识和经验加以补充。知识和经验不同的人对同一事物的知觉常有不同”。

按照“格式塔”心理学的研究结果，知觉具有如下重要能力。

1. 整合能力

知觉能将基本成分整合成一个完全独立于这些成分的全新整体，这个整体即“格式塔”（完形），它有着自己的特征与性质，并对其基本成分的性质产生影响。“人的知觉本身，就是大脑皮层的电化学力场的一种活动、一种整合和重构，没有这种整合和重构，人对客观世界就只有一些零碎的、片段的感觉印象，而无法形成知觉表象，也就难以欣赏艺术了。”例如，人们感知到的帕辛广场，首先感知的是帕辛广场的整体结构，然后才是在这个整体结构影响下（决定下）的具体的建筑、喷泉、高塔，这就是知觉的整合能力造成的。

2. 抽象能力

即知觉过程中，会无意识忽略一些感觉因素，而强调另一些感觉因素。这种心理机制是以生理素质的形式遗传下来的，有社会实践积淀的人类学特质。人类的知觉抽象能力是艺术创作和欣赏的基础，也是艺术作品的审美结构形成并成为审美对象的心理依据。例如，人们感知施瓦茨的拼合园时，就会强调其拼合性的形式，而忽略其材料的真伪。

3. 简化能力

即把外物形态改造为完美简洁的图形的倾向，如对图形中缺口的填补，把不规则形看成几何原则（方、圆、三角等）。梁园龟岛，似龟，人们会补上孔洞，使之看成龟形。在现代旅游景观中，人们对符合秩序、对位、节奏等原则的旅游景观形式的接受，就是由于这种简化能力（或简化倾向）使然，因为这些形式的感知最容易把握。

在感觉的作用下，旅游景观客体形态进入感觉器官被感知，主客体发生了联系；在知觉的作用下，感觉器官的感知结果经过了主体的初步加工，通过整合、抽象与简化，把客观外在的景物转换成为主客体共同建构的、具有主客体双重特性的知觉结构，即旅游景观表层审美结构。

旅游景观表层审美结构自有独立的审美价值——形式美。但形式美只是感官之美，审美活动还只在知觉领域，还未进入人的统觉、情感与想象活动领域，无法融入人的经验、知识、情趣、品位、理想等社会内容，还只是表层的美感形态，尚未形成意境美、意蕴美。因此创造形式美还不是旅游景观表层审美结构真正的存在目的。旅游景观表层审美结构真正目的在于构成旅游景观中层审美结构。

二、意境美的形成机制

旅游景观的中层审美结构是由表层审美结构转换生成的。这个转换生成过程内在的心理机制在于主体的“统觉”“想象”“情感”活动，通过这些活动，旅游景观的审美表象系统转换为审美意象系统，主体的情感、经验融入旅游景观意境之中，人的社会性内容转化为旅游景观的审美形象。

“格式塔”心理学认为，审美对象的张力式样与人的心理结构的动力模式产生同构对应，从而形成审美经验。但这只触及了审美表象产生的生理性反应，以及引发的潜意识内容，能够揭示形式美感的心理基础，但由于没有触及意境这个主体建构的中介层次，因而还不能解释艺术审美的社会内容。

知觉生成的旅游景观表象如果要与主体内在的审美经验和审美情感联系起来，必须经过主体统觉、情感与想象的加工建构，升华为审美形象，才能够生成中层审美结构。

（一）统觉活动

从物象到表象依靠的是人的知觉活动，而从表象到意象则要依靠统觉。统觉是指由当前事物引起的心理活动（知觉）同已有知识经验相融合，从而理解事物意义的心理现象，是“人在审美中调动已有经验、知识对复合对象完整感性面貌进行整体感知，并融入一定理智、情感内容的审美心理形式”。知觉侧重于对事物的客观属性的反映，统觉是人的知识经验相结合的知觉，侧重于对知觉得到的物理属性的加工。墨里建立的“主题统觉测验”、罗夏建立的“墨迹统觉测验”都证实，模糊图像与主体经验结合，在统觉作用下就会生成幻象。

乔治·桑塔耶纳说：“是统觉活动的自由运用，使得无形的作品，使得模糊的、暗示的、支离破碎的、模棱两可的东西具有特殊的兴趣。”统觉具有整体性系统感知特征，使一群单独的意象如山、水、木、石整合成为整体的旅游景观系统意象而加以考察。同时，统觉“一定程度上调动了主体的审美经验、知识、记忆，对事物感性特征进行了分析、比较、判断，并渗透联想、想象、情绪、观念，即已融入了主体原有的经验、理智、情感等心理内容”。

由此生成的意境比较多地融入了主体的情志，是主体内涵投射作用下的复合形态，暗含了主体自身的特征。鲁迅在评论《红楼梦》时曾说过，“就因读者的眼光而有种种：经学家看见《易》，道学家看见淫，才子看见缠绵，革命家看见排满，流言家看见宫闱秘事……”有桩禅宗公案讲的也是这个道理。苏轼问佛印，你看看我像什么？佛印说，我看你像尊佛。苏轼说，我看你像牛粪。苏小妹嘲笑说，参禅讲究见心见性，你心中有什么，眼中就有什么。同理，审美的主观性就在于此。

实质上，人们从旅游景观作品中“看出了什么”就是“统觉加工出了什么”。“善悟者观庭中一树，便可想见千林；对盆中一景，亦即度知五岳。”所谓“善悟”其实就是对于旅游景观作者与读者的修养要求，人们能够创造出什么、欣赏到什么，最终取决于自身修养。

（二）情感活动

意象派创始人庞德认为意象是“一种在瞬间呈现的理智与情感的复杂经验。”同样的一个人，面对同样的一个旅游景观，在不同情绪的作用下产生的意境（象）是不同的。意境作为审美幻象，也就是情感活动的产物，融入了作者的情感、愿望、人格、意趣等，与人的情感世界联系起来，成为人的潜在情感经验的外化对象。同样是明月当空之夜景，不同的人会生发出乡愁、圆满、神秘、悲凉、空灵等不同倾向的意境，就是融入了各自的情感。移情说就认为，是由于人的情感移入了对象，于是主客观融合，物我同一。里普斯、克罗齐、克林伍德、托尔斯泰等人都持此观点。从这个角度，这种意境实际上还是称为情境更为恰当。

（三）想象活动

想象是在客观物象的刺激下，对人脑中的经验及当下感知的信息所形成的暂时的神经联系的重新组合，从而产生新的审美幻境的心理过程。因而想象活动与主体的形象记忆力、知识积累、敏感性、理解力都密切相关，而生发的新形象往往是尚未存在或者不会存在的、新颖独特的东西。想象活动能够使心理积淀的表象与现在的感知表象相融合、重构，生成新的审美形象。如意大利广场的拱门、喷泉、池水，会经过想象而成为意大利古代遗迹的意境。

想象有许多种类型，如组合想象、拓展想象、变形想象、推断想象、演绎想象、知觉转移、分解想象、幻想等。由于想象的作用，审美幻象更多地融入了主体的情感、经验、志趣等内容，成为联系主客体的中介。例如，关于水的意象，苏洵在《仲兄字文甫说》中曾经想象为“舒而如云，蹙而如鳞，疾而如驰，徐而如徊……回者如轮，萦者如带，直者如燧，奔者如焰，跳者如鹭，投者如鲤”的“殊然异态”。

旅游景观物象在主体统觉、情感、想象活动的作用下，就生成为主客体合一的幻境，转化为融入主体个性、气质、心境、情操、理想、愿望、精神、生命等人性与社会生活内容的旅游景观艺术形象——意境，成为主体内涵的表现形式，成为主体精神与生命的象征形式，这就是旅游景观中层审美结构的生成机制。

三、意蕴美的形成机制

旅游景观的深层审美结构是由中层审美结构转换生成的。这个转换生成过程内在的心理机制在于主体心理的抽象活动与投射活动，通过这些活动，旅游景观的审美意象系统转换为审美特征系统，主体的心灵图式通过特征图式得以外化表现。

（一）心理抽象机制

巫汉祥先生认为，人类在与客观世界的相互作用中，发展出两种基本的心理能力：抽象能力与投射能力。心理抽象能力是把外在的繁杂的客体意象抽象简化为某种本质或秩序，以满足深层心理的秩序感需求。如从变动不安的现象中抽取出有稳定规律的图式，以满足主体对世界本质掌握的需求。如《周易·系辞下》记述，“古有庖牺氏之王天下也，仰则观象于天，俯则观法于地，观鸟兽之文与地之宜，近取诸身，远取诸物，于是始作八卦，以通神明之德，以类万物之情”。可以说，八卦就是从现实世界中抽取的内在秩序。这种对于秩序感的需求，在旅游景观形式美层次也有鲜明体现。古人在咫尺山水间感悟天理流行，依靠的就是心理抽象能力。旅游景观的特质特征，就是这种抽象活动的结果，如肯尼迪纪念园的生命感伤特征；拜斯比公园的生命不屈特征。这说明，艺术活动尽管形式不同，层面相异，但都统一于对于人类的心理结构与内心需求的表现这一根本目的。

特征图式是知觉活动的产物而不是思维的结果。“格式塔”心理学认为，知觉具有简化的能力，即把一个外在刺激感知（组织）为最简洁的形式的倾向与能力，把多种特征由一种结构特征去概括，把一事物的复杂特征用尽可能少的结构特征去组织成有序的简化整体。这种简化，首先是直觉抽取整体结构，而不是先由局部再拼凑成整体。所以人首先把握的就是整体结构特征，这种侧重整体关系的倾向，是人类学的特质，因而人们能够很容易地、直觉地把握艺术作品的整体结构特征，“只要这种特征能够有力地表现人类某种普遍性的体验或经验，人们就能立即从这个特征中感受到这种体验或经验生成意蕴，此时，欣赏者所把握的特征就是‘特征图式’”。这种感知是瞬间完成的、自发性的、无意识的直觉，而绝不是理性分析思考的结果。如“残阳夕照，汉家陵阙”之境，其中，“虽曾壮伟，却近消逝”的整体特征，在语言表达上是选词择句的思考结果（恰是因为感知难以言传），而在实际旅游景观审美体验中却是本能瞬间完成的；相应地，“壮暮感怀”这种人类普遍的心绪感受与情感也就从欣赏者自心中生发出来，深层的审美愉悦自此形成。

（二）心理投射机制

人的心理投射活动是把主体的心灵图式投射到相应的客体对象上去，从而把客体改造成满足刺激深层心理生命需求的观照对象。正是这种投射活动，才能将主体的心灵图式中的生命特征、生命意志、生命情感，赋予客体的对象。如“春山如笑，夏山如怒，秋山如妆，冬山如睡”，旅游景观中的山之姿态、笑怒实质上是主体心灵图式投射于山的结果，是主体的生命情感的表现。意蕴不是客体先在固有的，而是客体激发出来的主体内涵。

冈布里奇在研究不同时代不同民族的艺术理论时，发现了对投射现象的一致肯定。宋朝的宋迪曾描述了这种现象：“汝当先求一败墙，张绢素讫，朝夕视之，既久，隔素见败墙之上，下者为水，坎者为谷，缺者为涧，显者为近，晦者为远。神会意造，恍然见人禽草木飞动往来之象，了然在目。”在此，所谓看出的种种形态和人们冬天看的窗花一样，实质就是主体心灵投射的结果。

古迹阳关本来只剩下山峰上一座土墩，从其外在形式上看并无特别之处，但由于历史、文化积淀，尤其是王维的“劝君更尽一杯酒，西出阳关无故人”的感人诗句，使这个普通的土墩具有了深厚的内涵，引发了人们的无尽情怀。同样，昆明大观楼、岳阳楼、滕王阁、兰亭等本身并无奇异之处，只是历代文人墨客的登临咏赋使之具有丰富的内涵。这些客体形式本身并不存在内涵，而是审美者把自我的生命意识投射到旅游景观中所生成的，从而获得心灵的自我观照与满足。

（三）特征图式的形成机制

旅游景观的深层审美结构——特征图式是在抽象与投射这两种心理机制下，通过抽象活动与投射活动交互建构而成。抽象活动与投射活动是互补的活动，并非独立分开的两个阶段，而是有机一体的瞬间共时性的行为，抽象与投射只是研究者的人为区分，其实一也。昆明大观楼上，“五百里滇池奔来眼底……”是孙髯翁对于客观景物特征的抽象活动，“数千年往事注到心头……”是孙髯翁主体内涵的投射活动，二者瞬间共时，一体莫分。

在主体抽象对象的特征的同时，投射活动将主体的心灵图式注入这个特征之上，从而契合出特征图式。此时，主体心灵图式外化于客体特征上，表现为特征图式，而客体也由于抽象而以特征图式的方式内化于主体知觉之中，主客体高度合一，心灵图式蕴含的情感体验内涵随之激发出来，成为当下具体可感的审美体验。

第四节　旅游景观审美的方法

在旅游审美活动中，绮丽多彩的自然与人文景观经常使人得到层次不同的审美体验或形态各异的审美意象。这种结果除了涉及观赏者的审美意识、审美个性与鉴赏能力等因素之外，与一系列行之有效的观赏原理或游道不无关系。根据普通美学的相关原理，综合中外旅游观光的实践经验，下列观赏方法是有一定参考或借鉴意义的。

一、动态与静态

在旅游审美活动中，动态观赏和静态观赏是两个最为普遍的观赏方法。从效应上看，这两者具有明显的互补性。因此，对旅游者来说，根据旅游景观特征和个体需要来灵活地运用这两种观赏方法是丰富旅游经验的可靠途径。

（一）动态观赏

动态观赏作为旅游审美活动中广泛应用的方法之一，是指人在游览中，沿着一定的风景线，或徒步、或乘车、或坐船……于移动过程中欣赏玩味那些包罗万象、流动变幻的风光胜景。

溪流的动态美

自不待言，移动涉及速度，速度导致景变，景变影响感受。例如，步移景异是一种慢速度的游览，人与景没有阻隔，不可分离，在随心所欲和全身心（各种感官）都同时投入的悠然自得的观赏中，会体验到较强的亲切感和立体感。湖中荡舟式的游览在审美效果上与此近似，但视野比较开阔，感受更为悠闲。车过景变或船（快艇或顺江而下的游艇）过景变，是动态观赏活动中快速度、快节奏的游览形式。在审美对象方面，远近不同、形态各异、色彩缤纷的景致，犹如一组组电影镜头，或一幅幅活动图画，迎面扑来，使你眼花缭乱，目不暇接。结果，许多局部景点以画面组合的方式连贯起来，在空间腾跃飞动，此起彼伏，形成川流不息的节奏美。在审美主体（旅游观赏者）方面，由于物我双方的空间位移速度快，视觉形象的空间跨度大，在紧张捕捉但易失之交臂的观赏过程中，景物产生一种具有倾向性的张力，向一定方向倾斜聚集，给人的视知觉以强烈的幻觉性运动感，使人得到一种生机盎然、气势浩荡的审美感受。唐代大诗人李白在《早发白帝城》中所记述的“两岸猿声啼不住，轻舟已过万重山”那直下江陵的情景，以及现代诗人贺敬之在《西去列车的窗口》中所描绘的“一重重山岭闪过，似浪涛奔流……”那流动的景象，均是对运动感以及流动美的精彩写照。

总之，旅游动态观赏过程如同一种由移动、速度、景变与感受四大因素组成的“魔圈”，其中移动涉及速度，速度导致景变，景变影响感受，感受反过来又调节速度……彼此关联，循环往复，交互作用，旅游者一旦步入其中，将会在“无限交流意志”的驱动下，俯仰六合，尽情玩味，畅神怡性，“欣然而乐”。

（二）静态观赏

宋代哲人程颢诗曰：“万物景观皆自得，四时佳兴与人同。道通天地有形外，思入风云变态中……”这里显然是在强调静观默照之道与“天人合一”之境。不妨借此提示人们在游览有些景点时，要设法入静，在静观中感悟景物的诗情、画意、哲理或禅味。从古至今，这种传统的审美风范一直“积淀和凝冻”在广大国内旅游者的深层文化心理结构之中。实际上，中国的名山大川和古典园林，在布局和设计上也充分考虑到这一审美情趣，主要景点均置有亭、台、楼、阁、榭、廊等，如泰山的松涛亭和瞻鲁台、上海豫园的静观厅、昆明滇池的大观楼、北京颐和园的佛香阁等。它们一方面构成景致，供游人憩息，另一方面供游人静观周围的景象，是观赏功能和实用功能有机统一的产物。

一般说来，旅游审美活动既离不开动态观赏，也离不开静态观赏。相形之下，后者是一种选择性极强的观赏方法，是旅游者停留在某一时空背景中有选择地凝神观照周围景致的方法。需要指出的是，动观与静观是相辅相成、互为补充的。事实上，动中求静、静中求动，动静结合的观赏方法也符合旅游者在搜奇览胜过程的生理—心理节奏。另外，上面涉及的动静关系，主要是从观赏者在时空中的感知形式角度来谈的。就旅游景观对象中的动静关系而言，也存在一定的互补性，即动态景观（如行云流水）与静态景观（如山崖亭台）的互补功能。

在旅游审美活动中，无论从主体角度还是从客体角度来谈动静关系，其中往往存在一定的相对性。园林美学专家陈从周对此有过十分精当的阐述。他说：“动静二字，本相对而言，有动必有静，有静必有动，然而在园林景观中，静寓动中，动由静出，其变化之多，造景之妙，层出不穷，所谓通其变，遂成天下之文。若静坐亭中，行云流水，鸟飞花落，皆动也。舟游人行，而山石树木则又静止者。止水静，游鱼动，静动交织，自成佳趣。故以静观动，以动观静，则景出……静之物，动亦存焉。坐对石峰，透漏具备，而皴法之明快，线条之飞俊，虽静犹动。水面似静，涟漪自动。画面似静，动态自现。静之物若无生意，即无动态。故动观静观，是造园产生效果之最关键处，明乎此，则景观之理得初解也。”

这段话不仅谈的是景物在空间中所展现出的动静相对关系，而且触及观赏者的审美心理与动观静观相结合的妙用。因此可以肯定这是对“万物景观皆自得”之说的一种补充，是中国式“游道”（特别是就园林观赏而言）的高度概括。

另外，基于动态观赏与静态观赏的山水审美感应方式，人们往往会在一定的时空背景中产生立体性的审美体验。就是说，面对山水景观，除了视觉和听觉发挥积极主导的作用之外，嗅觉、味觉与触觉等其他感官也会一起开放，各显神通，“觅求和捕捉所感知的山水景观的相应特征，然后各个感官通过不同的渠道，把获得的各个方面的审美信息输送到大脑，最后经过与脑中所贮存的经验掺和化合，就融合成山水景观完整的、立体的形象，并得到综合性的审美享受”。实际上，在大自然的怀抱中，由色彩、线条和体积等物理要素所构成的空间形象或视觉形象；由风声、雨声、涛声和鸟声等音响所构成的真切的听觉形象；由花香、草香和清新的空气等因素所形成的特殊的嗅觉感受；由温暖的阳光、扑面的熏风与流云飘雾等因素所形成的温馨的触觉感受；以及由品尝甘泉和呼吸山中或田园里的清新空气所体验到的某种醇和、滋润或透亮的味觉感受，通常会经由审美的直觉、联想或想象等心理要素而产生一种“化学反应”，从而在相互作用中形成一种类似“联觉”（Synaesthesia）的审美感受。这种审美感受的强度，一般大于各相关部分的简单相加，因此具有不同寻常的“审美增值”（Aesthetic Plus）效应。

对于这种五官开放式的或联觉式的山水审美感应方式，古代先贤曾经有过深入的观察与生动的描述，认为观赏者在浪迹山水、神与境偕时，“身并于云，耳属于泉，目光于林，手缁于碑，足涉于坪，鼻慧于空香，而思虑冲于高深”。现代诗人徐志摩正是运用这种方式，翔实入微地记述了他畅游意大利名城佛罗伦萨郊外山景时的真切感受：“在这里出门散步去，上山或是下山，在一个晴好的五月的向晚，正像是去赴一个美的宴会。比如去果子园，那边每株树上都是满挂着诗情最秀逸的果实，假如你单是站着看还不满意时，只要你一伸手就可以采取，可以恣尝鲜味，足够你性灵的迷醉。阳光正好暖和，决不过暖；风息是温驯的，而且往往因为它是从繁花的山林里吹度过来，它带着一股幽远的淡香，连着一息滋润的水汽，摩挲着你的颜面，轻绕着你的肩膀，就这单纯的呼吸已是无穷的愉快，空气总是明净的，近谷内不生烟，远山上不起霭，那美秀风景的全部正像画片似的展露在你的眼前，供你闲暇的鉴赏。”

从这段游赏山景的描述中不难看出，相应的景观特征和五官的开放参与是互为因果的。如山林繁花之于视觉、风息吹度之于听觉、幽远的淡香之于嗅觉、阳光水气之于触觉、恣尝鲜果之于味觉……这无形中使游者和读者都融合到一种全身心的审美感受之中，将一般只诉诸视觉和听觉的感受大大强化、深化和丰富化。

二、移情与距离

在不同形式的审美实践或艺术创作中，中国人讲“触景生情”或“情景交融”，外国人则讲“移情作用”；中国人讲“超然物表”或“出乎其外”，外国人则讲“心理距离”。结合中外美学的相关原理，联系旅游审美的具体情况，可以看出移情观赏与观赏距离的有效性和借鉴作用。

（一）移情观赏

凡游过泰山、观过日出的人，大都有这样的体验：拂晓，你站在日观峰上，只见脚底飞渡过乳白色的流云飘雾，东方茫茫的海面上空浮动着鱼肚白色的云团。你屏住呼吸，凝神翘望，渐渐地，那云团染上了淡红色，越来越深，成为朵朵翻飞的丹霞；继而，似乎含羞带笑的红日慢慢地浮了起来，霎时，像一只火轮似的一下子跃出地平线，光芒四射，万物生辉。此时，你心神振奋，只觉得自己的生命在扩张，体积在增大，仿佛感到这云霞、红日中有你，你胸中亦有这云霞、红日……这是什么缘故呢？是移情观赏（Empathic Appreciation or Contemplation）所产生的作用，是人与物交感贯通的结果，或者说是“人的生命和宇宙的生命互相回环震荡”的结果。

“移情说”是德国美学家里普斯的创举。他认为移情作为一条最基本的审美原理，不是一种身体或生理的感觉，而是把自己“感入”到，或将自己的生命与情感“灌注”和“外射”到审美对象中去的心理现象。关于这种现象，正如法国作家波德莱尔（Baudelaire）所描述的那样：“你聚精会神地观察外物，便浑忘自己的存在，不久你就和外物混同一起了……同理，你看到蔚蓝天空中回旋的飞鸟，你觉得它表现出一个‘超凡脱俗’的终古不磨的希望，你自己也就变成一只飞鸟。”德国美学家罗伯特·费肖尔（Robert Fischer）也曾有过类似的描述。他认为审美主体到了“移入情感”（即里普斯所言的“Empathy”——“移情作用”）之际，审美活动才达到最完满的阶段。此时此地，“我们把自己完全沉没到事物里去，并且也把事物沉没到自我里去：我们与高榆一起昂然挺立，同大风一起狂吼，和波浪一起拍打岸石”。这显然是物我“互相回环震荡”的审美体验。

在中国传统美学思想中，“情景交融”或“物我同一”等美学原理与移情作用颇为暗合。关于这方面的例证，在古往今来的山水诗词里十分常见。比如，在“相看两不厌，只有敬亭山”两句中，“相看”与“不厌”就一语道破了人与物同、物与神契的移情作用。再如“感时花溅泪，恨别鸟惊心”两句，那“花”何以能“溅泪”，那“鸟”何以能“惊心”？只不过是观赏者把自己的悲伤愁苦之感外移到花鸟身上罢了。

在旅游审美活动中，人们把移情观赏作为重要原理之一，是指游人在凝神观照旅游景观的过程中，于审美知觉和理解的基础上，展开审美想象的飞翼，动用以往积累的直接或间接审美经验，将自己的思情意趣投射到外在的景观中去，使景化为情，使情化为景，达到“情景交融”或“一切景语皆情语”的主客之间“无差别境界”，从而实现畅神怡性、从“小我”进入“大我”的最终目的。那么，如何才能取得移情观赏的审美效果呢？下述三种途径不容忽视：

首先是入景。近代贤哲王国维曾言：“诗人对宇宙人生须入乎其内，又须出乎其外。入乎其内，故能写之；出乎其外，故能观之。入乎其内，故有生气；出乎其外，故有高致。”这里当然是在谈诗歌创作原理与人生哲学的，但对包括旅游在内的审美实践活动同样适用。就是说，旅游者要想寄情于山水，须先“入乎其内”，乘游兴全身心地投入到景观欣赏之中。

其次是择景。旅游景观丰富多样，审美个性因人而异。有的景观形态与甲的审美心理结构契合或接近时，便产生移情或共鸣，容易导入不同层次的审美体验；而与乙的审美心理结构相悖时，则难以沟通，会形成“视而不见，听而不闻”的无动于衷或两相对峙的现象。因此，旅游观赏者一旦入景，既要人入（身），也要神入（心），同时还须根据自己的情思意趣来选择相应的景致，利用取舍与组合等方式（如同电影艺术中的蒙太奇），使其典型化和同构化，以期达到满足旅游观赏需要的目的。

最后是融景。随着择景过程的完成，观赏者在凝神默照中，充分展开自由的想象，暂时逃开日常的自我，越出现实的意识，抛开直接的功利目的，将自身的情感借助审美想象假托或外射到景观之中，从中幻化出第二个自我，创造出第二个景致，进入“神与物游，情与景谐”的自由审美境界。就像法国作家乔治·桑（George Sand）所描写的那样：“我有时逃开自我，俨然变成一棵植物，我觉得自己是草，是飞鸟，是树顶，是云，是水，是天地相接的那一条水平线，觉得自己是这种颜色，或是那种形体，瞬息万变，去来无碍。我向着太阳开花，或栖在叶背安眠……总而言之，我所栖息的天地仿佛全是由我自己伸张出来的。”

（二）观赏距离

瑞士美学家布劳认为，距离是一种审美原理，是审美悟性的一种特征。距离使得审美对象成为“自身目的”，将其提高到超出实用关系和实用目的的领域。因此，“美，最广义的审美价值，没有距离和间隔是不能成立的”。对于广大旅游者来说，距离也是一种必不可少的观赏原理。在这里，距离主要指心理距离和空间距离两种。

1. 心理距离

关于“心理距离”（Psychical Distance），布劳曾有过这样的解释：设想海上涌起大雾，船上大多数乘客除了感到烦闷和忧虑之外，还会产生一种奇特的焦虑之情，对难以预料的危险感到恐惧和紧张。这一切使得这场大雾变成了海上的一场大恐怖，因为它那极端的沉寂与轻飘迷茫显得更为可怕。“然而，海上的雾也能够成为浓郁的趣味与欢乐的源泉。就像所有那些兴高采烈的登山的人们并不计体力上的劳累及其危险性一样，你也同样可以暂时摆脱海雾的上述情境，忘掉那危险性与实际的忧闷，把注意力转向‘客观地’形成周围景色的种种风物——围绕着你的是那仿佛由半透明的乳汁做成的看不透的帷幕，它使周围的一切轮廓模糊而变形，形成一种奇形怪状的形象；你可以观察大气的负荷力量，它给你形成一种印象，仿佛你只要把手伸出去，让它飞到那堵白墙的后面，你就可以触摸到远处什么能歌善舞的云中仙子；你瞧那平滑柔润的水面，仿佛是在伪善地否认它会预示着什么危险；最后，还有那出奇的孤寂以及与世隔绝的情境，宛如只有在高山绝顶上才能感受到的情况。这种经历把宁静与恐怖离奇地糅合在一起，人们可以从中尝到一种浓烈的痛楚与欢快混同起来的滋味。这种情绪与另一些方面所形成的盲目而反常的焦躁之情形成了尖锐的对比。”

我国老一辈美学家朱光潜对此做过明晰易懂的阐述。他曾断言：心理距离“其实不过是由于暂时脱开实用生活的约束，把事物摆在适当的‘距离’之外去观赏罢了。人们在游历时最容易见出事物的美。东方人陡然站在西方的环境中，或是西方人陡然站在东方的环境中，都觉得面前的事物光怪陆离，别有一种美妙的风味。这就是因为那个新环境还没有变成实用的工具……它们和你的欲念和希冀之中还存在一种适当的‘距离’。池塘中园林的倒影往往比较实在的园林好看，也是因为‘距离’的道理”。这一审美原理如果运用到艺术观赏上，其结果也相当类似。如看人体绘画（如法国古典派画家安格尔的《泉》和《大宫女》等），有的观众一见到这柔美动人的裸女胴体，就起邪念或占有欲，想入非非，忘乎所以；而有的则能将观赏对象“摆在适当的‘距离’之外”，透过外在的形体，超然物表，开掘其中丰富的内涵和美的特质——如圆润流畅的曲线美、媚而不俗的神态美和纯真无华的情感美等。以上两种截然不同的观赏态度与体验，也正在于是否拉开这种“心理距离”的缘故。

2. 空间距离

所谓“空间距离”（Spacial Distance）也指实际距离，即人与物之间的远近长短间隔。距离不等，所看到的景致相异。如同电影镜头一样，距离远，构成远景；距离近，构成近景或特写景；距离适中，则构成中景。这些具有一定差异的景致，往往使人获得不同的审美体验。

比如，驱车前往莫干山游览，从 5 千米开外的远距离望去，轻雾缭绕的山色峰影就像一幅影影绰绰，青虚淡雅的写意水墨画；若靠近 3 千米左右，景象大为改观，眼前层峦叠嶂，峡谷幽深，满山遍野的翠竹，将游人的眼睛几乎都染绿了。此时此地，呈现在你面前的景致立体深邃，俨然像一幅以绿色为主调的大型艺术挂毯。可当你钻进山里，穿过竹林，来到剑池，那飞流直下的三叠泉、“万绿丛中一点红”的观瀑亭、此起彼伏的鸟啭、清凉幽静的环境，使你心醉神迷……所有这一切，显然与“远眺轮廓，近观细部”“远望之，以取其势；近看之，以取其质”之类的“游道”或“距离”原理不无关系。

不言而喻，空间距离的远近对于欣赏地貌造型显得更为重要。位于云南昆明滇池的西山，素有“睡美人”之称。而这一美人的睡态形象，只有在可构成全景的客观基础（如距离、时机、光照、角度等）之上，才能通过空间意象，勾出轮廓线，看出形态美。假如距离太近，你也许只能看到满山的杂树、遍野的荒草，零乱的岩石，而丝毫见不到“睡美人”的踪迹。

上述两个实例正好印证了德国美学家费歇尔关于距离的一段精辟论述：“我们只有隔着一定的距离才能看到美。距离本身能够美化一切。距离不仅掩盖了物体外表的不洁之处，而且抹掉了那些使物体原形毕露的微小细节，消除了那种过于琐细和微不足道的明晰性和精确性。这样，视觉的过程本身，在把对象提高到纯洁形态方面起到了一定作用。”总之，距离，无论是心理的还是空间的，在旅游审美活动中占有十分重要的地位，对提高旅游者的观赏水平或美感层次有着不可估量的作用。一般来讲，在具体地游览某些景观的过程中，心理距离多由个体自行调节，而空间距离则有赖于导游因地制宜或因势利导。

三、时机与位置

人们要建功立业，必然论及天时、地利、人和等主客观条件。人们在观赏有些旅游景物时，也离不开时机与位置这样的外在条件和个人文化与审美修养等主观条件。与景观欣赏相关的时机和位置所构成的时空背景，是相应的旅游审美活动取得预期效果的关键所在。

（一）观赏时机

大自然是美的源泉，是慷慨大度的。她提供给游人多种多样的美，如色彩美、线条美、形象美、音响美、动态美、静态美、阴柔美与阳刚美等。然而，所有这些丰富多彩的美，只有在一定时机才为观赏者所领略。

当人们置身于巍巍的泰山之顶，不同的时机都会使人感受到不同的景致。从拱北石上望去，晨曦中有红日喷薄欲出时的绚丽神奇的色彩美。从月观峰上远眺，黄昏时有夕阳余晖洒落黄河而构成的“黄河金带”式的线条美。夜来站在玉皇顶上，有幽寂而挺拔的东岳与其脚下的万家灯火相衬而出的形象美。如遇山风云雾，来到瞻鲁台上，还将有机会欣赏到由松涛飞瀑汇成的音响美，以及由飘飞的流云与虚幻的雾气所构成的飞动美和朦胧美……正如宋代郭熙所言：一切景物，“朝看如此，暮看又是如此，阴晴看又是如此。所谓朝暮之变态不同也”。

“朝暮之变态”实指景观的时间性与变异性。若无时间的流动、光照的转换，无以谈日出奇观、夕阳彩云、朦胧月色；也无所谓“日落红湖白，潮来天地青”或“一道残阳铺水中，半江瑟瑟半江红”之类幻变奇丽的美景。所以，要想欣赏特定时空中的景观形象，旅游者务必掌握好观赏时机，因为这种特定的景致只有在特定的时空中才能充分展现出特定的风韵。如游杭州西湖，“葛岭朝暾”“苏堤春晓”和“三潭印月”等著名景点，是随着朝暮时光的变幻而变幻的，观赏者若不把握好时机，就难以直接体味其独特的审美价值。

当然，景观的形态变异，不仅受朝暮光照的影响，而且也受季节的制约。宋朝诗人杨万里笔下所描绘的六月西湖就是一个范例。他写道：“毕竟西湖六月中，风光不与四时同。接天莲叶无穷碧，映日荷花别样红。”可见，同一景观，在不同的季节往往呈现出不同的色彩和形象。这是因为导致景观变异的光照、植被、云雾、雨雪等自然因素，具有明显的季节性，从而使同一景观按时令顺序表现为春景、夏景、秋景和冬景。诚如郭熙所言：“山，春夏看如此，秋冬看又如此，所谓四时之景不同也。”实际上，这“四时之景”的变化是因山水的云气和烟岚

江西婺源

的变化而定。这云气，“四时不同：春融怡，夏蓊郁，秋疏薄，冬黯淡”；这烟岚，“四时不同：春山淡冶而如笑，夏山苍翠而如滴，秋山明净而如妆，冬山惨淡而如睡”。相应地，观赏者的审美心理活动与审美感受也呈现出不同的特征来。即“春山烟云连绵人欣欣，夏山嘉木繁阴人坦坦，秋山明净摇落人肃肃，冬山昏霾翳寒人寂寂。”

景观变异的季节性，也向旅游者提出了一个观赏时机问题。故此，如游燕京八景中的“琼岛春阴”，应在桃红柳绿的春季，择风和燕舞之日前往；观“居庸叠翠”，应在草木葱茏的夏季，择雨后方晴之日寻访；看“西山红叶”，应在天高云淡的秋季，择明净气爽之日览胜；不消说，要赏“西山晴雪”，应在寂静萧瑟的冬季，择雪后日出之时登临。人们谈景观的变异，也包括那些稍纵即逝的特殊景观。如蓬莱仙岛的“海市蜃楼”和峨眉金顶的“佛光”等自然幻景。这类景观时间性尤为突出，大有机不可失，时不再来的特点，慕名而访的旅游者能否如愿以偿，那就要看其时运如何了。

（二）观赏位置

在旅游审美活动中，观赏位置也是不容忽视的原理之一。从广义上讲，观赏位置涉及视点、角度、方位乃至距离。这几种因素联结起来，会对旅游者的审美经验产生直接的影响。比如，“会当凌绝顶，一览众山小”就关系到一个从上至下、自左到右或自右到左地俯视环顾的观赏点，否则就不可能产生这种雄浑坦荡的崇高美感。游庐山的人大多都吟诵过李白的《望庐山瀑布》

日照香炉生紫烟，遥看瀑布挂前川。

飞流直下三千尺，疑是银河落九天。

要想欣赏该诗所描写的意境，就须在理解的基础之上诉诸艺术的联想与审美的想象，从中化出一个间接的景观意象。若亲临其境，按字索“骥”，势必要寻找出适当的位置和距离，特别是一种能观赏瀑布全貌的仰视角度。否则，就无法感其奔流跌宕、飞泻雄奇之美。

石林阿诗玛

总之，不少旅游景观只有从一定位置或角度观赏，才能发现其特有的魅力。假若由玉泉山眺望万寿山，其景观将会大为失色。若站在颐和园昆明湖的东堤仰观万寿山佛香阁，会感到其形象是那样清晰、高大、堂皇、恢宏。此时，玉泉山有些朦胧，而那亭亭玉立的宝塔仍然引人注目，西山的群峰则显得青虚淡远、弥漫悠悠。这样，西山的峰峦、玉泉山的宝塔和昆明湖西堤的烟柳，皆成为万寿山的陪衬或背景，天造地设般地融为一体，呈现出一幅以西山峰影为远景、玉泉山宝塔为中景、万寿山佛香阁为近景，连同昆明湖水景的多层次的山水画卷。同理，到云南石林观看“阿诗玛天然石像”，也存在一个观赏位置与角度的问题。通常，从正前方十步开外望去，那尊“石像”犹如一位穿裙戴帽、亭亭玉立的妙龄少女。但若从偏左方八步开外看去，该“石像”顿时变成一位瘦骨嶙峋、风烛残年的老太婆。同一景物，从不同的位置和角度看去，就会呈现出截然相异的形象，这显然是观赏位置的戏剧性效果所致。

四、节奏与重点

在现代生活中，原本作为音乐术语的“节奏”已经泛化为一个常用的概念，譬如生活节奏、工作节奏、运动节奏等。在旅游审美活动中，观赏或旅游节奏的适当与否，对旅游者的体能、心境和情趣等有着直接的影响。另外，在时空因素的制约下，进入景区的游人如果不能抓住重点，也就是侧重观赏其中有代表性或独特性的重要景点，那么就会与其失之交臂，铸成憾事。因此，把握好观赏节奏和重点观赏的原则，就有助于获得较大的旅游满足感。

（一）观赏节奏

“节奏”（Rhythm）原本是一个音乐术语，泛指轻重缓急、长短交替的音响运动形式。节奏的构成，首先表现为对立两极的变化，即轻重、大小、强弱、快慢、起伏等因素在时空运动中的交替出现与对应变化；其次表现为循环重复或有序列的组合。从广义上看，无论在宇宙空间的万事万物中，还是在人类生活的各个领域中，都存在着特定形态的节奏。

就人类活动而论，心脏的舒张、胸肺的呼吸、脉搏的沉浮、情绪的波动、声音的高低、步伐的缓急、动静的交替、用力的大小、思维的变化与活动的快慢等，均贯穿着各种节奏。事实上，节奏在人类的劳动生活中，早已成为一种可以感知的力量，对人类的动作、情绪、心态等方面发挥一种难以言表的协调作用，如抑扬顿挫的劳动号子、热情欢快的韵律体操等。

就旅游景观而言，季节更替、山色变幻、日月升降、峰峦起伏、潮涨潮退、花开花落、块面交错、空间宽窄等现象，像钟摆一样周而复始，循环往复，无疑也贯穿着各种节奏。当然，这些景观节奏，与以听觉形象传达于心的音乐节奏不同，它们随着时间的流动、空间的广延而展现出来，以视觉形象作用于心，给人一种视觉上的节奏美感。比如，游览北京故宫，那些具有独特建筑形式的大屋顶乍看上去会给人一种异常沉重甚至压抑的感觉，但随着视觉的移动，眼前建筑四角飞檐的弯曲翘起，展翼腾飞，原先的那种重压感被减弱了。接着，一排排小巧玲珑的斗拱由下而上伸展开来，似乎毫不费力地托起大屋顶。斗拱之下，是粗壮有力的廊柱和阔大坚实的台基，这样，整座建筑的立面给人一种“重—轻—重”的节奏感。从平面看，飞檐、廊柱、门窗、夹柱、斗拱也同时形成一种起伏变化的整体序列感。此外，建筑群的高低起伏、透迤错落、虚实

斗拱秩序之美

结合、疏密交织、对应幻变也产生节奏效果，给人以无穷的观赏兴味。因此，人们通常也把建筑称为“凝固了的音乐”。

当然，观赏节奏的另一层意思是指旅游活动过程中的观赏节奏。这种节奏是旅游景观的物理节奏与旅游者的“生理—心理”节奏趋于对应合拍或同步运动状态时，形成的一种特殊节奏。所谓“生理—心理”节奏，具体说来，是由人的呼吸、动作、心跳、思想、感情、意趣、知觉等生理与心理因素构成。实践证明，旅游者的“生理—心理”节奏会直接影响甚至决定他对旅游景观的审美态度。也就是说，景观的静态节奏与游览中的动态节奏尽管在审美意义上会给游人带来生理与心理上的快感，但它们如果超出了人的“生理—心理”负荷能力，那就会适得其反，给人带来痛感。因此，高强度长时间的奔波使人紧张，同样程度的闲散使人不快。人们不喜欢杂乱，也害怕单调；喜欢变化，又讨厌无规律的运动；喜欢交替，但又回避无休止的重复。所以，要想解除紧张，摒弃单调，避免烦乱，获得审美感受，就需要使主客观的节奏协调同一起来，使观赏节奏趋于合理化。否则，就难以达到赏心悦目、流连忘返的游览目的。

（二）重点观赏

旅行游览尽管在审美意义上是一项自由自在、随兴所至的精神性活动，但在实际过程中常常受到来自主客观诸因素的制约。就主观方面而论，旅游观赏者主要受到个人闲暇时间、体能和财力等因素的限制。每次亲临内容丰富的名山胜水或古迹奇观，欲逐一观览，却又担心时间不够或体力不济；若走马观花，则难以尽兴；想游其一角然后再次造访，又得盘算经济来源……就客观方面来看，景观空间面积大、游览内容多虽是好事，但有时会使受主观因素制约的游人难以适从，会因为选择不当而顾此失彼或因小（景）失大（景），结果盲目奔波，扫兴而返。另外，在自然界，“千里之山，不能尽奇；万里之水，岂能尽秀？”一处景致，不可能样样皆美，没有瑕疵。即便眼前的景物都美，也犹如那“触目横斜千万朵，赏心只有两三枝”的满树梅花。那么，在游览过程中，又当如何解决繁多与取舍间的这一矛盾呢？通常的做法是因景制宜，观其精粹，也就是“重点观赏”原理。

龙门石窟卢舍那大佛

所谓重点观赏是指有选择地观赏景物对象中最具有个性特色或最富有审美价值的景点。据此，旅游者每次出外游览某一景区或胜地，需要事先查阅有关资料，了解对象的基本风貌，在获得一定背景知识的基础上确定观赏重点，做出于时于人于景均有利的游览计划。例如，游览被誉为“京东第一山”的盘山，须知该山有五峰（挂月峰、紫盖峰、自来峰、九华峰、舞剑峰）、八石（悬空石、天井石、将军石、晾甲石、夹木石、摇动石、蛤蟆石、蟒石），有残存的玲珑宝塔和寺观等。但就其整体景观特征而言，“上盘之松，中盘之石，下盘之水”乃为盘山三胜，颇有观赏价值。于是，涉足谷底，应以水景为主要观赏对象，可坐以谛听清流淙淙的溪流；爬上中段，应以石景为主要观赏对象，攀巨岩登怪石，出没其间，得其天趣；登临峰顶，应以松景为主要观赏对象，静观默察，任山风吹拂，闻松涛呼啸，观夕阳晚照，在大自然的怀抱里，尽情领略天地山野之趣。乘兴所至，心满意足之后，起身回返，轻松愉快，精神充实，也觉得不虚此行。

【思考题】

1. 试述旅游景观审美表象系统的要素构成。
2. 试述旅游景观意蕴的指向类型。
3. 试述旅游景观审美意象的生成机制。
4. 试述旅游景观意境美的形成机制。
5. 试述旅游景观意蕴美的形成机制。
6. 旅游审美活动中的观赏方法有哪些？其特点是什么？

第四章

自然景观

自然景观很早就进入人们审美的视野，“智者乐水，仁者乐山”“山水之美，古来共谈”等言辞，透露了人们对自然景观的美学把握方式。一处自然景观是由诸多自然要素构成的，这些自然要素相互联系、彼此映衬，共同造就自然景观整体的美。根据构成各类自然景观的主导性因素的不同，可以将自然景观分为山体景观、水域景观、生物景观和气象景观四大类型。

第一节　山体景观

一、山体景观概述

山是地球发展过程中留下的遗物。陆地上海拔高度在 500 米以上，相对高度在 200 米以上的，具有明显的山顶、山坡和山麓组成的隆起的高地，统称为山。如果是山峰、山岭和山谷组成的地区，就称为山地，山地是对众多山的总称。山地本身即为一种地貌类型。从景观的角度看山，不全是普通地理学上的概念。导游员和游客眼中的山，是以具有美感的、典型的山岳自然景观为主体，同时还渗透着人文景观美、环境优美，能启迪人类智慧、净化人类心灵的山地空间综合体。

山体的形成与地壳运动密切相关。地球内部的热能、重力能以及地球旋转能等都会引起地壳运动，这种运动必然引起地质构造变动。经过亿万年漫长的地质演变，地球表面形成了高山、深谷、断崖、阶地、平原等地貌。地壳运动中的强烈上升、一般抬升和地壳下沉等都会影响到山体的形成。

构造运动中强烈抬升形成断块山，山系所在地都是在该区地壳相对上升区。泰山、庐山、黄山以及浙江的天目山、福建的武夷山、四川的峨眉山等几乎无一例外。只有强烈抬升方有巍峨的气势，在山体周围围绕以大量断层峭壁，方显险峻秀丽，这是很多名山的共同特征。山体抬升的动力一般和所受地质的挤压力有关，如庐山，突兀耸立在长江边，被描述为“一山飞峙大江边”。据研究，挤压力来自北部的“淮阳山字形构造”，因南北向压力强使庐山的走向接近向东西方向延伸。

地壳运动的结果只是构造了山体的骨架，真正使山体成为可以游览的名胜还有着多种外部因素。丰富多变的地貌景观、树林植被、特殊气候以及伴生的人文古迹等都影响着一座山能否成为可供游览的景区。

二、山体景观的特点

山体景观相对于其他一些自然景观和人文景观而言，有着其自身的基本特征。在世界上大大小小的山中，真正成为著名旅游景区的不过千余座，它们有着共同的基本特征。

（一）高大雄伟

人们一提到“山”，总是不由自主地联想到气势雄伟、山体巍峨的景象。成语中有“气吞山河”“山摇地动”等，无不描述着山的高大雄伟。而杜甫《望岳》中对泰山的赞叹“会当凌绝顶，一览众山小”，更是歌颂了这一气势磅礴的名山名景。以雪宝顶为例，雪宝顶系岷山山脉主峰，位于四川省阿坝藏族自治州松潘县境内，海拔 5588 米，终年积雪，其周围还有海拔 5000 米以上的高峰多座，《松潘县志》上有诗云：“岩悬势天穹，精莹凝太空，高凌世界外，寒冱群山中。”山足眺望，云海茫茫，蓝天幽幽，数十座山峰戴着银白的头盔争相钻出云层，挤向浩浩渺渺的碧蓝的苍穹，凌驾在众山之上的一座呈金字塔状的银峰，格外耀人眼目。

（二）险峻神秘

险峻是山体景观的又一重要特征，它使得一些山体显得神秘。以华山为例，华山位于陕西省华阴市内，为五岳中的西岳，华山主峰海拔 2160 米。华山之险居五岳之首，有“自古华山一条路”的说法。这座山处处是悬崖峭壁，山路险峻，很多人将游华山视为探险；也有不少人慕名而来，但登到险处胆战心惊，半途而返。华山之险是其特色，它的引人之处也就在这个“险”字上。而神话故事《宝莲灯》中的“劈山救母”和“玉女峰”浪漫的传说故事，以及著名的电影《智取华山》均给奇险的西岳华山增添了一种诱人的人文氛围，蒙上了一层神秘的面纱。

（三）文化丰富

文化往往是一座山的灵魂、一座山的精神，山因文化而扬名，文化因山而传世。以庐山为例，庐山地处江西省九江市，风景区总面积 302 平方千米，山体面积 282 平方千米，最高峰汉阳峰海拔 1474 米，东偎鄱阳湖，“春如梦，夏如滴，秋如醉，冬如玉”，构成一幅充满魅力的立体天然山水画。历史造就此山，文化孕育此山，名人喜爱此山，世人赞美此山。中华民族源远流长的历史和数千年博大精深的文化孕育了庐山无比丰厚的内涵，使她不仅风光秀丽，更集教育名山、文化名山、宗教名山、政治名山于一身。从司马迁“南登庐山”，到陶渊明、李白、苏轼、陆游、朱熹、康有为、胡适、郭沫若等1500余位文坛巨匠登临庐山，留下4000余首诗词歌赋的文化名山的确立；从慧远始建东林寺，开创"净土法门"，到集佛、道、天主、基督、伊斯兰教于一身的宗教圣地的形成；从朱熹重建白鹿洞书院弘扬"理学"，到教育丰碑的构建；从"借得名山避世哗"的隐居之庐，到20世纪初世界25个国家和地区风格的庐山别墅群的兴建；从胡先骕创建中国第一个亚热带山地植物园，到李四光"第四纪冰川"学说的创立；从20世纪中叶庐山成为国民政府的"夏都"，到庐山作为政治名山地位的确立……庐山的历史遗迹代表了中国历史发展的大趋势，处处闪烁着中华民族历史文化的光华，充分展示了庐山极高的历史、文化、科学和美学价值。

三、山体景观的类型

山体景观的分类有多种方式，按海拔高度可分为高山、中山、低山和丘陵；按地貌形态可分为冰峰、火山、峡谷、喀斯特山地、花岗岩山地、丹霞山地等；按旅游资源类型又可分为度假避暑型、体育探险型、生物科考型、民俗文化型、宗教朝圣型等。

本书以国家颁布的《旅游资源分类、调查与评价》（国家标准GB/T 18972—2003）为标准，依据旅游资源的性状，即现存状况、形态、特性、特征进行分类，具体如下：

（一）综合山体旅游地

综合山体旅游地是可供观光和游览的整体山地区域，它可以由山地、丘陵、自然标志地和垂直自然地带等景观构成。自然标志地是标志特殊地理、自然区域的地点。垂直自然地带是指山体自然景观及其自然要素随着山体海拔的变化而发生规律变化的现象，如山体的地貌、气候、植被、土壤等随着海拔高度的变化出现的规律性的差异景观。

（二）沉积与构造

沉积与构造是长期地质作用和地貌过程形成并在地表面或浅地表存留的各种景观，如断层景观是地层断裂在地表面形成的明显景观；褶曲景观是地层在各种内力作用下形成的山体和岩石的扭曲变形；节理景观则是基岩在自然条件下形成的山体或岩石的裂隙。

（三）地质地貌过程形迹

地质地貌过程形迹是地球表面地质和地貌形成过程中存留的形迹，它包括了常见的峰丛、独峰、石林、象形石以及丹霞、雅丹等地貌。

（四）自然变动遗迹

自然变动遗迹是由于自然重力的作用或地球的局部地震或地壳内部溢出的高温物质形成的景观，诸如峡谷石浪、火山与熔岩、陷落地等。

四、山体景观审美

山体景观的欣赏或审美，有着悠久的历史，从远古时代对山岳的崇拜发展到后来对山体景观的欣赏，人类已走过了漫长的历史道路，积累了丰富的审美经验。

(一)形态美

山体景观形态美，笼统地表达即为：既包括山岳总体形态与空间体量的外在形式，也包括主体在审美过程中产生的生理、心理感受的山岳景观综合美。山体总体形态与空间体量的外在形式，主要表现为雄、奇、险、秀、幽、奥、旷、野八类典型的风格特征。

1. 雄——雄壮、浑厚、崇高

山的雄浑

雄是大自然最为激动人心的审美形态之一。其巨大的空间形象，给人以雄壮的感觉。在时间上，它又给人以一种亘古难移的永恒之感。其雄浑的气势，又似乎包孕着一种伟大的力量，给人以崇高感。如泰山号称“天下第一山”，以其磅礴之势雄踞于齐鲁丘陵之上、华北平原之东，主峰海拔1532米，相对高度1360米，真可谓“平畴突起三千米”，拔地通天，重峦叠嶂，显得格外雄峻、崇高，故有“泰山天下雄”之称，“登泰山而小天下”之感慨。泰山基础博大，山势累叠，主峰高耸，又给人以厚重感和稳定感。

2. 奇——奇异、奇特、奇怪

奇指山岳形态非同一般，独特、罕见，出人意料，迥异于寻常的事物。天下奇观各有奇美，由于山的成因各自不同，山的自然形态也就各自有异。比如有“中国第一奇山”之誉的黄山，山体是由花岗岩组成的，在长期的地质变动中，由于各部位岩性不同，岩体上升的速度不同，于是发生断裂或滑动，从而形成峭壁悬崖，千峰争秀。又如福建的武夷山，可以说是无峰不美，无石不奇。据地质学家考察，那些奇峰异石，是红色沙砾岩被流水切割后发育而成的。第三纪末，武夷湖盆因受太平洋板块和印度洋板块的挤压而开始上升，岩体经长期风化和流水侵蚀，逐渐形成了奇峰怪石。湖南张家界的金鞭岩、浙江雁荡山的犀牛望月等，也全都惟妙惟肖。山岳之美，美在奇特！这些奇特的山形，使游客产生一种新奇感，而陶醉在美的享受中。

张家界

3. 险——山势险峻，坡度大，山脊高而窄

险是一种惊心动魄的美，既让人感到害怕，又因其强大的吸引力而渴望征服它。山

的险势，激发着人们的挑战心理，满足着人们的冒险心理和求异心理。华山，因山峰自然排列宛若花状而得名，整个山体线条简洁，形如刀削斧劈，奇峰突兀，巍峨壮观，被称为“华山如立”。名山大川处处皆“险”，黄山的天都峰、峨眉山的舍身崖、庐山五老峰和仙人洞等都是险峰奇观。越是“险”的地方，越是游人向往而至的地方。

4. 秀——山清水秀

秀是大自然最常见的形态特征。植被茂密，线条柔和流畅，形态婀娜多姿；色彩缤纷亮丽，声响清脆多韵。人称“峨眉天下秀”，主要有两重含义：一是其宏观形态“云鬟凝翠，鬓黛遥妆，真如螓首蛾眉细耳长，美而艳”，容颜秀；二是植被丰茂，色彩翠黛雅丽，鸟语花香，生机盎然，色彩秀。秀美的主要特色是优美、恬静、柔和、秀丽，赏心悦目。“峨眉山月半轮秋，影入平羌江水流”，这是大诗人李白歌咏峨眉秀色的诗句。峨眉号称天下之秀，人们也常把峨眉比作美女；“水光潋滟晴方好，山色空蒙雨亦奇。欲把西湖比西子，淡妆浓抹总相宜”，西湖的秀丽恰如人的秀丽，天生丽质，即使不做任何修饰也总是美的。大自然的秀美，正在于它的天然去雕饰。如果说，险峻之美，是人与自然经历了由对立到统一过程之后的快感；那么，秀美的境界，是人与自然一开始就处在十分和谐的关系中而引起的美感。人处在这种境界，身心处于完全松弛的状态，所以秀美之境是人们休闲的最佳处所。

峨眉山双桥清音

5. 幽——隐蔽、深沉、安静、神秘

幽美景观常是封闭或半封闭的地形环境与高大乔木遮天蔽日的寂静空间。“曲径通幽处”是中国人的审美观之一。“幽”处有静，能引人思，“幽”处有曲，给人意味深长。“幽”常与曲折、深邃、寂静、清净等特征相联系，形成幽深、幽远、幽静、清幽等审美意境。深深的竹林，寂静的山谷，密林深处的弯弯小溪，群山怀抱中的小小茅舍，都给人以“幽”的感觉，无限的深思。青城山有“青城天下幽”的美誉。其山海拔 1300 米，位于海拔 6250 米的邛崃山下，且深藏于岷江峡谷之中，在高山巨谷之中，群峰环绕，状若城郭，高崖随壁，涧壑幽深，形成其特有的深幽之境。又因其林木葱郁，小径通幽，处处幽深，处处清静，故有青城之名。山中古木参天，浓荫蔽日，涧壑幽深，实不负其“幽”的盛名。青城，幽中藏奇，幽中见秀。

6. 奥——高深莫测、变化无穷

作为自然美的一种形态，“奥”的特征是深不可测、隐秘曲折乃至不见天日，比幽境更封闭、更复杂、更神秘。“奥”之美，与“幽”“奇”“险”常常联结在一起，这种综合的审美效果，更给自然美增添无限魅力。如奇峰深谷的最深处，迷宫般的峡谷、巨石或巨木掩盖的深不可测的洞穴、溶洞等，离奇曲折，洞中有洞，给人以奥妙无穷、神秘莫测之感。

“幽”能引思，“奥”能启迪。凡幽奥之处，必是文人骚客、修身养性之人所到之处，也更是游人探异之处。双龙洞位于浙江省金华市境内，由内洞、外洞和耳洞组成，洞口轩朗，洞厅高广，洞中青泉淙淙流出，两块钟乳石宛若双龙飞腾，惟妙惟肖；冰壶洞内钟乳石、石笋遍布，或如百鸟朝凤，或如金华佛手，洞内飞瀑如银河倒泻九天，气势宏伟，有“中国最大洞中瀑布”之称；朝真洞曲折迂回，洞中有洞，为道教真人黄大仙修炼之所。双龙洞自东晋以来就被世人所钟情，唐宋明清几度辉煌。李白、孟浩然、苏轼等文人墨客以及现代文学家郁达夫、郭沫若都留下了脍炙人口的游记和诗篇，毛泽东、朱德等一代伟人也在此留下诗词和足迹。

7. 旷——辽阔、豁朗

“旷”美之景，指视野开阔，一望无际，使人胸襟开阔。如一望无际的草原，“天苍苍，野茫茫，风吹草低见牛羊”，天穹辽阔，草木茂盛，牛羊肥壮；登岳阳楼观“八百里洞庭”之水波浩渺，“衔远山，吞长江，浩浩汤汤，横无际涯。朝晖夕阴，气象万千”（范仲淹《岳阳楼记》）；登黄鹤楼眺望“孤帆远影碧空尽，惟见长江天际流”的滚滚长江；登泰山之顶“一览众山小”的感觉；登大观楼望“五百里滇池”尽收眼底；等等。使人有心旷神怡之美感产生的原因，皆是大自然“旷”美的特征。辽阔旷远的景色和诗人旷达的心胸交融贯通，形成了主客体浑然一体的审美境界。

8. 野——原始状态的林、原、山天然景观

也就是那些未经人改造或破坏，或很少受人类干扰的自然景观，如海南岛的五指山、云南的香格里拉等无不充满着“野”情、“野”趣。对于那些探险者来说尤其具有吸引力。

综上所述，著名的风景区往往是雄、奇、险、秀、幽、奥、旷、野等特征兼备的丰富多彩的空间综合体，特别是那些名山大川，往往一身兼有多种特征，成为美的综合体，只是从宏观特征来看，各有其突出的特征。

（二）色彩美

山岳景观的色彩美四季常在，如青山绿水、桃红李白、粉花翠竹、万紫千红。既可以表现为因四季交替和阴、晴、雨、雪的天气现象构成大自然色彩斑斓的宏观变化形成的整体色彩美，如春山如梦，五颜六色的鲜花遍野，争奇斗艳；夏山如滴，到处绿波浩瀚，风林滴翠；秋山如醉，红叶满山，层林尽染，七彩醉香；冬山如玉，玉龙飞舞，晶莹剔透，玉树琼枝，银装素裹。也可以表现为具体的山岳景观空间变化形成的区域色彩美，如绿肥红瘦、紫淡青浓等。山岳景观极为丰富的万象色彩中，引人注目的色彩，以满山遍野的绿草鲜花最为突出，尤以绿色最为普遍，是人们视觉美感最安谧舒服的一种基调色彩。色彩变化最快的，则要算光怪陆离的云霞。在山上观赏旭日东升、霞光万道、夕阳西下、落霞满天，是旅游审美活动最为激情的意趣所在。

淡云薄雾往往给山岳抹上一层调和色，使群山的色彩获得柔和、淡雅、协调的效果。晨雾晓烟如薄纱，遮盖了一些繁杂的山石和枝叶，增加了峰峦的整体感，使重叠的峰峦增加层次。如桂林的石灰岩峰林，近看不如远看，逆光胜似顺光，绕以薄雾淡云，最为成景。我国不少名山，尤其是南方的名山，在雨绵绵、雾蒙蒙或晨曦朝晖、夕照霞霭中别有佳景，更具风姿。

山岳景观色彩美，常常以对比的状态体现出山岳景观色彩的五彩斑斓。尤其当它与其他构景手段共同形成山岳景观的自然色彩美及其引起的意境美时，能够给人们一种无以言表的精神愉悦。

（三）声音美

声音美在旅游景观审美文化中是极为重要的美感元素。幽林深谷中，动听的鸟语虫声，使山岳景观产生一种意境美。活泼欢快的百灵、哀婉抑郁的杜鹃、秋空长鸣的大雁等，也常会唤起人们不同的感受。清流拍石、瀑落深潭、溪流山涧、泉泻清池、风吹松涛、幽林鸟语的声音美，必然带来旅游活动的审美情感和美感愉悦。

尤其运用声音与山岳色彩美形成对比和反衬的审美效应，成为自然景观审美文化中最为醉心的美感。“蝉噪林愈静，鸟鸣山更幽”的“天籁”之声与庄子在《齐物论》中所描写的“冷风则小和，飘风则大和，厉风济则众窍为虚。而独不见之调调之刁刁乎？”的“地籁”之响，便是山体景观声音美典型而形象的写照。

（四）嗅觉美

嗅觉在旅游景观审美文化中与声音一样，也是极为重要的知觉元素。随着旅游审美文化对嗅觉美的重视，人们旅游审美感受能力得到不断提高，尤其在久居污烟、废气与臭气弥漫的生活或工作环境中的人们，深入山林，闻到草芳、花香，呼吸富含有益健康的负氧离子的新鲜空气，吐纳之际，不仅顿觉肺腑清净，全身透畅的身体生理快感，更能体会到情绪轻快、精神振奋的身心健康之愉悦。

第二节　水域景观

水域分布很广，水占据了地球面积的7/10。水在自然界中，以液态、气态、固态三种形态存在，江河湖海是液态水形成的景观；雪山、冰川、冰湖、冰河是固态水景观；云雾、水汽是气态水景观。水域景观几乎无处不在。

一、水域景观概述

水域按《辞海》的解释是“港湾和河道中供船舶停靠、作业和航行的水面”，这是狭义的水域。域既可理解为区域，也可解释为境地，从旅游学的角度来说，水域则指有旅游价值的水的区域，或者说是以水为载体的旅游资源。水域景观，也可以说是水体景观。水域景观类型众多，其形成的方式也各有不同，具体包括以下几种类型：

（一）河流的形成

一般河流的源头多在构造上升区。河流之路较长的必然会有宽谷与狭谷相间。当河段以地壳上升为主，则出现峡谷，上升越强，峡谷越深，常有陡崖、急流、跌水、怪石等险峻景色以及幽深美妙的意境。当河段以地壳沉降为主，则水势平稳缓慢，沉降越强，河曲发育越好，常有牛轭湖、沼泽湿地相间的帆影渔歌景色。各河段又因地壳运动差异，有不同级数的阶地与岸边高度不等的丘陵地，具不同的成景条件。河流在出口处也因地壳沉降幅度的不同以及泥沙沉积物的多少，有三角港或各种三角洲，形成不同的景物。河流自源头至河口，总的地形变化趋势一致，但有分段特征与河流的地方特色，成因条件也随之不同。

（二）湖泊的形成

湖泊系长期占有大陆封闭洼地的水体，并积极参加自然界的水循环，成为地表水的一种类型。湖泊的分布没有地带性规律可循，也不受海拔的限制，它们既可以分布在地球表面任何一个地理或气候区域，如热带、温带和寒带，也可以发育在低海拔的滨海平原和低地，或在高海拔的高原、盆地。总之，凡是地面上排水不良的洼地都可以储水而发育成湖泊。

地球表面地理环境复杂，千差万别，而处于不断变化和发展过程中的湖泊或因区域地理环境的差异，或因形成和发育阶段的不同，从而在湖泊地貌、湖泊水文、湖泊化学和湖泊生物诸方面，均可以显示出不同的特点和丰富多彩的类型：既有浅水湖泊，又有深水湖泊；既有淡水湖泊，又有咸水湖和盐湖。

所有湖泊都是在一定的地理环境下形成和发展的，并且和环境诸因素之间进行着相互的作用和影响。但是，不论是什么成因形成的湖泊都必须具备湖盆（即洼地）和水体（洼地中所蓄积的水量），这两个最基本的条件，缺一不可。

（三）海岸的形成

海岸是临接海水的陆地部分，也就是海岸线上边很狭窄的一片陆地。海岸是把陆地与海洋分开同时又把陆地与海洋连接起来的海陆之间最亮丽的一道风景线。但是，它不是一条海洋与陆地的固定不变的分界线，而是在潮汐、波浪等因素的作用下，每天都在发生变动的一个地带。

海岸形成于遥远的地质时代，当地球形成，海洋出现，海岸也就诞生了。蜿蜒曲折的海岸线经历了漫长的沧桑变化，才形成今天的模样。海岸地貌形态千姿百态，海岸类型多种多样。站在海岸，遥望浩瀚无垠、波涛汹涌的海洋，无论什么人都会为那雄伟壮丽的景观而惊叹。沿海航行，以观海岸，更是气象万千。

（四）瀑布的形成

一般认为瀑布是从悬崖或者陡坡上倾泻而下的水流，或者是河流纵剖面有了明显的坡折致河水下跌的景观。其形成通常是因为组成河床底部的岩石软硬程度不一致，被河水冲击侵蚀得厉害，形成陡坎，坚硬的岩石则相对悬垂起来，河水流到这里，飞泻而下形成了瀑布。也可以说，河水在河道中奔流，遇到河床的陡坎时，便跌下来，形成了瀑布。除此之外，还有因山崩、断层、熔岩堵塞、冰川等作用而形成瀑布的。瀑布形态多种多样：有的如江海翻腾，气势磅礴；有的幽深清秀，景色妩媚动人；有的又如珠帘垂落，佼佼飘舞；有的层层叠叠，时分时合。瀑布姿态变化多端，且都有独特的美学价值，常给人以动态的美感，是水景中重要而难得的部分。

（五）涌泉的形成

涌泉是地下水的天然露头，埋藏和运动于地下岩层空隙中的地下水，在适宜的地形、地质及水文地质条件下，自然涌出地表而形成的。

二、水域景观的特点

“水，活物也，其形欲深静，欲柔滑，欲汪洋，欲回环，欲肥腻，欲喷薄，欲激射，欲多泉，欲远流，欲瀑布插天，欲溅扑入地，欲渔钓怡怡，欲草木欣欣，欲挟烟云而秀媚，欲照溪谷而光辉，此水之活体也。”（宋·郭熙《林泉高致·山水训》）这段文字生动地描述了水体本质，水是流动的，无论时间流逝，无论天地变化，无论遭遇什么，无论发生什么，水都是千姿百态的。以下将从这一特征来探讨水域景观的基本特点。

（一）旷野

旷野是博大、天然、辽阔和淳朴。浩瀚的海面、滔滔的江河，在许多地方都可以欣赏到这样的景色。“旷”一般是指视野广阔开朗的景观，如辽阔的水域、草原，空旷的田野以及登高远眺所及的大面积区域。“野”，《辞海》释义为旷远之处。野是天然美、朴素美的一种意境。“念去去千里烟波，暮霭沉沉楚天阔”（柳永《雨霖铃》）、“衔远山，吞长江，浩浩汤汤，横无际涯”（范仲淹《岳阳楼记》）都描述了水体景观“旷野”的特点。

太湖鼋头渚

（二）激荡

激荡是力量、雄壮和高歌。咆哮的潮水、激荡的海浪、飞落的瀑布，它们仿佛向大自然述说着内心澎湃的激情。水体由于自身的特征，形成了千姿百态、千变万化的景观。以钱江潮为例，每逢农历八月十八，当钱江潮来临之时，只见远处出现一条白线，由远而近；刹那间，壁立的潮头像一堵高大的水墙呼啸席卷而来，发出雷鸣般的吼声，震耳欲聋，真是“滔天浊浪排空来，翻江倒海山为摧”。汹涌壮观的钱塘潮历来被誉为“天下奇观”。

虎跳峡

（三）深静

深静是成熟、幽美和高雅。如果说江河以“动”见长，湖泊以“静”为主，海洋则以“深”为特色。静静的湖面、深深的海洋，更多地流露静谧娴雅的格调。特别是积水潭型的湖泊，如新疆的天池、东北的镜泊湖、浙江的千岛湖，莹莹碧水如镜般倒映着蓝天白云或星空皎月，显得格外幽静动人。

（四）秀媚

秀媚是清新、妩媚和淡雅。涓涓的溪流、妩媚的湖面、清澈的泉水，秀媚是水体景观的特色之一。宋·苏东坡《饮湖上初晴后雨》一诗“水光潋滟晴方好，山色空蒙雨亦奇。欲把西湖比西子，淡妆浓抹总相宜”淋漓尽致地描绘了古时西湖的秀媚。西湖有如西子，淡抹浓妆，神采不同，阴晴雨雪，风韵万千。西湖的美，在于晴中见潋滟，雨中显空蒙，无论雨雪晴阴，在落霞、烟雾下都能成景；在春花、秋月、夏荷、冬雪中各具美态。阳春三月，莺飞草长；桃红柳绿，青山含翠；夏日里接天莲碧的荷花；秋夜中浸透月光的三潭；冬雪后疏影横斜的红梅；更有那烟柳笼纱中的莺啼，细雨迷蒙中的楼台——西湖四时景不同。

西湖

三、水域景观的类型

地球表面的水体有海洋、冰川、河流、湖泊、瀑布、涌泉等多种类型，它们与地质、地貌、气候、植被等因素相结合，形成丰富的水域风光旅游景观。水域风光的分类方式较多，本书以2003年国家颁布的《旅游资源分类、调查与评价》（国家标准GB/T 18972—2003）为标准，依据水域旅游资源的性状，即现存状况、形态、特性、特征进行分类，归纳如下：

（一）海洋景观

海洋景观主要包括海洋自然景观和海洋人文景观。海洋自然景观是自然形成的景观，如海水、沙滩、海岛、礁石、海浪、海潮等；海洋人文景观是人们与海洋长期接触中而产生的景观，如海滨城市、海滨建筑、海洋风俗、海洋遗址等。

（二）江河景观

江河是一种天然的地表或地下水流，是由一定区域的地表水和地下水汇集、补给，并沿着地表或地下长条状槽形洼地流动的水体。一般地，把较小的称为溪、涧、沟、渠，较大的称为江河。另外，人类历史上还有很多人工开凿的河流。

通常把流入海洋的河流称为外流河，流入内陆湖泊或消失于沙漠之中的瞎尾河称为内流河。为沟通不同河流、水系与海洋，发展水上交通运输而开挖的人工河道称为运河，也称渠。为分泄河流洪水，人工开挖的河道称为减河。

（三）湖泊景观

湖泊是指陆地表面洼地积水形成的水面宽广、水量交换缓慢的水域。按成因可分为构造湖、火山湖、堰塞湖、岩溶湖、冰川湖、风成湖、河成湖、海迹湖等；按湖水盐度高低可分为咸水湖和淡水湖。

（四）瀑布景观

瀑布在地质学上叫跌水，即河水在流经断层、凹陷等地区时垂直地跌落。依据瀑布的外观和地形的构造，瀑布有多种分类。

（1）依据瀑布水流的高宽比例划分为垂帘型瀑布、细长型瀑布。

（2）依据瀑布岩壁的倾斜角度划分为悬空型瀑布、垂直型瀑布、倾斜型瀑布。

（3）依据瀑布有无跌水潭划分为瀑潭型瀑布、无瀑潭型瀑布。

（4）依据瀑布的水流与地层倾斜方向划分为逆斜型瀑布、水平型瀑布、顺斜型瀑布、无理型瀑布。

（5）依据瀑布所在地形划分为名山瀑布、岩溶瀑布、火山瀑布、高原瀑布。

（五）泉景观

泉是指地下水的天然露头，多分布于山谷和山麓，是地下水的一种重要排泄方式。

（1）根据水流状况的不同，可以分为间歇泉和常流泉。如果地下水露出地表后没有形成明显水流，称为渗水。

（2）根据水流温度的不同，泉可以分为温泉和冷泉。水温高于20℃的为“温泉”，低于20℃的则为“冷泉”。冷泉是以水质清醇、甘甜而供饮用或作为酿酒的水源。温泉因温度高低不同可用于休闲沐浴或理疗。

（六）冰川景观

冰川是指分布在两极或高山地区，由大气固态降水积累演变而成、在重力作用下缓慢运动长期存积的天然冰体。

（1）按照冰川的规模和形态的不同，冰川景观分为：大陆冰盖（简称冰盖）和山岳冰川（又称山地冰川或高山冰川）。大陆冰盖主要分布在南极和格陵兰岛，山岳冰川主要分布在地球的高纬和中纬山地区，其类型多样，主要有悬冰川、冰斗冰川、山谷冰川和平顶冰川。

（2）按照冰川的物理性质（如温度状况等）的不同分为极地冰川、亚极地冰川和温冰川。

①极地冰川，整个冰层全年温度均低于熔点。

②亚极地冰川，除表面可以在夏季融化外，冰层大部分低于熔点。

③温冰川，除表层冬季冰结外，整个冰层处于压力熔点。

四、水域景观审美

水是自然地理环境的重要组成要素，是天然景观的基本造景条件。不同的水域具有不同的审美特征，其美学特征各有千秋，总体上可以概括为形、影、声、色几个方面。

（一）形美

水的形即为水的形象美。水的形状是以不同的地理实体表现出来的，海洋、河流、湖泊、泉水、瀑布等都是具有一定形象美的风景实体。深邃宽广的大海、奔流不息的江河、安静秀丽的湖泊……各种水体有各自的形态风韵，或动或静，或刚或柔，都是美，对旅游者具有强烈的吸引力。

风景河段往往像条条银带，或流贯平原，或穿越山峦，忽宽忽窄，或曲或弯，构成了一种特殊的地理风韵和形态。其中平原风景河多静态景象，河道曲折有序，宽窄相间，辅以沙滩岛洲，岸柳竹影，别有一番韵味和意趣。山地风景河因落差大小不一，多形成以动态水景为主、动静互相转换的观赏空间。若再辅以湍流飞瀑或漂流船只，更显示出一种山光水色的交融美。莱茵河中游的莱茵河谷段，拥有蜿蜒曲折的河道、清澈见底的河水、碧绿的葡萄园，景色极美，可乘坐白色的游艇，极目远望多姿多彩的莱茵河美景。有道是，“山水相连”，水因山而美、而奇、而神。世上许多河流都有青山相伴，然而莱茵河不同，它不仅有青山相依相偎，还有山间的葡萄园相伴，而葡萄园本身就是一首美丽的歌，一首动人的诗。

（二）影美

水影是水体特有的美学特征。水是无色透明液体，山、石、树、花乃至白云、蓝天、桥梁、建筑等落入其中都会形成美丽的倒影，水上水下、岸上岸下、桥上桥下，实物虚影彼此辉映，构成一幅美不胜收的观赏图画。

几乎所有的风景水域都会产生美丽的倒影，其中又以湖泊的倩影丽姿最佳且常见。湖泊是一泓清水，由于多种原因使其具有不同的透明度。在天然湖泊中，其透明度往往与湖水泥沙含量、生物繁殖程度以及它对光的吸收和散射状况有关。我国许多湖泊就是因为透明度高，博得了古今名人的赞赏。如新疆准噶尔盆地与伊犁河谷交界处的断陷湖赛里木湖，其透明度高达 12 米以上，被人们称为中国内陆水体最清澈的湖泊，人们赞美它是山清如洗，水秀如蓝，浪涛和松涛共鸣，草色和蓝天竞翠。北京颐和园昆明湖，清碧的湖水把西堤、玉峰、西山等几个层次的景色都映照出来，这种倒影效果大大强化了昆明湖的借景作用。

（三）声美

水声是水体与其他自然因素结合而产生的，是一种观水时所获取的听觉美。海洋、江河、溪流、清泉、瀑布，每一种水体的运动都会产生各自特有的声音，这种声音作用于人的听觉器官就会形成一种听觉美。

声音美无处不在。拍岸的惊涛，叮咚的山泉，淙淙的溪流，倾泻而下的瀑布……无不表现出天籁之美。涛声富有节奏，给人以特殊的美的享受。听涛佳点多出现在山岳中的天然湖泊之滨，特别是湖岸陡峭、石块散列或有天然洞龛的岸域，水在风力推动下，有节奏地打向岩岸，进入洞龛，发出的声音尤为悦耳，而且声音有高低、浑脆等多种变换。如黄果树瀑布水流轰鸣如鼓，声若滚雷、山崩地裂、万鼓齐擂、撼人心魄，40 千米之外便能听见其雷鸣轰天之声；而黄山人字瀑的涓涓细声，又犹如轻抚琴弦，低唱慢弹。

（四）色美

水本身是无色的，但射入水中的光线，受水中悬浮物及水分子的吸收和散射等综合作用，就呈现出千娇百媚的色彩。

色彩是衡量风景湖的重要观赏尺度。奇妙多彩的水色使湖泊显得更加俏丽多姿。如太湖的黄绿色，黑龙江省镜泊湖的湛蓝色，扬州瘦西湖的淡绿色，南京莫愁湖的浅绿色，青海高原鄂陵湖的青蓝色，四川九寨沟高原湖泊有蓝、黄、橙、绿、紫等多种色彩。这些湖泊的色彩与水域深浅、泥沙含量、水生植物繁衍程度、有机质多寡，以及水对光的吸收与反射等息息相关。此外，湖水颜色与气候的日变化、季节变化也有很大关系，它可随季节转换呈现不同的色彩。

瀑布的色彩也是丰富多彩的。喷涌的瀑布如白练飘空，银丝四射，人们常用“银河”“素练”喻之。在阳光的映照下，它又像天上撒下一条彩练，分外娇艳，而当太阳光线和瀑布形成一定的角度时，由于水光反射，瀑布上空还会显现出几道彩虹，流光溢彩，绚丽动人。

第三节　生物景观

生物是地球上有生命物体的总称，在其漫长的历史演化过程中，形成了丰富多彩的生物景观。生物在任何一个地理景观或任何一个旅游区都是最引人注目的对象。作为旅游资源的生物景观，主要是指具有旅游价值的各种动植物及其相关生存环境构成的实体。生物景观和其他各类自然和人文旅游资源一起，共同构成了各个旅游景区。生物景观以其复杂的形态和由其自身生命节律所表现出的变化性构成了旅游景观的实体，是自然旅游资源中最具特色的类型。

一、生物景观的特点

（一）奇特性

奇特性是指生物受地域分异规律控制而形成的不同地区有不同生物景观的特点。可以说，地球上不存在环境完全相同的地区，地区之间多少存有差异。环境的地区差异，大尺度的遵循纬度地带性、干湿差异性；中尺度的遵循垂直地带性；小尺度的遵循地方性等地域分异规律。生物是环境的产物，不同的环境孕育不同的生物。热带植物叶大、常绿、秋冬不落叶，寒带植物多为针状叶，秋冬落叶；热带动物皮毛不如寒带的厚。各个地方都存在适应当地环境的生物奇观。人们一提到热带，就联想到陆地上茂密的热带雨林、独树成林的大榕树、大象和孔雀，海洋中的热带观赏鱼；提到两极就会联想到北极的北极熊、南极的企鹅；提到澳大利亚就会联想到袋鼠。这一系列的联想都来自各地特色生物在人们头脑中留下的深刻印象。

（二）指示性

由于自然地理各要素都处于紧密的相互联系、相互依赖之中，每个要素的发展都不是独立的，而是共轭进行的，根据各要素之间的这种相互联系，就可用自然环境中的一个环节来确定其余环节。自然地理各成分中，生物特别是植物受其他要素的影响反应最灵敏，且具有最大的表现力，如椰子正常开花结果是热带气候的标志；温带草原景观是温带大陆性气候的标志。再如在未受污染的水体里，藻类以硅藻和甲藻为主，每毫升水中细菌数在 1000 个以下；当水体受污染时，藻类以蓝藻、绿藻为主，每毫升水中细菌数达 10 万个以上。生物景观的指示性特征，不仅有助于进行科研、考察、观赏和生态旅游等活动，也有助于形成所在地的自然景观，突出所在区域的景观特点。

（三）时间性

时间性是指生物随季节变化发生的形态和空间位置变换而形成季节性旅游景观的特点。如植物，不同季节有不同的植物开花，春季的茶花、樱花、牡丹花，夏季的荷花，秋季的菊花、桂花，冬季的梅花等；不少植物的叶色也随季节变化而更换色彩。再如动物，不少动物随季节有规律地南北迁徙，出现了生物空间位置随季节变化等胜景。

（四）广泛多样性

广泛多样性是指生物景观类旅游资源在空间分布上的广泛性和多样性。地球上的任何地方，山地、高原、海洋或湖泊，甚至是沙漠、戈壁，都有生物的存在。地球上自然生态系统的类型和生物的形态、色彩、声韵和种类等也丰富多样，这些都具有很高的旅游价值。

（五）可再生性

可再生性是指由生物的繁殖功能、可驯化功能和空间移植性所决定的，由人与自然共同创造形成的生物旅游景观。生物与无机物不同，它具有繁殖能力，使生物世代相传，这一特点决定了其经济利用上的可持续性。生物的可驯化性和空间位置的可移植性，决定了人们可以在局部改变环境条件的基础上，将野生动植物驯化、移植、栽培、饲养，形成动、植物园和农村田野风光等人造生物景观，同时还能作为园林造景、美化城市的衬景。

（六）脆弱性

脆弱性是指生物及自然生态系统在抗干扰的能力上较为脆弱的特点。动植物都是有生命的物质，灾害性环境变迁，会使不少生物死亡，甚至整个物种绝灭，如地质时期白垩纪时灾变环境，使称霸一时的恐龙绝灭。人类过度地干扰破坏也会导致生态系统的破坏、物种的绝灭。例如，原始的刀耕火种，烧毁了茂密树林，使动物失去栖息地而影响其生存，土地失去植物根系的固着导致水土流失，这种遭破坏的生态系统必然失去其旅游美学价值。由此可见，生物旅游景观是极为脆弱的，在开发利用上只宜提倡保护与利用并重的生态旅游。

（七）生命有机性

动植物是具有生命的有机体，它们的存在给自然界增加了生命的活力。在一些以沙漠、草原、山水等景观为主的风景区，生物景观的存在，不仅使原本单调的景区充满生机，而且增加了景区的旅游功能，提高了旅游效果。例如，青海湖鸟岛上的成千上万只禽鸟，使原本孤寂的荒漠景观变得热闹非凡、生机盎然。可见，生物景观不仅丰富了自然旅游资源的内容，而且创造了自然景观的生机与活力。

二、生物景观的类型

本书以国家颁布的《旅游资源分类、调查与评价》（国家标准 GB/T 18972—2003）为标准，依据旅游资源的性状，即现存状况、形态、特性、特征进行分类，归纳如下。

（一）树木

1. 森林景观

森林是陆地上最大、最复杂的生态系统。森林具有净化空气、涵养水源、保持水土、调节气候等多种功能，是保护环境、维护陆地生态平衡的关键因素。主要的森林景观有热带雨林景观、红树林景观、亚热带常绿阔叶林景观、温带落叶阔叶林景观等。在国家级森林公园，自然景观千姿百态，历史遗迹丰富多彩，对游人充满神奇的魅力，是游客登山野营、骑马打猎、采集标本、科学考察、休闲疗养、观光娱乐、陶冶情操、回归自然、体会返璞归真的乐趣、增进身心健康的好去处。

2. 古树名木

古树名木是记录历史、指示环境变迁、展示生态特征的历史文物和科学资料，具有较高的科学研究和旅游欣赏价值。古树名木具有两层含义：第一，指那些以古老的树龄、珍稀的树种和独特的生理结构特征吸引旅游者观赏的树木。如银杏，远在27000万年前就开始出现，17000多万年前与恐龙一起称霸一时，而今恐龙早已灭绝，银杏仍然独存于我国；金钱松又名金松，是我国独有的树木，也是著名的观赏植物。第二，指那些具有历史文化特性，或因名人手植，或因传说故事，或因其形态奇特而闻名的树木。这些古树名木多与庙宇、古建筑、古陵墓、山岳景象结合在一起，具有一定的文化内涵，成为旅游者观赏游览的重要内容。如孟加拉国有一棵榕树，其树冠投影面积达10000平方米，可容纳几千人在树下乘凉，是世界上树冠最大的树；我国陕西黄帝陵的轩辕柏，相传是轩辕帝亲手所植，树高20米，树龄5000多年，至今挺拔苍劲，枝叶繁茂。

（二）草原与草地

辽阔的草原既是优良的牧场，也是理想的旅游场地。人们在草原上可以骑马、骑骆驼、乘勒勒车，在观赏草原风光的同时，还可在牧民家中做客，体验少数民族的生活，享受独特的草原风情。由于自然环境的不同，草原可以分为热带稀树草原景观、温带草原景观和高寒草甸景观。

热带稀树草原是一种以旱生、适高温的多年生草本植物占优势，并散生一些耐旱的乔灌木的植物群落。由于禾草的生长力强及草原上植被稀疏开阔，有蹄类食草哺乳动物和一些大型食肉动物，如斑马、长颈鹿、非洲狮等多有分布。非洲的热带稀树草原，在世界同类植物中发育最典型、分布最广。

温带草原是指由低温、旱生、多年生的草本植物组成的生态系统，其植物种类主要由丛生禾草针茅、羊茅、须芒草等组成，也有散生的小灌木和多种双子叶杂类草，如豆科、菊科植物等。开阔的温带草原适宜善于竞走的大型食草动物生活，如野驴、黄羊、野牛和骆驼等。温带草原主要分布于欧亚大陆温带地区，我国东北地区和内蒙古地区有温带草原带分布。内蒙古草原位于我国阴山以北，大兴安岭以西，是我国最典型的温带草原。

高寒草甸分布在高山和高原的湿润而寒冷的环境中，其植物种类主要是湿冷中生草本植物，草层低矮，覆盖度大，根系浅而密集。我国青藏高原上分布的高寒草甸，仲夏时节，百花盛开，水草丰美，还有乌黑的牦牛、矫健的骏马以及野驴、野牛、藏羚羊、旱獭等多种珍稀动物，构成了一幅别致、生动的高原风情画。

（三）花卉地

花是植物中最美、最具观赏价值的类型。花色、花香、花韵、花姿是花卉的四大美学特征。在花的世界里可谓万紫千红、种类繁多，那些名贵、奇异、独特的花卉更是备受人们的青睐。在悠久的赏花、育花历史中，人们根据花姿、花色、花韵、花香选出我国十大名花，分别为牡丹（万花之王）、月季（花中皇后）、梅花（群花之冠）、菊花（寒秋之魂）、杜鹃（花中西施）、兰花（花中君子）、山茶（花中珍品）、荷花（水中芙蓉）、桂花（金秋娇子）、君子兰（黄金花卉）。日本的樱花、荷兰的郁金香等则是全世界游人争相观赏的名花。

（四）野生动物栖息地

野生动物栖息地是指动物长期或季节性分布的生存环境。栖息地可为动物提供生存所需要的生态条件，如食物、水、温度、保护场地等。

1. 水生动物栖息地

水生动物栖息地是指一种或多种水生动物常年或季节性栖息的地方。主要有海洋、江河、湖泊、溪流、沼泽等地。以长江流域为例，长江哺育了华夏大地，也吸引了大批的水生动物在此栖息，如濒临灭绝的国家重点保护动物江豚、白鲟、中华鲟、达氏鲟、胭脂鱼等。热带海洋中的珊瑚礁地区，由于海底地形复杂，海水环境优越，吸引了大批鱼类和其他海洋生物在此栖息，成为海洋生态旅游的主要场所，如澳大利亚的世界自然遗产大堡礁就属于这种类型。

2. 陆地动物栖息地

陆地动物栖息地是指一种或多种陆地野生哺乳动物、两栖动物、爬行动物等常年或季节性栖息的地方。哺乳动物的栖息地类型众多，从高纬地区的冻原地带到干旱、半干旱的荒漠、草原地带，再到湿润的森林地区，甚至到江河海洋，都有哺乳动物的身影。如冻原地带的驯鹿、麝牛、雪兔、北极狐狸；森林中的美洲虎、华南虎、猴类；草地上善于奔跑的斑马、瞪羚、狮、豹；海洋中的抹香鲸、海牛等。两栖类动物由于其所具有的独特进化形态而极富观赏价值，如大鲵，体形大而扁，形似壁虎，叫声如小孩啼哭，因而又叫娃娃鱼，它栖息于我国秦岭、淮河以南的亚热带深山幽潭之中，张家界是我国大鲵的集中分布地区之一。我国爬行动物中蛇类的栖息地，以大连老铁山保护区的蛇岛、武夷山自然保护区中的“蛇国”最有名。

3. 鸟类栖息地

鸟类栖息地是指一种或多种鸟类常年或季节性栖息的地方。鸟类栖息地主要有两种类型：一种是林地类栖息地，如温带森林、热带雨林以及高纬度地区的寒带针叶林都是鸟类重要的分布区域，林地复杂的植被类型和丰富的果实为鸟类提供了生存条件；另一种是湿地类栖息地，湿地包括河流、湖泊、沼泽、岛屿、沿海滩涂、红树林等类型，这类栖息地具有丰富的水草和鱼类资源供鸟类繁衍生息。

4. 蝶类栖息地

蝶类栖息地是指一种或多种蝶类常年或季节性栖息的地方。如云南大理的蝴蝶泉，我国福建、香港、台湾的蝴蝶谷等。在云南大理的蝴蝶泉，每年农历四月十五日前后，五彩斑斓的蝴蝶在此汇聚，令人眼花缭乱。

三、生物景观审美

生物与地理环境中的地貌、水体、气候等景观共同组成自然旅游资源整体。生物景观是所有景观中最具生命活力的景观，其美学特征虽然仍属于形式美的范畴，但无疑比其他任何景观更具活力，更有律动感，更富有动态美。在旅游活动中，生物景观具有自身独立的审美价值，是现代社会中旅游欣赏的重要对象。

（一）形态美

植物的审美要素主要有花、叶、根、茎及果实的形态和色彩。植物美的审美特征之一是形态美。各种植物千姿百态，各具风采。有的以花或叶的形态迷人，有的以枝干的姿态取胜，有的花、叶、茎相互衬托，呈现出整体的和谐。不同的形态表现出不同风格。如牡丹以其丰硕的花朵尽显华贵，被誉为“花中之王”；文竹因其纤巧的枝叶和飘逸的姿态成为案头佳品；松柏则以苍劲、古拙的枝干而耐人寻味。许多动物的生理结构、形体姿态都符合对称、比例、均衡等形式美的法则。特别是狮、虎、牛、马，当它们正立时，如以前肢为界作垂直虚线，把身体和头、颈分为两部分，其水平长度之比恰与黄金分割相符，因而，给人以和谐的美感。

蓝莲花

（二）声音和气味的美

植物随风摇摆发出的天籁清音，使欣赏者在观其形、色的同时兼获听觉享受，令植物美更富感染力。气味美是植物得天独厚的优势，“云湿幽崖滑，风梳古木香”生动地传达了植物芳香气味随风扩散而心醉神迷的审美愉悦。不只是植物的花朵芳香袭人，令人陶醉，有些树木，如樟树、楠木、檀香树等，其木质也能散发沁人心脾的幽香。动物的鸣叫声也多种多样，有的婉转悦耳，有的高亢洪亮，有的奇特有趣。如黄山珍禽八音鸟，鸣声尖锐多变，每在清晨鸣叫，能发出八个音，被称为林间音乐师；南美洲森林中的吼猴，咆哮如雷、声撼四野……各种动物的鸣叫声千奇百怪，各有特色。

（三）动态美

植物有它自身生长、变化发展的规律，季节不同，姿态各异。一般地，植物的季相变化表现为春华、夏茂、秋实、冬枯。再加上日光的移动，阴影的变化，风摇雨打等气候景象的辅助，更赋予植物多变的动态美。动物是活动的景物。它们以其灵巧、轻捷、雄健、怪异等神采各异的动作、姿态，增添了人们的审美情趣。如鱼群“散如万点流星迸，聚似三春濯锦舒”，昆虫“穿花峡蝶深深见，点水蜻蜓款款飞”，鸟儿“举翼凌空碧”“翱翔一万里”，还有猴子灵巧的攀缘，企鹅摇摆行走的憨态模样等。各种动物的动态美各有其趣，令人叫绝。

泳鹅

（四）象征美

有些植物的某些属性，如外在形态、内在生命或二者的统一，与人的品格或形象有相似之处，唤起人们丰富的联想，从而具有某种象征意义。如莲花“出淤泥而不染”，象征人的高洁情操；木棉枝干挺拔、花红似火，如巨人披锦，而被称为“英雄树”；梅、兰、竹、菊皆“清华其外，不趋炎热”，而被誉为花中“四君子”。动物比起其他事物，与人在各方面最为接近，所以动物的美最能唤起人的联想，拥有更丰富的象征意义。如成双成对的鸳鸯是忠于爱情的象征；凶猛的狮虎是强悍、英武的象征；牛的吃苦耐劳是无私者奉献精神的写照；狗的忠实、羊的温顺、骆驼的耐力等都引起人的肯定性美感。

梅花

（五）奇异美

植物中一些种类颇为奇特，令人叫绝。如能结“面包”的面包树、能预报气象的青风栎、会害羞的含羞草、会翻筋斗的长生草、直径达一米以上的大王花等。动物界异趣良多、奥妙无穷。如形似植物的海鞘，能离开水在滩涂上爬行、跳跃的滩涂鱼，用眼睛喷血来抵御敌人的角蟾等。动物美包含多种特性，具有独特的魅力，并从多方面美化环境。它们的色彩装点了环境美，它们的声音歌唱了环境美，它们的行动丰富了环境美。动物美与山水、植物等其他自然景观的美相互衬托，交相辉映，共同创作出美不胜收的自然画卷。

（六）色彩美

植物的色彩主要体现在花和叶上。植物花朵的颜色有的单纯、明丽，有的复合多彩，有的清新素雅，有的浓烈艳丽，五彩缤纷，千娇百媚。鲜红的玫瑰、黄色的菊花、血红的杜鹃、洁白的玉兰、金黄的茶花、火红的石榴，还有那娇如红靥的桃花、灿若明霞的紫薇、万紫千红的月季、繁星点点的霞草……组成了一幅幅璀璨夺目、色彩缤纷、绚丽多彩的大自然图画。有些动物的皮毛色彩单一纯正，如金色的猴、雪白的兔、褐色的松鼠等。有些动物的皮、毛色彩缤纷，显现出或对比、或调和、或规则、或奇异的图案美，如五彩的孔雀、斑斓的猛虎等。动物的色彩之丰富堪与植物相媲美，且一般不受季节、气候的影响。

第四节　气象景观

气象是地球外围大气层中经常出现的大气物理现象和物理过程的总称，它包括冷、热、干、湿、云、雨、雪、霜、雾、雷、电、虹、霞、光等。气象景观是在特殊的气象条件下，配合一定的地理环境和天文条件而自然形成的。气象景观大都离不开春夏秋冬、晨昏晓夜、日月星光、霓虹晕蜃、阴晴寒暖、风雨烟云、霜雾冰雪等景象。

一、气象景观概述

茫茫宇宙浩瀚无垠，无以计数的大大小小各种天体在不断诞生和消亡，形成形态各异的天体结构并发出美丽灿烂的各色光芒与光环。由于地球围绕太阳公转及地球自转、月亮围绕地球旋转而形成日出日落及日食、月食等天文现象，游荡漂移的无数彗星和流星也不断划过夜空；受阳光照射及大气、地貌环境等因素的影响，在大气中还出现彩虹、佛光、海市蜃楼等光现象……美丽的天象景观不仅吸引着地球上大批的天文爱好者，也吸引着无数的人带着浓厚的兴趣观看奇异天象，而一些具备良好条件观察天象景观的地点便成为天象观察的旅游地。

地球表面的气候，由于受纬度位置、海拔高度、地表形态、海陆位置、大气环流等因素的影响，形成多种多样的气候现象和区域性差异，成为重要的构景因素。各种气候现象不仅可直接形成气候景观（如风、霜、雨、雪、云、雾等），对塑造地貌景观、水体景观、生物景观等亦发挥着重要作用。气候的区域性差异则形成山地和海滨避暑胜地、热带与亚热带避寒胜地等有益的康乐气候旅游资源。由于气温在垂直方向上的差异，从而可以形成“一山有四季”“十里不同天”的立体气候旅游景观。

二、气象景观的特点

地球表面陆地辽阔，海洋遍布，气候类型多样，因此气象资源十分丰富，气象景观类型众多，其特点主要有季节性、瞬变性和组合性。

（一）季节性

由于气象受到温度、湿度等因素的影响和变化总是带有一定的规律性，如日变化和年变化现象，又由于各地区的地理位置不同，气候带不同，因而各地的气候也有所不同，从而形成明显的地域气候特征。气象景观在某一特定的区域的一年之中所出现的频率也带有明显的季节变化的特征。如我国南方的梅雨季节的烟雨景观多出现在每年的四五月份；冰雪景观和雾凇景观一般只出现在纬度较高地区的冬季，而黄山四绝之一的云海景观通常出现在11月至翌年5月之间。

（二）瞬变性

大气中的各种物理现象和形成过程，变幻莫测、变化迅速，造就了气象景观的瞬息万变、虚假错乱、扑朔迷离、虚无缥缈的特征，呈现出奇特、多样的颜色、形状和动态，在空中所营造的虚与实、紧凑与松弛、疏密与聚散、繁杂与简捷、零乱与规则的动态意境之美感，具有极强的观赏价值。如海市奇观往往从形成到结束不过也就持续十几分钟，最长不过一小时。佛光景象的形成往往与天气情况和太阳折射角度等条件有关，同时具有瞬息即逝的特点，所以观赏到的概率较小。而巫山的云、平湖的月、潇湘的雨等诸多著名的气象景观持续的时间则具有不确定和短暂的特点。因此，奇特、壮观的气象景观在旅游活动中是可遇不可求的一种景观欣赏活动。

（三）组合性

天气在景观设计中常作为一个景区的背景方式呈现或是取景、观景的一部分。结合某地特殊的气象现象来营造景区的自然景观或人文景观，可为游客营造一种心旷神怡、惊喜愉悦的精神层面的审美心理感受。如云海、云雾、烟雨、冰雪、蜃景等气象景观时常能起到帮助游客获取一种从情感到心理上的愉悦、悲伤、欣喜、狂躁、平静等心理感受。近年来，旅游开发商通过科学的景观设计理念，将某一地区特有的景观与大气、气候变化因素融入景观和景区的设计中，让游客在感受自然、人文景观的同时获取更高层面的心理和生理愉悦以及视觉感受效果。如深秋时节霜后北京香山公园的枫叶，南京的栖霞红叶，江南的烟雨垂柳，冬季杭州西湖的断桥残雪等景观。因此，气象景观不仅可以单独作为景观欣赏，同时还可以结合景区、景观作为景区的背景来欣赏。犹如中国画中的留白一样，使画面和观赏者产生一种远与近、虚与实的视觉感受。

三、气象景观的类型

根据气象景观的外部表现形态，可以把气象景观分为七种类型。

（一）烟雨景观

烟雨即俗称的毛毛雨。烟雨景观多与山水、植被、古建筑等其他形式的旅游资源结合在一起。如烟雨中游江南、游漓江等，烟雨的朦胧之美时常使得原有的景观披上一层朦胧的诗情画意的意境，让游客产生无限的情思。再如烟雨杭州九溪十八涧、浙江嘉兴南湖和巴山夜雨以及潇湘烟雨等，景象朦胧、若浓若淡、细雨霏霏，那种别致的朦胧意境美，令人回味无穷。

（二）云雾景观

云雾是大气中一种水汽凝结景象。当气温下降时，空气中所含的水蒸气凝结成小水滴，浮在靠近地面的空气中称为雾。云雾在名山胜景中极为奇妙，当潮湿气流沿山坡上升到一定高度时，水汽冷却凝结形成坡地雾，产生波状云，缭绕于山腰或坡谷时，形成云海景观，它与山景相映成趣，使群山富于生命，令游人心潮起伏，如我国长江流域四大云海的黄山云海、庐山云海、峨眉云海、衡山云海。

（三）冰雪景观

1. 冰雪

冰雪是高寒地区或寒冷季节才能见到的气象景观。我国江南地区在冬季寒潮来临之际才可能降雪，断桥残雪是西湖胜景之一。降雪往往使大自然形成银装素裹的冰雪世界，如果配以高山、森林等自然景观，可构成奇异的冰雪风光，如东北“林海雪原”、关中“太白积雪”、长沙“江天暮雪”等。冰雪运动有“白色旅游”之称。素有“冰城”之称的哈尔滨和齐齐哈尔，每年冰雪节都举行大型冰雕、冰灯的展出活动。冰雪艺术景观是人类用冰雪雕塑成各种造型的景观。世界三大冰雪艺术景观是加拿大魁北克雪雕、日本札幌冰雪雕和我国哈尔滨冰雪雕。

雪晴

2. 雾凇

雾凇俗称树挂，是雾气在低于 0℃时，附着在物体上而直接凝华生成的白色絮状凝结物。它集聚包裹在附着物外围，漫挂于树枝、树丛等景物上。江城树挂是吉林胜景，也是中国的四大自然奇观之一。该地位于吉林市松花江畔，冬季气温可降至零下 20℃，由于气温低，多偏南风，空气湿度大，加之丰满水电站泄水增温影响，使水蒸气不断排放，水汽附着在过冷的物体上，形成雾凇景观。

3. 雨凇

雨凇是在低温条件下，小雨滴附着于景物之上冻结的半透明、透明的冰层与冰块。雨凇的产生必须是低层空气有逆温现象，小水滴从上层气温高于零度的空气中，下降至下层气温低于零度的空气中，处于过冷却状态，过冷却水滴附着在寒冷的物体表面，立即冻结成雨凇。我国峨眉山雨凇最多，庐山雨凇誉称“玻璃世界”。

（四）霞虹景观

霞是指太阳斜射天空中，由于空气层的散射作用，使天空的云层呈现出赤、橙、黄、绿、青、蓝、紫的自然景象。霞和霞光常与水汽、云雾相伴随，可形成霞海奇观。著名观景地有泰山日观峰、黄山翠屏楼、庐山汉阳峰、峨眉山金顶、北戴河鹰角亭等。

（五）日月景观

在我国诗词歌赋中，对月亮的描写不胜枚举，无论中秋圆月，还是弯弯残月，文人雅士都赋予它生命。如西湖十景中的“平湖秋月”“三潭印月”，岳阳的“洞庭秋月”，避暑山庄的“梨花伴月”，无锡的“二泉映月”，都以月亮为主题。除让游人欣赏月色迷人的自然美景外，还反映造园者寄情山水日月之情，故有“人有悲欢离合，月有阴晴圆缺”的名句。“千里共婵娟”寓意团圆，“月到中秋分外明”已成为海内外华人中秋赏月的传统习俗。

（六）幻景

1. 佛光

佛光是光线衍射作用中产生的一种特殊自然景观。佛光一般出现于中低纬度地区及高山茫茫云海之中，阳光在斜射条件下，由云滴雾珠发生的衍射分光现象。水汽丰富的高峻山地，半山腰漫布白茫茫云海。人站在山上若光线从背后射来，由于光线衍射作用，会在前面云幕上出现人影或投影，人影外围绕彩色光环，似佛像头上的光圈，故称佛光。峨眉山佛光出现次数最多，因峨眉山多云雾，且湿度大、风速小，故峨眉山佛光最精彩，有“峨眉宝光”“金顶祥光”之誉。著名佛光景观地还有庐山、泰山、黄山、五台山等。

2. 蜃景

蜃景也称海市或海市蜃楼，意为海底神仙住所，蜃为蛟龙之属，能吐气为楼，故称海市蜃楼。蜃景成因是气温在垂直方向剧烈变化，使空气密度在垂向上出现显著差异，从而产生光线折射和全反射现象，导致远处景物在眼前呈现出奇幻景观，一般出现在海滨与沙漠地区。山东蓬莱蜃景出现次数最多，其他观景地有浙江普陀山、连云港海州湾、北戴河联峰山、庐山五老峰、塔克拉玛干沙漠等。

（七）极光景观

极光是高纬度地区高空出现的一种发光现象。它是太阳发出的高速带电微粒子流，发射到地球磁场势力范围时，受地球磁场影响，从高纬度进入地球高空稀薄大气层时，使高层空气分子或原子被激发而造成的发光现象，多呈带状、弧形等。北半球在距地磁极 22°~27° 处有一极光带，是吸引游客的主要景观之一。我国在黑龙江漠河和新疆阿尔泰，每年也能看到极光。

四、气象景观审美

人们把大气中各种物理现象和过程统称为气象。气象变化形成各种不同的奇异景观，所以气象也有造景、育景的功能，不同的气象条件形成不同的自然景观和旅游环境。气象美是指天气中风、云、雷电、雨雪、霜雾、光象等各种状态和现象之美。气象美是综合的美。

（一）风之美

风是流动的空气，它是无形的，但却是产生动态美的一种动力，它能驱动浮云、掀起波澜、摇拂垂柳、荡出松涛，是运动和力量的象征。人能用多种感官来感受风的各种形态的美。“春风又绿江南岸，明月何时照我还”“风急天高猿啸哀，渚清沙白鸟飞回”，风随时随地都会引发人们的美感。

（二）云之美

云常与风并存。“大风起兮云飞扬”“风云际会”，可以说风是云的骨，云是风的肉。“云无意安排，布局皆精品”，尤其是夏天的云，因地面水汽蒸发，天上的云常极富变化。怀素“以夏云为师”留下千古不朽的草书精品。云的美既可作为点缀，又可用以遮掩。“孤云独去闲”，作为点缀的云，悠然自得地在天际徜徉，是人类自由的象征；“白云生处有人家”，作为遮掩的云，意味绵长悠远，诱人想象。

（三）雷电之美

雷电是云层放电时发生的声光现象。雷电以其威力无比的特性而成为自然景观中壮美的典范，给人以强烈的震撼。无论是在远古的蒙昧时代，还是在今天的科学时代，人类都把雷电想象为正义的化身。“九州生气恃风雷”，龚自珍将社会昌明的希望寄予雷电。屈原的一串“天问”把雷电期盼为惩恶扬善的利器。高尔基那只作为革命精灵的海燕在雷电中也显得越发矫健。

（四）雨之美

雨是生命之泉，雨露的滋润，给草木带来生机，为万物增添活力。在感觉中，雨水的质感柔和，适宜人体肌肤感受；雨的温度令人清醒；沥沥雨声衬托出环境的静谧。雨与人的和谐奠定了其美的基础。雨是线的艺术，那些自上而下，或粗或细，或密或疏的直线、斜线、重力线、亮线激起人的提升感和亢奋感。而未成线的朦胧雨意，使自然景观幻化得更加秀媚。如江南早春的“烟雨迷蒙”，峨眉道中的“空翠湿人衣”便由此而成别具一格的美景。

（五）雪之美

雪花之美既在其个体的优美，也在于其整体的壮美。雪花匀称和谐的放射状结构，晶莹洁白的色彩，易溶易碎的脆弱质地，都显得玲珑娇美，惹人怜爱。而雪的整体又是壮美的。“山舞银蛇，原驰蜡象”“忽如一夜春风来，千树万树梨花开”。白雪能够把美丑混杂的现实世界装扮成圣洁的童话王国，令人神清气爽，满怀豪情。

（六）光象之美

大气中的光都源于太阳。日光有时与云交互作用，在天空为霞、为虹，在山上为岚，在谷中、平地为雾、为佛光。光象美变幻莫测、扑朔迷离，引起人无尽的审美想象。此外，凝结在枝头、瓦上的洁白的霜花，弥漫在空中，把山川草木笼罩上一片朦胧的雾气，也都各有其美。总之，气象美内涵丰富，富于变化，可谓“气象万千”。

第五节　中西方自然景观审美的比较

风景和自然景观的审美，是一种社会文化心理。中西方有着各自不同的审美心理及所产生的风景审美意识。西方与中国传统的农耕文化相对应的是工商文化。由于其在地貌上为在大半岛上伸出小半岛与群岛，且多岛屿和港湾，地势极为破碎，将陆地分隔成无数个小块地区，在崇山峻岭中缺少宽广的流域平原，因此农耕生产受到了极大的限制。相反，海岸曲折而且有不少的良港，具有专长航海通商的优越条件，从而形成了传统的工商文化。这种不同的地理风景特征和不同的传统文化，最终形成了中西方不同的风景观。

一、审美出发点不同

对于自然景观的认识、理解和歌颂，在中国有着悠久的历史。中国人对于风景美的鉴赏常带有"比德"的意味，在《诗经》中已有所反映。《诗经》中有许多诗就是以自然风景为起兴的。例如，"关关雎鸠，在河之洲，窈窕淑女，君子好逑。参差荇菜，左右流之。窈窕淑女，寤寐求之"。在这首诗歌中，人们以美好的事物起兴比喻男女间的爱情，可以说是有情有景、有声有色，非常生动。但诗歌中还不是对自然美的直接歌颂，不能认定为严格意义上的风景审美。真正开始把风景作为独立的审美对象，是魏晋时期，即至少在公元3—4世纪，是以这一时期兴起的山水诗和山水画为标志，它表明中国人已懂得如何欣赏和理解风景。

公元前6世纪，在西方出现了著名的文学名篇《荷马史诗》。有学者曾对《荷马史诗》中的《伊利亚特》做过统计，认为史诗中对事物的审美评价有493次，对人和神的审美评价有374次，而对植物世界的审美评价才9次。可见自然在古代西方人的视野中地位是很低的，自然仅仅作为一种陪衬，以寄托诗人的情感。

西方人对自然景观的欣赏与中国人有所区别。他们对山水的欣赏出自纯粹欣赏自然的形态以及感受与人的心情的契合。车尔尼雪夫斯基对水体的描绘就表达出这种审美观。车尔尼雪夫斯基这样写道："水由于它的形状而显现出美，辽阔的、一平如镜的宁静的水在人们心理上产生宏伟的形象。奔腾的瀑布，它的气势是令人震惊的，它的奇怪特殊的形象也是令人神往的。水，还由于它的灿烂透明，它的淡青色光辉而令人迷恋，水把四周的一切如画地反映出来，把这一切屈曲地摇曳着，我们看到的水是第一流的写生家。"

二、审美路径不同

在自然景观的审美中，中国人偏于抒情，注重捕捉自然景观的神韵，认为审美的最高境界是山景水景与人的心境的融合。从唐代诗人王维描写景物的诗句中可以体会出中国人的审美情趣，如"明月松间照，清泉石上流""大漠孤烟直，长河落日圆""人闲桂花落，夜静春山空"。

西方的自然景观审美追求现实风景中的审美效果，他们偏重于客观地观察对象，讲究的是人与自然的交接，也就是人与自然景观分处于不同的位置互作观照，两者是一种若即若离的状态，对自然景观的审美感觉产生的只是一种心理波动，所以西方人在欣赏原野、山川、海洋等自然景观时，注意层次、视角、距离和支点，以寻求自然景物的美。

三、审美标准不同

“山川之美，古来共谈”，中国人对自然景观的审美主要表现在山水的本身。山山水水是自然中最美的部分。中国人对高山峻岭、丘陵平原、江河湖泊怀有特殊的感情。而西方人因地理环境、民族性格等因素分外青睐大海。像希腊人以大海的美作为标准去衡量其他的艺术审美。西方人欣赏大海，从中体会到壮丽和崇高的美。

四、审美意境不同

中国不仅诗歌文赋、书画雕塑，甚至自然景、人工景都能以“意境”去欣赏概括，这“意”有意境、意象、意蕴、意味之谓。对“意”的刻意理解应是旅游者观赏的最高追求。这种融合形成于我国先秦时期的“比德”式审美，即将自然物的某些特征比附于人的道德、情操，使自然事物的属性人格化，人的品性客观化。它集中体现的是重现实和世俗、重实践理性的儒家文化，将山水看作人们理想、追求、憧憬、道义及人格的象征。“仁者乐山，智者乐水”是这一倾向的高度概括。比如刘禹锡的《陋室铭》，全文仅81个字：“山不在高，有仙则名；水不在深，有龙则灵。斯是陋室，惟吾德馨。苔痕上阶绿，草色入帘青。谈笑有鸿儒，往来无白丁。可以调素琴，阅金经；无丝竹之乱耳，无案牍之劳形。南阳诸葛庐，西蜀子云亭。孔子云：‘何陋之有？’”作者以理想写陋室，借陋室表现理想，他求的是陋室门前内里别致幽雅的美景、知交相聚的纯洁、相知相慰的人情交往，不劳形案牍，有调琴阅经逸豫乐趣。他不羡慕荣华富贵，不同流合污于腐朽权贵，力踞清流，实在是至尊至洁的理想。中国的景观总是强化这种意境，在一个景观中突出最具景点特点的精神，以丰富多彩的“境”物，多侧面、多角度地渲染深厚内涵的审美“意”象。尤其是中国传统园林，缩龙成寸，“搜尽奇峰打草稿”，把自然山水艺术化为意境——先造“生境”，创造欣欣向荣的“自然美”的境界；——再求“画境”，在“自然美”中融入山水诗画的笔意，上升到“艺术美”的境界；——再悟“意境”，追求情景交融蕴含和昭示人生哲理及宇宙意识，创造出艺术境界。

西方深受希腊形式主义美学的影响，加上文艺复兴运动及工业革命的影响，他们把自然界作为独立的审美客体看待。他们重“典型”，他们对中国的意象并不感兴趣，而是注重如何看到事情的本质，研究客体的共性与个性、偶然性和必然性、独特性和普遍性、表面性和本质性，即由此概括出“典型”说，寻求客体的艺术特征，与其他客体的共性特征和区别于其他客体的个性特征，尤其是鲜明的个性特征，其实这和中国景观总是夸饰其个性特征，张扬其个性也是相通的。只是西方人欣赏自然山水或者其他的艺术品，仅停留在旁观者的角度以一种平和的心态去看待一个客观的事物，没有“寄情于景”的心态。人与景分别处在不同的位置上，互作关照，而不是合二为一，不分彼此。

【思考题】

1. 山体景观的特点是什么？
2. 水域景观的特点是什么？
3. 试述自然景观如何进行审美。
4. 试述水域景观如何进行审美。
5. 试述生物景观如何进行审美。
6. 试述气象景观如何进行审美。
7. 请比较中西方自然景观审美的差异。

第五章

建筑景观

建筑是凝固的音乐，也是凝固的文化。它的美供人观赏，它的意味令人思索。美学家认为，建筑的生命在象征、形象和暗示里面。当人们外出旅游，置身于景色秀丽的名山大川、繁华的都市或者宜人的海滨，在领略旖旎的风光、异域的民俗和都市壮观景象的同时，人们也在欣赏着其中一座座建筑景观的艺术美。

第一节　建筑景观概述

建筑是凝固的历史，当人们欣赏建筑的时候，就好比翻开一部沉甸甸的史书，历史的一幕幕都像影像一样，在人们的脑海中闪现。建筑艺术是在一定社会条件和自然环境下产生、形成、发展和成熟的，因而必然会带上时代与地域的烙印。

一、建筑的发展历程

建筑是为了满足人类社会活动的需要，利用物质技术条件，按科学法则和审美要求，通过对空间的塑造、组织与完善所形成的人为物质环境。《辞海》对建筑的注释是建造房屋、道路、桥梁、碑塔等一切工程。《韦氏英语词典》对建筑的解释是设计房屋与建造房屋的科学及行业创造的一种风格。

建筑包括建筑物与构筑物两种：供人们生活、工作、学习等活动使用的房屋称为建筑物，如住宅、学校、办公楼等；为了保证这些建筑物能被人们正常使用而配套的一些辅助建筑，如水塔、蓄水池、烟囱、电视塔等，称为构筑物。本书中所提及的建筑物包括上述两类。

建筑无疑是人类文明和文化的最早的记忆，也是人类社会发展和进步的标志。当历史退向时间帷幕的深处时，唯有建筑在那巨大的空间中闪烁着最耀眼的光芒。让我们穿越千年，共同走进中外建筑的发展史，叩开历史之门，回首中外建筑的发展历程。

（一）中国建筑的发展历程

从秦汉时代开始，一直到唐宋时期，中国传统建筑在自身的既有规律中平稳地发展，技术体系经过大量的实践变得成熟合理，对材料特性的理解和运用也逐渐纯熟，最为重要的是，在这个漫长的历史时期内。儒家美学中“兴”和“善”等众多的概念成为传统中国建筑中社会性表达的方式和规律，这种蕴含了传统社会中强烈伦理秩序的美学概念，使得艺术审美被赋予了本体之外更多的社会意义，传统建筑也因为社会性的参与而具有了更为厚重和持久的内容。

正是由于这些审美命题的注入和审美心理的形成，中国传统建筑走上了审美的高峰。唐代浑然大方的气势将中国传统建筑推上了形式的巅峰，社会审美心理也得到了最大的释放，建筑审美表达从形式和感官上达到了最高点。宋代建筑的理性和秀美则书写了中国传统建筑审美成熟期的稳重，经过了心理的膨胀和释放之后，宋代建筑从技术和艺术上都走上了最为成熟的巅峰状态，建筑审美也将中国传统社会的审美态度和审美心理表达得准确而又到达极致。在明代，建筑技术实际上有了长足的发展，建筑结构的合理性和对建筑材料的认识都取得了前所未有的进步。比较明代建筑和之前的木体系可以清楚地发现梁架结构的用材明显减小了，但是跨度和承重都有所增加。这无疑是技术的显著进步。到了清代，中国的传统建筑也走向了辉煌后的没落，直到外来的西方文化进入中国，美学发展受到西方思想的影响，社会文化受到西方文明的冲击，中国的建筑发展才进入了一个新的阶段。

（二）西方建筑发展史

西方的建筑艺术起源于古希腊和古罗马建筑，经中世纪的发展形成了自己的特色，又在文艺复兴运动中得到进一步的发展。随着科学的进步和生产力的发展，在现代又有很大的变化。

1. 古希腊、古罗马建筑艺术

古希腊最繁荣的时期是公元前5世纪，那时，雅典联合希腊半岛上的诸国共同战胜波斯帝国的入侵，整个希腊进入了物质与精神两个方面发展的高潮。它对后来西方的文化和建筑影响很大。

古希腊的建筑很多，其中最有代表性的是雅典卫城。雅典卫城建立在陡峭的山冈上，建筑物分布在山冈顶部约300米 ×130米的平台上。卫城的中心是雅典的保护神——雅典娜·帕特农的铜像，周围的主要建筑为帕特农神庙、伊瑞克先神庙以及卫城前部的山门和胜利神庙。帕特农（公元前448—前432）是卫城中的主神庙，位于卫城的最高点，造型端庄有力，比例匀称，雕刻精致，被视为希腊神庙的典范。与之遥遥相对的伊瑞克先神庙，随着地形而高低起伏，体态生动活泼，纤巧秀丽，处于从属地位，与帕特农神庙相辅相成。

公元前8世纪在意大利半岛形成了古罗马的奴隶制王国，到公元前30年，它成为不可一世的横跨欧亚非三个大陆的罗马帝国。古罗马建筑规模宏大，数量众多，气派雄伟，装饰丰富。它有城市、广场、兽场、浴场、宫殿、府邸、剧场、桥梁、输水渠、住宅与各种纪念性建筑。

古罗马在建筑材料上的成就就是利用火山灰来调制灰浆和天然混凝土，很多体量庞大的建筑物得以在相对省工省时条件下完成。罗马大斗兽场是一座长径 188 米、短径 156 米、高 46.5 米，可容纳观众约 5 万人的长圆形大型公共建筑。万神庙是一座反映古罗马既集东西方建筑之大成，又加上自己创造的建筑物。它有一个希腊式的门廊，后面的圆形殿堂上有一个大穹隆。古罗马建筑上的另一特色是将古希腊原来的 3 种主要柱式发展为 5 种。各种柱式不仅是柱子本身，而且其上至檐部，下至台基，都有一定的形式和比例。

2. 中世纪的建筑

在公元前 4 世纪罗马帝国被推翻以后，又经过几个世纪的封建战争，到 10 世纪西欧形成了几个大的封建王国。此后，随着手工业与农业和商业的逐渐活跃，过去一些原有的集市发展为城市，由此建筑也开始活跃起来。由于自中世纪开始，西欧的文化全部为基督教会所垄断，所以建筑艺术的发展也受到了极大的影响。

10—12 世纪初期的建筑，除了主要类型的教堂与修道院外，还有封建主的庄园、宫殿与城堡。建筑大多为木制，重要建筑则是用石料砌成。当时的建筑正如它的艺术一样，大多粗糙简陋，墙很厚，窗少而小，柱子肥矮，但喜用罗马式的半圆形拱券，既用于结构，也作为装饰。建筑风格既像罗马又非罗马，故名罗马风。它的建筑风格主要特点是厚实坚固、窗户小且离地面较高，具有封建城堡的特征。这是当时封建割据和频繁的内外战争在建筑上的反映。

12—15 世纪，罗马风建筑逐渐被哥特式建筑所取代。哥特式建筑是罗马风建筑的进一步发展。“哥特”一词来自古代欧洲一个半开化民族——哥特。15 世纪欧洲文艺复兴运动时，为了反对封建神权，提倡复兴古罗马文化，就把 12—14 世纪形成的一种新的建筑风格称为“哥特式”。这一时期，罗马的半圆形券，到哥特时期几乎完全绝迹。取而代之的是从东方传入的尖券、坡度很大的两坡屋面和教堂的钟楼、飞扶壁、束柱、花窗棂等。这时在结构上的一个大革新，是把用墙来承重的方法改为用柱子或柱墩来重点承重。不论是墙和柱都是越往上分化越细，越多装饰，越是玲珑，而且顶上有锋利的直刺苍穹的小尖顶。不仅所有的券都是尖的，而且所有建筑局部和细节的上端也都是尖的。因此，整个教堂处处充满着向上的冲动。这种以高且直、尖，又有很强的向上动势为主要特征的建筑造型和建筑风格，是教会把教堂向上的动势看作弃绝尘寰的宗教精神的体现，也是当时教会在封建社会中强大势力的反映。哥特式建筑形成于法国，后波及整个欧洲。

慕尼黑新市政厅（哥特式）

3. 文艺复兴，巴洛克与古典主义建筑

文艺复兴运动始于14世纪的意大利，到15世纪扩展到德、法、英、荷等国家。在建筑风格上，他们极力采用古典建筑风格，以之取代象征神权的哥特风格。古典柱式被重新起用，理由是它的比例合乎人体比例。圆形平面受到欢迎，因为它不像哥特教堂那样一味只想把人引向象征“彼岸”的神坛，而是以人为中心。它稳重而安详，不像哥特式的尖塔那样使人不安。为了追求“合乎理性”的稳定感，古典的山花、半圆形拱券、沉重的石墙、水平向的厚檐被用来同哥特的尖券、束柱与各种垂直向上的构件和装饰的对抗。在构图上他们力图有规则和有条理，并摒弃哥特式的自发性和随意性。

后来以文艺复兴模式为基础，形成了巴洛克风格。巴洛克按西班牙语是形状歪歪扭扭的珍珠。巴洛克风格强调利用手法来制造特殊的艺术效果。例如，用透视上的幻觉来夸大尺度，以增加层次来产生空间的深远感；用波浪形的曲线与曲面，用断折的檐部与山花和疏密不一的列柱来夸大建筑的凹凸、起伏与流动感；以光影变化、明暗对比来产生迷惘、离奇的气氛；此外，还借用大面积的壁画与姿态夸张的雕像来引人走向脱离现实的幻想等。巴洛克风格不仅被用于教堂建筑，而且它光怪离奇的形式也大大地吸引了喜爱豪华富贵、讲究排场的王公贵族。他们用巴洛克风格把自己的府邸装饰得珠光宝气、富丽堂皇。

布拉格圣尼古拉教堂

从17世纪开始，法国已成为当时欧洲最强大的国家，形成了既包含有资产阶级气息，又带有封建绝对君权思想的、以唯理论为基础的古典主义。它在文化上提倡能够象征中央集权的有条理、有秩序的宫廷文化。由于这种文化在形式上比文艺复兴更为规则与严谨，在汲取与研究古罗马经验中更为认真，故称为古典主义。事实上古典主义还包含有不少巴洛克的风格与手法。古典主义建筑排斥地方风格，崇尚古典柱式，强调柱式必须严格遵守古典形式。在平面布局与形体构图上强调轴线对称、突出主体、主次分明和有层次的几何构图。它的外形大多十分气派，端庄稳重，室内则金碧辉煌。

在18世纪上半叶，法国君权已开始衰落，宫廷中又流行起一种称为洛可可的装饰风格。其特点是由纤巧、繁复的曲线形花纹（如蚌壳、旋涡、水草与瓔珞等）组成，并涂之以金、白、粉红、粉绿等娇嫩的颜色。它带有强烈的脂粉味，反映了当时法国的宫廷生活常以皇后和贵族夫人为主角的特点。

4. 西方现代建筑

西方现代建筑有两个突出的特点：一是高层建筑的大量发展；二是新的建筑设计思潮层出不穷。

高层建筑在西方之所以能得到大的发展，主要是由于西方国家城市人口的高度集

中，市区用地紧张，地价昂贵，迫使建筑往高层发展。同时，资本主义国家社会高度发展的生产力和科学技术的成果，也为大量高层建筑提供了必要的物质基础。因此，从 20 世纪中叶开始，特别是近几十年来，西方国家大量兴建高层建筑。一些著名的摩天大厦或高耸云霄的电视塔的高度，远远超过了法国巴黎的埃菲尔铁塔。

美国纽约的帝国大厦建于 1931 年，连同最高处相当于 17 层的圆塔，号称 102 层，总高度为 380 米，首次打破了法国埃菲尔铁塔的纪录。美国纽约原世界贸易中心大厦建于 1969—1973 年，它由两座并立的塔式摩天大楼和四幢七层建筑组成。两座塔式摩天大楼都是 110 层（不包括土层地下室），地面上的建筑高度为 411 米。1970—1974 年在美国芝加哥建成的西尔斯大厦总高度是 443 米，而 1973—1976 年在加拿大建成的多伦多电视塔，它的高度已经达到 548 米。

上面提到的著名高层建筑，从建筑结构、建筑材料和现代化技术装备来说，突出地体现了西方建筑技术的新成就。这些超高层建筑都采用先进的钢结构体系，原世界贸易中心大厦还采用铝板作为建筑外表的饰面；在解决抗风力与地震力方面有显著的成就。但是这些超高层建筑，总的说来，外形比较单调，艺术性不高，建筑本身也存在不少矛盾。

二、建筑的特点

（一）中国建筑的特点

1. 灵动与庄重的完美结合

中国古代建筑外形上的特征最为显著，它们都具有屋顶、屋身和台基三个部分，各部分的外形和世界上其他建筑迥然不同，这种独特的建筑外形，完全是由于建筑物的功能、结构和艺术高度结合而产生的。

屋顶部分特点最明显，有时比屋身更大更突出，在外形上占有如此突出的地位是世界上少有的。匠师们充分动用木构特点，创造了屋顶举折和屋面起翘、出翘，形成如鸟翼伸展的檐角和屋顶各部分柔和优美的曲线。屋身部分为建筑主体。其特点是木构架由柱承重。柱间可以完全灵活处理。屋身正面很少做墙壁，多为花格木门窗。台基部分也是我国古代建筑不可缺少的部分，在重要建筑上多为雕刻丰富的白石须弥座，配以栏杆、台阶，有时可以做到两三层，更显得建筑物雄伟、壮观。

2. 以斗拱为特征的木构架结构

中国古代建筑主要都是采用木构架结构，木构架是屋顶和屋身部分的骨架，它的基本做法是以立柱和横梁组成构架，四根柱子组成一间，一栋房子由几个间组成。屋顶部分也是用类似的梁架重叠，逐层缩短，逐级加高，柱上成檩，檩上排椽，构成屋顶的骨架，也就是屋顶坡面举架的做法。

在大型的木构架建筑的屋顶与屋身的过渡部分有一种我国古代建筑所特有的构件，称为斗拱。它是由若干方木与横木垒叠而成，用以支挑深远的屋檐，并把其重量集中在柱子上。柱子之间填筑门窗和围护墙壁。斗拱在我国历代建筑中的发展演变比较显著。早期的斗拱比较大，主要作为结构构件。唐、宋时期的斗拱还保持这个特点，但到明、清时期，它的结构功能逐渐减少，变成了纤细的装饰构件。因此，在研究中国古代建筑时，又常常以斗拱作为鉴定建筑年代的主要依据。

3.“对称 + 院子”的布局风格

中国古代建筑（如宫殿、庙宇、住宅等）一般都是由单个建筑物组成的群体。这种建筑群体的布局除了受地形条件的限制或特殊功能要求（如园林建筑）外，一般都有共同的组合原则，那就是以院子为中心，四面布置建筑物，每个建筑物的正面都面向院子，并在这一面设置门窗。

规模较大的建筑则是由若干个院子组成的。这种建筑群体一般都有显著的中轴线，在中轴线上布置主要建筑物，两侧的次要建筑多作对称的布置。个体建筑之间有的用廊子相连接，群体四周用围墙环绕。北京的故宫、明十三陵都体现了这种群体组合的组合原则，显示了我国古代建筑在群体布局上的卓越成就。

4. 色彩组合的灵活运用

我国古代建筑还综合运用了我国工艺美术以及绘画、雕刻、书法等方面的卓越成就，如额枋上的匾额、柱上的楹联、门窗上的棂格等，都是丰富多彩、变化无穷的，具有我国浓厚的传统民族风格。

色彩的使用也是我国古代建筑最显著的特征之一，如宫殿庙宇中用黄色琉璃瓦顶、朱红色屋身，檐下阴影里用蓝绿色略加点金，再衬以白色石台基，各部分轮廓鲜明，使建筑物更显得富丽堂皇。在建筑上使用这样强烈的色彩而又得到如此完美的效果，在世界建筑史上也是少有的。

彩画是我国建筑装饰中的一个重要部分，所谓“雕梁画栋”正是形容我国古代建筑这一特色。明清时期最常用的彩画种类有和玺彩画、旋子彩画和苏式彩画。它们多做在檐下及室内的梁、枋、斗拱、天花及柱头上。彩画的构图都密切结合构件本身的形式，色彩丰富、富含意蕴，为我国古代建筑增添了无限光彩。

（二）西方建筑的特点

1. 宗教式的永恒之美

传统的西方建筑风格多变，形式驳杂，但它们有个共同点，就是最重要、最精致，因此最优秀、最具文化意味的建筑大多为神庙和教堂而且施工精益求精，追求永世长存的坚固。

早在古希腊或者更早的时期，欧洲人就有拜神的传统。自公元 4 世纪基督教获得合法地位到封建社会崩溃之前，神权一直高于世俗的君权。在这一千多年的大多数时间里，宗教统治着欧洲的一切，从人的生老病死到婚嫁繁衍，从意识形态到艺术形式，从绘画、雕塑、工艺美术到文学与音乐。在这样浓重的宗教氛围中。绝大部分最优秀的建筑创作智慧和精力都奉献给了上帝，因此，西方建筑遗产的精华主要体现在教堂等宗教建筑之中，它们往往都十分华丽、气魄非凡。走进一座保存完好的欧洲古城，最引人注目的建筑必然是其中的教堂。

早在两千年前，古罗马的建筑理论家维特鲁威就提出建筑必须“实用、坚固、美观”。在西方，除了美观与实用，是否“坚固”始终是评价建筑物的一个重要原则，尤其是那些献给神的神庙与教堂。人们总是希冀它们能屹立万世而不朽，因此其施工往往精益求精，不计时间和工本。特别是一些大型教堂的建造，施工竟然可以持续一百多年。例如，梵蒂冈的圣彼得大教堂从1506年一直盖到1626年。在宗教意识的笼罩下，人们总是觉得和“永恒”相比，上百年的时间根本算不了什么，而越是耗费人力、物力和时间，也许就越能表明对神的虔诚。

2. 以石材为主的框架结构

西方建筑追求坚固，渴望永世长存。于是从古希腊时代起，在选择建筑的主要材料时便放弃木料而选中石材。“建筑是石头的史书”这句名言就是从西方建筑惯用石材而来。如今，不少用石块砌筑的古希腊、古罗马建筑历经了两千多年之后，依然屹立在欧洲大地上。只是不同时期的建造者对待石材的态度是不相同的：古希腊人喜欢将它们琢磨成简洁的柱式，并刻上精美的雕刻；古罗马人喜欢把它们打造成厚重的石块、建成雄伟的拱券。同是石质建筑构件，罗马风的粗大笨重，哥特式的纤小精致，文艺复兴时期的繁复细腻，古典主义的严肃冷静，它们表现出不同时期人们不同的审美追求。

建筑的主要材料不同，必然会导致结构体系的不同。西方传统建筑的主流以墙体为承重结构，这是因为石材的抗压性能杰出，建筑师要扬长避短，自然就要用石块砌筑的墙体来作为主要承重构件。尽管从古罗马时代起，西方建筑常常使用高大的拱券与穹顶，它们的重量最终也还是要落到墙体上。通过墙体再传导到地面，墙体承重的结构方式在西方建筑中延续了很长时间，直到工业革命为建筑业提供了大量铸铁材料和新的加工工艺，西方建筑才确立了框架结构体，并以此为基础，建造起了高层、超高层建筑。

3. 突出单体建筑的完美组合

建筑是一种在空间中展开的艺术，西方建筑获得内部空间的方式基本是追求单体体量的扩张，即以单座房屋为基础，力争增加空间的高度与跨度，让建筑体量最大限度地伸展，尤其是各个时期的神殿与教堂，为了体现超越世俗的神性，一般都谋求上升性的空间结构。

德国天鹅堡

西方建筑不仅追求单体建筑的体量扩张，在群体布局上一般都要突出一座高大而视觉效果强烈的建筑，让人一眼就看到它的伟岸造型。而其他次要建筑则围绕主体建筑灵活布置，个性也不会被忽视，这方面最突出的例子是古希腊的雅典卫城。在一个小小的山头上，卫城所有建筑都布置得错落有致，每座建筑都个性鲜明。其中主殿帕特农神庙的位置比较突出，加上体量巨大、造型庄重，显得分外耀眼。

4.“理性＋秩序”之美

西方建筑不仅具有比较深厚的科学理论基石，同时还把“理性”作为审美的基础和原则，表现出一种理性之美，这种美就是一种千变万化的几何秩序之美或数理逻辑之美。

西方关于“美”的最基本的观念主要源自古希腊，古希腊美学一直以理性为核心。如苏格拉底和柏拉图都认为，事物之所以美，是因为它们具有理性。美就是事物所表现出来的秩序，亚里士多德则提出了以追求事物的整齐和秩序为宗旨的“和谐美”。总之，在古希腊哲学家看来，事物一旦达到了内在数理逻辑或几何秩序的和谐与统一就一定是美的。这是西方哲学和美学的一个重要的基础观念，它为整个西方科学与艺术数千年来的发展铸就的一条最基本的演进轨道，建筑也不例外。

5. 造型复杂，风格多变

在理性基础上西方建筑往往复杂多样，而且一个时代有一个时代的风格，一切都在发展变化之中。这成为西方建筑区别于东方建筑的又一差异。

西方建筑时代风格的演变具有鲜明的阶段性。古希腊、古罗马、罗马风、拜占庭、哥特、文艺复兴巴洛克、古典主义……它们的区别任何人都能一望可知。究其原因，依然是每个时代的西方建筑师都在力争创造自己的设计风格，古罗马人不甘因循守旧，于是发展出拱券结构，建造起巨大的建筑。中世纪的罗马风建筑虽然号称“仿罗马”，其实却在不断探索新的建筑形式，最后终于孕育出哥特式建筑。文艺复兴的建筑师更是打着“复兴”的旗号进行创新，他们彻底抛弃了哥特式风格，发展出全新的建筑形式。到了18世纪，即使是复古浪潮中的“复古建筑”，也不是古典建筑的翻版，而是变着花样体现自己的个性。

三、建筑的分类

（一）中国建筑的分类

中国建筑的种类繁多，形式也极为多样，主要有城池、宫殿、陵墓、寺院、楼阁、桥、塔、亭、住宅等。本书所讲的建筑主要是指在历史上有一定纪念意义、今天有一定的观赏价值的建筑物。这些建筑物在当时主要服务于人的精神生活，是人们某种思想、意志、信仰的体现。具体包括以下八类。

1. 古城建筑

中国古城一般都筑有城墙，城墙外有护城河（或叫护城壕），有的城内还有皇城、宫城、内城，有的还有外城。古人建城一般不注意外观的审美，主要讲究高大、厚实，从实战出发，以利防御。但对于现代人来说，古城池对旅游者具有极大的吸引力。因为人类久远的历史对现代人具有特殊的魅力，它可以唤起人们寻奇访古之情，而古城可以激起旅游者的思古怀古的感情。

2. 宫廷建筑

宫廷建筑是皇帝为了巩固自己的统治，突出皇权的威严，满足精神生活和物质生活的享受而建造的规模巨大、气势雄伟的建筑物。几千年来，历代皇帝不惜人力、物力和财力，为自己建造宫廷。这些宫廷金玉交辉、巍峨壮观，充分显示了我国劳动人民的高度智慧和创造才能。

“宫”在我国出现得较早，原是指“圣人”的屋宇。从秦始皇开始，“宫”成为皇帝及其皇族居住的地方，宫殿是皇帝处理朝政的地方，我国宫廷建筑的规模越来越大。

秦阿房宫、汉未央宫、长乐宫都是像小城一样的建筑，宫内有前殿、寝殿及其他殿宇台池。

宫殿建筑最显要特征是硕大的斗拱、金黄色的琉璃瓦铺顶、绚丽的彩画、高大的盘龙金柱、雕镂细腻的天花藻井、汉白玉台基、栏板、梁柱，以及周围的建筑小品，以显示宫殿的豪华富贵，像北京故宫的太和殿就是这样一座豪华的古建筑物。

3. 陵园建筑

陵园是我国古建筑中最宏伟、最庞大的建筑群之一。我国古代的陵园建筑一般都是利用自然地形，靠山建坟。但是，也有少数陵墓是建造在平原上。从布局来说，都是在陵园的四周筑上陵墙，四面开门，四角建造角楼。陵前建有神道，神道上建有门阙，还有石人、石兽的雕像，给人一种肃穆、宁静之感。陵园内松柏苍翠、树木森森，是游人寻古探奇的旅游胜地。

4. 寺庙建筑

寺庙是我国佛教建筑之一。寺庙、佛塔，石窟被称为三大佛教建筑。这些建筑记载了中国封建社会文化的发展和宗教的兴衰，具有重要的历史价值和艺术价值。

我国古代寺院的布局大都是正中路前为山门，山门内左右为钟鼓楼，正面为天王殿，殿内有四大金刚塑像，后面是大雄宝殿，再后便是藏经楼。正中路左右布置有僧房、斋堂等建筑。一般寺院都有大雄宝殿，是寺院内最主要、最庞大的建筑。大雄宝殿是供奉“大雄”的地方，“大雄”即佛教的始祖“释迦牟尼”。总之，寺庙建筑不论是建筑规模，还是建筑艺术都被中外旅游者所认可，这些古代寺庙建筑已成为游览、观赏的重要对象。

5. 石窟建筑

石窟原是印度的一种佛教建筑，大都是僧侣们开凿的。石窟实际上是僧房，是教徒们集会、诵经、修行的地方。我国的石窟是仿照印度的石窟开凿的，主要用来供奉佛和菩萨。我国最著名的石窟有甘肃敦煌的莫高窟、山西大同的云冈石窟、河南洛阳的龙门石窟、甘肃天水的麦积山石窟等。这些石窟建筑工程浩大，艺术价值极高，是世界艺术史上伟大的奇迹。

6. 佛塔建筑

古塔大都属于宗教建筑，一般称佛塔。我国佛塔数量极大，分布极广。

佛塔起源于印度，公元1世纪前后，随佛教传入中国。但是，中国的佛塔在结构上和形式上同印度的佛塔已有很大的不同，它融入了民族的建筑艺术特点，主要是把中国原有的亭台楼阁建筑中的一些特点运用到塔的建筑中，从而创造了具有中国特色的塔。

我国佛塔比例合度、结构精密、宏伟壮观、静穆安闲，给人以崇高的美感。我国佛塔还巧妙地与自然景色相融合，以自身的挺拔庄重，对于佛寺组群和城市轮廓面貌都起到一定的装点作用，达到了艺术美和自然美交相辉映的审美境界。佛塔与自然景色高度统一的美学特性，使遍布于全国各地的佛塔成为风景美的点睛之笔。

7. 桥梁建筑

桥梁建筑也是我国古建筑中的重要内容。千百年来，我们的祖先为了战胜大自然设置的交通障碍，用自己的聪明才智和艰苦的劳动，在江河上架设了无数座千姿百态的桥，不仅便利了交通，而且装点了祖国的山河。

我国桥梁建筑的历史相当久远，有人认为，我国桥梁建筑的历史至少有三千多年。我国古代桥梁建筑中，有不少都是世界性的创举。可以说，古人建造的桥梁遍布祖国江河。有的桥长若垂虹，有的桥环如半月，有的小巧玲珑，有的雄伟壮观。千百年来，我国的许多古桥仍然坚固如初，傲然静卧，这说明我国古代桥梁建筑技术已达到相当高的水平。

8. 民居建筑

中国古民居建筑主要以四合院为代表。明清时期北京典型的四合院更是中国民居建筑文化成熟时期的产物。

四合院为四方形或准四方形，有严整的南北向中轴线。院内多为悬山式的高顶，前有石阶。进院门后，有一道影壁，影壁多有精致的砖雕或题字，既遮蔽外来视线，又调节院内的气氛。

此外，不同地区和民族的民居都有着各自的特色。皖南民居注重肃穆和古朴，建筑群自然分布，在建筑层层下落的屋顶中，可以感受到节奏的律动，在以横线为主的轮廓线中，又可以感受到恬静和安宁。江浙民居墙体薄，结构高瘦，装饰玲珑，木刻砖雕精细，屋面轻巧，造成了明秀轻盈的外观，白墙黛瓦在丛林溪流映照下，素雅清淡，给人以韵味无穷的感觉。传统的民居建筑种类丰富，是建筑景观中值得进一步发掘的重要旅游资源。

（二）西方建筑的主要形式

在西方，很长一段时期内城市建筑的主体是教堂，因此在下面所介绍的各种建筑的代表形式多以教堂为例。

1. 拜占庭式

历史学家把东罗马帝国称为拜占庭帝国。公元 4—11 世纪是拜占庭帝国最繁荣的时期，在这一时期，由于保存了古希腊和古罗马的文化，也汲取了阿拉伯文化，使拜占庭的建筑和艺术获得了空前的进步和创新，硕果累累，在建筑上也形成了独特的风格，后人将其称为拜占庭式。拜占庭建筑留下的最高成就是索菲亚大教堂，而它对世界建筑的贡献集中表现在两个方面，一是“希腊十字”，二是彩色玻璃镶嵌画技艺。

（1）“希腊十字”。

典型的拜占庭式教堂建筑平面呈等臂十字形，臂不长，伸出大致等于宽度或者略小于宽度，正中覆盖着一个穹顶，四臂或者是筒形拱，或者各有一个弯顶，有时候，四角补齐外廓，呈“九宫格”的样式，常为中央和四角覆宫顶而十字臂只覆筒形拱。这种等臂十字形的形式称为“希腊十字”式，这是拜占庭式建筑区别于其他形式建筑的最典型形式。

（2）彩色玻璃镶嵌画技艺。

镶嵌画在古希腊晚期曾经在地中海广泛流行，拜占庭的镶嵌画就参照了亚历山大里亚城的传统。镶嵌画是用半透明的小块彩色玻璃镶成的，为了保持大面积画面色调的统一，在玻璃块后面先铺一层底色，6 世纪以前这种底色多为蓝色，6 世纪以后有些重要的建筑就以金箔做底，使镶嵌画显得格外明亮辉煌，其表面有意略作各种不同方式的倾斜，造成明灭闪烁的效果。拜占庭的镶嵌画大多不表现空间，没有深度层次，人物的动态很小，以保持建筑空间的明确性和结构逻辑。

2. 罗曼式

中世纪晚期，在10—12世纪，在意大利的北部出现了另外一种建筑形式，被人们称为罗曼式（Le Style Roman）。罗曼式建筑的主要代表仍然是教堂，建筑师们把严格的宗教观念注入到了教堂中。罗曼式教堂是纯粹的宗教活动场所，是耶稣基督棺木的象征，所以与后来的哥特式教堂相比，罗曼教堂显得粗糙、沉重、阴暗。这种建筑形式后来又随到西班牙北部朝圣的人流传到了法国中部，并得到发展。意大利的罗曼式建筑有明显的地方流派，以比萨为中心的罗曼建筑成就最大，它的代表作是比萨主教堂建筑群，是为纪念1062年比萨人打败阿拉伯人、收复被侵占的西西里首府巴勒莫城（Palermo）而建造的，包括主教堂（1063—1092年）、洗礼堂（1153—1278年）和钟塔（1174年），三座建筑物都用白色石块砌筑，用暗绿色石块作水平带，这是比萨罗曼式建筑的第一个重要特征，三座建筑物的外表面上都分层作小小的连续券空廊，它们只起装饰作用，使墙面有光影和形体的丰富变化，避免封闭沉闷，这是比萨罗曼式建筑的第二个重要特征；发券大多是马蹄形的，明显受到阿拉伯建筑的影响，柱子则用古典形式，虽然不很规范化，仍可见古罗马的遗韵，这是比萨罗曼式建筑的第三个重要特征。

3. 哥特式

哥特式建筑是11世纪下半叶起源于法国，13—15世纪流行于欧洲的一种建筑风格，主要见于天主教堂，也影响到世俗建筑。哥特式建筑以其高超的技术和艺术成就，在建筑史上占有重要地位。哥特式建筑的特点是尖塔高耸、尖形拱门、大窗及绘有圣经故事的花窗玻璃。在设计中利用尖类拱顶、飞扶壁、修长的束柱，营造出轻盈修长的飞天感。新的框架结构以增加支撑顶部的力量，予以整个建筑直升线条、雄伟的外观和教堂内空阔的空间，常结合镶着彩色玻璃的长窗，使教堂产生一种浓厚的宗教气氛。

哥特式教堂的结构体系由石质骨架券和飞扶壁组成，其基本单元是在一个正方形或矩形平面四角的柱子上做双圆心骨架尖券，四边和对角线上各一道，屋面石板架在券上，形成拱顶。采用这种方式，可以在不同跨度上做出矢高相同的券，拱顶重量轻，交线分明，减少了券脚的推力，简化了施工。飞扶壁由侧厅外面的柱墩发券，平衡中厅拱脚的侧推力。为了增加稳定性，常在柱墩上砌尖塔。由于采用了尖券、尖拱和飞扶壁。哥特式教堂的内部空间高旷、单纯、统一。装饰细部如华盖、壁龛等也都用尖券作主题，建筑风格与结构手法形成一个有机整体。

4. 巴洛克式

17世纪，继文艺复兴运动之后，西欧又兴起了两股新的文化潮流：一股是巴洛克，一股是古典主义。巴洛克作为天主教反宗教改革运动的文化潮流，发展于意大利罗马，主要服务于教皇和教廷贵族，后来传播到天主教国家，如西班牙、奥地利和德意志南部，其建筑艺术的主题和题材多是宗教性的，以天主教堂为代表。

“巴洛克”一词源于葡萄牙，意思是畸形的珍珠，它是畸形的，但它是珍珠。巴洛克艺术强调动态和不安，追求个性，重视色彩，喜欢用对比色，认为色比形更重要，同时追求绘画、雕刻和建筑的融合，力求消泯它们的边界。这颗畸形的珍珠也光华夺目，它造就了欧洲建筑和艺术的又一个高峰，一个世纪内，它造就了大量的新样式和新手法，影响一直达到俄罗斯和美洲。巴洛克艺术是反理性的，力求突破既有的规则。因此，巴洛克建筑的表情非常复杂，像一只玻璃球，折射出许多不同的色彩，对它的评价历来褒贬不一，差异很大。罗马的耶稣教堂就是罗马耶稣会的祖堂，可以称为早期意大利巴洛克建筑的第一个代表作。这是天主教极盛时期的中世纪教堂形制，有利于渲染浓重的宗教气氛。

5. 古典主义风格

古典主义是统一的民族国家的宫廷文化，古典主义建筑也发生在意大利，后来以法国为代表，主要服务于国王和宫廷贵族，后来传播到新教国家，如英国、尼德兰和德意志北部，古典主义建筑艺术多以世俗和古代异教为题材，用来颂扬君主，以宫殿为代表。古典主义高扬理性，企图建立严谨的规则，强调平稳和沉静，追求客观性，重视构图及形体，认为形比色更有价值，追求绘画、雕刻和建筑三者各自独立，认为建筑只是绘画和雕刻的框架。

最合乎古典主义基本要求的是古典柱式，其原因在于：第一，它在古代就有相当严密的、稳定的规则，这正是唯理主义者所需要的；第二，柱式建筑庄严、雄伟而壮丽，足以表现罗马帝国和它的皇帝们的伟大和光荣，这是宫廷文化的需要。因此，古典主义建筑就成了最严谨的柱式建筑，它讲求布局的逻辑条理、构图的几何性和统一性、风格的纯正，要简洁、含蓄、高雅，不做很多装饰，不重视色彩甚至排斥色彩，认为色彩会扰乱建筑对形体美的欣赏。这种风格的建筑以法国巴黎卢浮宫和凡尔赛宫为代表。

第二节　建筑景观审美

在建筑景观审美中，人们可能有这种体验：从外表看建筑，宁神观赏，你会感受到它的造型美；在行进中看建筑，形随步转，你会感受到它的空间美；置身建筑内外，多方面的品评，你会感受到它的环境美；乃至工作、居住、生活和活动于某一建筑与城市环境之中，特别是经过岁月的历练和时间的洗礼，你才真正体验到它的美丑所在。上述的“造型美”“空间美”“环境美”便是建筑美的三种基本形态。

一、建筑景观造型美

建筑内外的空间造型，历来是建筑的主要审美对象。它集中地表现在几个基本方面，这就是：建筑造型的“体形美”和“立面美”，建筑造型的“静态美”和“动态美”，建筑造型的“外饰美”和“素质美”。

建筑仿佛是一种“巨大的空心雕刻品”。由于建筑外壳包容着庞大的内部空间，因此建筑的实体形态同它的空间一样，总要呈现出“三次元”性质。从本质上说，建筑造型就是三维空间的立体造型。任何建筑物只要置立于大地之上，就不可能是抽象的二次元的“面”，也不可能是抽象的一次元的“线”，更不可能是抽象的零次元的“点”。它势必呈现出长、宽、高三向量的“体”。体积、体量和体态统属于“体形”，它构成建筑造型美的基本特征。然而，同为三度空间的实体形象，表现在具体建筑作品中，却又反映出建筑艺术家们各自不同的审美意趣和艺术追求。

追求和表现“平面风格”的立面美，在古典式的建筑艺术造型中自有其特殊的审美价值。中外建筑，莫不如此。无论在通衢的大道上还是壮阔的广场上，无论在四周疏朗的环境下还是幽深闭塞的街巷中，人们总是习惯于在行进中不断调整自己的脚步，情不自禁地选择合适的视点、视线和视野，以便让审视的目光指向前方的某个建筑“立面”。每当他们走在巴黎香榭丽舍大街上注视着明星广场上的凯旋门，徘徊于亚得里亚海滨注视着威尼斯圣马可广场边的总督宫，登上罗马卡比多广场（市政广场）前的最后一步阶梯，正对着广场中央的主体建筑“元老院”的时候，都会情不自禁地感受到那些建筑的“立面美”。尤其是罗马的卡比多广场，米开朗琪罗特意将它设计成前窄后宽的“倒梯形”平面使其作为视觉“对景”的主体建筑的正面形象更显突出，从而起到了渲染和强化立面艺术效果的作用。又如，当人们走在天安门广场中间，向北注视着天安门城楼，向南注视着人民英雄纪念碑、毛主席纪念堂以及远处的正阳门背景，向东注视着中国国家博物馆，向西注视着人民大会堂的时候，也会产生类似的“立面性”视觉美感和审美经验。

“静”与“动”构成了另一对建筑造型美的概念，它是由“立面美”与“体形美”这对概念派生而出。古典建筑的“立面美”一般表现为“静”的形态，而现代建筑的“形体美”则常常表现为“动”的形态。这种“动”与“静”的缘由，主要是出自两种不同的视觉概念和视点选择。在实际的建筑审美活动中，人们只有驻足在某个视点上对建筑形象进行静止式的观察才能见到“立面”。但这种情况实属罕见，人们欣赏建筑总是既静又动、静动结合的。静则宜于观其立面，动则宜于观其形体，相应地便产生了建筑造型美的静感和动感。一般说来，对称、规则的造型易于产生静态感，非对称、不规则的造型易于产生动态感；“平面风格”的建筑易于产生静态感，“立体风格”的建筑易于产生动态感；直角、直线的矩形体量易于产生静态感，曲线、曲面的“流线型”体量易于产生动态感，等等。许多现代建筑师，不但善于强化“体形”，而且必要时还赋予建筑形体以激动人心的“动态性美感”。由日本著名建筑社设计的东京代代木国立综合体育馆，堪称现代建筑艺术的杰作。它那由悬索结构所形成的巨大双曲抛物面屋顶从地面跃然而起，仿佛旋风鼓帆，气势磅礴，表现了现代体育建筑特有的动态美。与其邻近的篮球竞技馆，体量虽小，但那充满向心力的“螺旋状”屋顶曲面又别具一种风姿神韵。显而易见，决定这类建筑形态美的，是体形的连续流动感，是“运动”的美感节奏，而不是静止的“美”的对称和均衡、比例和尺度。更不像古典风格那样，一根圆柱、一块镶板、一个门廊、一个空间都“安排在一种自我完善的平静之中”。

附加的“修饰美”与原型的“素质美”也是建筑造型美的重要表现，它们与建筑的“立面美”和“体形美”的概念同样密切相关。追求“立面美”的古典风格，必然注重对建筑原型素质的“外壳”增加修饰打扮，而追求“体形美”的现代建筑，则必然注意发挥原型自身的素质美。阿尔伯蒂曾把建筑物与人体相提并论，视圆柱一类的结构物如同人体的“骨架”，其余部分则好比“面孔、手、神经”。无论是“骨架”还是“面孔、手、神经”都是组成人体美的基本元素，它们浑然天成、有机结合构成了美的形象，这就叫作人体的“素质美”；而在此基础上加以“梳妆打扮”“涂脂抹粉”，就叫作人体的“修饰美”。现代建筑以表现“素质美”为美，而很少或基本不用脱离功能结构元素的外加修饰手段。即使采用，也是因特定情景、特定需求或为表达某种特定创作主题而采用的一种辅助手段，是对建筑表皮或细部的增光添彩，而非故弄玄虚的涂抹装饰。

二、建筑景观的空间美

空间对于建筑的重要意义，早在2000多年前，就已经被中国的老子所道破。《老子》第十一章中指出：“三十辐共一毂，当其无，有车之用。埏埴以为器，当其无，有器之用。凿户牖以为室，当其无，有室之用。故有之以为利，无之以为用。”老子这段精辟论说的核心在于阐明世界上万事万物中“无”和“有”的辩证关系。但是，建筑毕竟不是舟车，不是器皿。“建筑就是建筑，建筑有权利按照其本身存在”，建筑上的这个“存在”，本质上就是“空间的存在”。空间不仅具有直接的实用价值，而且有着重大的审美价值。它不仅赋予建筑以“住”的用途，使人得其“功能”之利，而且赋予建筑以“美”的用途，使人得其“观赏”之趣。尊俎盛器，用乎其内、形乎其外，它的美完全是外在的；而建筑则既是用乎其内、形乎其外，又是用乎其外、形乎其内的。它的“用”、它的“美”都离不开建筑的室内外空间。当人们来到一幢外观美丽的建筑物前，或走走停停观赏，或选择镜头拍照，常会产生不同的美感享受。这就是建筑形态美的空间效应，它表明建筑美感将随其外部空间形态的变化而变化。因为这种现象发生在室外，所以可以称它为建筑形态美的“外部空间效应”。而每当人们进入一幢饶有变化的建筑物内部时，它那忽小忽大、忽低忽高、忽聚忽敞、忽明忽暗的空间形象及其美感，又常使人们左顾右盼、目不暇接，以至流连忘返、一唱三叹。这也是建筑形态美的空间效应，表明建筑美感将随其内部空间形态的变化而变化。

具体说来，建筑空间一般表现为三种“美”的形态，即单一围合空间的“静态美”；有机复合空间的“动态美”；园林趣味空间的“变幻美”。

北京香山饭店的门厅和被称为“溢香厅”的中央大厅之间，有一片带有圆形“景洞”的影壁，透过这似隔非隔、似通非通的遮屏处理，形成欲断又续、若即若离的模糊性和流动性空间格局，这就是某种展现了“动态美”的有机性复合空间。当人们信步来到室外，悠然漫步于那室命名为“晴云映日”“松竹杏暖”“漫空碧透”“海棠花坞”“烟雾浩渺”“报春小院”“洞天一色”“青盘敛翠”“飞云石”“流华池”“曲水流觞”等十数个庭院景区时，便又转而分享到建筑园林空间的“变幻美”了。而分散布置在各层楼上的那些充满恬静气氛和家庭氛围的客房、寓所，则又表现出单一围合空间的“静态美”。以上三种美的空间，在香山饭店这同一建筑中得到了比较完满的结合，它们各自呈现出“静”“动”“变”的不同空间形态，使人产生不同的美感享受。

以“静态美”为特征的建筑空间，是一种最基本、最普通、最古老的空间形态。它完整、单一、封闭、离散、独立，与其他外在空间缺乏有机联系和贯通，有着较好的“私密感”。古希腊神庙内部就是这样一种单一的静态空间，它那幽暗而深邃的空间格调会使进入其中的膜拜者不禁要屏住呼吸。这种空间自然也能产生“静态”的美感，但严格地说，它只是供“神”独享的处所，而不是人的“存在空间”。

与单一的静态空间相比，有机复合空间则是一种极为活跃而富有生气的空间形态。它的基本特征是公共、共享、外向、连续、流通、渗透、穿插和模糊，表现了独特的动态空间美。歌德曾经把建筑当作“凝固的音乐”加以赞美。当他沿着罗马圣彼得大教堂前的椭圆形柱廊散步时，展现在他眼前的空间节奏和序列变化，时而急促，时而舒展，时而起伏跌宕，时而高潮涌起，仿佛使他在建筑空间的变化中感受到了“音乐的旋律”。歌德的审美体验告诉人们，建筑确是“凝固的音乐”，它是由建筑“凝固”而成的“空间的音乐”。建筑是空间的艺术，音乐是时间的艺术，但由于人在空间的“流动”中伴随着时间的进程，在建筑的三度空间中加入了“时间”因素，这样便使本来静止的建筑空间呈现出某种“动感”的形态。所以，它又被现代建筑学家称为“四度空间”，或所谓的“流动空间”“有机空间”。

至于中国古典园林建筑空间，实际上也是“有机复合空间”的一种，不过它的美感形态更加多变、繁复、深邃，因而呈现出更为奇妙多变的动感效果。漫游和观赏中国园林，人们会感到空间动静交织、回味无穷。亭、台、楼、阁、榭、轩、廊、斋、馆、移等园林建筑，由水、山、石、花、木、草、藤等自然景物复合而成的中国园林空间，其层次之丰富、变幻之美妙，实为一般建筑所难以企及，其在世界园林史上独树一帜，具有极高的审美、观赏价值。所以，对中国园林建筑来说，与其说它表现了空间形态的“动态美”，毋宁说它表现了空间形态的“变幻美”。就是说，它是一种特殊形态的有机复合空间：建筑中有庭院，庭院中有建筑；“复合”中有“单一”，“单一”中有“复合”；“动态”中有“静态”，“静态”中有“动态”。人们对园林空间美的体验，不但要通过眼睛观看，重要的是要通过身体“驱动”，即迈开脚步，行进漫游其间，左顾右盼，方觉奥妙无穷。它的美，是无数视点和视线上的美感“集成”，是全身心空间美感的奇妙“综合”，从而使人们难以用单一静态的三度空间的几何美学去度量。

三、建筑景观的环境美

环境，现代建筑学中一个美妙而又广为人知的名词。“建筑造型美”“建筑空间美”都包容在“建筑环境美”的广阔场景之中。建筑环境美的形态包括建筑环境的整体美，建筑环境的系统美和建筑环境的综合美。

整体也是一个异常古老的美学概念。一个人的体态美，是因为他的躯干完整、四肢匀称；一棵树的形态美，是因为它茎梢齐备、叶茂枝繁；一束花的姿色美，是因为它结瓣成朵、绿叶相扶。那么，一幢建筑物的形态美按照传统的古典美学观念，是因为它有“头”（屋顶）、有“尾”（基座）、有“身”（墙体），即所谓

巡堂古镇

的左右“对称”、上下“三段”。因此，整体的形态美不但是一个古老的美学概念，而且反映一种普遍的美学认知，它始终是人们心目中一种极寓魅力的美感特征，似乎谁都不愿意且无法挑战它、撼动它、抛弃它。

历史上各种风格的建筑艺术大都反映了一定的整体美学观念。拿欧洲文艺复兴时的古典建筑来说，不仅在整体的立面处理上惯于运用“上下三段”“左右对称”，而且往往在建筑局部处理上也力求其完善、对称；不仅正立面如此，侧立面也如此；甚至一墙一柱、一门一窗、一龛一饰，也都表现出个体自身的独立性、完整性和对称性。事实上，古典建筑艺术已经把建筑“整体美”的形态发展到某种极端化、绝对化的地步了。作为特定文化观念和环境条件下的产物，它追求的是一种“整体”性的自我完善、自我封闭和自我净化。可以说建筑艺术欣赏和其他艺术品一样，必须善于把握美的整体特性，因为“无论在什么情况下，假如不能把握事物的整体或统一结构，就永远也不能创造和欣赏艺术品”。

建筑及其环境的“整体”概念具有相对性。一幢建筑物的局部和这幢建筑相比，这幢建筑是“整体”；一幢建筑和一群建筑相比，这群建筑是“整体”；一群建筑和其所在的街道、广场相比，这条街道、广场又是“整体”；一条街道、一个广场和整个城市相比，则所在城市又是更大的整体。总之，整体环境具有无限可分性。从个体到群体，从群体到街道、广场，从街道、广场到城市整体，从建筑、城市到自然，它们层层相属，共生共存，构成建筑及其环境美的相关性、依存性和层次性。一言以蔽之，也就是建筑环境美的系统性。

建筑环境美的系统性的实质还在于强调建筑与环境的有机结合。建筑与建筑、建筑与自然、建筑与各种环境中的物态化要素，都在环境艺术美的系统秩序中相济互补、和谐共存。但是，建筑与环境的塑造手段及其所呈现的美感形态，却是生动变化、多种多样的，而不是僵化呆板、一成不变的。在建筑与环境的结合上，既有像拉萨布达拉宫那种与山势浑然一体的“雄伟壮观美”，又有像“流水别墅”那样与山石水瀑打成一片的“错落多姿美”；既可以像威廉·莫盖设计的海滨住宅“绿色之丘”那样，使建筑外表布满植被，以求得建筑与自然环境的有机协调，也可以像理查德·迈耶设计的道格拉斯住宅那样，使建筑全身洁白如洗，与浓荫覆郁的深色背景形成强烈色泽反差和鲜明对比。

建筑环境艺术的主旨不但要创造和谐统一的“环境建筑”，而且要造成丰富多彩的“建筑环境”。除了建筑物之外，一方面，诸如环境小品、喷泉、水池、山石、花木等园林景观必须成为建筑环境的有机组成部分；另一方面，那些室内外的雕塑、壁画、工艺品、地毯、壁挂、装潢、家具、陈设等，也都直接为建筑环境艺术注入“美”的生机。这就是建筑环境美的综合性。

建筑，它历来就有“环境艺术之母”的美称。在中国传统建筑艺术中的那些石狮、石马、石人、石象，牌楼、石坊、旗杆、华表等雕塑和标志物，还有铭刻、匾额、楹联以及线描图案等平面性点缀物，不但具有其自身的艺术审美价值，而且对建筑起着必不可少的烘托、陪衬作用，渲染和强化了建筑环境艺术的氛围。故宫建筑的美，固然是整体布局、空间气势和建筑本体造型艺术上的成功，但那些华表、石栏、拱桥、御道、龙壁、铜鹤、铜龟、嘉量、日晷等立体或平面的、抽象或具象的艺术小品，也对丰富和点饰整体建筑环境发挥了重要作用。就它们与主体建筑的关系而言，犹似音乐上的“小调”之与“大调”，彼此在统一变化的和谐乐章中交相混响。

第三节　中西方建筑景观审美比较

不同的水土养育着不同的人，不同的语言表达着不同的思想，不同的建筑承载着不同的文化。东西方在很多方面都有差异，且在建筑方面的审美差异更加明显。西方的建筑一般是纵向发展，直指上苍的。而中国建筑不论多么高大雄伟，却很少给人以“高”的感觉，只给人以宽广的感觉，因为建筑是在一个大的面上铺展开来的。思想文化的不同，宗教信仰的不同，建筑材料的不同，建筑风格的不同，建筑发展的不同，社会形态和文化氛围的不同给艺术审美带来了差异。

一、建筑审美风格的不同

与西方的石质建筑不同，中国古代的木质建筑以斗拱为基本格调。所谓斗拱是将屋檐托起的交叠的曲木，它可以将纵向的力量向横向拓展，从而构造出多种多样的飞檐。同西方建筑的屋顶一样，作为中国古代建筑的主要旋律，飞檐也有许多类型，或低垂，或平直，或上挑。其不同的形式制造出不同的艺术效果，或轻灵，或朴实，或威严。不仅亭、台、楼、阁都要用飞檐来标明自己的身份，表达自己的情感，而且飞檐的高低、长短往往会成为建筑设计的难点和要点。正所谓增之一分则长，减之一分则短，飞檐的设计必须恰到好处，才能显得轻灵而不轻佻，朴实而不机械，威严而不呆板。

西方建筑在其每一发展阶段的特征差别十分显著，稍有常识之人即可一眼分辨出哥特式与巴洛克式建筑，而中国建筑在不同历史时期递延变迁的痕迹微乎其微，唯恐打破这千百年来延续下来的对称美。

二、建筑形体审美的不同

中国传统建筑特别注重“线形美”，讲究线条的婉转、流动和节奏韵律，擅长以线造型，以线传情。所以在中国画中，无论是绘画工具还是绘画语言，无不与线有关。中国传统建筑采取木质的梁、柱恰恰能适应这种“线”的艺术感染力。故对于中国传统建筑而言，无论是单体建筑的外轮廓线，还是群体建筑的天际线，都与中国绘画中的勾、描有相同之处。即使在音乐艺术上，如中国传统音乐的京剧，似乎也可感觉到一种线的流动。

西方建筑讲究“体积美”。在古希腊、古罗马自然科学高度发展的历史条件下，人们对于数与几何图形有特别的认识，极其重视富于逻辑的几何形状之美。美的建筑就是由明确的几何形体与几何比例关系以及确定的数量关系构成的。所以他们往往借助数的组合和几何形体来塑造建筑的形式美，而不规则的石块恰恰能满足这一需求。在绘画上，他们追求的是写实艺术，以塑造出物体的体积感、空间感，他们先天有一种征服一切的欲望，好像画得越写实，就越能够征服这个事物；在音乐方面，他们的传统音乐讲求声音浑厚，体现着一种“体积感”。

此外，建筑材料的不同也可看出中西方审美情调的不同。木质轻盈、熟软给人以温暖、亲切的审美情调感受，中国人比较感性，追求的是一种意境，普遍存在求和睦、重感情的心理；石质阴冷坚硬，给人以冷峻、生硬的感觉，符合西方人的理性、客观、求实际的心理。

翻开西方的建筑史，不难发现，西方建筑美的构形意识其实就是几何形体；雅典帕特农神庙的外形“控制线”为两个正方形；从罗马万神庙的穹顶到地面，恰好可以嵌进一个直径43.3米的圆球；米兰大教堂的“控制线”是一个正三角形，巴黎凯旋门的立面是一个正方形，其中央拱门和“控制线”则是两个整圆。至于园林绿化、花草树木之类的自然物，经过人工剪修，刻意雕饰，也都呈现出整齐有序的几何图案，它以超脱自然、驾驭自然的“人工美”与中国园林“虽由人作，宛自天开”的自然情调形成鲜明对照。早在2000年前，古罗马奥古斯都时期的建筑理论家维特鲁威就在他的《建筑十书》中提出了适用、坚固、美观这一经典性的建筑三要素观点，被后人奉为圭臬，世代相传。17世纪初，建筑师亨利·伍登提出优秀建筑物必须具备三个条件——坚固、实用和欢愉。西方人把坚固和实用作为评价优秀建筑物的第一和第二原则。因而当中国古老的建筑物随着时间的流逝而被毁坏或烟消云散的时候，西方古希腊、古罗马、古埃及的建筑依然完好地保存着，用实物体演绎着自己的文化。通过对中西方建筑的比较，可见中西方在建筑形体审美上的不同。

三、和谐之美和对抗之力

中国传统建筑的艺术风格以和谐之美为基调。尽管我国先秦时期的建筑也曾有过高台榭、美宫室、气势磅礴、壮丽辉煌的阳刚之美，但是受儒家“中和”思想的影响，汉以后，中国传统建筑这种展现对抗力度的阳刚之美逐步走向和谐与含蓄之美。内封闭的内部空间组合，迂余委曲的建筑序列层次，婉转、舒缓的建筑节奏韵律和凝重、自然的建筑装饰设计，给人以亲切、温馨、安闲、舒适的审美心理感受。

中国传统建筑多数是向平面展开的组群布局，个体服从于整体，追求和谐。正如李泽厚所言:“中国建筑最大限度地利用了木结构的可能和特点，一开始就不是以单一的独立个别建筑物为目的，而是以空间规模巨大，平面铺开，相互连接和配合的群体建筑为特征的。它重视的是多个建筑之间的平面整体的有机安排。”

西方古典建筑的艺术风格重在表现人与自然的对抗之美。石头、混凝土等建筑材料的质感生硬、冷峻，理性色彩浓，缺乏人情味。在建筑的形体结构方面，西方古典建筑以夸张的造型和撼人的尺度展示建筑的永恒与崇高，以体现人之伟力。那些精密的几何比例，那些充满张力的穹隆与尖拱，那些傲然屹立的神殿、庙坛，处处皆显示出一种与自然的对立和征服，从而引发人们惊异、亢奋、恐怖的审美情绪。就连以山水自然之美为题材的园林建筑，也一反中国式的天人合一特点，而表现天人对立的特点，以人定胜天为主题。在西方造园家眼里，自然景物不是模仿的对象，而是改造的对象，因而西方古典园林的造景多以体现人工伟力的建筑为主，山水花木不过是建筑的陪衬。并且这里的山水花木并非保持自然的生长之态，而被修剪成各式规整的图案。园林的布局，也按人的意志划分为规则的几何形，表现出古代西方人勇于征服自然的抗争精神。

四、地面之美和空间之美

建筑空间布局的不同，反映了中西方制度、文化、性格特征的区别。从建筑的空间布局来看，中国建筑是封闭的群体空间格局，在地面平面铺开。在中国，无论何种建筑，从住宅到宫殿，几乎都是一个格局，类似于四合院模式。中国建筑美又是一种“集体”的美，如北京明清宫殿、明十三陵，曲阜孔庙，它们是以重重院落相套而构成规模巨大的建筑群，各种建筑前后左右、有主有宾、合乎规律地排列着，体现了中国古代社会结构形态的内向性特征、宗法思想和礼教制度。与中国相反，西方建筑是开放的向高空发展的单体空间格局。以相近年代建造、扩建的北京故宫与巴黎卢浮宫相比较，前者是由数以千计的单个房屋组成的波澜壮阔、气势恢宏的建筑群体，围绕轴线形成一系列院落，平面铺展异常庞大，后者则采用“体量”的向上扩展和垂直叠加，由巨大而富于变化的形体，形成巍然耸立、雄伟壮观的整体。而且从古希腊、古罗马的城邦开始，就广泛使用柱廊、门窗，增加信息交流及透明度，以外部空间来包围建筑，以突出建筑的实体形象。这与西方人很早就通过海上往来互相交往及社会内部实行奴隶民主制有关。古希腊的外向型性格和科学民主的精神不仅影响了古罗马，还影响了整个西方世界。同时，如果说中国建筑占据着地面，那么西方建筑就占领着空间，例如，罗马可里西姆大斗兽场高为 48 米，万神殿高 43.5 米，中世纪的圣索菲亚大教堂，其中央大厅穹隆顶离地面达 60 米。文艺复兴建筑中最辉煌的作品圣彼得大教堂，高 137 米。这庄严雄伟的建筑物固然反映西方人崇拜神灵的狂热，更多是反映西方人利用先进科学技术成就给人奋发向上的精神力量。

总体来讲，如果说建筑之父是技术，建筑之母是美学，那么建筑的灵魂就是思想文化。从建筑的差异中，人们明显可以看出西方有比中国更强的革命性传统。希腊式建筑讲究比例匀称，造型简洁优雅，重视内外空间的自然过渡，开敞的柱廊构成建筑空间的虚实互映，还将自然的阳光、空气巧妙地置于建筑空间之中，给人以明朗、开放的亲切之感。罗马式建筑以圆顶、拱门、厚墙为特色，造型浑厚、雄壮，装饰华丽多彩。罗马式建筑对内部空间的处理十分讲究，从地板到天花板，处处精雕细琢，浑然一体，充实而美观。哥特建筑以高、直、尖为特色，高大的形体由于飞扶壁的作用显得薄而轻快，一个个向上挺拔的尖拱打断了横向的构架，以震撼人心的力量将人们的精神引向上苍，寄托着教徒对天国的渴慕与向往。而中国建筑更多的是体现天人合一的哲学思想，它模山范水，师法自然，建筑和周围山川景物、地理形势融合无间，让水土成为建筑的有机部分，让建筑融入山川之中。中国古代建筑艺术在封建社会中不断成熟，它以汉族木结构建筑为主体，也包括各少数民族地区的优秀建筑，是世界上历史最长、分布地域最广、风格非常明显的艺术体系。在相当长的时期内，中西建筑在相对封闭的系统内独立发展，很少有交流的机会，这形成了形态迥异、个性差别极大的东西方建筑审美标准。只有到了近现代，随着中西方思想文化、科学技术的交流融合，中西建筑不仅与各自传统意义上的建筑大相径庭，而且在审美观念上有所交融，更多地趋向一致。

【思考题】

1. 简述中国建筑景观的特点。
2. 简述西方建筑景观的特点。
3. 试述中国建筑景观的类型与特征。
4. 试述西方建筑景观的类型与特征。
5. 试述建筑景观如何审美。
6. 试述中西方建筑景观的审美差异。

第六章

古典园林景观

世界上著名的园林有三大系统，即中国园林、欧洲园林和西亚园林。它们尽管在形成发展、类型特点方面千差万别，有着各自的艺术风格和文化底蕴，但是它们均是通过物质实体反映生活美丑、表现园林匠师审美意识的空间造型艺术。它们运用总体布局、空间组合、体形、比例、色彩、节奏、质感等园林语言，构成特定的艺术形象，形成一个更为集中典型的审美整体，以表达时代精神和社会物质文化风貌。当它们与建筑、书画、诗文、音乐等其他艺术门类相结合，就成为一门综合艺术，给人们带来无尽的审美愉悦。

第一节　古典园林景观概述

古今中外，放眼东西，对于自然美与人工美完美结合的园林来说，它既是对大自然的利用和仿造，于方寸间再现自然野趣，同时又不忘再造自然，一草一木、一山一石无不显露出造园者匠心独运的智慧之光。

一、古典园林景观的产生与发展

按照《中国大百科全书·建筑园林城市规划》卷对“园林”的释义，园林是“在一定的地域，运用工程技术和艺术手段，通过改造地形（或进一步筑山、叠石、理水）、种植树木花草、营造建筑和布置园路等途径创作而成的美的自然环境和游憩境遇。园林包括庭院、宅院、小游园、花园、公园、植物园、动物园等。随着园林科学的发展，还包括森林公园、风景名胜区、自然保护区或国家公园的游览区以及休养胜地”。这是从园林学的角度，对“园林”的广义解释。实际上认为园林是一种风景与建筑相结合的艺术创作，它是风景和建筑的融合，自然景观和人文景观的综合，是人类所创造的第二自然环境。

（一）中国园林的产生与发展

中国园林是中国传统文化的再现，是传统文化的结晶。因此，园林发展的过程，实际上是中国文化史的缩影。而文化的发展，又离不开政治、经济和社会思潮的支撑，所以，园林发展的历史可以说是中国历史发展过程的一个侧面的反映。尤其作为独具特色的文人园林，其演进过程又必然与中国文人的价值取向、审美观念、人格追求以及艺术情趣的变化联系在一起。

1. 先秦的园林

中国园林的雏形起源于远古时代的“囿”。那时的人们奉行自然崇拜，认为天地、山河都是神的意志的产物。它们既养育了人类，同时又给人类带来了灾难，因而对自然界的一切既感激崇敬又恐慌畏惧。这种复杂而又矛盾的心理最终驱使他们不得不祈求天地神明的护佑。于是，他们常常选择那些自然山水风光优美、植物茂盛、动物繁多的地方，举行集会、歌舞、祭祀，以表达人们对神的感激和敬畏之情。后来，人们又选择合适的地方，掘地为池，称为“灵沼”；垒土堆山，修成“灵台”。然后在水中养鱼，岸边种花，林中喂养食兽，周边设墙护卫，这样就形成了“囿”。囿出现之后，人们不仅在此进行祭祀活动，而且常在囿中行猎和游乐。虽然说先秦时期的囿与后世的园林之间存在很大差别，然而先民所创造的在囿中挖土堆山的做法，却一直成为中国园林最具本质特色的造园传统。

2. 秦汉时期的园林

秦汉时代，国家一统，经济繁荣。于是统治者大兴土木，营建宫室花园。秦始皇率先在咸阳修建著名的上林苑，这是一座规模宏大的皇家苑囿。为了祈求长生不老，秦始皇笃信方士，曾派徐福率童男童女去东海仙岛寻找仙药。与此同时，又在上林苑中挖池筑岛，取名蓬莱仙岛，象征人间仙境。此后在上林苑的基础上进行大规模扩建、改建，并开凿了昆明、太液两池。太液池中修建了三座仙山，分别命名为蓬莱、方丈和瀛洲。这种是在“一池一山”基础上发展起来的。“一池三岛”的造园布局，以及它所体现的灵仙观念，一直是历代王朝营建皇家园林的指导原则。

3. 魏晋南北朝时期的园林

魏晋南北朝时期，国家分裂，社会动荡，民生疾苦，处境极其痛苦，所以只好把希望寄托于天国和来世。这种思想正好与从印度传进来的佛教教义产生了共鸣。于是，大批的文人、士大夫在佛教信仰的驱使下，逃避现世，遁隐山林，寄情于林泉之中，山水诗与山水画也在此时蓬勃发展起来。山水诗画的发展，又反过来更令知识分子陶醉于乡间山野的自然风光。尤其是陶渊明所塑造的那个超脱尘世的世外桃源，简直成了文人们梦寐以求的理想境界。于是，“移天缩地”，将自然山水“搬”进自家庭院的私家园林，就率先在江南出现了。其目的和作用是“不出城郭，而享山林之美”。由于空间和条件的限制，所以私家园林一出现，就必然朝着精巧玲珑的方向发展。与此同时，营造私园的目的仍然是逃避现实，所以在诗人、画家参与之下设计建造的私家园林，必然表现出文人的风格。

4. 隋唐时期的园林

隋唐时期是继秦汉之后中国封建社会发展的又一高潮，园林艺术也随之进一步发展。但是，当时的皇家园林仍然没有脱离秦汉遗风，只是宫殿楼宇更显雄伟气派，苑中山水的布设更加灵活。私家园林进一步与文学和绘画结合起来，更加注重诗情画意，追求淡雅、朴素。其中比较著名的有白居易在洛阳城里修建的宅园和王维在秦岭北麓营建的郊野式的辋川别业。

5. 两宋时期的园林

两宋时期，中国园林的造园艺术达到成熟阶段，古典园林的风格基本定型。皇家园林以北宋都城汴京（今开封）的"寿山良岳"为代表，规模宏大，造型奇特，布局合理，叠石堆山技巧发挥到很高水平，太湖石的地位和作用受到青睐。宋代的私家园林已分为南北两支，北以洛阳为主，南以苏州为盛。洛阳私园常以花卉取胜，而且在园林布局上已经有了严格的规划，开始按景分区，各个景区都有自己的特色。苏州私园的造园艺术更为精湛，叠石假山常常以假乱真，园内的装饰更加考究。著名的苏州沧浪亭园林就是宋代私园的杰作。

6. 明清时期的园林

明清时代，中国古典园林的造园艺术达到了顶峰。今天所见到的古园林，基本上都是明清时代遗存下来的。皇家园林集中在北京和承德两地，著名的颐和园和避暑山庄是中国皇家园林的骄傲，气势磅礴，富丽堂皇。江南私家园林的造园水平，冠领全国，尤其是苏州和扬州的私园，在私家园林中未能有与之媲美者。苏州著名的明代拙政园、清代留园等，小巧玲珑，精致典雅，堪称世界古典园林的楷模。

（二）西方园林的产生与发展

西方园林与中国园林一样，有着悠久的历史和光荣的传统，是世界园林艺术中的瑰宝。无论是基督教的伊甸园，还是希腊神话传说中的爱丽舍田园，都为人们描绘了天使在密林深处、山谷水涧无忧无虑跳跃嬉戏的欢乐场景。这种原始环境中人与自然和谐共存的生活空间，既是早期西方造园的蓝本，也是园林艺术取之不尽用之不竭的创作源泉。

1. 西方园林的源起

公元前3000年，古埃及在北非建立奴隶制国家。他们发明了几何学，并将几何概念用于园林设计。水池和水渠的形状方正规则，房屋和树木都按照几何形状加以安排，从而开启了世界上最早的规整式园林设计。

2. 欧洲中世纪的园林

从古埃及宅园到中世纪庭园，其间经过古希腊、古罗马园林等时期，这段时期被看作规则式园林的萌芽发展阶段。这一阶段园林的主要特点是在建筑围合的人工环境中，以人工化手法布置花草树木和水景，强调人工化的"自然"景观与人为环境的协调。这种将自然引入人工环境，以自然要素装点人工园林的创作方法，可以看作借助自然之物美化人工环境艺术思想的反映。这一时期欧洲人开始知道中国园林，究其根源可以上溯到元代的马可·波罗，在江南，他见到过南宋建造的许多园林。17世纪初期，中国园林被更多地介绍到欧洲，先是英国，然后传到其他国家，并影响了后期西方园林的发展。

3. 文艺复兴时期的园林

17世纪是法国古典主义园林时期，欧洲的规则式园林艺术在其影响下发展到了一个不可逾越的高峰。萌芽于高卢时期的法国园林，在16世纪受到意大利文艺复兴的影响，其规模趋向于宏大华丽。17世纪下半叶，路易十四统治时期的法国成为全欧洲首屈一指的强国，他所提倡的古典主义文化也深深地影响着西方园林艺术。而体现古典美学原则的规则式园林在这样的社会土壤里得到了空前发展，形成了影响欧洲园林艺术长达一个世纪之久的法国勒诺特尔式园林。

勒诺特尔设计的园林以其恢宏的气势，开阔的视线，严谨均衡的构图和丰富的花坛、雕像、喷泉等装饰，营造出一种庄重典雅的风格，将规则式园林的人工美发挥到了极致。在勒诺特尔式园林中，目之所及都是经过人工改造的自然之物。这种在自然环境中创造完全人工化园林的设计方法，反映的是唯理主义者强调的人力能够改变自然本身、人工美高于自然美的哲学思想。

4. 18 世纪的西方园林

随着封建社会向资本主义社会过渡以及启蒙运动的发展，18 世纪欧洲文学艺术领域内兴起浪漫主义自然之美，他们将规则式花园看作对自然的歪曲，认为造园应以自然为目标。这些舆论为风景园的产生奠定了理论基础。同时，英国丘陵起伏的地形、大面积的牧场风光也为风景园的产生提供了理想的自然条件。此外，一些到中国的商人、传教士对中国园林的介绍，引起了部分英国造园者的兴趣，这对英国风景园的发展及其艺术风格的形成产生了一定的影响。

英国风景园以开阔的草地、自然种植的树丛、蜿蜒的小径、自然弯曲的湖岸为特色，取消了园林与自然风景之间的界限，也不再考虑人工与自然之间的过渡，而是将自然作为主体，将自然引入园林之中，并排除一切不自然之物，自然美成为西方园林美的最高境界。人工的园林也自然化，用自然之物来美化自然本身，反映出人工美应服从自然美，造园应与自然相协调的理念。英国自然风景园的出现，改变了欧洲园林长达千年由规则式园林统治的历史，引发了西方园林艺术领域的一场深刻变革。

此后，法国、德国、意大利、瑞典和其他欧洲国家也向当时正值鼎盛时期的中国园林取经，仅巴黎一地就建立起了中国式风景园林约 20 处。园中往往还造起一些中国式的塔、亭、榭、拱桥和楼阁，甚至还有孔庙，称为“图画式”花园。以至于在 18 世纪的欧洲掀起了一阵“中国园林热”。英国出现了“英中式花园”或“中国式花园”；法国巴黎花园内有 20 多处中国式亭子；在德国有个“木兰村”，村旁的山溪名为“吴江”。直到 19 世纪中期，西方园林才在学习和借鉴中国园林的基础上，有了自己新的特点，主要是加强了现代意识，而中国在这个时期也从西方园林中吸收了不少东西，形成了至今仍能看到的公园体式、街心花园、洋房花园等式样的园林。

5. 19 世纪后的西方园林

19 世纪后期，由于大工业的发展，许多资本主义国家城市日益膨胀、人口日益集中，大城市开始出现居住条件明显两极分化的现象。随着现代交通工具的出现和大量使用，中上层人士纷纷远离城市寻找清净环境，因而在郊野地区兴建别墅园林成为一时风尚。19 世纪末到 20 世纪是别墅园林最为兴盛的时期。

随着工业文明的发展，古典园林逐渐发展成为城市自身以及为居民服务的开放型园林。欧美兴起的城市公园运动拉开了西方现代园林发展的序幕，旨在减轻城市不利影响和提高城市生活质量。一战之后，园林设计开始运用现代艺术和现代建筑中的一些构图原则，注重建筑、山水、植物等在形体、质地、色彩等方面的抽象构图，讲究自由的布局和空间的穿插，逐渐形成了现代园林。

二、古典园林景观的特点

（一）中国古典园林的特点

中国古典园林是以追求自然精神境界为最终和最高目的，从而达到“虽由人作，宛自天开”的目的。它深浸着中华文化的内蕴，是中国一万年的文化史、五千多年的文明史造就的艺术珍品，是一个民族内在精神品格的写照，其主要特点有以下四点：

1. 造园艺术，施法自然

施法自然，在造园艺术上包含两层内容。一是总体布局、组合要合乎自然。山与水的关系以及假山中峰、涧、坡、洞各景象因素的组合，要符合自然界山水生成的客观规律。二是每个山水景象要素的形象组合要合乎自然规律，如假山峰峦是由许多小的石料拼叠合成，叠砌时要仿天然岩石的纹脉，尽量减少人工拼叠的痕迹，水池常作自然曲折、高下起伏状，花木布置应疏密相间，形态天然。

2. 分隔空间，融于自然

中国古典园林用种种方法来分隔空间，其中主要是用建筑来围蔽和分隔空间。分隔空间力求从视角上突破园林实体的有限空间的局限性，使之融于自然，表现自然，为此，必须处理好形与神、景与情、意与境、虚与实、动与静等种种关系。因此，把园内空间与自然空间融合和扩展开来，比如漏窗的运用，使空间流通、视觉流畅，因而隔而不绝，在空间上起相互渗透的作用。在漏窗内看，玲珑剔透的花饰、丰富多彩的图案，有浓厚的民族风味和美学价值，透过漏窗，竹树迷离摇曳，亭台楼阁时隐时现，远空蓝天白云飞游，造成幽深宽广的空间境界和意趣。

3. 园林建筑，顺应自然

中国的古典园林中，有山有水，有堂、廊、亭、榭、楼、台、阁、馆、斋等建筑，人工的山、石纹、石洞、石峰等都显示自然的美景，人工的水，岸边曲折自如，水中波纹层层递进，也都显示自然的风光。所有建筑，其形与神都与天空、地面自然环境吻合，同时又使园内各部分自然衔接，以使园林体现自然、淡泊、恬静、含蓄的艺术特色，并收到移步换景、渐入佳境、小中见大的观赏效果。

4. 树木花卉，表现自然

与西方古典园林不同，中国古典园林对树木花卉的处理与安设，讲究表现自然，松柏高耸入云，柳枝婀娜垂岸，桃花数里盛开，乃至于弯曲自如，花朵迎面扑香，其形与神，其意与境都十分重在表现自然。

施法自然，融于自然，顺应自然，表现自然。这是中国园林体现“天人合一”民族文化所在，是独立于世界之林的最大特色，也是永葆艺术生命力的根本原因。

（二）西方古典园林的特点

1. 均匀对称，彰显理性

以“完整、鲜明、和谐”为特征，完全排斥自然，力求体现出严谨的理性，一丝不苟地按照纯粹的几何结构和数学关系发展，“强迫自然接受匀称的法则”成为西方古典园林的基本信条，园林采取几何对称的布局，有明确的线性对称关系，水池、广场、树木、雕塑、建筑、道路的布局轴顺序等，往往是起点高、容量大的建筑物严格对称。建筑物控制着轴线，轴线控制着园林，因此建筑也统帅着园林，园林从属于建筑。

2. 以石为主，强调崇高

在园林建筑材料的选择上，西方古典园林建筑以石头为主，在布局上，西方古典建筑则强调挺拔，突出个体建筑，园林主题上凸显神的崇高，对神的崇拜。在艺术风格上则重在表现人与自然的对抗之美，以宗教建筑的空旷、封闭的内部空间使人产生宗教般的激情与迷狂。

3. 功能集中，内外兼美

西方古典园林建筑取法于西方古典建筑，它把各种不同功能用途的房间都集中在一幢砖石结构的建筑物内，所追求的是一种内部空间的构成美和外部形体的雕塑美。

4. 均衡秩序，严谨规律

西方古典园林艺术追求严谨的理性，欧洲人自古以来的思维习惯就倾向于探究事物的内在规律，喜欢用明确的方式提出问题和解决问题，形成清晰的认识。这种思维习惯表现在审美上就是对称、均衡和秩序，而对称均衡和秩序可以用简单的数和几何关系来确定。

三、古典园林景观的类型

（一）中国古典园林的类型

中国古典园林大致可分为三种类型：皇家园林、私家园林和自然风景园林（包括寺院园林和道观园林）。这三种园林的规模、服务对象和风格各不相同。

由于中国古典皇家园林大多建于北方，所以它的堂皇、典雅的风格是北方各类园林风格的主流。南方园林以私家园林为主，其中以苏州园林为代表，其风格以曲折幽深见长，是南方风格的代表。在中国很多著名的风景区中，经过历代的开发和经营，集中了一些公共性的游览点和寺院、道观，逐渐形成以自然风景为主、以人工点缀为辅的大型园林。这类园林风格比起前两类来较为古朴和自然。

北京天坛

1. 皇家园林

皇家园林属于皇帝和皇室所私有，古籍里称为苑、苑囿、宫苑、御苑等，主要集中分布在我国北方的古都北京和黄河中下游的西安、洛阳、开封等地。皇家园林中的典型代表有北京颐和园、河北承德避暑山庄。其突出特点是规模较大、气势恢宏、宏伟壮观、富丽堂皇。布局比较严整、分区明确、园中有园。建筑物的色彩浓重，色调以红、黄为主。建筑体量相对较大，主体建筑物高大显露，以此象征封建皇权的至高无上。局部平面布局中轴对称，空间序列比较规整，以此体现封建王朝强烈的等级制度。同时，还具有风格粗犷，各种人工建筑厚重有余，轻灵、委婉不足的特点。如果用一个字来概括即“雄”。

2. 私家园林

私家园林又称第宅园林，属于民间的贵族、官僚、缙绅所私有。古籍里称为园、园墅、池馆、山庄、别墅等。主要分布在江南的苏州、无锡、南京、扬州、杭州、湖州等地。选址多在城市，功能上居住、休憩、游赏三者合一。其主要特点是规模较小，布局灵活，营造精巧，建筑体量相对较小，多假山奇水，玲珑秀雅，韵味隽永。第宅园林的主人多是文人士大夫，或由文人、画家参与设计营造，因此表现出士大夫阶层的清高淡泊、寓意深远的思想意识。第宅园林风格富有文意与书卷气。清雅质朴，个性鲜明多以写意式的山水为主体，将大自然的山水景观浓缩提炼到诗情画意的境界，并致力于创造和表现“以小见大”的空灵玄远的精神空间。私家园林的造园艺术受禅宗文化影响较大，江南园林建筑物色彩与北方园林明显不同，其色彩朴素淡雅，色调以黑、白、棕（或栗）为主，黑色的小青瓦屋顶与水磨砖窗框，栗色或棕色的木梁架和装修，白粉墙等，既与青山、秀水、绿树的环境十分协调，也迎合园林主人追求闲适宁静的心理需要，整个园林显得十分秀丽、雅致、幽静。

网师园

3. 宗教园林（寺观园林）

宗教园林是以佛寺、道观为主的庭园或佛寺、道观的附属园林，其总体布局常反映“旷达放荡、纯任自然”的老庄思想的追求，通常选取环境优美或险要之地，用以象征仙境，刻意体现宗教宣扬的“天国”的感应气氛，并致力追求肃穆、庄严和神秘色彩，以达到对人产生强烈的宗教感应目的。佛教、道教多在深山名川建造寺观，以自然景观为主，形成山林型的寺观园林。地处山巅的寺观，其地理特色是高山峻岭，地势险要，寺观居高临下，视野开阔，寺观建筑巧妙利用地形，朴实无华，与周围自然环境融为一体。地处山坳山麓的寺观地理特色是山深

四川峨眉山金顶

林静，环境幽邃，寺观布局取宁静清雅之利，层叠曲折之巧，具有“曲径通幽处，禅房花木深”的意境，与自然环境很融洽。总的特点是幽深恬静、自然和谐。寺观园林与皇家园林和私家园林相比，带有一定的开放性，它定期或常年向公众开放，是我国古代的“公园”。

此外，园林分类还可以按地理分类，如北方园林、江南园林、岭南园林、巴蜀园林以及风景园林、城市园林等。北方园林以皇家园林为主，江南园林以私家园林为主。其中岭南园林主要分布在珠江三角洲的广州、番禺、佛山、顺德、东莞。岭南园林发展历史较晚，曾师法北方园林与江南园林，风格介于北方的皇家园林与江南私家园林之间。近代又受到西方的影响，吸收了一些西方的造园手法。岭南园林因受地理环境因素的影响，具有浓郁的热带风光特色，建筑物洗练简洁、轻盈秀雅。

（二）西方园林的类型

从可考的历史看，西方园林始于古希腊。到了公元前 5 世纪，古希腊贵族的住宅有了庭园，周围环以柱廊，庭中有喷泉、雕塑，栽有蔷薇、百合等植物。在一些公共场所，有大片绿地，其中有凉亭、小径。

1. 古代罗马时期的园林

这一时期的园林没有大的造作，直到 15—17 世纪，随着文艺复兴，园林才焕发了生机，西方园林形成了意大利、法国、英国三种风格。

2. 意大利园林

意大利盛行台地园林，秉承了罗马园林风格。台地园林是意大利园林特征之一，它有层次感、立体感，有利于俯视，容易形成气势。意大利文艺复兴时期建筑家马尔伯蒂在《论建筑》一书中提出了造园思想和原则，他主张用直线划分小区，修直路，栽直行树，直线几何图形成为意大利园林的一个特征。

3. 法国园林

受到意大利园林影响，法国人在 16 世纪效仿意大利的台地园林。到了 17 世纪，逐渐自成特色，形成古典主义园林。园林注重主从关系，强调中轴和秩序，突出雄伟、端庄、几何平面。法国的凡尔赛宫园林是其代表作，凡尔赛宫园林分为三部分，南边有湖，湖边有绣花式花坛，中间部分有水池，北边有密林。园中有高大的乔木和笔直的道路，皇家大道两旁有雕像，水池旁有阿波罗母亲雕像和阿波罗驾车雕像，表明这座宫廷园林的主题歌颂了太阳神，是积极进取的。这时期的园林把主要建筑放在突出的位置，前面设林荫道，后面是花园，园林形成几何形网格。法国古典主义园林的集大成者是勒诺特尔，他开创了法国园林的特色和新时代，法国园林是西方园林的一种风格和流派。

4. 英国园林

英国园林突出自然风景。起初，英国园林先后受到意大利、法国影响。从 18 世纪开始，英国人逐渐从城堡式园林中走出来，在大自然中建园，把园林与自然风光融为一体。早期造园家肯特和布良都力图把图画变成现实，把自然变成图画。布良还改造自然，如修闸筑坝、蓄水成湖，他创造的园林景观都很开阔、宏大。18 世纪后半期，英国园林思想出现浪漫主义倾向，在园中设置枯树、废物，渲染随意性、自由性。

欧洲园林是人类文化的宝贵遗产，欧洲园林大多方方正正，重视几何图案，不太重视园林的自然性，即没有下功夫去模拟自然，协调人与自然的关系。他们修花坛、造喷水池，建露天雕塑，都体现了人工性，具有理性主义色彩。

第二节　古典园林景观审美

园林是一种立体的空间艺术，游园者可以自由自在地游览、观赏园内的景物，而且有很大的选择性。观赏古典园林，可以采用动观与静观的方法，选择不同的视距与视角；还可以利用与园林相关的文学作品，以文导游；或者运用绘画的经验与知识，以画观园，从而获取园林景观丰富的审美体验。

一、动静相合

古典园林有山有水，景物多变，要欣赏园内的美景，就要移步换景，一个画面接着一个画面，每个画面都要有所变化，要内简外繁，步步引人入胜。在园中漫步，感受视觉与空间的不断变化，面对佳景，暂时驻足，凝神注目，静心观赏即时景观的大小、开合、高低等带来的审美体验。

由于园林的各个景点分布在园内的各个空间，游者不可能身在一处，便将园中之景尽收眼底，因此，动观是欣赏园林美的必不可少的方式。游园的魅力，不在开端，也不在结尾，而在于游的过程之中。正是在游的过程中，即在不断移动观景位置的动观过程中，游者才能知觉到时而山峰凝翠，时而楼台高耸的景物转换；感受到疏密相间、虚实相生的空间变幻；领略到古典园林“咫尺山林，多方胜境”的奥妙；体验到峰回路转，曲径通幽的乐趣。游者只有行进在园林之中，才能接连不断地收摄到一幅幅独具特色的画面，获得某种意想不到的审美享受。

要取得较好的动观效果，必须选择一条合适的观赏路线，“园有一定之观赏路线，正如文章之有起承转合，手卷之有引首、卷本、拖尾，有其不可颠倒之整体性”。合适的游园路线能将全园景点有机地连接起来，便于游者动观。而要选择较好的观赏路线，又必须了解园林布局的特点。单线串联、多线辐射和自由组合等不同的空间序列有不同的观赏路线。只有依次而游，顺序而观，才能领略造园者在空间布局方面的匠心，感受到园林空间起承转合的种种变化。

颐和园

“旅须速，游须缓，相背行事，有负名山”，要取得较好的动观效果，还必须控制行走的速度与节奏。游园中的动观与日常生活中的行走有所不同。日常行走出于功利的目的，要尽量缩短行走的时间与距离，尽快到达目的地，而无暇顾及途中的景观。游园中的动观则超越了日常的功利目的，以观赏园中景物为主，因此，必须缓缓而行，才能达到游园的目的。径缘池转，廊引人随，园林中的径、廊、桥都起到了组织游览路线的作用。为了延缓游览的时间，增加游览的距离，园林中的径、廊、桥一般都舍直求曲，以控制游览的速度，增强动观的效果。

游园须有行有止，除了动观以外，还要有静观。静观可以使人面对佳景，神凝气寂，沉潜玩索，不仅感受景物外在的色彩、形状、质地和声响，而且还能玄思冥想，去领悟景物形象所寄寓的无穷意味。中国古典园林景物含蓄，意境深邃，也只有凝神入静，细心品味，才能感受其中的美，匆匆一瞥，是难以把握其中的精髓的。造园者为了便于游者静观，往往在园中设置了许多观赏点，让游者驻足小憩，静观细赏，如北京颐和园谐趣园中的饮绿亭、拙政园的与谁同坐轩、扬州瘦西湖的吹台，都建于池岸石矶之上或凸入水中，十分适宜闲坐静观。

动观与静观二者不可偏废。小园景点集中，重点突出，宜以静观为主，动观为辅；大园景区分散，景点众多，宜以动观为主，静观为辅。在游园中，有行有止，有动有静，也形成了游园活动自身的节奏。

二、物景相宜

欣赏园林美要选择恰当的观赏距离与观赏角度。“横看成岭侧成峰，远近高低各不同。”面对同一个观赏对象，不同的观赏距离与观赏角度会带来不同的观赏效果。因此，对游客而言需要寻找距离与视角最好的地方进行观赏，才能欣赏到最美的景致。

园林景观包括了近景、远景、中景，有的还可以看侧景和全景。只有最佳的观赏距离与视角才能看到风景的层次感和立体感。如果观赏点选择不当，就看不到园中的美景。在游园中，视距的远近是相对的、变化的。随着游者的行进，近景可以逐渐退为远景，远景也可以逐渐成为近景。游者所见到的画面不断发生远近大小的变化，时而是整体的轮廓与背景，时而是细致的局部与细节，同时还有远、中、近不同的景深与层次。槛前观花、池边赏鱼，视距较近，可以使人产生与景物之间的近邻感、亲密感、融合感；登山远眺、隔水远望，可以使人产生深远感、疏远感与朦胧感。随着游者视点的变化，近景与远景彼此交替，感觉也会发生相应的变化。由于园林内各个景点的空间彼此渗透、互相贯通，随着游者位置的移动，原先所看到的近景，可以成为中景乃至衬托别的景物的远景或背景。因此，观赏时要因地势的高低、前后来确定，或登山、或临水、或探幽，总之要有变化。一般说来，水平视线上下各 13° 的视角为平视，用平视的角度观赏景物，有平静、安宁、深远的感觉。仰角大于 13° 的视角为仰视，仰视所观赏到的景物，有庄严、雄伟的气势。俯角超过 13° 的视角为俯视，用俯视的视角

南京瞻园

观赏景物，易有喜悦、自豪的感觉。通常高视点利于俯视全园和园外的景色，低视点利于平视水上的景物。颐和园的佛香阁是全园的最高点，站在佛香阁，全园的景色便一览无遗，西山和玉泉山的风景也呈现在眼前。在颐和园的知春亭和八角亭，可以看到极为壮观的颐和园的全景及背景——西山和玉泉山，这是一幅有近景、中景和远景的完整的优美画图。凡尔赛宫通过地形的高低起伏，加上细腻高超的造园手法，使其整体看起来更加宏伟，特别是在其主轴的营造上，高差不大的地形变化，产生了舒缓的视觉效果。地形斜坡和水池运河的交错，以精确的比例，利用了视错觉，体现了极为强烈的外向型的延展感，突出了广袤空间的无限性，实现了建筑到自然的完美过渡。

三、文景相融

在古典园林中，有许多匾额、楹联、题咏等文字。这些与园林相关的文学作品，起到了揭示景物特色、开拓景观境界、激发游者情感与想象的作用，从而有利于提升游客对园林景观的审美享受。

古典园林是用土木水石构成的实物景观，它只能显示自身而不能说明自身，其景物的特征与内涵全凭游者自己进行领悟。而游者由于文化水平与艺术修养的差异，有的能够领略景物的特征，有的则未必能够把握景物的奥妙。与园林相关的文学作品点明了景物的特征，交代了造园者的立意，犹如指示牌与说明书，使游者可以借助文字的指点，迅速把握景观的特征，理解造园者的匠心。园林景观的意境是以实物为基础的，有较大的多义性与不确定性。对园林意境的欣赏，需要充分发挥审美主体的能动作用，进行更多的审美体验与审美感悟，有着较大的难度。在游园中，游者可以借助楹联、题咏等文学作品，确定兴会与联想的大致方向与范围，从而把握与欣赏园林意境的美，产生造园者所期待的审美效应。

园林景观形象的载体是作为实物的山石、水流、建筑与花木。它们有着较大的直观性，可以直接作用于人的感觉器官。但它们作为实物，又受到空间与时间的高度制约。园林空间即使能小中见大，依然受到一定限制；在同一个瞬间，园林景观也不能同时经历朝夕晨昏或春夏秋冬。而楹联、题咏等园林文学属语言艺术，其载体是语言符号。语言艺术的形象不直接诉诸人的感官，而是通过语言的中介“作用”于人的想象，具有间接性、意象性的特征，能突破空间、时间的局限，思接千载，视通万里，给欣赏者提供广阔的心理空间。与园林相关的文学作品能促使游者从眼前的此时此地之景，联想或想象到并不在眼前的彼时彼地之景，感受到丰富的象外之象、景外之景。苏州网师园内有一副楹联写道：“风风雨雨，暖暖寒寒，处处寻寻觅觅；莺莺燕燕，花

东林书院顾宪成对联

花叶叶，卿卿暮暮朝朝。”这副叠字联语，描绘了网师园晴雨俱佳、寒暖皆宜的江南庭园风光，游者可以由此感受到园中不同季节、不同时间的景象。园内还有一亭，题名为“月到风来”。游者身在亭中，细品亭名，即使眼前艳阳高照，暑气蒸人，也可以想见中秋之夜，凉风送爽，池水映月，波光粼粼的动人情景。而西方园林一般通过雕塑来反映其文化内涵，雕塑作为重要的装饰硬景，在意大利台地园中的雕塑多以“人”为蓝本，塑造宗教、神话传说中的塑像，以点缀庭院，是古代意大利人朴实敦厚的自然观以及宗教背景的体现。

语言是思维的工具，是“思想的直接现实”，语言符号比园林景物的实物形态更能直接传达出人的思想意向与情感态度。楹联、题咏等园林文学有浓郁的感情色彩，游者很容易由欣赏这些文学作品而激起强烈的情感反应，然后再移情入景，更深切地把握园林景观的情感意蕴。游苏州沧浪亭，读亭中的楹联：“清风明月本无价，近水远山皆有情”，游者可以由眼前之景，生发出万千感慨，感受到近水远山所包含的无限情意。游滁州琅琊山，读欧阳修的《醉翁亭记》，也可以促使游者由文生情，以情观景，领悟“醉翁之意不在酒，在乎山水之间也”的深意。

楹联、题咏等园林文学还记载了前人游览园林的审美经验与游览方法，足以成为后人游园的借鉴。苏州拙政园的梧竹幽居亭位于园中水池之滨，对山傍水，背依梧竹，环境十分优雅。亭内楹联为“爽借清风明借月，动观流水静观山”。游者可以由此领悟游园之道，宜虚实相生，动静结合，既可观赏山水实景，也可旁借风月虚景；既可静观静止的青山，也可动观不息的流水。拙政园内水池边还有荷风四面亭，亭内楹联为“四面荷花三面柳，半潭秋水一房山”。这副楹联暗示游者，身在亭中，宜放眼四望，将山水花柳等远近景观组织起来，方能领悟此处景物的整体之美。

四、画景相嵌

古典园林处处充满诗情画意，除了可以采用以文导游的方法外，还可以运用以画观园的方法，捕捉园林景物的美。人在观赏景物时，并非单方面地、被动地接受外界信息，而是在与景物进行双向交流，一方面要通过感觉器官感知外界的形、色、声、气、质等形象要素，另一方面要凭借“内心图式”，即以往的经验与知识，对感知到的形象进行构造、组合与阐释。以画观园，就是运用绘画的笔法、造型、色彩、构图等经验与知识，对园林景观进行选择、重构与阐释。具体包括以下五类：

（一）特写景

游人在游览公园时，除动观和静观园内大面积的风景以外，有时还要对一些小面积景物仔细玩味和欣赏。因而，在园林中除了布置大面积的风景以外，还要设置一些风格独特、别具一格、小巧玲珑、精雕细刻的景物，供人欣赏，或仔细玩味其细部及其奥妙的艺术境界，这种特殊的景物叫特写景。

园林内的特写景是十分丰富的。像一些特殊的植物、花卉、盆景，精巧的叠石、水馆（养各种鱼类），精致的小建筑等，都可以构成特写景。例如，在我国园林内有一些造型优美的著名太湖石：颐和园的青芝岫、上海豫园的玉玲珑、杭州文澜阁的美人峰、苏州留园

留园冠云峰

的冠云峰等都是引人注目的特写景。济南趵突泉公园水馆中各种各样的龟引起游人的极大兴趣，成为趵突泉公园特色之一。苏州园林的厅堂中陈列一些古代的红木家具，这些家具造型奇特，精雕细刻，古拙典雅，引发游人仔细欣赏玩味。此外，园林景观中的线条与颜色这些细节的特写也具有独特的美感，如峥嵘的山体线条如锯如齿，平静的池岸线条如蛇如弓；厅堂楼阁的线条多为垂直线和水平线，水面上的小桥呈现微微隆起的曲线；老树的枝干是遒劲有力的浓墨粗线，秋后的藤蔓是挥洒自如的枯墨瘦线；爬山的游廊、园中的小径，无一没有高低起伏、曲折有致的线条。加之园林的色彩以绿色为主，尤其是私家园林没有皇家宫苑的雕梁画栋与浓墨重彩，更显得素净雅淡，在烟雨迷蒙之际，更犹如一幅水墨画。

古罗马的托斯卡那庄园的造景也别具特色，庄园前面布置一座花坛，环以园路，两边有黄杨篱，外侧是斜坡，坡上有各种动物的黄杨造型，其间种有花卉。花坛边缘的绿篱修剪成各种不同的栅栏状。园路的尽头是林荫散步道，呈运动场状，中央是上百种不同造型的黄杨和其他灌木，周围有墙和黄杨篱。

这些特写景的特征是以小、精见长，在小的范围内看到广阔的艺术世界。这些特写景不仅丰富了园林的内容，而且使游人增加游览的兴趣。欣赏大面积的风景使人感到心旷神怡、情绪腾越，而仔细玩味特写景会使人感到妙趣无穷。

（二）引景

引景是吸引游人继续游览的景物。通过引景引起游人的好奇，吸引游人继续向前游览。例如，山上筑一个亭子，游人就会登山而往。亭子筑在水中，就会引起游人乘舟渡水、到亭子上去看看的心理。

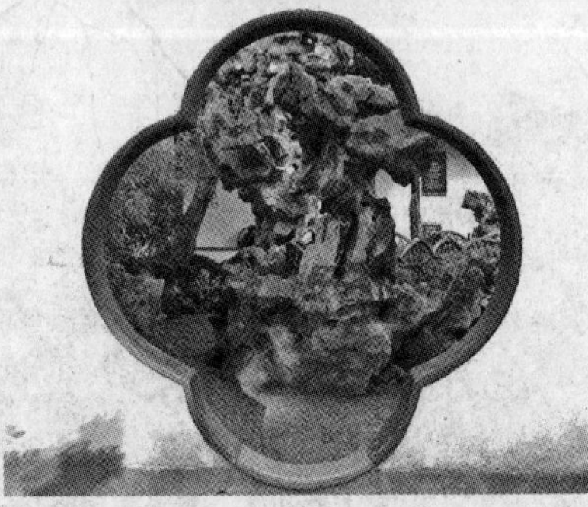

留园

园林中的“漏窗”也起引景的作用。像颐和园靠近昆明湖的院落内都设有一些漏窗，通过漏窗可以看到昆明湖的景色，如龙王庙、十七孔桥，还有远处的烟柳，近处的游艇，无不一一映入游人的眼帘。有时通过漏窗看不到全园的景物，只看到其中的一部分，会引起游人的想象和不停游览的兴趣。弯曲的长廊、曲折的小路都可能起到引导游人继续游览的作用。所以，一个园林如果没有引景，就会显得呆板，不能使游人活跃起来。

（三）点景

点景是中国园林艺术特色之一。点景主要是用一词一语点出景物的特征和意境，以增加风景的魅力和色彩。例如，南天一柱，点出桂林独秀峰拔地擎天的特征，显现出险峻的形象，为独秀峰增添了吸引力。

点景除抓住景色本身的特征之外，还要注意空间环境特征，进行高度的概括，指出景色的精华，点出景物的境界，使游人产生更深的审美感受。如西湖十景中的平湖秋月、苏堤春晓、断桥残雪、雷峰夕照、三潭印月等，这样一点，景便随名而生，显出景物的特征、意境及其周围的环境气氛，从而为游人提供最佳观赏的时间和地点。

点景还可以起指导游览的作用，让游人在未接触到风景之前，从点景中产生想象。如双峰插云一景，在未观赏之前，两座拔地而起的高峰形象就映入人们的想象中，从而引起游人的兴致。

总之，点景如点睛，它是高度概括的景色特征和意境，通过一点，景色便更富有文学美和意境美，使人感到“辞因景生，景因辞胜”。

（四）借景

借景是我国造园艺术的重要环节。借景就是把园外的景物巧妙地组合到园内来，以充实园内的空间，丰富园内的景色，使园内外的景色融为一个整体。这样，游人就会感到园内景色层次丰富，造成极目心舒的效果。

《园冶》一书不仅阐述了借景的意义，而且阐述了借景的种类。书中说：“夫借景，园林之最要者也。如远借、邻借、仰借、俯借、应时而借。然物情所逗，目寄心期，似意在笔先。”因借景的形式不同而产生的审美效果也是不同的。

远借是把离园较远的景物借到园里来。远借多为自然景物，远处迷蒙的群山、浩渺的碧水、绿色的大地、层层的林海，这些气象万千的景象，都可以纳入园内，扩大园内的空间，增加审美的层次。

邻借是把园林邻近的，即周围的景物纳入园内。这就要求在造园时，要考虑周围的气氛和环境。“外八庙”是避暑山庄的邻景，“外八庙”的建筑是喇嘛教建筑，极富宗教色彩，这样就增加了避暑山庄的神秘感。紫禁城内的景物成为景山的邻景，而在故宫的御花园又觉得景山的万春亭像是故宫的景物，这样相互映衬，彼此借观，便增加了风景的层次感和深厚感。

虎丘

仰借的观赏点在低处，即观赏园外高处的景色时需要仰视。如在御花园看景山万春亭，就是仰借。俯借的观赏点在高处，即观赏园外低处的景色时需要俯视。如在景山的万春亭看故宫的建筑，就是俯借。仰借产生高远的美，俯借产生平远的美。

应时而借，主要是依靠大自然的变化和景的配合而构成。如日出、日落时的景象，月光下形成的月光倒影，大地上的各种景物由于季节不同而出现不同色彩的变化，这些景况和由于季节不同造成的不同气氛，都会引起人们的审美感受。所以，也要把这些因时间不同造成的景况纳入园内的景观。

（五）藏景

藏景一般都是藏在园中的僻静处，游人往往容易漏掉。如环秀山庄，只是位于宅后的一个小园，但由于藏在嶙峋山石与参天古木之后，就产生了幽静深邃之感。狮子林中的卧云室体量高大，但深藏于石林丛中，楼角在树隙中若隐若现，于是给人一种含蓄神秘的感觉。颐和园中的谐趣园就是藏在颐和园中东北角上的一个小园林。它是仿无锡寄畅园建造的，艺术手法精妙，园内清幽古朴，具有山林野趣。北海中的静心斋也是园中园，是一座非常优美精致的江南式小园林。

相比而言，勒·诺特尔式园林的空间关系极为明确，完全可以用“疏可跑马，密不容针”来形容，轴线上是十分开敞的，而两旁是非常浓密的树林，而在浓密的树林里，又隐藏着一些小的林间空地，这一密一疏形成了强烈的对比，效果非常明显。

园中园的建造可使园林取得大中见小、小中见大的对比效果。游人在宏大的园林中看到园中园，小巧精美，建造精细，同宏大的园林形成强烈的对比，为园林的美增添趣味，这就是大中见小。如果游人站在园中园里，观赏大园的主景、中景，则又能借主景为远景，借中景为邻景，这样景色更加丰富，园林显得更加浑厚多姿。一般藏景更富有艺术特色，其神秘感容易引起游人的探索兴趣，更能吸引游人。

狮子林

第三节　中西方古典园林景观审美比较

在各自的文化浸染下，中西方古典园林景观呈现出截然不同的美学形态。以下将通过对中西方古典园林在审美追求、审美风格和审美境界的差异分析来进一步深刻理解中西方古典园林的审美取向与审美价值，从而有助于更为全面地掌握欣赏不同风格园林景观的方法。

一、审美追求的差异

（一）中国人造园追求自然美

中国人造园主要是寻求自然界中能与人的审美情趣相契合、相共鸣之处。造园时以师法自然，分割空间，融于自然；树木花卉，表现自然；山环水抱，曲折蜿蜒，顺应自然而参差错落，力求与自然融合。中国园林虽然是自然山水园，但绝非简单地再现或模仿自然，而是在深切领悟自然美的基础上加以萃取、抽象、概括和典型化。这种园林创造不违背自然拙朴的天性，恰恰相反，是顺应自然并更加深刻地表现自然。中国人的审美不是按人的理念去改变自然，而是强调主客体之间的情感契合，即“畅神”。它可以起到沟通审美主体和审美客体之间的作用。从更高的层次上看，还可以通过“移情”的作用把客体对象人格化。

（二）西方人造园追求人化美

西方人认为造园要达到完美的境地，必须凭借某种理念去提升自然美，从而达到艺术美的高度。造园离不开自然物，但西方人认为自然物只是造园的一种素材，自然美本身是有缺陷的，非经过人工的改造，便达不到完美的境地，也就是说自然物本身并不具备独立的审美意义。由于“美是理念的感性显现”，所以自然美必然存在缺陷，不可能升华为艺术美。而园林是人工创造的，它理应按照人的意志加以改造，才能达到完美的境地。因此，西方园林那种轴对称、均衡的布局，精美的几何图案构图，强烈的韵律节奏感都明显地体现出对人化美的刻意追求。

二、审美风格的差异

（一）中国园林讲究虚实共生、含蓄深沉

中国园林的造景力求含蓄深沉，并借以求得大中见小，小中见大，虚中有实，实中有虚，或藏或露，或浅或深，从而把许多全然对立的因素交织融会，浑然一体，而无明晰可言。相反，处处使人感到朦胧、含混，其中的奥妙正在于含而不露、求言外之意，使人们置身于扑朔迷离和不可穷尽的幻想之中，充分体现了园林式的中国文化。在园林建筑中，虚与实的对立表现在许多方面，如以山与水来讲，山表现为实，水表现为虚，所谓虚实对比就是通过山与水的关系处理求得的。通常所说的环山抱水，就是意味着虚实两种要素的萦绕与结合。再就山本身来讲，其突出的部分如山峰、峦为实，而凹进去的部分，如山沟、壑、涧、穴则为虚。再如透、露、瘦作为评价山石优劣的标准，虽然乍看起来似乎只是强调了虚的方面，但实际上是虚与实的关系。从某种意义上说，园林空间的变化主要就是虚实之间的变化，这种变化形成了一种无声而有韵律的秩序与节奏，让游赏者在不知不觉中感到舒适与惬意。园林中虚与实的关系不能完全等同于哲学本体上无与有之间的关系，作为一对美学范畴，虚与实还暗含着人类的情感因素：“虚”象征一种空泛、寂寥的情感与消极无为的人生态度；“实”代表勃发、积极有为的人生态

度。因此，虚实之间的互相转化、虚实相生、虚实结合等辨证关系，不能仅从哲学意义上考察，在园林艺术中，虚与实之间的互相渗透，园林空间的变化多端、含蓄深沉、平易精微，园林景点的穿插与点缀都反映了人们的情感偏向。

（二）西方园林讲究秩序井然、清晰明确

由于西方造园遵循形式美的法则，追求几何图案美，必然呈现出一种几何制的关系，诸如轴线对称、均衡以及确定的几何形状，如直线、正方形、圆、三角形等的广泛应用。尽管组合千变万化，但仍有规律可循。西方园林主从分明，重点突出，各部分关系明确、肯定，边界和空间范围一目了然，空间序列段落分明，给人以秩序井然和清晰明确的印象。主要原因是西方园林追求的形式美，遵循形式美的法则显示出一种规律性和必然性，而但凡规律性的东西都会给人以清晰的秩序感。另外西方人擅长逻辑思维，对事物习惯于用分析的方法以揭示其本质，这种社会意识形态也大大影响了人们的审美习惯和观念。如在西方园林的设计中，修剪过的树木、砌筑的水池、台阶、植坛和道路等，它们的形状、大小、位置以及相互关系都推敲得很精到，就连道路节点上的喷泉、水池和被它们切断的道路段落的长短宽窄，都讲究良好的比例，用数和几何关系来确定花园的，甚至是树木的对称、均衡和秩序。

三、审美境界的差异

（一）中国园林崇尚意境美

意境指抒情表意在诗、画、歌、舞以至园林艺术中的审美境界，是心与物、情与景、意与境的交融结合。境是基础，意为主导，意境创造或偏“意胜”，或偏“境胜”，但均是情意物化、景物人化、具体景物融进了园林设计者感情和意图而构成的一种新颖独特的景象。中国意境理论的形成是一个很长的历史过程。汉魏六朝，陆机、刘勰、钟嵘等人对情与物关系的论述，“意象”“滋味”“风骨”“神韵”等美学概念的提出，对意境论的形成有重要影响。佛教传入我国后，提倡境界，对意境论的形成更有直接的启迪作用。意境的成熟时期为唐代，王昌龄首创这一名称，他在《诗格》中有“诗有三境：一曰物境，二曰情境，三曰意境”的论述。刘禹锡的“境出象外”，最早精确说明了意境的内涵。近代王国维运用东、西结合的研究方法，总结了中国古代意境理论，提出：“何以谓之有意境？曰：写情则沁人心脾，写景则在人耳目，述事则如其口出是也。”现代宗白华，把意境论提高到民族美学精华的高度，系统阐述了意境学说的理论内涵和价值，指出其意义是，介乎功利境界和伦理境界的艺术境界，以宇宙人生的具体为对象，赏玩它的色相、秩序、节奏、和谐，借以窥见自我的最深心灵的反映；化实景而为虚境，创形象以为象征，使人类最高的心灵具体化、内身化。意境创造与人格涵养具有密切的关系，其实质是探讨艺术形象特征和非形象意蕴的美学意义和中华民族独特审美范畴和艺术审美规律，它所揭示的艺术创造过程中物我、情景、虚实等结合的审美原则，是对中国人审美心理规律的高度概括，具有极其重要的理论价值和实践价值。

木渎榜眼府

中国园林强调的是诗画的意境，中国的传统园林在实际意义上是文人园林，是与山水诗画相生相长、相辅相成的文化。中国绘画一贯讲究“气韵生动”的美学原则，绘画的美不仅在于形式的美、结构的美，而且在于形式结构中传达出的人的精神世界，而诗和画都十分注重于意境的追求，致使中国造园就带有浓厚的感情色彩。这是因为意境是要靠“悟”才能获取，而“悟”是一种心智活动，“景无情不发，情无景不生”，中国造园的要旨就是追求意境，以迂回曲折、曲径通幽的布局和情境，以对自然的模拟和刻画为目标，形成含义隽永、趣味盎然的园林环境。园内空间或畅通或阻隔，路径变化无常，常常出人意料之外，而又在情理之中，借助园林游览者的视觉、听觉和环境时令变化引起的感官刺激，结合其心理感受而达到诗画的意境。意境是一种心理上的审美联想过程或结果，在审美过程中往往把审美客体看成是一个有生命美的对象进行审视产生情趣；或者对象就是自己，把自己移情于物。意境是中国园林的内涵，是中国园林传统风格和特色的核心，情由景生，境由心造，境情交融而产生意境。正是“情与景遇，则情愈深，景与情会，则景常新”。“意境”赋予中国园林艺术以灵魂，灌注以生命力。

（二）西方园林推崇形式美

形式美是事物外在的形、声、色及其内在组合结构的美。西方对形式美的追求由来已久。古希腊毕达哥拉斯学派认为“美在形式”，美在于各部分之间的比例、对称。柏拉图最先提出“形式美”的概念，认为颜色、声音、线条、形状的美可以使感官感到满足，引起快感。古罗马时期的维特鲁威在他的《建筑十书》中提到了比例、尺度、均衡等问题，指出“比例是美的外貌，是组合细部的协调，均衡是由建筑细部本身产生的协调”。法国笛卡尔认为，事物的美在于各部分“有一种恰到好处的协调和适中”。英国荷迦兹认为美的原则是“适宜、变化、一致、单纯、错杂和量”，它们彼此矫正、共同合作而产生了美。博克则认为美的原因在于可通过感官来接受娇小、光滑、变化、圆润等事物外在的形式特性。德国格式塔心理学美学认为，事物的形式结构同人的心理结构有“同形同构”的关系，人便能感受其美。英国贝尔提出了“有意味的形式”的概念。黑格尔以“抽象形式的外在美”为命题，对韵律、均衡、对称、和谐等形式美法则做了抽象的概括。于是形式美的法则就有了相当的普遍性，支配了建筑、艺术、绘画、雕刻等视觉艺术，同时影响了音乐和诗歌。

园林的设计和建设自然而然地就在形式美法则的指导下，更加刻意地追求形式上的美，与建筑有密切关系的园林更是将形式美奉为金科玉律。西方园林那种轴对称、均衡的布局，精美的几何图案构图，强烈的韵律节奏感都明显地体现出对形式美的追求和推崇。

从比较中可以看出，中西方园林发展史上有过并驾齐驱的历史，更有逐步融合相互借鉴的今日，甚至出现了融会和交错的现象，作为艺术创作的园林，它的风格必然与文化传统、历史条件、地理环境有着密切的关系，也带有一定的阶级烙印。无疑中西方园林都是劳动人民智慧和创造的结晶，是全人类文化遗产中弥足珍贵的组成部分，其艺术是互补的，各有所长而又互相借鉴，这也为今后研究园林发展提供了依据。

【思考题】

1. 简述中西方古典园林的发展历程。
2. 简述中国园林的特点。
3. 简述西方园林的特点。
4. 试述中国园林的类型。
5. 简述皇家园林与私家园林的区别。
6. 为什么说“引景”“点景”“借景”“藏景”也叫园林景观审美？
7. 试述中西方古典园林景观的审美差异。

第七章 文化艺术景观

文化艺术是人类把握现实、表达思想情感的特殊方式，可以影响人们的情感、意志直至世界观。优秀的文化艺术作品富有极强的审美价值，能陶冶情操，美化心灵，增长知识，提高人的精神境界，古往今来都是旅游文化景观的重要组成部分。基于此，本书重点选取书法、绘画和雕塑作为主要景观类型，通过对其特征、发展历程和审美方法进行深入阐释，以期获取文化艺术景观的审美要义。

第一节 书法景观

从审美角度看，中国文字具有“形美”“音美”和“意美”等特征，适合于书法和写诗。这主要与其“象形”“会意”与“指事”等功能有关。在漫长的历史过程中，中国文字的书写变化多端、风格多样，逐步发展成为书法艺术。

“书法”作为一门独立的艺术，在我国有着悠久的历史，是中国传统文化中的艺术瑰宝之一，是一种中国独有的地域性、民族性极强的艺术形式。有学者云：所谓书法是有风格的写字，这个“字”是指中国的文字，这使得这一艺术形式为中国人所独有，日本等国固然也有书法，但那也多离不开汉字。写字与书法虽然不是同一概念，但它们之间却没有不可逾越的鸿沟。书法必须具有写字的基本要求，而写字向美的追求则是对艺术的升华。徐利明先生对书法艺术给出了如下界定：“书法是以汉字为素材，以线条及其构成为运动形式来表现性灵境界和体现审美理想的抽象艺术。”书法是依赖于汉字发展起来的独特的艺术形式。就书法艺术的载体来说，是以汉字为基础的，从严格意义上说，其他非汉字书写不能称得上书法。他的定义既指出了书法与写字的关系，又明确了两者的区别。

书法艺术在我国有着非常深厚的群众基础和非常广泛的应用范围。从旅游审美的角度来看，书法艺术在人们旅游的过程中是随处可见的，如风景区中的摩崖石刻、古刹中的匾额碑刻、园林中的楹联题刻等。这些位于各类景观中的书法艺术或起到画龙点睛引人思考的作用，或起着装点景物供人鉴赏的作用，或起着铭记历史警示后人的作用等。所以书法艺术在旅行者的游览活动中，也常常像其他艺术一样，带给人们许多美好的享受。

一、书法的发展历程

在书法艺术的发展长河中，约3000年以前，甲骨文就已经具有工整美观的审美体现。

商代晚期，“钟鼎文”也叫金文，即铸在钟、鼎等青铜器上的文字，其线条有粗细变化，起收笔有方有圆，对青铜器或饰物有很强的装饰性和艺术表现力。

战国时期的刻石文字——石鼓文所用圆笔比金文增多，体现出结构的生动有趣、笔意稳重刚劲的欣赏价值。

秦统一六国后，确定小篆为法定使用文字。那时的小篆，字体规范狭长，上紧下松，体现刚柔并济、清朗劲健的美感。后来秦代隶书传承了小篆的结构，后又经演化变为汉隶，至东汉中期汉隶脱尽篆意而日臻成熟，形成了在结构上逐渐趋于上下紧左右松、笔画上粗细长短对比加大的审美特点，更形成了隶书长横的“蚕头燕尾”的独特美感。

汉代以后，统治者对书法艺术大加提倡和崇尚，使得人们对文字的观念有了改变，认为文字不单有实用功能，还有审美功能。随着各种书体的形成，用笔用墨技巧的逐渐成熟，开始诞生了书法艺术理论著作，这表明书法开始作为一门独立的艺术存在。

魏晋南北朝时期，迎来了中国书法艺术蓬勃发展的第一个高潮。当时，书法空前繁荣，书法的欣赏和创作频繁而普遍。书法的表现力因从写碑为主转为在绢和纸上写帖为主而得到不断丰富，书法的书写内容从政治、哲学扩展到文学作品。人们开始在书写中注入个人情感，促进书法与诗歌绘画等艺术的联系，上层社会文化生活也越来越离不开书法，书法艺术理论著作也是前所未有地发展。逐渐形成的以王羲之为代表的流派与风格，对中国书法艺术发展起到了重大影响，具有里程碑的意义。他们的书法体现了含蓄丰润、刚柔和谐、飘逸潇洒的中和之美。“尚韵”是魏晋南北朝时期的书法特点。

唐代出现了书法艺术发展的第二个高峰。唐朝的昌盛，刻碑记事记功的流行，给书法家带来了机遇，大大推动了书法艺术的发展，当时形成的“豁达闳大之风”（鲁迅语），表现在书法艺术上是浑厚雄健的风格，也表现了唐代书法劲健之骨力、雄强之骨势，追求“丈夫之气”，崇尚“锋健”“雄媚”“险峻”“瘦硬”等不同的壮美之风。反映出这一壮美理想的典型代表有颜真卿（雄强稳健的楷书）、张旭（飞扬飘逸的狂草），他们的书风“肃然巍然”的阳刚之美，对后人产生了深远的影响。另外，唐代还出现了一大批各具风格的书法大家，如虞世南、欧阳询、褚遂良、颜真卿、柳公权、张旭和怀素等。“尚法”是唐代的书法特点。

宋代书法由于注重情感、主观、个性的融合，一反魏晋书风的中和与唐代书风的阳刚之美，一方面崇尚阴柔之美，另一方面重视个人意趣的自由抒发，追求“狂放”的审美意味。这一时期是中国古代书法艺术发展进程中的转折点。宋代“四大家”蔡襄、苏轼、黄庭坚、米芾，是当时行书最有个性、最有影响的大家。“尚意”是宋代书法的特点。

元明两代延续了宋代的情趣化书风，而淡化了唐代发愤昂扬之情，以赵孟頫的作品为代表。明代中期，以祝允明、文徵明、王宠为代表的“吴门书派”追求形式美和抒发个人情怀；后期，以徐渭、董其昌为代表，把宋以来重主观抒情、张扬个性的倾向发展到极致。徐渭的狂草纵横跌宕，不拘法度。“尚态”是元明两代书法的特点。

清代是我国封建社会末期，虽然书法家较多，书写的字体也较全，书法艺术也出现了热闹、多样的局面，但毕竟古典书法艺术也已走进末期，所以清代没有出现超前代的书法大家。清初，由于官方提倡董其昌书体为官样书体，因此因循守旧较多，创新较少，缺乏具有个性和韵味的书法。而民间书风标新立异、奇崛狂怪、重个性尚主观，延续了明末的风格，甚至出现以丑为美的审美思潮，他们以“扬州八怪”的书法作品为代表。后来随着碑学的兴起，书法出现崇尚具有沉稳的“金石气”的壮美风格，认为“书要兼备阴阳二气”。这时较有成就的书法家是邓石如、伊秉绶、何绍基、赵之谦等。清末，康有为承前启后对民国初期的书法影响较大。

二、书法的类别与特征

作为一种独立的线条艺术，书法经历了较长期的孕育和发展过程，其种类丰富，各种字体特色鲜明，成为中国艺术发展史上一道璀璨夺目的风景线。

（一）甲骨文、金文和石鼓文

这是中国较早的书法，在商周战国时代就已经使用了。三者各具特点：

甲骨文指商周时期刻在龟甲、兽骨上的文字，当时主要用于记事。

金文是刻在钟、鼎等铜器、兵器上或铸刻在金属钱币上的文字，主要是出于记事和装饰的目的。

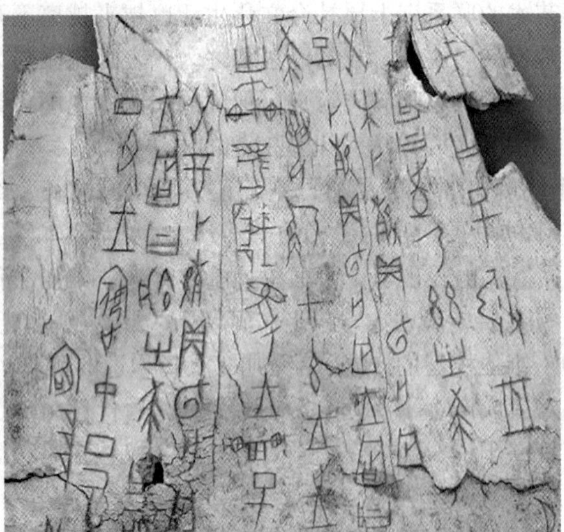

甲骨文

（图片来源于国家博物馆微博）

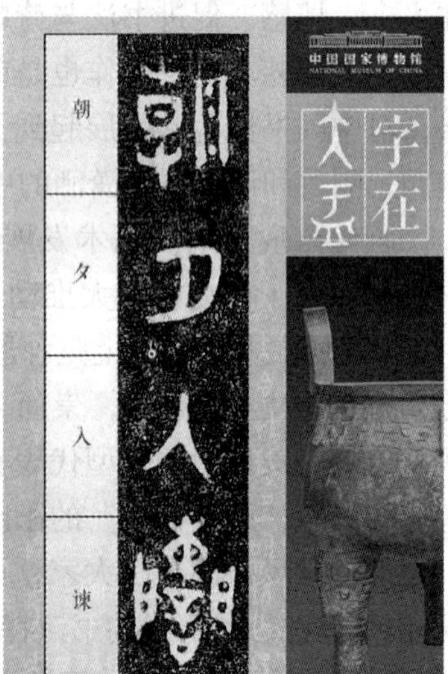

金文

（图片来源于国家博物馆微博）

石鼓文是刻在十个石鼓上的记事韵文，唐初在陕西发现的，一般认为是东周初年到战国初年秦国的石刻，书写风格与后来秦李斯写的泰山诸石刻十分接近。

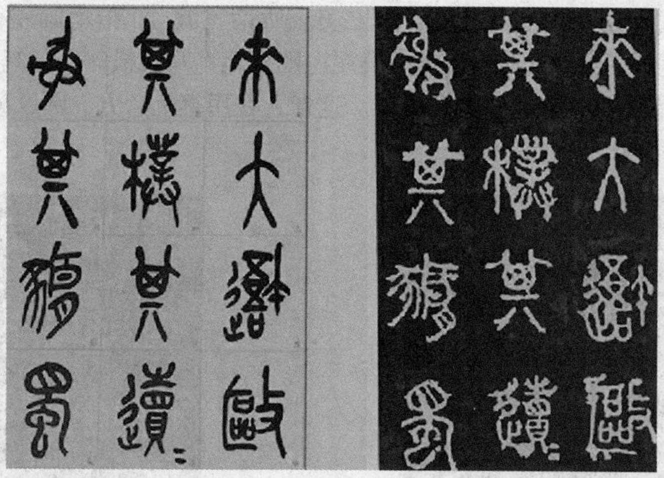

石鼓文

（图片来源于《历代经典碑帖高清放大对照本：石鼓文及吴昌硕临本》墨点字帖著，湖南美术出版社，2014.10）

（二）篆书

篆书是大篆和小篆的统称，大篆是秦始皇统一六国以前的文字，由甲骨文演化而来，笔画婉转曲折，形体多重叠，是小篆的前身。小篆则是在秦统一文字的基础上改革发展形成的，小篆使用圆转匀称的线条，形体匀圆、整齐，又叫秦篆，因通行于秦朝而得名。秦始皇统一六国后，文字的运用也更广泛了，书写技巧大大提高，当时由丞相李斯负责统一全国文字，于是他将统一前的大篆书法形式简化为小篆形式。小篆是汉字第一次规范化的字体，它统一了原来没有固定形式的偏旁，确定了偏旁的位置，确立了汉字的符号性，使书写有了可遵循的规律。

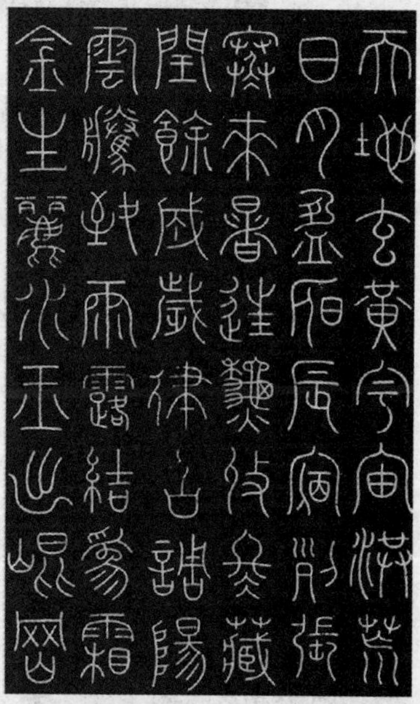

篆书

（图片来源于《精缮碑帖：李阳冰篆书千字文》，吴越，西泠出版社，2021.4）

（三）隶书

在李斯创造小篆以后，很快又出现了比小篆更为简化的书法形式——隶书，这是我国文字史上的一个飞跃，其形成并非一朝一夕，而是在文字长期使用的过程中逐渐形成的，反映了社会的交往对简化文字的迫切要求。隶书的发展萌芽于秦，以汉代发展为最，这一时期我国方块汉字的基本形态已经形成。

隶书的特点是体现方笔直线的美，比起篆书更强调结构的平衡、对称、整齐一致。它把篆书圆转的笔画变为方折，在结构上，改象形为笔画化。隶书具有雄阔严整而又舒展灵动的气度。在笔画上具有波、磔之美。所谓“波”，指笔画左行如曲波；所谓“磔”，指右行笔画的笔锋开张，形如“燕尾”的捺笔。写长横时，起笔逆锋切入如“蚕头”，中间行笔有波势俯仰，收尾有磔尾。这样，在用笔上，方、圆、藏、露诸法具备，笔势飞动，姿态优美。

隶书

（图片来源于《曹全碑：历代经典碑帖高清放大对照本隶书字帖》墨点字帖著，湖南美术出版社，2016.8）

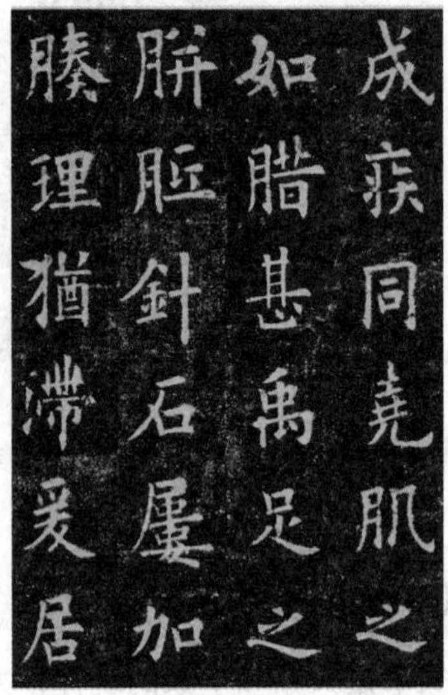

楷书

（图片来源于《欧阳修九成宫醴泉铭》中华书局，2018.10）

（四）楷书

楷书也称真书，即正体书法，由隶书发展而来。一般认为楷书的创始人是王羲之的老师之一钟繇，确切地说应该是他在楷书的完善和推广上起到了重要的作用。楷书形成于汉末，盛行于魏、晋、南北朝，唐朝高度成熟，一直通行到现在。楷书形体方正，笔画平直，运笔较灵活。魏晋时的“魏碑”和唐朝的“唐楷”是楷书的两个高峰。魏碑朴雅雄伟，唐楷劲美挺丽，是后人堪称“楷模”的书体。

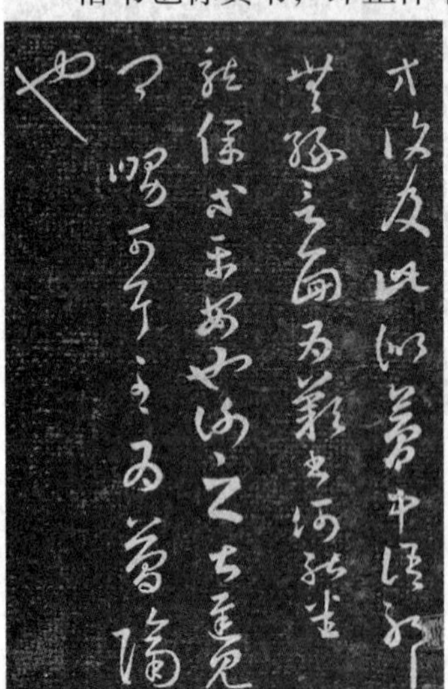

草书

（图片来源于《王羲之十七贴》华夏万卷编，湖南美术出版社，2018.3）

（五）草书

草书是一种为求书写便利而产生的字体，始于汉初。其特点是“存字之梗概，损隶之规矩，纵任奔逸，赴速急就，因草创之意，谓之草书”。故草书有章草、今草、狂草之分。

章草由隶书演变而来，起于汉代，是早期的草书、隶书的草写，保留着隶书笔画的形迹，每个字独立不连写，注重用点，笔断意连，结体简朴，布局整齐。

今草是在章草的基础上结合楷书的书写方法发展而来的，它脱去了章草中保留的隶书笔画形迹，上下字之间的笔势往往牵连相通，偏旁相互假借，从东汉末年流传至今。

狂草是在今草的基础上任意增减笔画，恣意连写，其笔势连绵回绕，挥洒自如，上下字讲求贯串一气，且字形变化繁多。狂草源于今草，开创于唐朝张旭，是草书中最放纵的一种。

（六）行书

如果说楷书如坐，草书则如跑，那么行书就如走了。行书是介于今草与楷书之间的一种体例，兼有两者之长，伸缩性较大，没有一套规定的写法，书写自由，字体随和，虽笔势连绵，但字与字之间独立，清晰易认，极富个性特征。它大约产生在东汉末年今草与楷书盛行的时候，近于楷而不拘谨，近于草而不放纵，笔画连绵而各守独立，清晰易认好写，而且流派众多。其中王羲之的《兰亭集序》虽只有324个字。但书法骨骼清秀，点化优美，被誉为“天下第一行书”。

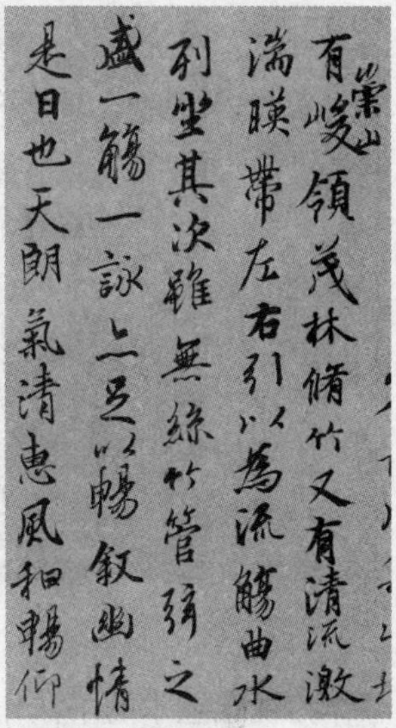

行书

（图片来源于《十大行书名帖放大临摹本：王羲之兰亭序》王炜，张慧君编，化学工业出版社，2020.2）

三、书法艺术景观审美

在工作生活中，人们几乎每天都在接触文字，但却很少有人说自己写的字是书法艺术。只有在书法艺术展览中，或面临古今书法碑帖，人们才认为自己是在进行书法艺术欣赏。这是因为，书法家在书写时，表现了他的思想感情，参情入法，法溶于情，塑造出美的书法形象，形成了艺术作品。面对书法艺术作品，人们当然不仅仅是为了读懂其内容，而是可以感受笔墨间蕴含的美。观看不同的书法作品，唤起的感情、倾向是不同的。比如，颜真卿的字让人领略气势雄强、雍容端庄的唐代风韵；苏轼的字却使人品味委婉灵丽、哲理空灵的宋代神采；欣赏草书，犹处危峰之下，惊叹峰坠石飞、烟云错综；欣赏隶书，则似入川原野，放目无边，心境舒畅洒脱。不同书法家创造了不同的书体和风格，构成了中国书法艺术宝库的洋洋大观。本书仅从以下几方面来谈书法艺术的审美特征。

（一）笔画线条美

书法美的表现形式是线条造型的美。线条美是书法美最为突出的特征。汉字是由点、横、撇、捺、钩、折等基本笔画组成的，只有按一定的规矩和法度去书写好各种笔画，笔笔入法，才会有全字的美观。书写者通过这些用笔的方法与技巧，不仅讲究点画线条的长短、粗细、曲直、角度和距离等形态方面的准确精到，各尽其美，而且讲究运笔的节奏和韵律，倾注自己的精神因素，使线条成了有力有势似乎有了生命的东西。笔借手力，手随心运，笔法使线条形成千变万化的优美形态，而且具有高度的运动感。书法艺术的美正是从这里产生的。书法家的高明不在于用笔达到表层形态的巧饰精美及其种种变化，而在于线条深层内蕴的精神意味和生命情调。具体而言，就是通过各种笔法技巧，使点画线条富有力感和情感的美。

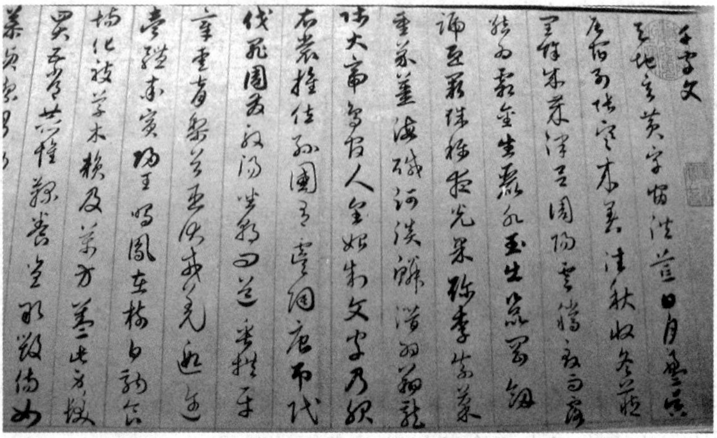

赵孟頫《草书千字文卷》

作为视觉艺术的书法作品，创作主体的情感是通过线条的节奏来表现的，也就是利用既连续又有规律变化的点画线条，引导人的视觉运动方向，控制视觉感受的变化，给人的心理造成一定的节奏感受，并由此产生一定的情感活动。因此说，点画线条中每一个笔触的颤动，每一根线条的疾缓节奏的律动，都显示出创作者创作时的心理轨迹。鉴赏者做出同步式的体验，就能从作品中去探寻创作者内心世界的奥秘。“飘风骤雨惊飒飒，落花飞雪何茫茫”“况况如闻动鬼神，时时只见龙蛇走，古盘古蹙如惊电，状同楚汉相攻战……”这是唐代诗人李白观看怀素的草书时发出的惊叹。何止李白，每个人观看草书时，都无法压抑被书法形象激起的思想、情绪波澜，书法作品中的那回旋多姿的点与线，仿佛处在无限的节奏中，有了不息的生命，给人以激越的感染。

可见，书法的审美效果和文字的“形”的关系如影随形、密不可分，这是书法美学中的一个重要方面。据史料记载，文字的最初形态是画，所谓“书画同源”就是指最早的文字是象形文字，这些字犹如一幅幅简笔画，是以自然物作为依据的。在大多数西方国家，文字的主要目的就是传达信息，而字符本身只不过是一个载体。而中国的汉字不但能传达信息，同时由于它的“象形”性质，还具有审美价值。最初的文字是取法于天地、日月、山水、草木以及兽蹄、鸟迹等而形成的，生动而直观地反映出自然的美。这就使得汉字与现实生活中的各种自然物体的形状有着相似之处，再加上写法中的干湿、刚柔、浓淡、方圆、粗细之别，就构成更为复杂丰富的形象。点，有如“雨滴”“露珠”。竖，或似“松干直立”，或似“长矛阵列”。字形与笔画的这种与天地万物之“象”的关系，不是直接摹写，而是精神上的相通，因而书法家在写字时，都贯注了对自然生命的热爱。

（二）结构章法美

线条组合成字的结构，加上多个字的布局构成了一幅完整的书法艺术作品，因而字形结构与字的布局的美，是书法美的另一重要特征。成功的书法作品的结构，不只是讲

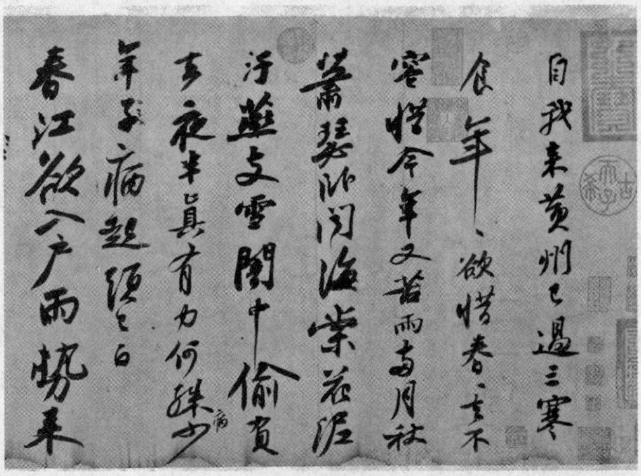

苏轼《寒食帖》局部
（图片来源于台北故宫博物院）

求静态的平正、匀称的法则，更重视在动态的多样变化中求均衡的造型、趣味和多样的统一，从而领略到文字中虚实相生的书法境界。此外，结构与布局还必须符合对比照应的法则。对比才能产生变化，形成节奏和韵律，而照应使分离的线条或字形气势呼应，形成和谐统一的整体美感。在楷书中，通常宜横平竖直，但为了追求结构造型的生动性，也往往故意将某些线条斜置，使之与平正线条形成明显对比，以求变化。如欧阳询的楷书，整体看极工稳，细察则时见欹正手法的运用。这种方法的运用，是为了寻求平中见奇，险中求稳，加强艺术表现力。一味追求字与字之间与内部各点画间的整齐划一，不可能形成生动活泼的局面。

汉字由点画连贯穿插而成，点画之间的空白处也是字的有机组成部分，虚实相生才是完美的结体。人们对空间是特别敏感的，有特殊的情感，有的空间作用于人，有的则是人自己的心情向空间的投射。具体于书法的结体上，不同书法家的结体方法给人以不同的意境，如欧阳询中宫集密，而有森严之意；颜真卿中宫敞扩，颇有恢宏之气；柳公权内收外放，有劲健洒脱之势。可见，因为空白的不同处理，作用于人的感受有所不同。

据记载，唐代的草书大师张旭看到公主与挑夫相遇争道的情景，突然领悟到，在写字时遇到两个笔画紧凑时也应有相拒相让的安排。张旭还从公孙大娘的舞剑中获得灵感，侠女的身姿光影，使书法家"草书长进"。公孙大娘舞剑时的突然旋转，张旭即意识到笔锋的旋转也就如此急转；公孙大娘的放步长挥，张旭会感受到字中一撇的力量。正如近代书法家沈尹默所说，"字的造型虽然是在纸上，而它的神情意趣，却在纸墨以外的自然环境中，一切动态有自然相契合的妙用"。

（三）意境风格美

书法艺术的内在美，包含情调、风度、品格等内涵。在书法中则表现为作品形式、造型方式和书写文字意义所共同构成的整体艺术氛围。它更偏重于作者主观精神的表现，是更高层次的书法审美特征。书法爱好者在谈到书法艺术的魅力时，无不承认书法活动具有宁神息虑的特殊功能。这是因为书法家运用笔画安排结构、巧妙运用布局，将书法家的思想感情通过笔墨表现在纸上，带给观众一种特殊的感受。出色的书法作品的情感传达给人以或奔泻的气势，或坚韧的骨力，或端丽的神貌，或清远的意趣。神采、气韵、意境都是无形之物，它需要通过有形的用笔、结构与章法加以表现。神采是书

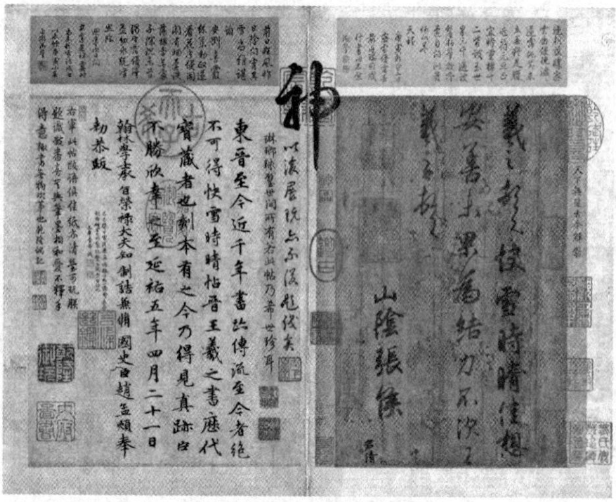

王羲之《快雪时晴帖》

（图片来源于台北故宫博物院）

法艺术的灵魂，古人评论书法，早有“神采为上，形质次之”的说法，但同时又指出“规矩既失，神则无存”。神采美只有通过形质美才能表现出来。

不同的书法家其笔墨性情各不相同，形成了不同的个性书风；即使同一书法家的不同作品也有各自的性情。因为人的情感的丰富性，带来的书法家的笔墨性情也是千变万化、巧妙无穷的。正如元代陈绎在《翰林要诀》中指出的，“喜怒哀乐，各有分数。喜则气和而字舒，怒则气粗而字险，哀则气郁而字敛，乐则气平而字丽。情有轻重，则字之敛舒险丽亦有浅深，变化无穷”。

可见，书法家的感情倾向和性格特点，诸如温雅、端厚、豪迈、娟秀各类抽象的意义，都会在书法作品中体现出来。人们常说“字如其人”，不是以字相面，而是道出了书法与感情的关系。优秀的书法家在创作时，不是冷冰冰地机械写就，而是激情酝酿后的一涌而发，用心血铸成千古名篇。颜真卿的《祭侄文稿》是书史中的名作。唐代中期，“安史之乱”扰乱了社会太平，颜真卿的侄子季明在对安禄山的征讨战斗中做联络工作，身陷困境中被杀害。颜真卿闻讯后，满怀悲愤为侄子挥写祭文，因为是草稿，不是抄写文章，无须雕琢修饰，任由一腔痛悼之情倾于素纸之上。作品满卷有着强烈的墨色浓淡、笔迹粗细的对比，章法布局也不同于他其他的作品那样平整、协调。尤其是在用笔上，有的沉涩凝重、欲行又止，有的飞扬疾劲、如闪电狂飙；字形的大小参差穿插，分布疏密不同，紧处似刀枪林立、水泄不通，疏处则旷野放马，自由驰骋。甚至作品中好几处的改动、圈涂的墨迹，也成恰到好处之笔，从中可见书法家真挚的情怀。

第二节　绘画景观

在旅游活动中，人们经常会接触到画。游客在餐厅用餐、旅馆饭店入住、车站候车、景点游览、旅游购物时，都会看到中国画或者西洋画作为常见的装饰艺术而被广泛采用。而在游览一些名胜古迹、博物馆时，绘画艺术甚至是主要的观赏对象。例如，敦煌壁画以及故宫博物院的大量藏画、巴黎卢浮宫的珍藏，都作为绘画艺术的代表而享誉世界，令世人为之倾倒，对旅游者有极大的吸引力。

一、绘画的发展历程

绘画是用色彩和线条在平面上描绘形象的美术种类。绘画是一切画种和品类及其所有样式、形式的统称，广义的绘画还包括图案装饰纹样和建筑设计图等。绘画借助可被利用的物质材料和相应的制作方法以创造艺术形象，包括运用笔、刷、刀、手指等各种绘画工具和挥洒、涂抹、拓印、腐蚀等各种绘制手段，将颜料、墨汁、油墨及其他有色物质描绘和移植到纸张、纺织物、木板、皮革、墙壁或岩石等平面上，以线条、色彩、明暗等造型因素，通过构图形成视觉形象的画面或图像。绘画作为艺术的一种形式，是以造型手段来体现的，它既反映客观事物，又表达主观情感、认识、理想、思维和梦幻。其发展历程具体如下：

（一）中国绘画的发展历程

中国画是有其悠久历史和优良传统的中华民族的绘画。中国绘画艺术，在世界绘画领域中不仅自成体系，而且具有极其重要的地位。

中国画的历史十分悠久。1921 年，在河南仰韶村发现的彩色陶器上的纹样和装饰，是迄今为止发现最早的绘画艺术，被称为“仰韶文化”，距今 6000 多年。春秋战国时代（公元前 770—前 221 年）我国绘画已经有了一定的水平，可以用彩色画在帛上。中华人民共和国成立后，在湖南长沙楚墓和马王堆汉墓中先后发现了两幅战国时期的帛画（我国古代画在丝织物上的图画）很能说明这一点。

到汉代，随着经济的繁荣，文化艺术得到进一步的发展。这时人物画首先发展起来，并随着佛教的传入，印度佛教绘画也传入中国。

三国、两晋及南北朝时期，印度佛教艺术在我国广泛传播，出现了大量宣传佛教教义的壁画，其中最著名的是当时的敦煌石窟艺术。这时期文人画也发展起来，出现了一批杰出的画家和绘画理论家。例如，东晋的顾恺之，南朝的宗炳、谢赫等。

隋唐时期，我国文化艺术出现了全面繁荣的局面。到了唐代，山水、花鸟开始作为独立的画科发展起来。尤其是山水画形成了各种不同的风格和流派，例如，以李思训为代表的“青绿山水”，以王维为代表的“水墨山水”，以王洽为代表的“泼墨山水”。李思训画山水精工细描，是工笔山水；吴道子却大笔挥洒，是写意山水。

到五代，山水画以荆浩、关仝、董源、巨然为代表。花鸟画以黄筌和徐熙为代表。

宋代是山水画和花鸟画蓬勃发展的时期。北宋著名山水画家有李成、范宽和郭熙，南宋有夏圭、马远、李唐和刘松年（马、夏、李、刘合称“南宋四家”）。宋代文人画以苏轼、米氏父子（米芾、米友仁）为代表。文人画比较强调神似和意趣。宋代还出现了“界画”（亭、台、楼、阁用界尺画线），最负盛名的画家是张择端，他创造了闻名中外的《清明上河图》长卷风俗画。

元代水墨山水有很大的发展，最早以赵孟頫为代表，后来又出现了黄公望、王蒙、倪瓒、吴镇，称为“元四家”。

明清两代画派较多。明代主要有“明四家”（沈周、文徵明、唐寅、仇英）；“浙派”，即戴进及其学生吴伟、张路、蒋三松、谢时臣、蓝瑛等人；“吴门派”，即文徵明的学生文伯仁、文嘉、陈道复、陆治等人。他们都是苏州人，苏州别称吴门，因称吴门派。

清朝的主要画派有“四王”（王时敏、王鉴、王翚、王原祁），或叫“四王吴恽”（除这四位姓王的画家外再加上吴历和恽寿平）；“金陵八家”（清初龚贤、樊圻、高岑、邹喆、吴宏、叶欣、胡慥和谢荪），他们在风格上不尽相同，但由于都是生活在南京，故称金陵八家；“扬州八怪”（乾隆年间在扬州卖画的八个画家：汪士慎、黄慎、金农、高翔、李鱓、郑燮、李方膺、罗聘）。清朝杰出的画家还有很多，例如，朱耷（八大山人）、石涛（道济）、袁江、华喦（新罗山人）、高凤翰、赵之谦、任伯年等。

近代和现代画家比较杰出的也非常多，例如，吴昌硕、陈师曾（陈衡恪）、齐白石、黄宾虹、高剑父、徐悲鸿、潘天寿、丰子恺、傅抱石等。

（二）西方绘画发展历程

西方绘画从史前绘画、中世纪绘画发展到现代绘画艺术，经历了不同的发展阶段。纵观西方绘画的发展就会发现，各个发展时期的代表性作品都与当时的思想意识、文化发展以及社会政治制度等相适应。例如，原始社会，语言尚未形成，人们在美术创作活动中，只能运用象征符号这种具有共识性的艺术语言来进行。还有文艺复兴时期，自然科学和人文主义的兴起，使当时人们的思想意识和智慧从神学的束缚中解放出来，体现在艺术界便是艺术家运用现代科学手段进行有空间性的理性绘画，作品更富有美感和秩序感。同时油画作为一种独立的画种应运而生，丰富了当时的绘画艺术。西方绘画随各国不同的风土人情、政治制度、思想文化，不断推陈出新，娱悦人们的视觉。现代的西方绘画包括铅笔画、钢笔画、木炭画、粉笔画、油画、水粉画、水彩画、丙烯画等。

1. 早期的西方绘画

绘画源于何时已不可考，就像有了水就会有海洋，有了人类的社会生活，绘画的出现也就不会太远了。在整个上古时期，绘画的主要目的不是传达思想感情，而是要完成许多其他尚处于雏形的文化所应尽的任务，诸如宗教、文字等。这个时期的绘画多为实用美术——如祈禳、祝岁、记载，且作者都已不可考。

2. 中世纪的西方绘画

人文学家把公元 4—13 世纪称为西方的中世纪（中古）时期。这是西方封建国家的形成时期，也是一大批未开化民族建立自己的领地、基督教广为传播的时期。由于专制的封建王权、宗教的双重桎梏，艺术的发展是缓慢而痛苦的。这一时期的艺术形式完全体现了其为政治服务的特点，如以特有的建筑形式为代表的哥特式艺术、拜占庭式艺术。这时艺术与技巧的结合——镶嵌画大行其道，以为政治服务的面目出现。如纪念拜占庭皇帝查士丁尼与皇后的画作，虽颜色明亮，人物却表情呆滞，殊无美感，中世纪艺术的死板于此可见一斑。约自 13 世纪起，欧洲许多地方的画家都着手在中世纪流行的湿壁画和蛋彩画的基础上，探索一种比较方便又更有表现力的绘画材料，逐渐形成了油画。蛋彩画多用于拼版画，其颜料由蛋黄、蜂蜜、无花果汁、胶水和溶剂与彩料融合而成。

3. 文艺复兴时期的西方绘画

文艺复兴时期是欧洲文化发展史上一个极为重要的时期。这个时期主要是指 15 世纪下半叶至 16 世纪这段时间，但在意大利，早期文艺复兴则应上溯到 14 世纪。文艺复兴时期的绘画肯定人生幸福，歌颂生活中美好的事物，赞美人对生活的积极理想。艺术家借神话传说题材来表现当时的现实生活，所以神话题材的世俗化、现实化，是这时期艺术内容的主要特色。这个时期的艺术家不但重视生活的表现，而且把人当成生活的中心；人是艺术作品的主人公，人代替了中世纪艺术中神的地位；他们在绘画作品中创造了许多优美的、值得歌颂赞美的人的光辉形象。他们在把英雄人物理想化的同时，对于人体美的注意和人体典型的塑造，一方面始终联系着反对禁欲主义的思想，另一方面体现了当时人们对于美的新的概念。这是与艺术家和人们重视生活、赞美人生享乐的生气勃勃的新的道德观念密切联系的。尽管反宗教改革和封建复辟的活动不利于艺术的发展，但卓越的艺术家都在反动的政治逆流中得到了锻炼，他们必须捍卫文艺复兴时期的人文主义思想和现实主义艺术传统，以对抗反动的因袭主义。达·芬奇、米开朗琪罗、拉斐尔、提香等大师卓越的艺术活动，更是充分地体现了这种精神。15世纪以后，蛋彩画逐渐为油画所取代。此后，油画成为西方绘画中主要的画种，现已普及世界各国。

4. 17—18 世纪的西方绘画

在文艺复兴后的相当长的时期里，各种艺术流派相互影响，相互继承；或并列发展，或相互衔接，形成一个艺术快速发展的大气候，也出现了新的艺术流派，如巴洛克艺术、洛可可艺术、学院主义、荷兰画派等。18世纪水彩画在英国发展为独立的画种，其颜料以胶水调制，使用时以水溶解，画于水彩纸上。18世纪在欧洲，还流行色彩笔画，又称粉彩画。

5. 19—20 世纪的西方绘画

近现代的工业革命、社会变革，给人们的生活方式带来巨大的变化，在艺术形式上则是造就了许多风格迥异的绘画流派。如追求庄重、宏大气派的古典主义，其批判矛头是针对过分追求纤丽细致、矫揉造作的洛可可风格的。古典主义统治画坛以后，由于逐渐脱离现实生活，成为统治阶级的附庸，失去了生气和活力，从而使强调激情的浪漫主义应运而生。当浪漫主义走向虚幻迷离、失去现实感时，主张忠实于自然、忠实于生活的现实主义运动宛如狂飙席卷法国艺坛；注重色彩与线条的印象派、个性张扬的现代派等也纷纷涌现。从这些流派的艺术作品中不仅可以看到社会风尚的变革，还可以看到人们审美趣味的变化。

总之，西方上古、中古的他用型、实用型绘画从文艺复兴时期起，开始向传达个人思想意识过渡，继而经过两个世纪的较自由的发展，最终形成真正成熟的绘画艺术。

二、绘画的类型与特征

（一）中国画的类型与特征

中国画内容多样，体系庞杂，按照不同的标准有多种分类法。

1. 按创作思想和审美情趣的不同划分

中国画可分为文人画、宫廷院画和民间画。文人画是中国画的主流，它重精神，不重形式，体现野逸之美。宫廷院画通常由宫廷专职画家制作，风格工致多讲究法度、注重形式，体现富贵之美。民间画是劳动人民自己创作并用以表现自己审美思想的绘画，拙朴自然，乡土气息浓郁，体现生活之美。

2. 按创作题材即表现对象的不同划分

中国画可分为山水画、人物画、花鸟画、动物画。其中山水画以意境深远、淋漓尽致地描绘大自然之美而居中国画之首；人物画多用于政治、宗教、肖像等题材，由于“宣教”意味较浓而居其次；花鸟画善于以小见大，表现自然情趣；动物画更次之。

3. 按表现手法的不同划分

中国画可分为工笔画、写意画、半工写（兼工带写）等。工笔画以工致的线条勾定轮廓，然后染成重彩或淡彩，用笔工整细致，敷色层层渲染，细节明澈入微，其中不染色的叫白描；写意画是中国画的主流，通过简练概括的笔墨，着重描绘物象的意态神韵，来表达作者的意境。写意又分水墨写意、浅绛、重彩、泼墨、泼彩等，特别放纵的称大写意，不太放纵的称小写意。介于工笔和写意之间者叫作半工半写。

4. 按绘画材料的不同划分

中国画可分为帛画、纸画、屏障画、扇面画、特殊工艺画等。传统意义上的中国画多是帛画或纸画，但特殊工艺画如铁画、贝壳画、烙画，还有近年兴起的羽毛画、蛋壳画、蝴蝶画、麦秸画等，虽然不是中国画的主流，但由于工艺装饰性强，在中国工艺美术中也占有一定地位。

5. 按特定用途的不同划分

中国画可分为寺观壁画、卷轴画和年画。寺观壁画主要在宗教寺院中使用，即在墙壁上所作之画，现存的有寺观壁画、石窟壁画、墓室壁画等；卷轴画则比较常见，源于早期的帛画，纸产生后才盛行，它泛指用纸、绢画成后，经装裱而成的中国画，在宫廷、寺院、民间等均大量使用，是主流形式；年画则是民间装饰环境的，最著名的有苏州桃花坞木版年画、天津杨柳青木版年画、山东潍坊年画等。

（二）西方绘画的类型与特征

外国绘画主要指的是欧美的绘画。在古希腊雕塑艺术的灿烂成果的基础上，经过欧洲中世纪宗教绘画的探索，到14世纪开始的意大利文艺复兴起，欧洲的绘画艺术得到了迅速的发展；直到近现代，欧洲、美国的绘画，产生了众多的成果，成绩辉煌。

1. 油画

油画是欧美绘画中的一个主要画种。它是用油质颜料描绘在布、木板、厚纸或墙壁上的绘画。14—15世纪，经尼德兰画家凡·爱克兄弟的改进后，被广泛采用。油画的特点是，颜料有较强的覆盖力，并富有丰富的色彩美感，能比较充分地表现物象的复杂色调、层次和光效应，特别便于生动地描画出人物的形象神态。绘制中操作比较自由，可以重复修改，将画得不满意的部分遮盖掉。另外，由于油质颜料干结后坚实耐久，能使作品得以长期保存。

2. 水彩画

水彩画是使用水溶颜料绘制的色彩画，一般画在白纸上，也有画在纺织品，甚至象牙上的。水彩颜料具有透明性，可以出现透过表层色彩，见出内部底层颜色和笔调的效果。因画笔水分多少，颜色浓淡，而出现不同程度的透明感和渗化效果。因此，水彩画便于描绘生动活泼的形象，产生轻快、明朗、湿润、朦胧等艺术效果。欧洲15世纪末开始有了水彩画，18世纪起在英国发展成为可以与油画抗衡的独立画种。水粉画，用水粉颜料作画。与水彩不同的是水粉颜料不透明，色层较厚，但运用得恰当，能兼有厚重和明朗鲜亮的艺术效果。一般画在各种画纸上，也可以画在木板或布上。

3. 版画

版画包括木版画、铜版画、石版画等。各种版画起源于以复制原画为目的的印刷术，也用于插图等。版画制作者运用笔、刀和腐蚀的方法，在不同质的版面上描出构图，除去不印刷的部分，使绘画的线、面在版面上凸现，再用多色或单色印制在纸上。

此外，还有蜡画、色粉笔画、湿壁画等。这些都是从颜料与技法上分类的画种，只是运用不如上述油画等画种广。

三、绘画艺术景观审美

绘画是一种文化形态和艺术门类，它必然显现出文化特征，也必然渗透当时人们的审美观念和对宇宙人生的理解。这些审美特征主要体现在以下的艺术审美范畴中。

（一）形神

所谓“形”指客观事物的外在形象。一幅成功的画作，最引人注目的首先是“形美”，即构图上的生动与和谐统一，富有节奏和韵律的线条及色彩的最佳组合。绘画艺术可以通过透视、色彩、光影、比例等手段，造成视觉上的立体感和逼真效果，因而它在描绘人物姿态、动作、形貌、神情等方面，在刻画自然景物、生活场景及对象的细节方面，都有独特的艺术表现力。这一特点决定了绘画必然重视对象的外形，并以表现对象的外形为自己的特长。但是，这并不等于说绘画艺术只局限于逼真地再现外形，绘画艺术与其他艺术一样，也有其本质的、共同的特点。构成绘画美的基本要素为：立意、构图、线条、色彩。它要求“以形写神”，体现出内在的精神气质和艺术家的思想感情。

这里所谓“神”是指客观物象的精神实质。中国画主张以形写神，以神达意，得其意则可忘其形。例如，泰山之雄伟、漓江之秀丽、梅花之傲雪、牡丹之富贵、竹子之高风亮节、松树之苍劲挺拔，这些都是神，它显然比这些物象之外形重要得多。无神之形等于只有躯体而没有灵魂。文人画梅，主张画出凌霜傲雪之姿、孤芳自赏之趣，而不是拘泥于梅花的外形，这就算写神。这神表达了文人的清高和不屈之意，而一旦得到了这个意，就算达到了目的，至于梅花究竟是什么样的外形，这已是无关紧要的事了，所以叫得意忘形。这些艺术思想大都来自老子、庄子的哲学思想，是中国艺术精神的精华所在。

安格尔《朱庇特与忒提丝》
（图片来源于国家博物馆官方微博）

中国画以浸透了人的主观精神为其根本特征。状物是为了写心，写景是为了抒情。花鸟画趣中有情，山水画境中有意。中国画的主观精神突出，感情因素明显。艺术家完全按照个人的审美眼光来运用笔墨线条，或浓或淡，或直或曲，因此常会在中国画中看到，墨的荷、红的竹、空白的水等。正因为如此，中国画中山水画、花鸟画发达，人物画次之。因为山水画更容易寄托艺术家的主观情思，借物来抒发文人士大夫飘逸、旷达、超然、淡泊的思想感情。

赵孟頫《人骑图卷》

可见，中国绘画艺术具有较强的表现性。绘画艺术的表现性，首先，体现出对象内在的精神气质。中国画提倡“以形写神”“形神兼备”，提倡“传神”“神似”，都是要求处理形似与神似的关系，强调在创作中把握对象的精神特征，表现人物的性格气质，乃至于扩大到花鸟鱼虫的传神。其次，绘画艺术的表现性还在于它应当传达艺术家的思想感情和审美理想。“艺术作品比起任何未经心灵渗透的自然产品要高一层。例如，一幅风景画是根据艺术家的情感和识见描绘出来的，因此，这样出自心灵的作品就要高于本来的自然风景。”因此。山水画中的一山一水都是画家的自我表现，都体现出画家的种种思绪和情趣；花鸟画中的梅兰竹菊，也成了中国古代文人画家性格和理想的化身。最后，绘画艺术的表现又体现在艺术家自觉地运用形式美的法则去进行艺术创造。绘画艺术虽属再现艺术，但它也并不是完全照搬生活或模仿生活，而是有赖于画家的创造性劳动。在画家的手中，线条、色彩和构图之中融入了他自身独特的兴趣爱好和个性，观赏者可以从中感受到画家的审美追求、创作特色，甚至于他的艺术风格和所属的艺术流派。因此可以说，一幅画无论从其艺术语言还是从其艺术形式来说，都是画家创造性劳动的结果，都凝聚着画家深沉的情感和对生活独特的理解。

西方画家、雕塑家在力求真实再现人物时，也并非只是简单刻画对象浮于外在的细节、轮廓。古希腊哲学家苏格拉底就认为：“绘画的任务——表现活生生的人的精神与他们最内在的东西。”而米开朗琪罗也写道：“绘画是音乐，是旋律，只有天才才能理解其复杂性。”他们的观点体现在美术作品上如达·芬奇《最后的晚餐》中出卖耶稣的犹大一面在脸上极力表现忠诚，一面用手按着钱袋子，肢体语言和神态的反差生动地表现出人物的强装镇定的虚伪。西方对传神的要求细化到了具体的部位，如眼睛。西方美术家米开朗琪罗的大卫雕塑就将人物双眼以圆瞪之态呈现，表现大卫这一人物的英雄气概。

（二）意境

意境是中国绘画的一个重要的美学范畴。什么是意境呢？宗白华先生认为：“意境是‘情’与‘景’（意象）的结晶。”或者说，意境是作者思想情感——“意”，与所创造的

宋徽宗《溪山秋色图》

（图片来源于台北故宫博物院）

画面形象表达的环境、场景——“境”的有机融合。意，作为画家的思想情感的表现，它是主观的东西；境，作为画家对客观对象的描绘刻画，是客观的东西。主客观结合，产生意境。中国画在处理主客观的关系时，即人与自然的关系时，始终以人为主导，借自然形象来表现人格思想，借境来显意，即“意在笔先”。可见，意境是指作者的思想感情与所创造的画面形象表达的环境、场景的有机融合。在中国古代的画家中，郭熙认为，意境鲜明的优秀山水画能使欣赏者感受到“画之景外之意”并“如真在此山中”，有着动人的情感魅力。苏轼则指出诗画意境有共同的规律。对诗情画意的意境追求成为自宋代以来中国绘画特别是山水画的主流。意境不仅仅是画面形象直观展现出来的东西，那种一半留在画面上，还有一半留给绘画外的读者去想象的意境，正是中国绘画中意境的最为微妙的特征。

然而意境不在意象之中，而在意象之外。元代倪云林画的山水，寒荒萧条，淡泊平和，体现了画家看破沧桑、超然物外的思想情绪；清代朱耷笔下的花鸟，冷峻怪诞，体现了画家对现实的蔑视和对统治的反抗；一幅郑板桥的墨竹画，如果只看到枝叶，看不到郑板桥“衙斋卧听萧萧竹，疑是民间疾苦声”“一枝一叶总关情”的思想情感，同样谈不上欣赏郑板桥的墨竹。不仅山水画中有对意境的追求与创造，在花鸟画中也同样有着意境的创造。大画家齐白石的花卉、草虫作品有着清新优美、令人回味的意境。一幅《蛙声十里出山泉》，泉水从远处石丛中涓涓流出，一群蝌蚪随波而游，于无声处听有声，画面蕴含着动人的诗情。

仇英《莲溪渔隐图》

西方画家也认可“意在笔先”。法国画家普桑就认为：“一幅画的思想决定了，那才是主要的事情。”就有人认为达·芬奇的画作《圣母子与圣安娜》这幅作品中刻画的羊代表着替罪羊，圣安娜希望耶稣接触羊的行为说明其代表教会立场。达·芬奇在画作中表达了自己的看法和理解。文艺复兴时期的很多画家使用情节画来表达自己对圣经故事的看法，从而抒发他们对天主教会的不满。而法国七月革命时期创作的《自由引导人民》这幅画也寄予了画家支持鼓励革命、反对封建专制、崇尚自由的愿望。

（三）和谐

中国文化讲求“以和为贵”，在艺术创作中也充分运用相反相济的原则。这一点在中国的山水画中体现得尤为明显。如岩石，必要错落有致；林木，必要疏密得法；山水，必要动静相称；流云，必要开合有度。山水画的虚实相生正如黄宾虹先生所言："古人论画，常有'无法中有法''乱中不乱''不齐之齐''不似之似''须入乎规矩之中，又超乎规矩'的说法。"

而西方艺术家对美术作品的和谐也有自己的追求。西方相对的写实的画法，使其对人物身体构造、比例大小的掌握达到了很高的水平。这在雕塑和油画方面都有体现，尤其是对人物肌肉线条的刻画，艺术家都力求流畅。同时西方的油画又是以色块的堆叠来描绘对象，所以画家对色彩的搭配和谐也具有很高的要求。如文艺复兴时期《春》描绘的多达一百种花，其艳丽的花色交杂并不使人眼花缭乱，反而给人以惬意之感。

（四）格调

中国画的笔墨技法规律叫作"格"，由技法的运用所形成的情趣韵致叫作"调"，二者又组成"格调"。所谓格调，就是在绘画、书法作品中所体现出的一种情趣、情调，即所显示的精神境界，这主要是由作者的思想品格等因素形成的，是作者内在心性人格在画面上的显示。中国画以意境的追求为宗旨，但意境必须依赖意象启发联想，引起共鸣才能实现。而意象是画家对客观物象独特情意的形象表达，它必须依赖用笔、用墨、设色、造型、构图（章法）等形式技法的形象表达，否则，便成为一句空话，也便不存在中国画。用笔、用墨、设色、造型、构图这些形式的技法的高低形成格调，人们通常所说一幅画格调高，主要指形式技巧运用娴熟而又不落俗套，不显匠气。

艺术作品没有格调，作画俗气、小气，这并非是技巧可以解决的问题。作画需要有技巧与志趣两方面的修养。章法、构图等技巧问题可以靠功力去解决，而志趣则要通过"行万里路，读万卷书"，去改变画家的气质、胸襟、情感、趣味，使画家品格高雅，才能创作出气韵生动、意境深厚的高格调的作品来。

中国文化是以儒学为主、兼以道释为补的文化思想体系，因此中国古代画家必然把这一思想文化有意无意地渗透到绘画之中。如魏晋玄学兴起与佛学东进，促进了中国文化的发展，尤其是绘画的发展。中国画重要体系与思想的"以开写神"理论，深受玄学"言不尽意"的辩证和佛学的"形尽神不灭"思想的影响。中国画发展的第二个重要阶段，是宋元文人画的形成。文人画的形成，得力于禅神思维方式的出现与理学价值之道德人品即"士气"的倡导。在宋代，绘画不再仅是宫廷与寺庙等的装饰，文坛领袖欧阳修提出应该把诗的特征带进画中，绘画应该表现心志，是一种立体境界的显现，从而使绘画发生了深刻的变化。此外，不同时代与不同艺术家，会显现不同的个性，形成不同的风格形态。比如在山水画的风格上，五代北宋的"南北山水"是

王希孟《千里江山图》局部

不同的，在形式上，北方山水注重气势雄浑，险峻奇伟；而南方山水则注重平淡天真和对湿润气候的描绘。

西方绘画的格调以色彩来烘托，总给人以色彩斑斓的感觉，着重强调色彩的渲染。色彩是西方绘画的灵魂，西方绘画用色彩传达画家的情感或画作本身要表达的情感。西方绘画用色彩的对比勾勒人类肌肉的完美线条，用色彩的渲染描述花鸟虫鱼等自然景观，或哀伤，或愉悦，或寂寞，或温暖的人文景观，西方绘画借助色彩的渲染，大胆地描绘艺术家的梦境，西方绘画为达到色彩上的完美，甚至运用颜料以外的东西来填补色彩的缺漏。据笔者了解，李奥纳多·达·芬奇在创作《蒙娜丽莎》时，为达到预想的色彩效果，画作完成后在画面上涂上一层鸡蛋清，也许正是这样，蒙娜丽莎便有了神秘、令人捉摸不透的微笑。对色彩如此“不择手段”的追求，与中国的绘画审美截然不同。

第三节　雕塑景观

雕塑是艺术中比较突出的门类，历来受到中外游客的关注。从人们游览博物馆和名胜古迹中的雕塑艺术品中便可以看到那凝结着的历史的尘埃和岁月的沧桑。而不同题材和风格各异的雕塑，也为原本精巧秀雅的名胜古迹平添无限风韵，使游人遐想联翩，流连忘返。

一、雕塑的发展历程

雕塑是雕、刻、塑三种制作方法的总称，是以可塑或可雕刻的立体材料，通过不同的手法制做出的能够表达思想、观念、情感的三维实体造型艺术。

雕塑语言的艺术特点是通过对材料的处理，在形体变化的姿态和节奏表现中，把描绘和表现结合起来，融成一个既真实又艺术的、密不可分的整体，充分展示对象的形体美和精神美。黑格尔曾说：“雕刻应该把心灵表现于它的身体形状，使心灵与身体形状直接统一起来。”雕塑的三度空间的实体性，使人直接了解形象处于空间中的具体性、可信性，而且随着欣赏者视角与距离的转换，常能带来极其多样的美的感受，达到单纯与丰富的对立统一。现代雕塑大师亨利·摩尔说过：“伟大的雕塑作品是从任何距离都可被人们观赏的，因为在不同的距离会显现出不同的美的形象来。”其发展历程具体如下：

（一）中国雕塑的发展历程

雕塑是通过形体传达精神的艺术。中国是一个雕塑大国，有2000多年的悠久历史。朝朝代代，逐渐形成了一条随物赋形、尊重自然、崇尚自然的雕塑美学理念和原则，与此同时创作出了无数的雕塑瑰宝。其大致发展线索概括如下：

中国古代的雕塑艺术起源于原始社会的石器和陶器制作。这一艺术一诞生，就带有较浓厚的实用性功能，具有原始艺术的古朴之气。商周之际出现了以庙堂礼器为主的青铜器雕塑。其特征为造型稳重，具有恢宏、博大、庄严、隆重的风格，而且建筑、器皿和雕塑相结合，是“纪念碑”式的作品。同时，它还是民族兴衰的记录和象征，显现出淳朴、古拙和凝重的风格。

战国时期，出现了造型上方下圆、外方内圆的一些雕塑作品，它不仅在形体上属于审美的范畴，而且渗透了阴阳互生、动静相和、刚柔相济的哲学观念，以及人们对宇宙万物总规律的理解和感悟。同时，以方为主的雕刻特色，显得更为严峻、稳重和开阔，透露出作为幅员辽阔的中央帝国的信心和稳定感。

秦汉时期，雕塑艺术取得了前所未有的成就。当时出现的大量用于陪葬的陶质和木质的人物及动物俑像，展现了强烈的本民族雕塑艺术的特色。而以秦始皇陵兵马俑为代表，形成了写实与写意相结合的突出美学特征，在中国雕塑艺术史上起着承上启下的美学作用。汉代石雕运斤成风，凑刀成趣，随石赋形，大气磅礴，体现了恣肆奔放、天马行空、自由多变的艺术风格，即所谓的“大汉雄风”，堪称中华民族的瑰宝，在中华民族文化史上开辟了一个空前灿烂的时代。这种对天然巨石的领悟和运用，这种对自然之美的理解和尊重，这种即兴式的用刀胆魄，在其他民族的雕刻中未曾见过。

两汉之际佛教传入中国。东汉至十六国时期的佛教造像成为这一时期雕塑的主流。其间南朝的佛教艺术形成了独特而有影响力的风格，其形象上的“秀骨清像”和服饰上的“褒衣博带”随着南北文化的交流，逐渐成为南北朝佛教造像的一个共性特征。另外，在印度艺术和中国艺术的融合中，坚定地保留了中国艺术中更加人性化、更富于人情味、更温厚含蓄也更写意的特点。在南北交融的艺术成果中，既有南朝的秀丽灵动，又有北方少数民族的刚健清新，骨气刚硬而姿容秀美成为一股扑面新风。

唐代是中国雕塑艺术发展的高峰时期。可以毫不夸张地说，雕塑艺术之花北魏“含苞”，隋代“待放”，唐代“盛开”。唐代佛像雕塑在吸取了印度古典艺术精华的同时，结合本民族深厚的艺术传统和人文思想，形成了雍容壮阔、庄严深沉、规模宏大、气度恢宏，雕饰精美，妙相庄严的艺术风格。唐代的彩色陶俑以生动的造型和绚烂的色彩从多个侧面反映出唐代豪华富丽的社会生活图景。

宋代的造像以彩塑和木雕为主，体现人物的情感和神态尤为细腻真实。民族化、世俗化，在写实的技巧上更加成熟。把雕塑和周围环境有机结合，使其艺术视野与风格亦有明显特色。

元、明、清时期的佛教雕塑伴随着技术上的高度成熟也带来了造型上的陈陈相因，缺乏生气；与此同时，中国的工艺雕塑取得了令人瞩目的成就，体现了市民意识的觉醒。

（二）西方雕塑的发展历程

西方的雕塑发展大致可以分为三个阶段：史前雕塑、古典雕塑和现代雕塑。

史前雕塑时期较为漫长，其演变反映了史前人类文化逐渐丰富的过程。在这一时期没有明显的地域性差别，所以它标志着整个人类文明的最初探索，而并不单一地代表某一民族。

古典雕塑时期是各民族自身文化的形成时期，它直接反映出不同时代和不同地域的文化差异。此时的雕塑逐渐从人类的共性中分化出区域文化的个性，并且形成了不同的传统，不同地域、不同民族依照各自的传统继承、发展和演变。在西方，古典雕塑时期主要是指从古希腊、古罗马文化的形成到19世纪末现代雕塑的出现为止的那段时期。

现代雕塑时期，雕塑艺术的形式呈现出多样化局面，民族性和区域性特征已不再明显，这一时期的雕塑以艺术家张扬自身个性为特征，艺术的地域性和民族性差异逐渐被消解。现代雕塑时期主要指从19世纪末至今。

二、雕塑的类型与特点

（一）雕塑的类型

雕塑的分类方法很多，根据不同的标准把雕塑分为若干种类。

按其采用材料的不同，可以把雕塑分为石雕、铜雕、木雕、牙雕、泥塑等。

按其表现形式的不同，可以把雕塑分为圆雕、浮雕和透雕等。所谓圆雕，就是可供四面观赏、触摸的立体雕塑。它一般没有背景，主要是通过自身的形体形成一定的艺术形象，多安放在公共场所的中间以供人们欣赏，如《大卫》《艰苦岁月》。只有一面能欣赏的雕塑叫浮雕，它是在平面上刻画凸起的艺术形象，可以表现人物活动的背景和较复杂的情节，多用于建筑物的平面装饰，如《马赛曲》《胜利渡长江，解放全中国》。如果把浮雕的背景镂空，可供两面欣赏则叫透雕。

按其所起作用不同，可以把雕塑分为纪念性雕塑、架上雕塑和园林雕塑。纪念性雕塑用于纪念，如刘伯承纪念馆大门右前方坝内的《刘伯承铜像》、天安门广场人民英雄纪念碑的浮雕等。架上雕塑是用来陈列和展览的，如《艰苦岁月》等。园林雕塑是用来装饰和美化公共环境的。

按其制作手法不同，可以把雕塑分为写实和写意两大类。写实的作品更接近生活原型，真实具体，一般肖像雕刻多具备这个特点。写意的作品与生活原型距离较大，但也未完全脱离原型，如秦始皇陵陪葬坑出土的兵马俑，就属于写实性作品。俑高1.8米，酷似真人，陶马的高度也与真马差不多。其制作精致，连人物的发式及其纹路、鞋底的铁钉、铠甲的纽扣、绊带等细节都交代得一清二楚。而现保藏在成都博物馆的两件汉代说书俑，则是典型的写意作品，两件作品一是坐式，另一是站式。坐者赤足裸上身，左腋夹手鼓，右手握鼓棒前伸，屈左腿，抬右腿，方面大耳，满额皱纹，大鼻硕口，作呼喊状，眉飞色舞，一副说书说到精彩处喜形于色不能自已的神态；站者亦裸上身赤双足，缩颈扭腰，一手捏鼓一手持锤似在敲击，眯着双眼，咧嘴吐舌，做出滑稽表演的情状。二俑均头大短身，比例夸张，神态活现。

（二）雕塑的特点

1. 实体性

雕塑是在三维空间中塑造的立体形象，是具体的、可以触摸的。观赏者可以从不同侧面、不同角度和不同距离去观看。其形体具有实际的高度、宽度和深度，是以三维空间来反映现实的，其艺术语言是形体，所以说，雕塑是"体积的艺术"。雕塑的实体性还可以引起人们对塑造材料的触觉经验，所以雕塑可以在不同距离、不同光照和不同视角的情况下产生不同的视觉美和触觉美。

苏州西园中的圆雕《济公像》，其面部表情从不同的方位欣赏有不同的特点，左面看是笑容满面，右面看是一脸愁容，正面看是啼笑皆非。

2. 单纯性

雕塑要占据真实的三维空间，加之其材料体积、质量较大，因而采运不便、制作方法难度相对较大。这些原因使它不能像绘画、摄影等视觉艺术那样去精细地、全面地再现复杂的场面，表述完整的情节，描绘丰富的环境，而只能以单纯的形象概括性地反映现实生活。这是雕塑艺术的局限性。但是，这些单纯化不是必要的特征和细节的简单化，而是整体感被强调；不是造成对象形态特征的牺牲，而是其形体方面的重要特征被肯定。在单纯化过程中，形体的基本特征被强调，与原型相比，是在一定程度上删除其中某些细节而夸张其整体感，表现的是单纯之美和凝练之美，给欣赏者提供更丰富的想象空间。

法国近代的雕塑艺术大师罗丹创作的石雕《思》，塑造了一个年轻、秀美、聪慧而淳朴的女性形象。她低着头，正沉浸在默默地沉思之中，那忧郁而凝视的目光、紧闭的双唇，表露了她丰富复杂的内心世界，她似乎正处在深沉的冲突和痛苦之中。可是在这美丽的头部下面，却没有脖子、肩膀、身躯和手足，只是一块粗粗凿成的方形石头。罗丹曾解释说，因为她在“冥想，所以没有手来动作，没有脚来走路”。他认为在这些和主旨不相关的局部上加工雕琢，只会损害对中心主题的注意，因此是不必要的。这就是他在这个女性头像下面保留一整块粗糙石头的原因。人们在欣赏这件作品时，开始觉得好像没做完，形象似乎不完整，但渐渐地注意力就会被这个仅有头部的美丽的女性所吸引，会随着她的沉思冥想而发挥出自己丰富的想象，对她没有手足没有身躯不再困惑。

3. 象征性

象征是用具体的事物表示某种抽象的思想感情。在文学艺术中采用象征手法，是通过某一特定的具体形象表现与之相似或相近的概念。在雕塑中不是如实地再现生活中的各种形象，而是在生活形象的基础上，高度精练地加工创造出新形象，以静示动，以少示多，以无声示有声，使欣赏者产生丰富的联想。

刘开渠的《胜利渡长江，解放全中国》是人民英雄纪念碑上的大型浮雕之一，作品反映了 1949 年解放军乘船浩浩荡荡渡过长江，为解放全中国扫清道路的战斗场面。画面上有举枪高呼的指挥员和号手，有支持战斗的船工群众，有迈步登陆和登陆后向前冲锋的战士……百万雄师过大江的宏伟场面呈现面前。画面上的人物既不动，也没有声音，而且画面上仅仅几十个人，可是这种有限的人物的动作、姿态和有限的环境却能启发欣赏者产生丰富的联想，想到敌人之顽固、过江之艰难、军民之英勇、胜利之喜悦，一幅幅画面在欣赏者脑海里浮现。

4. 装饰性

雕塑既然是具有三维空间的立体物质，那就要占据一定的空间，其空间位置一旦固定下来，就构成了雕塑与环境的审美关系问题。雕塑放置在一定环境中，是对环境的装饰，美的环境又会更好地衬托雕塑作品的艺术美。在充满艺术气息的居室里，在恰当的地方摆上一尊维纳斯像，就会使得居室的艺术气息更浓，这浓烈的艺术环境，又使得维纳斯像更富于艺术魅力。

三、雕塑艺术景观审美

雕塑主要是在三维空间中塑造立体艺术形象，是一种视觉艺术。同一座雕塑在各种不同的角度和光线下，会形成一幅幅绝不雷同的画面，构成一种独到的意境，产生强烈的艺术感染力。同时，因为雕塑是物质在三维空间中建构的实体，所以还可以用触觉去感知。这就使得雕塑与触觉相联系的质感和重量感也都具有审美的意义。因此，雕塑的美就在诸多方面得以表达。

（一）雕塑的材质美

雕塑的材料范围广泛，从石料、陶土、青铜、木料、黄金、钢铁到铝合金、塑料。玻璃、不锈钢等。不同的材料有不同的质感，有的粗糙、有的光滑、有的坚硬、有的柔软。因为材料本身的力度、韧性和弹性，还直接影响雕塑的造型，使雕塑的形状千姿百态，各具特色。

石材是雕刻历史上使用最广泛和最久远的材料。它给人以坚硬、质朴、浑厚的质感美。青铜抛光后所产生的典雅和华贵及玻璃的虚幻和通透，都是由材料特性所呈现的材质美。钢铁材料的平整、光洁与规整，更多体现的是现代科技的机械美。

（二）雕塑的色彩美

世界各国在发展雕塑的历史中，色彩与雕塑同步发展。早在希腊罗马时代，英雄和神的雕像，都有不同的色彩附着。我国秦始皇陵兵马俑、敦煌莫高窟彩塑，都是根据对象的肌肤、华美的衣着进行复制性的描绘。现代的金属雕塑，通过表面处理，更可以展现五彩纷呈的颜色。

同时，雕塑材料的本身具有自然的色彩，如大理石的白色、花岗岩的青灰色、青铜的暗绿色、不锈钢的银白色等。用于木雕的木材的色泽也很丰富，非洲的乌木、典雅的黄杨木、深沉的枣木等都显现出不同的色泽。材料经过加工，又会呈现新的色彩。

宋《彩绘浮雕武士石刻》
（图片来源于国家博物馆官网）

（三）雕塑的生命律动美

雕塑是物象的艺术凝固，但同时又有着内在的生命力，体现出一种生命律动的美。这种美不仅仅表现在雕塑本身对自然、生命活动（如运动、跳跃、舞蹈等）的一种模仿（或抽象表现），更重要的是它所蕴藏的生命活力、体现的气质与精神。

优秀的雕塑，人们可以感觉到它们生命的气息，感受到它们洋溢的激情、飞扬的气韵和活灵活现的动感。

东汉《击鼓说唱俑》

（图片来源于国家博物馆官网）

（四）雕塑的造型美

石雕菩萨像

（图片来源于国家博物馆微博）

雕塑是一种造型的艺术，它的形状变化复杂，形式多样。雕塑大师米开朗琪罗认为，雕塑所具有的最大魅力就是表现运动，而只有像火焰或火这种形式才能更好地表现运动。于是，他的雕塑崇尚奔放、流畅，具有波浪形的轮廓线。同样中国的汉俑造像以扁平为特色，唐代雕塑追求圆熟，不同时代的雕塑都有不同时代造型美的追求和展现。

同时，雕塑以体积造型，具有装饰性、体积感和建筑感。雕塑的气势在一定程度上与雕塑本身的体积和重量相关，不少雕塑名作的作品尺寸巨大，规模宏伟，体现了博大的精神和恢宏的气势。

（五）雕塑的空间美

雕塑是空间的立体艺术，它不同于绘画，所以雕塑的美体现在它的每一个侧面以及立体的各个侧面彼此连

罗丹《思想者》

（图片来源于国家博物馆官方微博）

接而形成的整体美。它在环境中的主要功能是创造审美的空间感觉。

正如20世纪杰出的雕塑大师亨利·摩尔所指出的："雕塑在表达能力上有不及绘画的地方，但它是立体的，可从不同的角度欣赏，这非绘画可及，如果充分利用及发挥雕塑这一优点，它可予人以延续不绝、变化万端、生生不息的惊喜和趣味。"

对于雕塑的欣赏，需要有三维形式的反应能力。一般人习惯于欣赏二维平面形式的艺术，缺少判断三维距离的能力，这使一些人认为雕塑是所有艺术中最难的艺术。所以，要较为深入地理解和欣赏一件雕塑，是需要培养和努力的。事实上，很多雕塑家对于自己的作品，也是在完成以后，才逐渐理性地加以认识，从中不断发现新意的。

（六）雕塑的象征美

在某种程度上，所有艺术都是一种抽象。特别是现代雕塑具有较高程度的抽象化和非再现的寓意表现。这些雕塑没有完整的形象，只是一个局部或某个片断，以夸张或变形的手法达到象征的目的，给人的想象带来无限的空间。优秀的雕塑作品都不是单纯地为塑像而塑像。一模一样是传真，却不是雕塑艺术追求的目标。所以，雕塑作品在形式上往往追求简朴深沉、含蓄完美，使观众从中得到启发，产生美好的想象与联想。成功的雕塑艺术品能使人浮想联翩，想象无穷，使欣赏者获得最大限度的视觉和精神满足。

美国现代美学家W. C. 比尔兹利认为，雕塑"这种艺术的本质特征并不仅仅是组合在一起的看得见的一些要素（线条、形状、色彩等）。当观赏者将注意力集中在它们的性质和关系上时，或迟或早都会意识到它们结合起来的意义。这种结合并不是简单的加法，它形成了一种新的形式，一种新的优美，或一种新的力量"。雕塑艺术的美是综合的，它是上述各种美的一种集结。所以对于雕塑美的欣赏，不应该仅仅停留在某一个层面上。

雕塑作为一种艺术门类，它在对人类社会生活理想的、集中的、典型化的反映中，体现了人的自由创造精神，传达着人的审美意识。优秀的雕塑更是技巧和思想情感的结合，许多古代雕塑之所以至今仍引起人们的热烈反响，并不在于古人的技艺如何高明，而是那时的人们能够把握仅有的材料和手段，真挚地表达他们的心灵和思想，表现人的感情。雕塑通过作品的人性与情感的

李白雕像（吴为山作品）

表达，给人以一种震撼人心的力量。米开朗琪罗和罗丹的雕塑之所以伟大，就是因为他们的作品体现了这种艺术的力量。

第四节　中西方文化艺术景观审美比较

一、中西方绘画景观审美比较

绘画的发展是随人类社会的进步、人类文明发展的进程日益趋向辉煌的。因东西方文化的差异，绘画可以分为东西方两大体系。东方绘画体系是在印度、埃及、波斯和中国等东方古国发展起来的，中国画成为其主体和代表。东方绘画体系亦称为亚洲体系，称为东方画。西方绘画体系是从古希腊、古罗马发展起来的，以欧洲为中心，油画成为其代表。西方绘画体系也称为西洋画。综观古今，这两大体系都是以不同的意识形态和存在形式出现的。

（一）创作思想和理念的不同

东方古代哲学对于自然的认识不同于西方哲学。受中国古代儒、道思想的影响，中国绘画艺术所依存的美学基础就打上了儒、道思想极深的烙印。如中国山水画诞生的东晋，正是道家的玄学风靡四方的时候。道家的那种重“心”略“物”的思想奠定了中国山水画甚至整个中国艺术的重表现而略再现的美学观念和基础。因此，因再现的艺术而追求表现，因表现的艺术而追求再现便形成了中国画的一大特征。中国画讲究天人合一、心有万象、天马行空的创作方法和心态，并视此为作画的最高境界。“肇自然之性，成造化之功。或咫尺之图，写百里之景，东西南北，莞尔目前。春夏秋冬生于笔下。”很早以前的中国画论就有了这样深刻的阐述，可见中国画的起步就是一种比较高级的艺术。笔墨里渗透的是作者向人生的认识和感触，自然景物只是作者对人生的反思和认识的一种载体，他们的笔墨情趣并不受外界自然的束缚。寻找的是“蝉噪林愈静，鸟鸣山更幽”“千山鸟飞绝，万径人踪灭”的独特意境。

西方绘画艺术则是另一番景象，他们受基督教的影响，认为神圣的价值在人和世界之外存在，需要去看、去听。因此，他们在古希腊文化和基督教的影响下形成一种以希腊与基督教精神为依据的美学思想。根据对基督教教义的理解，艺术家对外在美的准确、完美的体现，是想完成向上帝的靠拢，是对上帝的一种贡献。上帝在他们眼里是世界及美的创造者。如此追溯一番就不难理解西方艺术的写实性。如西方风景画多强调对景写生，在现实中感觉大自然。依靠丰富的色彩、细微的光感表达一种真实存在的自然风光，以此表达自身对自然和世界的理解。西方风景画家追求的是尽量地再现自然，采用不同的手法描摹自然的景色。但是中国画追求的是神似，笔下的山水往往是“似曾相识”，与现实中的山水有较大差距，并不能在现实中对号入座。打个比方就是，中国山水画飘逸如“仙”，而西方风景画更像是稳坐高台的“正神”。

（二）表现手法和表现形式的各异

中国画的造型手段是“线”，这是中国画的一大特点。通过在创作中积累的各种不同的线，抒写自己的胸怀，抒写心中独有的山川。线在中国画家的笔下有极深刻的含义，往往是将许多繁复的事物，仅仅通过几条富有生命力的线表达出来。

在造型上提倡不拘于形似甚至“妙在似与不似之间”，是中国画第二个突出特点。中国画对形象的塑造是为了作者的抒情达意，所以，中国画家敢于舍弃对象外在的形态，敢于为了强化作者感情的表达而进行一些恰到好处的艺术夸张。善于抓住对象本质特征以及神情的中国画家，以自己独特的艺术语言灵活地表现对象。

为了区别主次宾主，给人以充分的美的享受及自己情感的充分表达，中国画家将个性化的构图、装饰化的手法巧妙地结合在一起。所以，不拘泥于特定的时间与空间的构图布局是中国画的第三个特点。有时候完全省略环境描写，大胆利用空白，突出主体，并借助观赏者的联想与想象去自由发挥。中国画的构图除紧密结合所描内容的“经营位置”之外，还讲求平面布局中的色、线、形的变化对比与呼应，虚实、疏密、开合、起伏、繁简、聚散的相生相应，这也是一个突出的特点。

讲求笔墨是中国画的第四个特点。所谓笔墨并不是用具材料上的笔墨，而是作者传情达意的一种艺术技巧。中国画使用的最富于弹力的毛笔，对笔触水分的变化反应最为灵敏的宣纸，形成了中国画笔墨变幻无穷的特点。中国画的传统画法有工笔画，也有写意画。前者用笔细致工整，结构严谨，无论人物或景物都刻画得十分具体入微；后者笔墨简练，高度概括，洒脱地表现物象的形神和抒发作者的感情。不管是工笔画，还是写意画，在处理形神关系时都要求“神形兼备”，在造型和意境的表达上都要求“气韵生动”。中国画总体上的美学追求，不在于将物象画得逼真、肖似，而是通过笔墨情趣抒发胸臆、寄托情思。

中国画往往以画为主，在一幅作品中加上诗文、书法、绘画以至印章等艺术手段，是中国画的第五个也是极为新颖的一个特点。它的形成过程很漫长，首先是提倡画中有诗，也就是追求画像诗一样富有抒情味并且带有诗的韵律，也像诗那样善于创造美妙的意境而做到“画外有意”“意趣无穷”，给观赏者以充分的回味与想象的余地。同时，这些又是表达作者的个性、体现与众不同风格的一个很好的阵地。这样经过几百年的发展和完善使得中国画成了以画为主体并有诗、书、印相辅相成的一门小型的综合艺术。

中国画所要求的画面意境是以有限的画面，表达无限的空间。中国画家注重发挥个人的主观能动性，在处理构图时常使用类似鸟瞰式的观察方法和左右移动视点的独特方式，以及高度提炼概括的手法，来处理纷呈繁杂的自然物象，因而产生了描绘城乡广阔地域风情的《清明上河图》、气势磅礴的《长江万里图》。所以，人们在理解中国画时，就不能把这种空间理解成科学的透视空间。为了表达这种感觉，中国画家相应地又以散点透视法代替焦点透视法（虽然南朝宋人宗炳早在 5 世纪已经发现了物理透视原理），这是在中国文化背景和思想中形成的视觉上的心理空间，即所谓的“心视”。

这种审美观在 19 世纪末才受到西方的重视，提出在美术上打破时空界限，以拓阔美术的表现作用和功能。而西方画家在描绘眼中的事物时，是将它们当作“面”来理解的。“面”对于塑造形体要优于“线”，“线”表现较为抽象，而“面”似乎要具体一些，表现出的东西更容易让人理解。西方风景画家为了靠拢真实的世界，在艺术实践中选择了这种造型手法。这样也就决定了采用不同的造型手法，表现出的是不同的视觉效果。如西方风景画的湖光山色都是由一个一个的“面”组成，通过对“面”的使用增强画面的立体感和真实感，因此，西方风景画仿佛比中国山水画要厚重，也就比中国山水画更接近于现实生活中的自然景观。

西方的油画包括色彩、明暗、线条、肌理、笔触、质感、光感、空间、构图等多项造型因素。所有这些就是为了更完美地表达作者的视觉感受。油画技法就是把各项造型因素在画面上体现出来，油画材料的性能充分提供了在二维的平面底子上运用油画技法的可能。油画的制作过程就是画家熟练地使用油画材料表达自己的艺术思想、创作并形成艺术形象的过程。油画作品既表达了艺术家的思想内容，又展示了油画语言独特的美——绘画性。

西方风景画家在作品的造型上贯彻自己的美学思想，充分利用油画的特性极力展现大自然的瑰丽，真实地再现大自然的一树一草。油画的特性有利于作者反复修改，长时间观察，然后逐渐深入地表现自然景色。因此，西方风景画家笔下的景物就有了具体的命名；当然，这与中国画家笔下命名的山水画不尽相同，他们所创作的作品更接近自然，而不是像中国画那样单纯为了传达对象的“神”，而对对象的“形”有所忽略。油画的造型特点简言之就是写实性，充分表现色彩的细微变化，以及光感、质感的不同，在画面上营造一种真实如身临其境的感觉。所以西方绘画的审美趣味，在于真和美，追求对象的真实和环境的真实。为了达到逼真的艺术效果，它十分讲究比例、明暗、透视、解剖、色度、色性等科学法则，并运用光学、几何学、解剖学、色彩学等为其科学依据。

（三）绘画工具的差异

中国的毛笔很早就诞生了。这种尖头且极富弹性的工具为中国画的特色打下了基础。这不知是不是中国造型艺术以“线”为主的思想之所缘起，但绝对可以说是中国画以“线”为造型手段使用的最适合的工具。中国画中各种各样的“线”就是依赖于这种工具得以完美地表现出来。同理，也正是这种工具丰富了中国画的表现技法——当然也包括中国山水画。中国画中的“笔”并非单纯指一种材料，它是中国画家对艺术表达的一种独特的认识。笔运用得当与否直接影响一幅作品的优劣。因此，“用笔”便成了中国画家创作和鉴赏的一个标准。此外，用墨（着色）也是东方艺术的一大特色。墨在宣纸上产生的变幻无穷的效果，也是中国画发展的生命力之所在。但一说到用墨，学问就深了。中国山水画的笔墨技法，比一般的人物、花鸟画要丰富多变。中国画的笔法主要表现为多种皴法和点苔法，墨法则多了，有“染”、有“擦”、有“破墨”、有“积墨”。笔中有墨，墨中有笔，彼此互相渗透，极尽千变万化之能事，有效地提高了笔墨状物抒情与表达独特风格的作用。

西方绘画艺术也是源远流长，品种繁多，尤其是油画艺术更可以说是世界绘画艺术中最有影响的画种。油画是西洋画的主要画种，它是用油质颜料在布、木板或厚纸板上画成的，其特点是油画颜料色彩丰富鲜艳，能够充分表现物体的质感，使描绘对象显得逼真可信，具有很强的艺术表现力。同时，油画颜料又有较强的覆盖力，易于修改，为画家提供了艺术创作的便利条件。油画用的笔是扁头的。这样绘制出的“宽线”（东方人是如此理解的）正是西方画家以面造型的起点。和东方画家使用的工具相同的是，这种工具也是极具弹性的。在早期（也就是说在古典时期）的风景画中，笔触的应用并不很明显。后来，随着画家对油画艺术的表现功能要求的提高，笔触才逐渐应用得广泛起来。西方绘画的创作一般围绕自然的色彩展开，并因此而发展。不管是浪漫主义，还是现实主义，不管是古代，还是近代，对于大自然的变化以及如何去理解表达这种变化和感觉，一直是西方画家的创作方法及目的。随着技法及理论的成熟，西方画家对于色彩的认识和表达逐渐全面，体现在作品中也就千姿百态了。

总之，如果中国绘画尚意，那么西方绘画则尚形；中国绘画重表现、重情感，西方绘画则重再现、重理性；中国绘画以线条作为主要造型手段，西方绘画则主要是由光和色来表现物象；中国绘画不受空间和时间的局限，西方绘画则严格遵守空间和时间的界限。正是因为西方绘画注重再现与写实，同中国绘画注重表现与写意，形成鲜明差异，才最终形成世界绘画领域中的东西方两大体系。

二、中西方雕塑景观审美比较

中西雕塑艺术在历史上都取得了辉煌的成就，但艺术上走的却是完全不同的路。西方雕塑（如希腊雕塑）注重数学、几何法则，形体精确，写实性强；而中国雕塑则是写意性强，取其神而遗其形。以人体雕塑而言，中国古代雕塑不太注意人体的内部结构、比例和性格等的真实，但却摆脱不了宗教文化的影响，具有类比性和象征化的倾向。无论是庙堂或石窟，“正神”大都是权威或慈悲等概念的具体化，这同古希腊雕塑中即使是“神”也只是“更完美的人”的观念有很大不同。具体来讲，在艺术与审美上可以从艺术地位、审美追求、雕塑材料、雕塑技法、题材式样与功能、形体刻画、艺术技巧几个方面进行比较。

（一）艺术地位

长期以来，雕塑在中国没有获得像西方那样独立的艺术地位，几乎一直是从属于建筑艺术的一个小的部分。在历史上，中国雕塑艺术工作者的地位也远不如西方雕塑艺术工作者的地位高，在境遇上有“皂隶之匠”与“艺术家”的巨大差别。黄宗贤、吴永强在《中西雕塑比较》一书中分析指出：在中国漫长的文明史中，尽管有《秦陵兵马俑》《昭陵六骏》等精美绝伦的雕塑作品，尽管有龙门石窟、敦煌彩塑等数量浩繁、气势恢宏的佛教造像，有自成体系的帝陵神道石刻，雕塑艺术贯穿各朝各代，可是，雕塑家却默默无闻。中国古代雕塑家不过是皂隶百工的一员，他们不仅被历史叙述所忽略，在现实社会中的地位也与欧洲古代雕塑家有天壤之别。中国的艺术史文本不曾给雕塑家留下篇章，致使一部中国雕塑史几乎是没有创作者名字的历史。中国艺术史家可能兴趣盎然地记下一位根本没有作品存世的画家的名字和生平，甚至对他们的逸闻趣事津津乐道，但对雕塑家却十分吝啬笔墨。这是因为，在中国，绘画因有“文人画”，即劳心的知识分子参与其中，从而拔出了“匠”的领域，绘画不失为雅事。且画又与诗结缘，更能登大雅之堂，受到人们的珍视。雕塑与建筑长期以来被列为“匠人”的营作范畴，属于劳力者的领地，故从事雕塑与建筑艺术的人（即使是杰出的大家）在持有这样偏见的国度自然不会受到重视。而在西方艺术史上，雕塑不仅一直是艺术门类中显赫的一员，雕塑史也是由米隆、菲狄亚斯、米开朗琪罗、罗丹这些伟大雕塑家构成的历史。在西方国家，雕塑家的名字是很有文化分量的。无论是雕塑艺术还是雕塑艺术工作者，在西方都拥有很高的地位。

（二）审美追求

中国雕塑偏于“写意”式雕塑。追求形态神韵美（注重神韵，追求传神，写意性和象征性强，取其神而遗其形，妙在“似与不似之间”，追求自然直观主义价值）；突出共性（求同）；在重视美与善的结合的同时更关注雕塑艺术的审美教化功能。

西方雕塑偏于“工笔”式雕塑。追求自然模仿美（注重形似，写实性强，对人体雕塑特别强调形体解剖学意义上的结构准确，追求理性写实主义价值）；突出个性（求异）；在重视美与真的结合的同时更关注雕塑艺术的认识作用。

陈炎教授研究认为：以“模仿说”为理论依据，古代西方人将对现实生活的反映与认识作为艺术创作的终极目的。他们从解剖学角度来研究雕塑，从透视学角度来研究绘画，从几何学角度来研究园林……结果是研究来研究去，唯独忘记了艺术自身的美学目的。用艺术来承担科学认识和哲学思考的任务，这是西方文化的一个特点，但也可能是它的短处。与西方不同，在儒道互补的文化环境下，中国人颇具艺术家的潜质。这种天然的诗性思维和艺术态度，使中国古代的艺术家一开始就不以一种纯然客观的态度去再现和模仿自然，而是懂得如何在“似与不似之间”获得一种“只可意会，不可言传”的情感体验。

（三）雕塑技法

中国雕塑在雕塑技法上，重塑轻雕（或刻）。相比较而言，中国雕塑艺术家“塑”的艺术水平相对较高；西方雕塑在雕塑技法上，重雕（或刻）轻塑。相比较而言，西方雕塑艺术家“雕”的艺术水平相对较高。

（四）雕塑材料

中国雕塑材料丰富多样，但以与自然密不可分的泥土、木材、花岗岩居多。概言之，中国雕塑特点是“以泥为塑”；西方雕塑材料比较多样，但以大理石以及青铜等为主。概言之，西方雕塑特点是“以石为雕”。

（五）题材式样与功能

中国雕塑多为权势、尊严、神圣的象征，多宗教（佛像为主）、英雄、名人雕塑，庄重意味多，具有帝国风采。雕塑功能多用于陵墓等装饰，故中国雕塑被称为“坟茔的艺术”；西方雕塑多为自由、爱情、战斗等抽象观念的体现，多人体雕塑（体现人体美），娱乐意味多，具有世俗情调。雕塑多用于城市装饰，故西方雕塑被称为“城市的艺术”。

（六）形体刻画

中国雕塑人物塑像以直立式、端坐式为主，表情变化少（静美）；强调人首而虚化人体；西方雕塑：人物塑像以运动形式为主，表情丰富（动美）；强调人体而虚化人首。

（七）艺术技巧

中国雕塑以一面（正面像）造型为主，讲究装饰性及色彩的运用（与泥塑多有关）。这就是如前面所说的，中国雕塑明显地具有绘画的特点，西方雕塑多面造型（如《掷铁饼者》），注重体积关系和体面结构，讲究光的效用（与石雕多有关），故西方雕塑艺术有“形体的艺术”之称。

【思考题】

1. 文字与书法的区别在哪里？
2. 简述中国书法的类别与特征。
3. 中国书法艺术的欣赏要点是什么？试举例说明。
4. 以一幅中国画或西洋画为例，从审美的角度对其进行分析。
5. 举例说明中国古代雕塑艺术以线条辅助造型的特点。
6. 试述雕塑景观的审美要点。
7. 试述中西绘画景观的审美差异。
8. 试述中西雕塑景观的审美差异。

第八章

风俗文化景观

风俗是一种集体性的文化积淀，是人类物质文化和精神文化的一个重要组成部分。它产生于民间，传承于社会，是一种悠久的历史文化传统。随着旅游事业的发展和人们旅游需求的多样化，旅游者对丰富多彩而又略带神秘感的风俗文化产生了浓郁的兴趣，从而使风俗文化景观成为旅游资源的重要组成部分，它包括了节庆景观、民俗景观和饮食文化景观三大类。

第一节　节庆景观

随着经济的发展，越来越多的人参与到旅游活动中来，其中有一部分旅游者就是为了欣赏某地特有的一些节庆活动，而前往该地进行观光旅游，对于旅游城市来说，节庆活动是必不可少的制造话题、吸引眼球的手段。因此，开展节庆活动可以建立和维持旅游目的地与公众间的良好关系，对于建立、维护、改善或改变旅游地形象具有积极的现实意义。

一、节庆景观概述

当人们提到慕尼黑，就会联想到盛大的啤酒节，提到戛纳，就会联想到电影节的盛典，提到奥斯卡，就会联想到美国的洛杉矶，提到斗牛节，就会联想到西班牙……可见，节庆已经与一个国家、一个城市的品牌紧密相连。节庆极大地影响了一个国家、一个地区的经济发展，成为国家、地区招商引资的重要手段和途径，因而，又被称为“节庆产业”“节庆经济”。

国内学者对“节庆”的概念分别从广义和狭义两个角度进行了界定。广义而言，节庆是“节日庆典”的简称，其形式包括各种传统节日及在新时期创新的各种节日。也有学者把节庆外延扩展到除各类旅游庆典、节日外，还包括各类交易会、展览会以及各类文化、体育活动。从狭义上来看，节庆只包括目的地，根据其资源实际情况，专指人为策划举办的带有浓郁地方民族文化氛围的活动，不包括传统节庆和特殊事件。基于此，节庆景观是指以特定主题活动方式所呈现出来的，可供旅游者参观游览的一种文化景观。

（一）节庆的起源

节庆风俗的产生与人类早期的原始信仰观念直接相关。一是自然崇拜，原始人类对强大自然力的无法解释和难以驾驭，从而将其作为强大的神力来崇拜，中秋赏月、七夕拜星习俗就源于原始的祭月拜星活动。此外，还有对土地和土地神的崇拜，如立春日的行春之仪、亲耕大典等节俗，莫不根源于此种土地崇拜的观念。二是灵魂崇拜，古人相信，人死后灵魂不死，而且灵魂会具有超人的能力，可以左右在世之人。古人将自己家族中死去的长辈作为家庭或家族的保护神，以求家业兴旺、子孙绵延不绝，从而隆重祭祀，这就是从上古延续下来的祖先崇拜。三是习俗还与古人的迷信、禁忌、巫术观念密切相关。古人相信自然界的日月星辰、风雨雷电等都有征兆的作用，可以预测吉凶。因此后人可以在岁时节令如除夕夜的“瑞雪兆丰年”预测来年好收成，另外也可以通过岁时节令的禁忌来消灾去祸，如过年习俗。

西方国家和民族的传统节庆，也具有生产、生活及宗教三大类型，但由于社会经济形态产生了巨大的历史变迁，前两种类型的传统节日日益淡化，或逐渐消亡，而让位于宗教性节日，如圣诞节、复活节等。

（二）节庆的发展

节庆的发展经历了一个漫长的历史过程。先秦时期，是我国传统节庆的萌芽期。原始农业出现后，相应的禁忌、占卜、祭祀、庆祝活动便相伴而生了，这些便是最早的节庆民俗的因素。殷人信卜、宗天、崇祖、畏鬼，一年365天，几乎是无事不卜，无日不卜。周人把民间习俗上升到“礼”的规范，祭祀、庆祝活动逐渐按季节相对集中到春、夏、秋、冬四时或年头岁尾举行。春秋战国以后，历法逐渐完善，四时八节，岁元、朔、望等时日，越来越区别于日常而被凸显出来。

作为节庆民俗主要内容的各种祭奠、庆贺、占卜活动，多集中在这些时日举行，节日的雏形已初见端倪。汉代，是我国节日风俗的定型期。汉初经过短暂调整，到汉武帝时，已建成为一个政治统一、社会安定、经济繁荣的中央集权大帝国，为节日的统一、定型创造了条件。据史籍记载：除夕、元旦、元宵、寒食、清明、端午、七夕、重阳以及冬祭腊日等传统节日，大多在汉代形成定制，此后一直沿袭至今。

在漫长的人类发展过程中，传统节庆在人们头脑中的根深蒂固以及在人们意识里的深远影响和其本身的欢乐喜悦因素，使人们对于节庆较易接受。现代社会便以传统节庆为借鉴，取其人文气氛，融入旅游等时尚因素，创办了现代节庆。

不仅仅在国内，国外很多节庆也是如此。由于经济的发展，节庆最原始的文化内涵逐渐被经济化、市场化了。不过透过极度狂欢的现代节庆氛围，仍然可以发现传统节庆的原始内涵因素，特别是宗教和民族祭祀性质的节庆。

从远古的祭祀庆典到今天的尽情狂欢，在传统节庆的发展过程中，节庆举办的宗旨、举办方式和机构以及举办规模都发生了很大的变化。有些节庆不适应时代的发展被淘汰了，有些节庆改变了自己最原始的举办目的和方式，从而适应了时代的发展，获得了新生。更有些传统节庆改头换面以一种全新的形式出现，又一次得到了广大民众的青睐。总的来说，传统节庆正在随着时代的发展不断地变化与创新。

二、节庆景观的类型与特点

（一）节庆的类型

在漫长的节庆发展历程中，出现了形式多样的节庆活动，但归纳起来大致可以分为传统节庆和现代节庆。

1. 传统节庆

传统节庆又称节俗，是一个民族和国家在长期的历史发展中伴随其独特的生产和生活方式，为满足人们某种心理需求而逐步形成的，在特定的时间，以类似的方式进行的类似内容的，具有鲜明民族特色的分散式的集体活动。

传统节庆是展现一个民族文化的窗口，它从各个不同的角度和侧面反映着民族的历史风貌和社会生活，是外部世界认识了解传统文化的一个重要通道。根据传统节庆的性质或目的，可分为生产类节庆、宗教祭祀类节庆、驱邪祛病类节庆、纪念类节庆、喜庆类节庆和社交娱乐类节庆六大类。

第一类为生产类节庆。产生于农业社会背景下的传统民俗，主要反映出人们对农事生产和丰收的重视。例如，在我国一年中最早出现的农事生产类节庆活动，是立春的鞭打春牛和张贴春牛图。而西方一些国家的感恩节起初是为了感恩上帝赐予的大丰收，也是西方非常重要的节日。

第二类是宗教祭祀类节庆。宗教与传统节庆文化之间，有着千丝万缕的联系。从传统节庆文化起源与演变的历史轨迹来看，无论是本土产生的宗教还是由异域传入的佛教、伊斯兰教，都曾在其中发挥过巨大的作用。比如在汉族节日中，以清明节和中元节的宗教祭祀类节庆民俗活动的规模最大，同时也最为集中。在西方“万圣节”是古代凯尔特民族的新年节庆，此时也是祭祀亡魂的时刻，在祭拜祖灵及善灵干扰的同时，也以食物祭拜祖灵以祈求平安度过严冬。

第三类是驱邪祛病类节庆。为了达此目的，人们很早就开始了同疾病和邪恶进行艰苦卓绝的斗争。这些在众多的传统节日民俗中，也得到了相应的体现，并形成了一系列驱邪祛病的节庆民俗内容。如清明戴柳，端午节插艾、戴五彩线、喝雄黄酒，重阳节插茱萸、饮菊花酒，等等。这些民俗活动，或以心理暗示为旨归，或以药物预防为要义，或以健身强体为目的，或以讲究卫生为关键，都祈求达到驱邪祛病的功效。

第四类为纪念类节庆。传统节庆民俗中，有许多是为了纪念某个历史人物或英雄人物以及历史事件而设，如为纪念屈原投江而形成的端午节以及为纪念耶稣复活而衍生出来的复活节。

第五类为喜庆类节庆。喜庆类节庆以庆贺丰收，欢庆人畜两旺、吉祥幸福为主题，在各民族中都是规模最大、影响最广的年节。

第六类为社交娱乐类节庆。社交娱乐类节庆民俗，大都具有联欢游乐的性质，其主要内容是歌舞娱乐及游艺竞技活动。这里所说的社交娱乐类民俗是以加强人与人以及人与社会的社交和友好往来为目的。在社交娱乐类节庆中，最有代表性的是在中国少数民族中流行的一些节日歌会、歌舞等民俗活动。如大理白族每年农历四月二十三至二十五的“绕山林”活动，即属此类。

2. 现代节庆

现代节庆是指在特定时间和特定地点内举办，通过特定的活动、仪式或典礼吸引参与者，从而达到塑造城市形象，拉动消费和投资等目的的非日常发生的系列活动，即广义上的节庆。现代节庆如青岛啤酒节、洛阳牡丹花会、潍坊国际风筝节等。其按主题不同可分为以下四大类：

一是以商品和物产为主题的节庆活动。如巴黎的时装周、青岛啤酒节、慕尼黑啤酒节等。

二是以文化为主题的节庆活动。如新郑黄帝故里拜祖大典、曲阜国际孔子文化节、杭州运河文化节、福建湄洲妈祖文化旅游节等。

三是以自然景观为主题。如洛阳牡丹花会、青岛海洋节、北京香山红叶节、张家界国际森林节等。

四是综合性节庆。这种节庆活动一般持续时间较长、内容丰富、规模较大、投入较多，取得的效益也比较好。如中国旅游艺术节暨广东狂欢节、巴西的狂欢节等活动。

（二）节庆景观的特点

1. 主题鲜明

无论是传统节日，还是政治性或宗教节日，其主题和内容都已基本确定。尤其重大历史事件或宗教活动，更是蕴含着深厚的历史背景、风俗或传说。西方的复活节是为了纪念耶稣被钉上十字架，三天后死而复活的基督教节日，基督教教徒借用复活节表示生命、光明、欢乐的恩赐者耶稣再次回到人间。过去，在多数西方国家里，复活节一般要举行盛大的宗教游行，游行者身穿长袍，手持十字架，赤足前进。他们打扮成基督教历史人物，唱着颂歌欢庆耶稣复活。随着时代的变迁，如今节日游行已失去往日浓厚的宗教色彩洋溢着喜庆的气氛，具有浓郁的民间和地方特色。

2. 地方特色浓郁

节庆活动与所在地区的文化息息相关，因而它往往带有浓郁的地方文化特色。中国传统的春节所代表的是中华民族五千年的历史，它寄托着人们破旧立新的愿望和辞旧迎新的祈求，即使如此，细观之下还是可以发现，不同地方在庆祝春节的方式和习俗上有着各自的特点。在西方国家，尽管圣诞节是最大的节日，但是新年在人们的心中仍然占有不可替代的重要地位。人们在欢乐的乐曲中告别过去，迎接新的一年。

3. 功能多样化

节庆活动的功能已经从原来单纯的一个节日和庆典活动，发展成为具有多重功能和目的的行为。塑造和提升城市形象、保护和彰显民族文化、加速经济发展等，这些也逐渐成为节庆活动的最主要的功能。

4. 群众性强

城市节庆活动常被人称作“有主题的公众庆典”“平民参与的节日”，也就是说节庆活动往往需要吸引众多的民众参加。无论活动现场气氛是热闹喜庆，或是严肃庄重，参与活动的人数往往比较多，没有众人参与的节庆活动，往往失去其举办的意义。

5. 人、财、物的投入巨大

由于场地和人流量的原因，节庆活动举办所需投入的人、财、物巨大。一般的节庆活动的投入少则几十万元，多则上百万元，甚至上千万元。从资金来源来看，获得节庆活动资金的渠道主要有：政府拨款、自筹资金以及一些市场化的手段，如门票收入、赞助收入、活动冠名、广告招商等。可以看出，对于大型群众性的节庆活动，政府的支持和投入是节庆活动成功举办极其重要的因素。

节庆作为一种展现国家民族文化的一种窗口，它可以从不同的角度来展现文化的内涵，随着时代的发展，节庆活动也逐渐加入了现代化的元素，在现代节庆活动中，通过展演、展播、巡游等形式，丰富了节庆活动内容，使人民群众得到艺术享受，感受中外文化的魅力，促进中外文化的交流，从而为文化事业的繁荣和发展提供了良好的条件和机遇。

三、节庆景观审美

（一）服饰美

在节庆活动中，各个不同国家和地区人们的色彩斑斓的服饰的集中展现和精彩亮相是最大的亮点之一。这些争奇斗艳的服饰充分展示了各民族丰富奇特的想象力和巧夺天工的创造力，令所有观赏的人赞叹不已。比如，西双版纳的泼水节，傣族的传统服饰所呈现出来的神韵、轻快流畅的线条、色彩明亮绚丽的筒裙，使人们深刻地感受到民族传统服饰美带来的视觉盛宴。基诺族群众穿上传统民族服饰开展各种节庆活动也形成了一道亮丽的风景。基诺族的民族服饰以白、黑、红为主要色调，款式简约大方，做工精细，色调明快，线条分明，对比强烈，构图均衡，图案多样，给人以古朴典雅之美。穿在身上，男子显得彪悍威武，女子显得质朴活泼。德国巴伐利亚啤酒节不仅仅是啤酒盛事，更是德国传统文化的盛典，尤其是德国南部。穿着巴伐利亚传统服饰的人们坐在啤酒节的帐篷中和朋友畅谈欢唱，痛快淋漓地喝下一大扎小麦啤酒，大块吃肉，大口喝酒，场面十分的热烈而豪爽。值得一提的是，巴伐利亚的民族传统服装女性一般穿裙装，敞口领，束腰，衣服领口镶着白色、粉色等颜色的精致的花边，最有特色的是从肩部到胸部装饰一块长方形的布，布上有许多蝴蝶结、徽章、珍珠、纽扣等装饰，并且镶着漂亮的花边，两个袖子一般是鼓鼓的泡泡袖，下身的裙装上也有很多精美的蝴蝶结和花边，而且裙装的式样和围裙相似，以此来赞扬勤劳的劳动妇女。男性多数佩戴一种饰羽毛的爵士帽，手拿手杖，上身一般穿着没有翻领的黑绿色外套，下身穿皮质爵士裤，脚上习惯穿长袜和圆头褐色的翻毛皮鞋。现在慕尼黑传统服装已经成为一种珍贵的文化遗产，被当地民众小心翼翼地珍藏着，只有在譬如像啤酒节这样的有重大庆典和活动的时候才穿。当人们穿上这种服饰参加啤酒节时，那种浓重的德国乡村古典风情就自然地流露出来，使前来参加啤酒节的人们感受到来自当地民众的亲切、自然、淳朴、真挚的审美文化。

（二）歌舞美

节庆中令人目不暇接、丰富多彩的歌舞同样给人以多样化的审美体验和审美满足。我国的少数民族众多，当游客有幸参与到少数民族的节日庆典活动时，各个民族的歌舞与当地的节庆和美景相生相伴，令每位参与者都如痴如醉。许多少数民族的节庆歌舞往往与神话传说和故事紧密联系在一起，大家纵情欢歌、纵情狂舞，常常通宵达旦以抒发欢愉之情，或歌颂美好生活，或祈求丰年顺景，这些歌舞有内心的灵动，有激情的飞扬，有欢乐的喜悦，有情感的积淀，还有神圣的祈祷……带给人们酣畅淋漓的审美体验。阿根廷葡萄酒节每年都吸引了来自阿根廷各地、拉丁美洲、欧洲和北美的数十万名游客。葡萄酒节当天精心装点的大型葡萄酒花车、盛装打扮的游行队伍，还有民族歌舞表演，把节日的气氛发挥得淋漓尽致。尤其是当天人们身着美艳而又不失高雅的服装跳起了阿根廷的传统舞蹈——探戈时，那舞步时而舒缓优雅，时而快如流星，那些默契的交叉环绕，变化无穷的优美造型，以及令人目不暇接的踢腿、旋转、折腰，尽情地展示着青春的活力与浪漫，展示着爱所带来的神情交融，把所有的人都带入了一种如醉如痴的境界。

（三）自由美

在节庆活动中，人们往往是自由、喜悦而愉快的。人们放下了心灵的枷锁与负担，全身心地投入到眼前的美景、美食与欢庆中，忘记纷争、痛苦与无奈。这本身就是心灵的释放与自由，它使人们在活生生的感性活动中体验到自己是人，体验到人与世界是一体的，即纯粹的审美体验。比如狂欢节就具有全民性质。狂欢节没有空间的界限，没有演员和观众之分，所有的人都生活在其中。“在狂欢节上大家一律平等。”狂欢节超越了世俗的等级制度、等级观念以及各种特权、禁令，超越了日常生活的种种局限和框架，显示了生活的本身面目，或者说回到了生活本身，回到本真的生活世界。普通老百姓超脱了日常生活的种种束缚，超脱了各种功利和实用主义，人与人不分彼此，互相平等，不拘形迹，自由来往，从而显示了人的自身存在的自由形式，显示了人的存在的本来形态，这就是一种复归，即人回复到人的本真存在。

（四）集体美

众人拾柴火焰高。团结就是力量，是集体主义的体现，也是人们渴求的一种集体荣誉感。端午节的赛龙舟就是一个典型的集体项目。人们组成集体，在有效的统一指挥下形成整体合力，完成富于原始力度感的竞技或表演活动，从而在古朴、高雅、粗犷中表现出民族纯真豪放的情愫和团结合作以及顽强拼搏的奋进精神。于是人们的集体荣誉感、历史使命感便油然而生。

节庆风俗是历史发展和人类社会生活的多棱镜，不同的节庆风俗是一定历史发展阶段人们的社会心理状态的映射，反映出民族、地区的文化特征和生活特点。节庆文化呈现出的审美多样性，反映了不同地区人民群体的审美品位、审美格调和审美需求。

第二节　民俗景观

一、民俗景观概述

民俗即民间风俗，指一个国家或民族中广大民众所创造、享用和传承的生活文化。民俗起源于人类社会群体生活的需要，在特定的民族、时代和地域中不断形成、扩展和演变为民众的日常生活服务。民俗一旦形成，就成为规范人们的行为、语言和心理的一种基本力量，同时也是民众习得、传承和积累文化创造成果的一种重要方式。

中华民族是一个有数千年悠久文明史的，勤劳、勇敢、智慧，富有创造性，讲礼仪的民族，中国从很久以前就是世界上公认的礼仪之邦。在人们日常的生活中，形成了具有中国特色的习尚礼仪、价值观念和思维方式，表现出了极强的向心力与生命力。而其他国家和民族的文化也有它自己的特点和优势，同样走过了漫长而又辉煌的道路。

中国的民俗传统有许多是源于“天人合一”的信仰，而外国的许多民俗则源于“神人合一”的认识。董仲舒认为“以类合之，天人一也”。天有日月，人有两目；天有阴晴风雨，人有喜怒哀乐，所以天人要合一。天人合一的具体表现之一就是“天人感应”。司马迁又把“究天人之际，通古今之变”的历史哲学摆到了社会的首位，使“天人合一”成为古代中华民族的普遍信条之一。西方则不同，早在古希腊、古罗马时期，柏拉图等人推崇的文化心理结构就影响着西方人的思维模式。许多民族相信，灵魂与神是幸福的乐园，灵与肉是对立的，神与人也是对立的。要消除这种对立，就要泯灭自己的身体，用身体的毁灭来达到灵与肉、神与人的统一。这种神人合一就是用一种基督的形式来迫使人以宗教的方法达到与神相合。

这种民俗文化心理的差别带来了民俗事象众多不同的内容。中国的许多民俗仪式都与虚无缥缈、随意性比较大的天相联系，因为人与天是可以感应的，所以就增加了许多人为的成分。西方的许多民俗都与神，也就是宗教信仰相联系，大多有较为成型的宗教含义和规范仪式。

不同的民族与国家有着不同的思维方式，不同的思维方式又产生了不同的文化母体。我国的思维方式经过几千年来的形成与发展，表现为民族文化的主体设计者与承担者具有极高的凝聚力与深层内涵，也表现为传统思维方式所特有的“以我为中心”和“社会本位”的思维模式。从某种意义上讲，多数中国人受儒家、释家与道家的思想影响，较崇拜中庸、和谐，着眼于现在和当世，不关心来世与人事以外的思想和事情，也很少走向极端。中国的宗法与血缘的严格规定，讲究对传统文化要绝对的尊重与服从，形成了中国人喜欢向后看而不是向前看，即使对新事物也总要找出或附会历史上的“渊源”。

西方人自文艺复兴以后，思维方式发生了根本性的变化。结合现实，在制度、价值观、伦理等各个方面，合者则用，不合者则弃，因而其社会理论不断更新、否定，各类民俗层出不穷，而不是像中国那样更热衷于对原有民俗保存基础上的创新与发展。

二、民俗景观的类型

民俗是一个包罗万象的宝库，它的内容在不断地变化扩展。但是，民俗也有它自身独特的类型和构架。按民俗的内容不同，本书将民俗划分为经济民俗、社会民俗、信仰民俗和游艺民俗。

经济民俗指人们在创造和消费物质财富过程中所形成的民俗，主要包括生产民俗、商贸民俗、饮食民俗、服饰民俗、居住民俗、交通民俗等。

社会民俗指人们在特定条件下所结成的社会关系的惯制，它所关涉的是从个人到家庭、家族、乡里、民族、国家乃至国际社会在结合、交往过程中使用并传承的集体行为方式，主要包括家庭乡里民俗、人际交往民俗、人生礼仪民俗、岁时节日民俗等。

信仰民俗指在物质文化与制度文化基础上形成的有关意识形态方面的民俗，主要包括民间信仰、民间巫术、民间禁忌等。由宗教信仰派生出来的信仰民俗已经融入日常生活的迷信与俗信中。

游艺民俗指民间传统的文化娱乐活动，主要包括口头语言民俗、民间歌舞民俗、游戏竞技民俗、民间艺术民俗等。

社会生活是一个整体，为广大民众生活服务的民俗也有其整体性与系统性。经济民俗、信仰民俗、社会民俗、游艺民俗四类民俗之间存在着相互关联、相互制约与促进的有机联系，它们相互影响，并随着时代的发展而不断变化。

了解了民俗的分类后，下面本书将选取经济民俗、社会民俗、信仰民俗、游艺民俗中有代表性的进行介绍。

（一）经济民俗——服饰民俗

服饰民俗是民俗文化中最重要的组成部分。服饰是人类智慧的产物，是人类独有的特殊技巧和文化现象。服饰作为一种物质现象，是人类物质生产的产物，但同时又承载着人们的政治、宗教、哲学、伦理、审美等精神文化现象。

在英国，苏格兰的男人们爱穿花格短裙，但这并非标新立异赶时髦，而是他们民族的古老传统。早在250年前，苏格兰高地上各民族就穿这种叫“基尔特”的服装。这种从腰部到膝盖的短裙一般是用花呢制作的，布面设计成连续的方格，而且方格要完全展现出来。现在苏格兰男子穿的裙子是附饰较少的小基尔特，也被称为“菲里德伯格”，是沿腰部折褶缝成的，很像中国妇女夏天穿的“百褶短裙”。不同的是穿菲里德伯格短裙时前面还要戴一块椭圆形的垂巾和很宽的腰带。

（二）社会民俗——人生礼仪民俗

人生礼仪是社会民俗中的重要组成部分，人生礼仪又称个人生活礼仪。每个人在一生中都要经历几个生活阶段，如出生、成年、结婚、做父母、死亡等，而每个人的社会属性又是通过这些重要阶段不断确立起来的，而在各个阶段中要用一定的仪式和礼节表现出来。以便获得社会的承认和评价。人生中各个重要环节所经历的具有一定仪式和礼节的行为过程，如诞生礼、成年礼、婚礼和葬礼等，这就是人生礼仪。人的一生，所要经历的人生礼仪，主要分为四个类型。

1. 诞生礼仪

诞生是一个人降临于世的开端。一个婴儿呱呱坠地仅仅是一种生物意义上的存在，只有通过为他举行的诞生礼仪，他才能获得在社会中的地位，被社会承认为一个真正意义上的"人"。诞生仪式在人的生长过程中占有重要位置，而且会持续较长的时间，其中要经历出生前与出生后的一系列仪式活动。例如，我国传统上的求子仪式、孕期习俗、庆贺生子等内容，以庆贺生子为中心部分。在印尼婴儿出生后要举行命名礼，苏门答腊北部地区的民族在举行命名礼之前，还要举行沐浴礼，沐浴仪式后，就给婴儿正式命名，一名长老用右手无名指蘸上糖和椰汁，塞进婴儿嘴里，意味着他长大后像糖和椰汁那样受人喜爱。

2. 成年礼仪

成年礼是人生礼仪之一，是为承认年轻人具有进入社会的能力和资格而举行的仪式。一个人从诞生到成年，其间要经过幼年到少年，这是一个渐变的成长过程，不但生理上在成长，而且心理以及社会意识都在不断成熟。例如，在我国古代，汉族男子到20岁时要选择吉日，敬请宾客，由父亲在宗庙里主持成年礼，因男子加冠，称为冠礼；女子15岁时行成年礼，因为加笄，称为笄礼。冠礼和笄礼的举行，表示人已成年，可以结婚了。古代冠礼也是为以后的婚礼做基础。

3. 婚姻礼仪

婚姻是维系人类自身繁衍和社会延续的最基本的制度和活动，因此婚姻礼仪历来受到个人、家庭和社会的高度重视。而且，人们普遍重视成年礼仪，很重要的功利目的就在于与婚姻联系在一起。婚姻民俗包括婚姻形态和婚姻礼仪两个方面，其中通过婚姻礼仪，在民俗功能上表现为男女双方的结合而组成家庭得到了社会的认可，婚后所生育的子女的权利将得到法律包括习惯法的保护，双方的合法财产也能受到国家的保护。

在我国各民族、各地区的婚姻形态多种多样，贯穿于婚姻过程中的礼仪习俗也是花样迭出，烦琐而复杂。然而，古代汉族就为婚礼制定了"六礼"，是婚礼六个阶段的不同仪式，即一纳彩、二问名、三纳吉、四纳征、五请期、六亲迎。

在欧美许多国家历来都有举行结婚周年纪念活动的习俗，这种纪念活动对于巩固双方的感情和获得人生的快乐都有很大的作用。各个结婚周年的名称和赠送的礼物分传统礼物和新式礼物，因结婚年限的不同而有区别。不同的名称和不同的礼物均有一定的象征意义。

4. 丧葬礼仪

丧葬礼仪是人生的最后礼仪。一个人的死亡，表示人生的终结，但由于许多民族普遍存在灵魂不灭的观念，并不一定就意味着人的一生到此结束，而他们认为这是另一个阶段的开始。所以，人类普遍重视丧葬礼仪。

在马来西亚的伊班族，至今过着群居生活，几十家合住一长幢茅草屋中。每逢丧事，长屋的全体成员都要参加丧礼，为死者戴孝一周。居丧期内，死者家属不得理发，更不能装饰打扮。死者用棺木盛殓，将死者生前用器物作为陪葬品。埋葬后，死者的家属要守孝三个月。

（三）信仰民俗——宗教信仰

信仰属于精神的范畴，是一种特殊的社会心理现象，是人的特殊的情感和心理体验。宗教信仰是信仰的一个分支，是指窘迫于现实生活中的人类对神灵及其相关宗教体系的盲目信念，是人对生命的彼岸世界的终极关注。对世界各国的人民来讲，有三大主要的宗教，分别是佛教、基督教和伊斯兰教。

佛教由悉达多·乔达摩创立，后人称之为释迦牟尼。该教的基本教义是把现实人生断定为“苦”，那么摆脱“苦”的途径唯有通过学习经、律、藏彻底地转变对于世俗的欲望以及认识，才能达到最高的境界“涅槃”或“解脱”。

基督教在公元 1 世纪中叶由犹太人所创立。基本教义是信奉上帝（天主）创造并主宰世界，认为人类从始祖起就犯了罪，并在罪中受苦，只有信仰上帝及其儿子耶稣基督才能获救。它的主要经典是《圣经》，由新旧约全书组成。基督教分三大教派，即天主教、新教和东正教。

伊斯兰教在 7 世纪由穆罕默德创立。“伊斯兰”一词是阿拉伯语的音译，意为“顺从”“和平”。伊斯兰教的基本教义就是信仰“安拉”这个唯一的神，而穆罕默德是“安拉”的使者。他们认为人的一切都是由“安拉”决定的，“认主独一”是伊斯兰教的核心。伊斯兰教的经典是《古兰经》，另外还有“圣训”。伊斯兰教主要分为“逊尼派”和“什叶派”，前者又称正统派。伊斯兰教教徒要做“五功”，即“念功”“礼功”“斋功”“课功”和“朝功”。

（四）游艺民俗——民间歌舞

游艺民俗是民间文艺活动、民间游戏、竞技等文化娱乐活动的模式化与传承行为的总称。它包括口头文学、民间音乐和舞蹈、民间游戏与竞技以及民间的工艺美术等内容。一般而言，游艺民俗有较强的娱乐性和群众性。由于这类民俗涉及人们生活的各个方面。因而它不仅可以反映广大劳动人民的生产、生活、理想和愿望，也可以表达人们的道德情操与审美意识，而且对社会生活产生了直接的具有实用价值的多功能作用。其中民间歌舞是唱、舞与音乐相结合的娱乐形式，种类繁多。在中国尤以秧歌、舞狮最具民族特色。

秧歌流行于北方各地，有东北秧歌、山东秧歌、陕西秧歌、河北秧歌等。它是北方各地广大人民群众所喜爱的集体歌舞。每逢春节、元宵节必扭秧歌。在农村中，常常到其他村屯和各家庭院中扭秧歌，祝贺新年，万事吉祥。

狮子舞起源于三国，盛行于唐代，千余年来风行不衰，流行全国各地。但以广东的舞狮最有特色、最为著名。其狮造型特点是：大头、凸额、勾角，身形饰有斑驳花纹，形象非常可爱。广东的舞狮特点是以“文狮”为主，所以狮子在舞动中其表演重于表情，动作细腻，柔和；北方的舞狮则以“武狮”为主，主要表现狮子威武勇猛的性格。狮为百兽之王，在民俗中被认为是镇邪驱妖、保佑人畜平安的“瑞兽”，故被称为“避邪狮子”。春节及各喜庆之日，舞狮队挨家挨户舞狮祝吉，以示消灾除害、预示吉祥。

在韩国也有形式多样的民间歌舞，面具舞是一种舞蹈剧，已经有七八百年的历史。

演员头戴不同面具，扮演各种人物、动物或神灵，在音乐的伴奏下，跳出各种姿势的舞蹈，充满幽默和讽刺，借以表达下层民众的心声。

三、民俗景观的特征

俗话说“十里不同风，百里不同俗”，由于自然环境与人文环境的差别，民俗常常会呈现出错综复杂的特点。要想全面而准确地把握一般民俗所具有的全部特征，事实上是很难的。这里所说的民俗的基本特征，主要是指各地各民族民俗所共有的基本特征。

（一）民俗的集体性与模式性

民俗的集体性是指民俗在产生、流传过程中表现出来的基本特征，也是民俗的本质特征。民俗是集体智慧的结晶。首先，民俗是集体创造的，有的民俗是先由集体中的个别人创造，经集体的认可或加工而形成的。其次，民俗的流传、完善和创新是依靠集体的行为来完成的。有了集体的创造，同时有了集体一代一代的传承和完善，才有可能形成丰富多彩的民俗文化和人文景观。集体性体现了民俗的整体意识，也决定了民俗的价值取向，这是民俗的生命力所在。

民俗的模式性也称为类型性，是指民俗的内容和形式方面的彼此相似性。这种模式性是人们共同遵守的标准和约定俗成的行为方式，与上层文化的个性化、独创性有所不同。因为民俗是由民众创造、传承和享用的，因而一般缺少个性，而表现为一种类型、模式，这是极自然的。

（二）民俗的传承性与播布性

民俗的传承性是民俗文化在时间上的纵向延续过程，体现了某一民俗的历史发展。民俗一旦产生，得到社会的承认，就有很强的稳固性，约束着人们的行动和意识，并经久不衰地为人们所承袭。

民俗的播布性是民俗文化在空间上的横向传播过程。民俗播布是一种民俗文化的传播，它体现了民俗前后左右的空间伸展。这种传播有两种方式：其一，民族迁徙。桂林市每年接待几十万的入境旅游者，这些旅游者虽然停留的时间不长，但是多年的大批量的旅游人口流入桂林，使入境旅游者的本国民俗文化，也随着迁徙到桂林，并与桂林的民俗文化混合在一起，逐渐形成一种新的民俗，为大家所接受，这在阳朔西街最为典型；其二，由于采借方式而造成某一民俗向不同的地区和民族扩散。自改革开放以来，由于旅游使人口大量流动，使得有价值和有意义的西方民俗文化被借用到中国。

（三）民俗的稳定性与变异性

民俗一旦产生，就会随着人们的生产和生活方式的稳定而相对固定下来，成为人们日常生活的一部分，这就是民俗的相对稳定性。稳定性取决于经济基础和与之相适应的意识形态，中国经过无数次的社会变革和改朝换代，其中有些民俗随着经济基础的消失、生活方式的改变而自然消亡，有些民俗则经过某些完善和补充，一直传承到现在。

中国的一些传统习俗，如春节的贴对联、元宵节的吃元宵、清明节的扫墓、端午节的吃粽子、中元节的放河灯、中秋节的赏月、重阳节的求寿、腊八节的吃腊八粥等，在先秦两汉就已经定型，一直传承至今。这正说明了民俗文化传承上的稳定特征。

变异性是指民俗文化在传承和播布过程中内容和形式上的变化。由于民俗是靠集体创造，靠语言和行为传承和播布的，这就决定了民俗总是处于不断的变化状态之中。变异实际上是民俗文化的自身调整，存在于现实生活中的种种民俗事象，大都是古代民俗变异传承的结果。从这一意义上讲，变异是民俗文化传承和发展的内在动力。

（四）民俗的民族性与地方性

民俗是民族的标志，是民族构成的一个要素，每个民族都有它自己特殊的民俗。这里所说的民族性有两方面的含义：一是指同一类民俗事象在不同的民族中产生不同的表现形式；二是指不同的民族由于各自的历史条件、地理条件和经济条件的不同而产生的区别于其他民族的独特民俗。俗话说“十里不同风，百里不同俗”，指的就是民俗的地方性。地方性是民俗在空间上所显示出来的地理特征和乡土气息。由于所处的地理环境和自然环境不同，各类民俗不同程度地染上了地方色彩。例如，饮食上的“南甜、北咸、东辣、西酸”，大致反映了饮食上的地方特色。标志着我国饮食特色的八大菜系：鲁菜、川菜、粤菜、苏菜、浙菜、湘菜、闽菜、徽菜，各有特点，都是从地方特色饮食中发展起来的。

（五）民俗的原始性与神秘性

民俗的原始性和神秘性是密不可分的。许多民俗产生的历史比较悠久，有的民俗可以追溯到人类社会初期，虽然经过不断的传承和变异，但依然有原始民俗的存在，形成了民俗的原始性特点。与此相联系，民俗的原始性使得有些民俗表现出一种神秘的特征。人们进行某些民俗活动时，常带着一种神秘的心理，认为这些民俗具有一种神秘的力量，使民俗具有神秘性的特点。民俗的原始性和神秘性主要表现在信仰、崇拜、祈福、禁忌、占卜、巫术等方面，图腾崇拜和生殖崇拜正是民俗原始性和神秘性的反映。

四、民俗景观审美

（一）居住民俗景观审美

各民族的居住形式各有特色。北方游牧民族习用的居住形式是帐篷型；古代百越民族居住的建筑是以竹楼为代表的干栏型；南方和北方大量存在的居住样式则是上栋下宇型。形式多样的民居呈现出丰富多彩的建筑美。而在美国，人们喜欢经常搬迁，因此便出现了许多独具特色的活动房。这种房子多用木板、铁皮盖成，漆上乳黄、苹果绿等柔和的色彩，外观十分漂亮。

各个民族民居的布局各有不同。各民族屋内火塘和厨房的位置、房间的分配以及祭祀、供奉、禁忌等，都有自己的一套习俗和独特的文化内涵。通过对这些文化内涵的了

福建土楼

解，可以获得许多审美情趣。

各民族民居住室的造型艺术也别具特色。建筑技术比较先进的民族，对室内装饰、雕刻、绘画都有讲究。云南大理白族民宅特别讲究门楼的装潢和门窗的雕刻，院内一般配置有各色花卉的花坛，住宅与周围自然环境和谐，整个建筑与苍山洱海的自然景观相映成趣，形成恬静幽雅的审美特征。而傣族的竹楼与四周的椰林竹木融为一体，构成亚热带的特有风光。

（二）服饰民俗审美

服饰民俗是人们穿戴的风俗习惯，由于各民族的经济生活、文化传统、审美观念、自然环境等的不同，形成了不同的服饰民俗，呈现出各具特色的服饰美。

1. 式样上的百花争艳

世界上的各个民族都有各自的民族服装。即使在同一民族中，其服饰也还有性别、年龄、时令甚至社会地位的区别，比如满族妇女的旗袍，穿在身上显得自然明快，经改进已成为中国妇女最喜爱的一种中式服装。维吾尔族妇女喜戴“尕巴”（四楞小花帽），再佩戴耳环、手镯、项链等装饰品，加上画眉（两眉连成一线）和染指甲，颇具独特的民族风情。在印度，女人的服饰分三部分，乔丽衫是紧身的短上衣，衬裙是围在纱丽内的宽松长裙，最外面的是纱丽，不仅服装本身很有层次感，而且给人艳丽、神秘之感。

2. 色彩上的异彩纷呈

不同民族、同一民族中不同支系和不同性别及年龄的人们，对服饰有不同的色彩追求。贵州苗族服饰绮丽多彩，所谓黑苗、花苗、青苗、红苗、白苗、紫姜苗，就是据其服装颜色来区分的。朝鲜族妇女上穿白色短衣，下配长大黑裙，显得特别素雅。日本的和服宽大舒适，端庄文雅，特别是女式和服，色彩和花纹浓淡分明，艳丽夺目，它既是生活用品，又是具有欣赏价值的艺术品。

3. 花样上的独特新颖

节日盛装，都具有本民族的艺术特色。苗族的节日盛装，更是服装艺术的展示。贵州东南清水江一带苗族妇女的花衣（“银衣”），以绸缎为面，土布衬里，用彩线在绸缎面上刺绣禽兽花卉，多彩生动。其百褶裙常在500褶以上，裙面或绣花、挑花、镶花，花团锦簇。还很讲究佩饰，头、颈、胸、背、肩、手、足银饰达50多种。全身银饰，一般重达1000克，甚至有1500～2000克的，给人以富丽堂皇之感。苗族的挑花、蜡染、刺绣也因极富民族特色并具有艺术性而享誉国内外。法国是一个以服装著称的城市，那里的人们十分注重服饰，尤其是女士，她们几乎很少穿一样的衣服，对于服饰的搭配，她们非常讲究，一般她们会根据礼服的款式和颜色，搭配相应的鞋子、包、首饰等。

（三）民间游艺民俗审美

民间游艺是具有娱乐功能的艺术，往往伴随其他民俗活动开展并得以传承。其种类很多，最为流行的是民间音乐和舞蹈、民间竞技和游戏以及民间工艺。

傣族民间音乐的形成与人们长期以来信奉的原始宗教和佛教有着密切的关系，使傣族民族民间歌曲艺术逐渐形成了以舒缓、温柔为特点的审美特征。傣族民歌当中所表现出的“阴柔之美”“和谐之美”的审美特点与佛教的基本精神也是相吻合的。

印度的民间舞蹈同样充满着宗教色彩，它以丰富的手势语言、面部表情和身体动作准确地表达了人们的感受。比如，“头向上抬表示旗、月亮、天、山、望高处；向下俯视则表现害羞、愁苦、鞠躬、忧虑、跳水、晕倒、看低处的东西；眼睛平视表现惊愕、天平、神的庄严；俯视表示疲倦、读书、思想、看自己的影子；手的动作还能代表一些神祇等”。印度舞蹈光手的动作就有120个左右。印度古典舞蹈高度发达的手势语言、表情语言，由于能够深刻细腻地表现各种人物的情感及内心世界而堪称世界一绝。因此，在欣赏印度舞蹈时，可以带着两种方法去欣赏，一种是单纯欣赏舞蹈者的各种形体动作所表现出来的美；另一种是要掌握一些印度历史及文化知识，懂得一些印度舞蹈的基本特征，这样才能理解印度舞蹈的特殊手势以及面部表情所反映的思想内涵，从而达到美的欣赏效果。

竞技和游戏二者也往往融合起来。我国各民族都有许多竞技游戏习俗，主要包括赛马、射箭、摔跤、赛龙舟、斗牛、斗鸡、踢球、踢毽子、打秋千、放风筝、爬竿等。其审美意义在于，给人们提供健美的审美对象和欢乐的审美气氛。一年一度的蒙古族的“那达慕”大会，以赛马、射箭、摔跤为主要项目，表现出草原民族的勇武机智之美。大会还进行贸易活动，物品如山，人潮似海，衣着花团锦簇，人们笑逐颜开，别具一番民族风情美景。

（四）婚姻民俗审美

婚姻是人生旅程中十分重要的一个节点，无论在东方还是在西方，在这一过程中都有很多习俗包含着浓浓的爱意，值得人们去细细品味。

在中国的传统婚俗中，人们常常会祝福新人“早生贵子”，这在新人“铺床”的方式中就有所体现。在中国，为新人“铺床”是特别有讲究的，新人的床褥多是长辈中儿女双全的人来铺，边铺床边唱念吉语，同时也会在床上抛撒一些吉祥物，祝福新人和和美美、早日得子。

西方的很多国家多有在婚礼上撒谷物的习俗。在西方婚礼上，人们向新人播撒米粒象征着昌盛富饶。因为，米粒象征谷物的收成，寓意新人能多生贵子。现在逐渐转化成象征新婚夫妇的财产像丰收的谷物一样多，具有兴旺发达的意思。

中国传统婚礼习俗中，“闹洞房”是不可缺少的调节气氛的一个环节。“闹洞房”又称“吵房”“戏心”“戏妇”等。在中国，闹洞房一般在结婚当晚，新郎、新娘喝过交杯酒之后开始。新人的亲朋好友，不论是平辈的、晚辈的、长辈的，都可以参与进来。他们纷纷涌进新人的房间，想各种让新人难为情的游戏，让他们当众表演，以逗乐取笑。“闹洞房”与中国的民族心理有密切关系，中国人认为不闹不发，越闹越发。“闹洞房”也是对新郎和新娘的一种祝福，希望新郎、新娘以后的生活能红红火火。

在西方，特别是美国，在结婚之夜，宾客们聚集在新房的窗口外，为新郎、新娘演唱小夜曲，表达对他们的祝福。有时，还会邀请一支乐队来为其庆祝，宾客们通过敲打水壶、水桶等发出声音来伴奏，以使婚礼显得随意、热闹。这项活动一直延续到新人打开窗门，并扔下谢礼后才会终止。

第三节　饮食文化景观

饮食民俗隶属于生产消费民俗的范畴，是民俗中最活跃、最持久、最有特色、最具群众性和生命力的一个重要分支。由于饮食民俗包含的内容十分丰富，不仅包含“饮”还包含“食”，为了大家能够更加细致深入地了解饮食民俗，所以本书将饮食民俗单列一节着重介绍。

一、饮食文化景观概述

“饮”的繁体“飲”属会意字，右边是人形，左上边是人伸着舌头，左下边是酒坛，像人伸舌头向酒坛饮酒。小篆演变为“欲”，隶书作“饮”，本义指喝。“食”本义指饭食，亦作动词“吃”使用。“饮食”一词最早大约出现于春秋战国时期。《礼记·礼运》谓“饮食男女，人之大欲焉”。

饮食有广义和狭义之分。广义的饮食，包括三个部分：一是饮食原料的加工生产，即制成产品的过程；二是成品即饮品、食品；三是对饮食品的消费，也就是吃喝。狭义的饮食，仅指餐食。本书的饮食是指狭义概念。

（一）饮食文化的发展

1. 中国饮食文化的发展

中国文化博大精深，是中国人宝贵的精神财富，在漫长的人类发展过程中，饮食一直是人们生活的头等大事，中国又是一个讲究美食的国家，在历史的积淀下，产生了饮食文化。因此，要研究中国的饮食文化，首先应该认真回顾一下中国的饮食文化发展历史。

（1）饮食文化的蒙昧时代。

在漫长的远古时代，随着原始森林的减少，我们的祖先猿人开始了陆地上的生活。为了在艰苦的条件下求得生存，借助木棒、石块等天然工具，抵御和猎取野兽，顽强地与大自然斗争，过着以“茹毛饮血取草木之实”为生的日子。到了大约170万年前，也就是旧时代早期，人类开始从生食向熟食转化，于是产生了人类最原始的烹饪技术——火烹。人类用火进行食物加工，是由动物进化到人类的重要标志之一。

旧石器时代早期，工具的制造和使用有所进步，人们按照性别分工，依然过着凭有限的野生动植物生存的日子。直到新石器时代晚期，原始人类发现黏土经火烧后能变硬，不再变形，于是陶器便诞生了，人类开始了有炊具的生活。这一重要发明标志着烹饪技术的第一次飞跃，同时也决定了华夏民族数千年以“粮食”和“蒸食”为主食。在发掘出来的属于仰韶文化的人首蛇身壶盖、陶器上的鱼纹和蛙纹等，表明原始人不仅具备审美的追求，更具备创造美的能力。进餐已不再是单纯的物质满足，更是精神的享受，饮食文化开始逐渐形成。

（2）饮食文化的萌芽时代。

进入文明社会以后，由于社会阶级追求美食享受，对食物的加工、烹饪技术提出了更高要求，刺激了饮食文化的进一步发展。在夏商两代，人们对食品的加工方法基本是蒸、煮、炙，食品主要是饭与粥，生活优裕的统治者则嗜好食肉。到了西周中叶，上层贵族饮食奢侈蔚然成风，饮食文化由此形成并萌芽。

（3）饮食文化的昌明时代。

周、秦、西汉是饮食文化的形成和昌明阶段。在这个阶段，由于生产力的发展，各民族之间的文化交流，科学技术的多样化，饮食文化开始昌盛。越来越多的人开始注重饮食，会餐、宴会成为人与人之间交往的必要形式，饮食的文化色彩越来越浓。

尤其是春秋战国百家争鸣的时代，政治的多元化为各种学术的发展提供了丰富自由的土壤。先秦诸子都或多或少地接触过饮食文化，而思之深、论之广者首推儒墨两家。孔子十分重视饮食，并把它作为立国的三个基本条件之一，他提出的最有名的一个观点就是“食不厌精，脍不厌细”。与崇高美食推广的儒学思想不同，墨子主张“去无用之费”以节制过度奢侈的饮食。他还从实用的观点出发，强调饮食与健康的关系，反对追求美味。

（4）饮食文化的昌盛时代。

两汉以后至今的1000多年是饮食的昌盛时代，一系列饮食文化专著的出现标志着饮食的专门化。在南北朝时期产生并开始不断发展。从南北朝开始，人们开始以艺术命名一些名肴佳馔。这一时期，随着城市活动的繁荣，烹饪活动大量涌入商业领域，涌现了大批著名的烹调家，他们在士大夫们共同的推动下，一起发展着中国饮食文化，并且直接导致具有阶级和等级的宫廷饮食文化、贵族饮食文化、士大夫饮食文化、市井饮食文化及庙宇饮食文化等开始形成。由于地域的差别，在相互的文化交流基础上，各地饮食形成了具有独特风味的菜系，最有名的便是粤、川、鲁、苏、浙、闽、湘、徽八大菜系。

2. 西方饮食文化的发展

西餐与中餐不同，它主要是由意大利、法国、英国和美国等风味流派构成的。但由于这些不同风味流派的形成和兴盛时间不同，使西餐的发展呈现波浪形的曲线，先后出现了三次发展高峰。这也正是西方饮食文化发展历史的板块移动式、不平衡发展格局的具体表现。

17世纪初，欧洲餐饮烹饪的领导地位开始转移到法国。此时，法国菜在广泛吸收意大利烹饪精华的基础上结合自己的优势发展壮大，最终形成自己的特色，成为西餐中的一个主要流派，成为17—19世纪西餐的绝对统治者，在20世纪也有很大的影响力。进入20世纪中叶，简约而大众化的英国菜和美国菜，尤其是美国菜开始盛行。美国菜更是利用现代先进的科学技术和机器加工，形成自己的特色，并且在强大经济实力支持下迅速发展壮大。西方饮食文化发展呈现出如此特点的原因，是与西方长久以来政治、经济发展的情况密切相关的。西方文明的发源地希腊就是由许多大大小小的城邦组成的，这些城邦有自己的相对独立性，相互间的平衡发展比较困难。经济与文化方面，西方各国长期以来经济、文化的发展就很不平衡，此起彼伏，也使整个西方的经济、文化中心不断变化、迁移。这必然影响到西方餐饮文化的发展，让餐饮文化也出现板块移动式、不平衡发展的格局。

（二）饮食文化景观的分类

1. 中国饮食文化景观的分类

中国社会向来有三教九流之分，各个阶层占据的社会地位不同，他们的审美水平、文化水准和价值观都存在着明显的差异，因而不同社会阶层在饮食文化中有着不同的风格和特点。

（1）宫廷饮食。

古代帝王有着至高无上的权力，其宫廷饮食也有着得天独厚的优势。一是选料严格，用料精细。帝王权力的无限扩大，使宫廷荟萃了天下技艺高超的厨师，也拥有了人间所有的珍稀原料。不仅选料严格，而且用料精细。早在周代，统治者就食用“八珍”，而越到后来，统治者的饮食越精细、珍贵。二是烹饪精细。一统天下的政治势力，为统治者提供了享用各种珍美饮食的可能性，也要求宫廷饮食在烹饪上要尽量精细，如清宫中的“清汤虎丹”一个菜，原料要求选用小兴安岭雄虎的睾丸，其状有小碗口大小，制作时先在微开不沸的鸡汤中煮三个小时，然后小心地剥皮去膜，将其放入调有佐料的汁水中腌渍透彻，在盘中摆成牡丹花的形状，佐以蒜泥、香菜末而食。三是花色品种繁杂多样。慈禧的“女官”德龄所著的《御香缥缈录》中说，慈禧仅在从北京至奉天的火车上，临时的“御膳房”就占四节车厢，上有“炉灶五十座”“厨子下手五十人”，每餐总“共备正菜一百种”，同时还要供“糕点、水果、粮食、干果等亦一百种”。除了正餐，“还有两次小吃”“每次小吃，至少也有二十碗菜”，而所有这些菜肴，都是不能重复的，由此可以想象宫廷饮食花色品种的繁多。

（2）贵族饮食。

官府贵族饮食在长期的发展中形成了各自独特的风格和极具个性化的制作方法。它虽没有宫廷饮食的铺张、刻板和奢侈，但也是十分讲究的。贵族饮食以孔府菜和谭家菜最为著名。

孔府历代都设有专门的内厨和外厨。在长期的发展过程中，形成了饮食精美、注重营养、风味独特的菜肴。孔府宴的另一个特点，是无论菜名，还是食器，都具有浓郁的文化气息。如“玉带虾仁”表明了孔府地位的尊荣。在食器上，除了特意制作了一些富于艺术造型的食具外，还镌刻了与器形相应的古诗句，如在琵琶形碗上镌有“碧纱待月春调珍，红袖添香夜读书”。所有这些，都传达了天下第一食府的文化品位。

（3）市井饮食。

市井饮食与城市贸易的发展有着密切的关联，它首先是在大、中、小城市、州府、商埠以及各水陆交通要道出现的，这些地方发达的经济、便利的交通、云集的商贾、众多的市民，以及南来北往的食物原料、四通八达的信息交流，都为市井饮食的发展提供了充分的条件。如唐代的洛阳和长安，两宋的汴京、临安，清代的北京，都汇集了当时的饮食精品。

市井饮食具有技法各样、品种繁多的特点。《梦粱录》中记有南宋临安当时的各种熟食 839 种。在烹饪方法上，仅《梦粱录》中就有蒸、煮、熬、酿、煎、炸、焙、炒、炙、鲜、脯、腊、烧、冻、酱、焐等十几类，而每一类下又有若干种。当时饮食不仅满足不同阶层人士的饮食需要，还考虑到不同时间的饮食需要，一般随来随吃、携带方便的各种大众化小吃极受欢迎。

（4）民族饮食。

民族饮食指的是除汉族之外各少数民族的菜肴。由于各少数民族所处的不同的社会历史发展阶段，所处地域、环境、物产、宗教信仰等的不同，所以几乎每一个少数民族都有各自不同的饮食习俗和爱好，并最终形成了独具特色的饮食文化。

生活于东北地区白山黑水之间、三江平原一带的少数民族，主要有满族、赫哲族、鄂伦春族、鄂温克族等。满族以定居耕作农业为主，以狩猎为副。满族人最喜欢食用的是“福肉”（清水煮白肉），过年时主要吃饺子和“年饽饽”，冬季的美味是白肉酸菜火锅。赫哲族以狩猎为主，由于气候寒冷，故以鱼、兽为主要饮食，最突出的是将生鱼拌以佐料而食的“杀生鱼”。而生活于西北地区的哈萨克族、乌孜别克族、塔吉克族、柯尔克孜族等，其饮食原料上与蒙古族没有多大区别，只不过他们的面食要稍微丰富，多以油炸为主。西北的少数民族主要有维吾尔族、回族、藏族等。维吾尔族日常饮食主要以牛乳、羊肉、奶皮、酥油、馕、水果、红茶为多。藏族居住于青藏高原，以畜牧业为主，兼营农业。其饮食以牛、羊、马、骆驼、牦牛的肉和乳为主，并大量食用青稞、小麦，以及少量的玉米、豌豆。西南一些少数民族多居于深山密林之中，形成了自己的独特饮食，即肉食以猪和鱼为主，加之各种昆虫和蛆虫；主食以米为主；喜欢腊干或腌熏的肉；喜欢各种腌制的菜；有各种植物或粮食作物为原料酿制的酒可供饮用。

（5）宗教饮食。

许多民族有自己的宗教信仰，每一种宗教在其传播的初始阶段，除了宣传其既定的教理之外，还要通过一定的建筑、服饰、仪式及饮食将人们从日常状态下标识出来。单就饮食看，通过长期的发展，逐渐形成了独具特色的宗教饮食风格。在中国文化中，宗教饮食主要指的是道教、佛教和伊斯兰教的饮食。

道家认为人是禀天地之气而生，所以应“先除欲以养精，后禁食以存命”，在日常饮食中禁食鱼羊荤腥及辛辣刺激之食物，以素食为主，并尽量少食粮食等，以免使人的先天元气变得浑浊污秽。道家饮食烹饪上的特点就是尽量保持食物原料的本色本性，如被称为“道家四绝”之一的青城山的“白果炖鸡”，不仅清淡新鲜，且很少放作料，保持了其原色原味。

佛教在印度本土并不食素，传入中国后与中国的民情风俗、饮食传统相结合，形成了独特的风格。首先是提倡素食。这与佛教提倡慈善、反对杀生的教义相一致。其次是就地取材。佛寺的菜肴，善于运用各种蔬菜、瓜果、笋、菌菇及豆制品为原料。

伊斯兰教教义中强调“清静无染”“真乃独一”，所以其饮食形成了自成一格的格局，称为“清真菜”。穆斯林严格禁食猪肉、自死物、血以及十七类鸟兽和马、骡、驴等平蹄类动物。所以清真菜以对牛、羊肉丰富多彩的烹饪而著名。清真系列中还有一些小吃也颇具特色，如北京的牛、羊肉锅贴、羊肉水饺，西安的羊肉泡馍，兰州的牛肉面、酿皮，新疆的烤馕、烤包子等。

2. 西方饮食文化景观的分类

西方最初以畜牧为主，肉食在饮食中比例一直很高，到了近代，虽然种植业比重增加，但是肉食在饮食中的比例仍然比素食高。另外，西方人也不把“吃”这种人生易于满足的事情作为人生的至乐来追求，西方饮食文化更多地追求自由、享乐与情爱，因而他们的饮食文化体现出一种“情爱文化”。

（1）法国饮食。

在以浪漫闻名于世的法国，饮食是一种艺术。法国料理是西餐中最知名的菜，凭借对材料的认知及灵活运用，创造出了很多的佳肴美食。法国菜精益求精，它将以往的古典菜肴推向新菜烹调法，并相互借鉴运用，调制的方式讲究风味、天然性、技巧性、装饰和颜色的配合。

法国菜在材料的选用较偏好牛肉、羊肉、家禽、海鲜、蔬菜、松露、鹅肝及鱼子酱；在配料方面采用大量的酒、牛油、鲜奶油及各式香料。法国料理讲究食材的新鲜，忠于原味，崇尚自然，其烹饪手法保留了完整的营养、新鲜，以蔬菜为例，直接拌入色拉或其他调味酱生食的吃法十分普遍，而在海鲜的料理上，则是清蒸烹调或只加入蔬菜煮汤，享受海鲜熬煮出的鲜美滋味。

（2）英国饮食。

英国饮食追求高贵、务实、营养。传统而具有典型意义的英国食品是“炸鱼和薯条”，就是一块炸鳕鱼和几块薯条。随着外来人口的引入，英国饮食也多元化起来，有人把现代英国饮食比喻为超市，因为能方便地吃到各国的饮食，如意大利面食、墨西哥馅饼、西班牙肉菜饭。英国也是一个盛产美酒的国度，如有名的苏格兰威士忌、琴酒。

（3）意大利饮食。

意大利民族是一个美食家的民族，他们在饮食方面有着悠久的历史，如同他们的艺术、时装和汽车，总是喜欢精心制作。意大利美食典雅高贵，且浓重朴实，讲究原汁原味。意大利菜系非常丰富，菜品成千上万，除了大家耳熟能详的比萨饼和意大利粉，它的海鲜和甜品都闻名遐迩。源远流长的意大利餐，对欧美国家的餐饮产生了深远影响，并发展出包括法餐、美国餐在内的多种派系，故有“西餐之母”之美称。

意大利菜肴最为注重原料的本质、本色，成品力求保持原汁原味。在烹煮过程中非常喜欢用蒜、葱、西红柿酱、干酪，讲究制作沙司。烹调方法以炒、煎、烤、红烩、红焖等居多。通常将主要材料或裹或腌，或煎或烤，再与配料一起烹煮，从而使菜肴的口味异常出色，缔造出层次分明的多重口感。

（4）俄罗斯饮食。

为抵御严寒气候，俄罗斯人习惯吃高热量的食物，如面包、肉、奶制品等，以及喜欢喝烈性的酒，如伏特加。以黑麦粉为主要原料的黑面包是俄罗斯人第一主食，因含有丰富的维生素而具有较高的营养价值，最受他们钟爱。俄罗斯人在午餐和晚餐都会喝汤。酸是俄罗斯饮食的一大特点，如面包、牛奶是酸的，菜汤也是酸的。

（5）日本料理。

日本料理是被公认烹调一丝不苟的国际美食。日本料理烹调的特色着重自然的原味，原味是日本料理首要的精神。日本料理的美味秘诀，基本上是以糖、醋、味精、酱油等为主要的调味料，除了品尝香味以外，味觉、触觉、视觉、嗅觉等也不容忽视。

（三）饮食文化的特征

1. 中国饮食文化的特征

（1）区域性。

饮食文化具有明显的区域性。饮食文化的存在与发展，主要取决于自然生态环境与文化生态环境两大系统。就物质层面说，饮食文化主要取决于自然因素。早在距今4000~10000 年前的时间里，中国便形成了以粟、菽、麦等“五谷”为主要食物原料的黄河流域饮食文化区、以稻为主食原料的长江流域饮食文化区、以肉为主要食料的草原地带饮食文化区三大不同风格的饮食文化区域类型。又经过约 4000 年的演变，至 19 世纪末，在今天的中国版图内，出现了东北、京津、黄河下游、黄河中游、长江下游、长江中游、青藏高原等 11 个饮食文化区。

（2）历史性。

由于中国自古以来人口众多，加上水灾、旱灾、战乱等天灾人祸的影响，生存是中国人首要解决的问题。于是“吃”在中国人的生活中占有特殊的位置，中国饮食文化明显地体现出一种“吃的文化”。从先秦开始，就是以谷物为主，肉少粮多，辅以菜蔬，这是典型的饭菜结构。其中饭是主食，菜为辅，其目的是下饭，使饭变得可口。另外由于中国文化追求完美，加上古代中国手工业的发达，所以烹饪中的饮食加工技术在世界上首屈一指。所有这些，使中国饮食文化呈现出历史性的特征。

（3）民族性。

饮食是人类在烹饪与饮食的历史实践中创造和积累的物质财富与精神财富，又是世界文化遗产的组成部分，对每个民族的形成和每个国家的发展都有重要意义。我国幅员辽阔，56 个民族共同组成一个大家庭，“十里不同风，百里不同俗”，中国的各民族在日常生活或重要节日中，都有着各自特殊的饮食习惯和礼仪。但是在华夏文明的统一熏陶下，也形成了一些共同的积淀，构成了中华民族饮食文化特殊的民族性，其特征如下：其一，主要植根于农、林业经济，以大米、面粉、蔬菜等植物性食料为基础，膳食结构中主、副食界限分明；猪肉在肉品中的比例较高，重视山珍海味，喜爱异食。其二，烹调方法精细复杂，菜式多，流派多，筵席款式多；重视菜名和席名的修辞，强调食料与食补，实行合餐制，用箸食。其三，受儒教、道教、佛教的影响较深，以味为核心，以养为目的，讲究博食、熟食、精食、养食，现代科学技术的含量相对较少。其四，影响范围广，几乎涵盖整个亚洲，甚至远播欧美，形成了中华饮食文化圈，使中国有“烹饪王国”之誉。

2. 西方饮食文化的特征

西方饮食文化有四个明显特征，分别是生食、透义、营养、交流。各地域和各民族的饮食文化均能够很好地展现当地人的哲学思想和处世生存之道，从西方饮食的特征便可大致看到西方人的主流思想和观念。

（1）生食特征。

欧洲很多沿海国家的饮食文化是建立在以海产品为主要食物来源的基础上的，他们的饮食文化有着显著的海产品饮食文化特点。这种特征的形成不是偶然的，海产品在烹饪过程中多少会损失掉一些营养成分，对于海鲜来说，熟食化程度越高，营养成分流失就越严重，味道和口感也会大打折扣。复杂的烹饪技术会影响海鲜的鲜美度，这也是为何西方的经济文化中心最早位于沿海地区，以至于西方其他地区的饮食特征也具有很强的生食性特征。例如，法国的熟火腿肉常会带有鲜血丝，这便是典型的生食性特征。在西方，生食特征不仅体现在海产品上，还体现在其他各类食物上，该特征作为一种根深蒂固的饮食方式体现在饮食文化的各个方面。

（2）透义特征。

西方的饮食文化，其透义性特征则比较明显。西方的烹饪技术强调保持食材本身的外形、颜色、香气、味道，西方人在烹饪时不会人工淡化这些特征。

西方菜品名称的透义性非常强，菜名中就包括食材的名称。西方饮食文化的透义性不仅体现在菜品名上，更包含在文化观念中，以及体现在涉及饮食行为的方方面面。实际上，透义性的中心原则并不复杂，也很好理解，那就是尽可能地缩小食物与其外在形式的距离感，使其更具直观性。

（3）营养特征。

海鲜的烹制追求保持食材的独特性，烹调的目的主要是把食材本身的鲜美味道保留下来，保持食材独特性的观念在西方烹饪中有明显的表现。很多海产品，如蛤蜊、比目鱼、鱿鱼等都是不宜与蔬菜混合到一起烹饪的，食材间的味道会影响本味的风格特色，混合烹饪后，食物的口感和营养成分将会发生变化，这样的烹饪法是违背西方饮食观念的。

西方饮食文化中的营养特征主要体现在重视食物的差别性上，这与中国饮食文化不同。我国的饮食文化更重视食物的中和性，偏爱烹饪技术中的搭配和调味。

（4）交流特征。

西方人的观念主要是差别、独特、对立，西方人的用餐方式是分餐，他们将用餐看作个人行为，吃的食物都在私人的餐盘中，除此之外，西方人尊重其他人的饮食习惯和行为，在独立中求和谐。

西方的自助餐是最能体现饮食文化中的分餐制方式的。自助餐的形式是这样的，食客们取自己要吃的食物，用餐的位置不固定，人们可自由走动，边吃边谈，人与人的交流是自由和不受拘束的。自助餐这种用餐形式最能体现西方人饮食文化中的交流特征，人们在用餐时呈现出一种自由、平等的交流气氛。

二、茶文化景观概述

茶堪称是中华民族对世界文明做出的独特的贡献，它与咖啡、可可并称为世界三大非酒精类饮料，以其神奇的功效和魅力，备受世人喜爱，成为风靡世界的大众化饮品。

（一）茶的起源与发展

1. 中国茶的起源与发展

我国茶史的发展经历了五个阶段：野生药用阶段，少量种植供寺僧、贵族饮用阶段，大量发展阶段，衰落阶段以及中华人民共和国成立后的生产大发展阶段。

（1）野生药用阶段。

茶的利用始作药料，远在公元前 2737—前 2697 年茶被神农发现，并用作药料，自此后，茶逐渐推广为药用。

（2）少量种植供寺僧、贵族饮用阶段。

饮茶的习惯最早起源于川蜀之地，后逐渐向各地传播。至西汉末年，茶已成为寺僧、皇室和贵族的高级饮料，到三国之时，宫廷饮茶更为经常。

（3）大量发展阶段。

从晋到隋，饮茶逐渐普及开来，成为民间饮品。不过，一直到南北朝前期，饮茶风气在地域上仍存在着一定的差距，南方饮茶较北方为盛，但随着南北文化的逐渐融合，饮茶风气也渐渐由南向北推广开来。

宋人饮茶继承了唐人饮茶方式，但比唐人更为讲究，制作也更为精细，尤为精细的是饼茶的制作。宋代饮茶虽以饼茶为主，但同时也有一些有名的散茶，如日铸茶、双井茶和径山茶，散茶尤为文人所喜爱。

明代在唐宋散茶的基础上加以发展扩大，使之成为盛行明、清两代并且流传至今的主要茶类。明代炒青法所制的散茶大都是绿茶，兼有部分花茶。

清代除了名目繁多的绿茶、花茶之外，又出现了乌龙茶、红茶、黑茶和白茶等类茶，从而形成了我国茶叶结构的基本种类。

（4）衰落阶段。

尽管我国古代劳动人民对茶叶有不少的宝贵经验，并为世界各国发展茶叶生产做出贡献，但由于中华人民共和国成立前腐败政治的统治，茶叶科学技术和经验得不到总结、发扬和利用，茶叶生产在帝国主义排挤和操纵下，日趋衰败。

（5）中华人民共和国成立后的生产大发展阶段。

中华人民共和国成立后，我国茶叶生产获得了恢复和发展。进入 20 世纪 90 年代后，名优茶生产异军突起，不但恢复生产了许多历史上的名茶，还创制了种类繁多的新名茶。

2. 西方茶的起源发展

茶，起源于中国，发展于中国，而随着中外的交流，又传播到世界各地，并且在各地形成了各自独特的发展历史。这里主要介绍茶在西方的传播与饮用等历史状况。

（1）茶的初识。

有关茶的记载，首次出现在意大利人马可·波罗的游记中。他在该书中明确写到自己从中国带回了茶叶，然而，西方人真正知晓中国有一种称为茶的植物，还是在明朝。1569 年，葡萄牙多明教会的传教士克鲁兹在《广州记述》中，第一次将“Cha”音引入欧洲。到 1615 年，比利时籍耶稣会传教士金尼阁将茶译为通行的拉丁文在德国出版，书名为《耶稣会士利玛窦神父的基督教远征中国史》，此书让更多的欧洲人认识了茶和中国的茶文化。

（2）茶的输入与传播。

最早开始从中国输入茶叶的是荷兰人。1607 年，荷兰人利用自己的船队从爪哇来澳门贩运茶叶，到 1610 年又转运至欧洲，于是开始了西方饮茶之风。至 17 世纪中叶，茶已成为荷兰上流社会的时髦饮料，价格十分昂贵，而且是药房经销。17 世纪后期，茶开始在食品店销售，饮茶成为荷兰全国的时尚，茶室应运而生，并兴起了早茶、午茶和晚茶，同时融入中国以茶待客的礼仪，迎客、入座、敬茶、品茶、寒暄、辞别等步骤都极为讲究，贵族还专门在自己的寓所内建造茶室。

（3）茶文化的兴起。

中国茶在向西方各国的传播过程中，在许多国家只是传入茶叶而已，但在英国却由此形成了一种茶文化。1661 年，葡萄牙公主卡特琳嫁给英国国王查理二世时，将饮茶习惯带入英国皇室，开创了英国饮茶历史纪元。18 世纪初叶，茶已经成为英国人的嗜好和时髦。至 18 世纪中叶，英国开始直接进口中国茶叶。英国首都伦敦，曾经是世界茶叶贸易中心。至今，英国饮茶已有 300 多年的历史，在数百年的演变中形成了以红茶为特色的英式茶文化，影响遍及欧洲大陆和所有英联邦国家，成为可与中国、日本为代表的东方茶文化相对应、相抗衡的西方茶文化代表。在英国，人们在晨起之时要饮早茶，他们的早茶就以红茶为主要饮料。而自 19 世纪 40 年代，英国女公爵安娜首创饮用下午茶以来，饮下午茶又成了风行全国的一种时兴礼仪，更为大众所接受并沿用至今。

除了英国之外，西方其他国家也受其影响在饮茶方式上形成了一定的习俗和文化。如荷兰是西欧最早贩茶、饮茶的国家，人们习惯于上午喝咖啡，下午和晚上喝茶，爱饮加糖、牛奶或柠檬的滋味浓郁、柔和的红茶。德国人饮茶，要求茶味浓厚、富中和性。法国人饮茶始于皇室贵族和有闲阶层，他们把茶作为“万能药”和“长生妙丹”，女士喝茶多于男士，巴黎人喝茶又较外省人多。喝茶分上午、下午和晚上，全国有半数茶客喝浓味早茶，大部分人喝下午茶，而晚上则喝比较清淡的草药茶、香味茶。总之，茶文化在欧美西方国家形成后，最突出的表现是“东方境界融入了西方情调”。

（二）茶的分类

茶叶主要按颜色、发酵程度、焙火程度、萎凋程度和季节不同进行分类。有的根据茶叶的形状不同而命名，如珠茶、银针等；有的结合产地的山川名胜而命名，如西湖龙井、普陀佛茶等；有的根据传说和历史故事而命名，如大红袍、铁观音等。现介绍三种常见分类方法。

1. 按茶的颜色分类

虽然目前我国的茶叶分类尚无统一的标准，但比较科学的分类是依据制造的方法和品质上的差异来划分的，特别是根据各种茶制造中茶多酚的氧化聚合程度由浅入深而将茶叶归纳为六大类，即绿茶、红茶、白茶、青茶、黄茶、黑茶。这六大茶类被称为基本茶类，在这六种基本茶类的基础上再进行加工的茶叶称为再加工茶，如花茶。

2. 按茶叶发酵程度分类

鲜叶从采摘下来到杀青这期间的日光萎凋、室内萎凋与搅拌等过程中，发酵就一直在进行，一般分为不发酵的绿茶（如龙井、碧螺春、崂山茶等）、半发酵的青茶（如铁观音、冻顶乌龙、水仙茶等）、全发酵的红茶（如祁门红茶、云南滇红等）、后发酵的黑茶（如安化黑茶、普洱茶等）。

3. 按采茶的季节不同分类

茶随着自然条件的变化也会有差异，根据季节的不同，就有了春茶、夏茶、秋茶、冬茶。其划分一般以农历 24 个节气为依据，即从当年春天茶园开采日起到小满前所产的茶叶为春茶（从 4 月到 5 月中旬）；从小满到立秋前所产的茶叶，为夏茶（从 5 月下旬至 8 月中旬）；从立秋到立冬为止所产的茶叶为秋茶（从 8 月下旬至 10 月下旬）；少数南方茶区有冬茶，拟从立冬到小雪期间所产的茶叶（从 11 月到 12 月上旬）。

由于各个季节所处的生态环境、日照、气温、降雨量、湿度及茶园的肥培营养条件不同，茶树新梢的生育特性、物理性状和化学成分含量均有区别，经过加工的成茶品质也不尽相同。

（三）茶叶的特点

不同种类的茶有不同的特点，以下按照茶叶颜色的不同分别介绍其特点。

1. 绿茶类

绿茶的主要特点在于茶鲜叶中的多酚氧化酶活性在加工初期就被破坏，从而阻止了多酚类物质的酶促氧化作用（此过程也被称为“发酵”），较多地保留了茶鲜叶中原有的各种化学成分，从而形成了“清汤绿叶”的品质风格，所以绿茶属于“不发酵茶”。

绿茶的主要品质风格是色泽鲜绿，香气清高，汤色、叶底绿而明亮，口感鲜醇甘爽。绿茶的类型和品种丰富，从外形看，有扁形、螺旋形、卷曲形、圆形、针形、条形、兰花形、菊花形等；按加工工艺分有炒青、烘青、蒸青和晒青。

在中国，绿茶的消费量最大。在所有茶类中，绿茶的生产历史最悠久、产区最广、产量最高、品种最多。主要产区有浙江、安徽、湖南、湖北、四川、江西、江苏等省份。

在所有茶类中，绿茶中的名茶数量最多。比较著名的绿茶有西湖龙井、庐山云雾茶、黄山毛峰、蒙顶甘露、信阳毛尖、南京雨花茶、顾渚紫笋、江山绿牡丹、六安瓜片、安吉白茶，云石三清茶等。

2. 红茶类

红茶属于发酵茶类，我国的红茶种类主要有小种红茶、工夫红茶、红碎茶，前两者属于红条茶。红碎茶的品质特征主要是茶汤滋味的浓、强、鲜，发酵程度偏轻，多酚类保留较多；红条茶的品质特征是滋味醇厚带甘，发酵较充分，多酚类保留量相对较少。

红茶生产以采用大叶种茶树品种为好。大叶种茶树适宜生长在南方，所以我国的云南、广东、广西、海南是红茶生产的主要产区。产于云南的红茶称为滇红，是我国浓度最高的红茶。生长在这里的云南大叶种，其芽叶肥嫩，生长期长，水浸出物、茶多酚、儿茶素等含量高。生产于安徽省祁门县的“祁门红茶”是我国最著名的优质工夫红茶，以其独特的天然香气，与印度大吉岭红茶、斯里兰卡乌伐的季节茶并列为世界公认的三大高香红茶。

3. 乌龙茶类

乌龙茶也称为青茶，由于其发酵程度介于绿茶和红茶之间，故属于半发酵茶。乌龙茶的品质特征是外形壮大，色泽砂绿至乌褐、油润，叶底呈绿叶红边，汤色黄绿至橙红明亮，香气浓郁持久、花香怡人、沁人心肺，滋味醇厚甘鲜、回味悠长。不同品种的乌龙茶还往往具有鲜明的品质风格和韵味。福建、广东和台湾是我国乌龙茶的主要产区。

乌龙茶的种类与产地密切相关。福建的乌龙茶产量最多，它也是乌龙茶的发源地。福建乌龙茶又分为闽北乌龙和闽南乌龙两类。广东乌龙茶主要产于潮州市的潮安、饶平等地。广东乌龙茶的花色品种主要有凤凰单丛、凤凰水仙、饶平水仙、浪菜、西岩铁观音等。台湾乌龙茶主要产于新竹、桃园、苗栗、南投等地。台湾乌龙茶产品主要有包种茶、乌龙茶、铁观音、白毫乌龙等。

4. 黑茶类

黑茶是利用较粗老的鲜叶原料，在绿茶加工的前期工艺基础上，在干燥前增加了一个“渥堆”（堆积）的工艺，使茶叶中的多酚类进行充分的非酶促氧化（也称为后发酵），同时也有一些大分子化合物被水解，这些化学变化的结果使黑茶变得香味更加醇和，汤色黄中带红，干茶和叶底都带暗褐色。黑茶加工方法是一种适宜于加工粗老鲜叶的方法。

黑茶主产于湖南、湖北、四川、云南等地。较著名的产品有云南的普洱茶，湖南的花砖、黑砖、茯砖、天尖、贡尖和生尖，湖北的老青砖，广西的六堡茶，四川的方包、金尖和康砖等。黑茶消费主要在我国的边疆少数民族地区，如内蒙古、西藏、新疆等地，近年来普洱茶在华南和国外的消费有较大增加。

5. 黄茶类

黄茶的加工过程是鲜叶经锅炒杀青、揉捻、初烘后，再进行一道特殊的“闷黄”工序，然后再经烘干而成。黄茶实际上是在绿茶加工工艺的基础上，增加了“闷黄”工序而形成。

黄茶的主要品质特点在于“黄汤黄叶”（即汤色和叶底橙黄而明亮），滋味甘醇。比较著名的黄茶品种有安徽的霍山黄大茶、广东的大叶青、四川的蒙顶黄芽、湖北的鹿苑茶、湖南的君山银针、浙江的莫干黄芽等。其中产于湖南岳阳城西洞庭湖中君山岛上的君山银针被誉为黄茶中的极品。

6. 白茶类

将鲜叶采下后，首先进行长时间的自然萎凋，然后是日光晒干或阴干，有些白茶还需要用文火烘干。制白茶的鲜叶原料要求嫩芽及两片嫩叶有较多的白色茸毛、芽头肥壮、叶质柔软、芽叶完整。白茶的品质特征表现为外形呈自然状，内质香味清新自然。白茶性凉，具有清凉消暑的作用。

白茶主要产于福建省，主销福建、香港、澳门和东南亚地区，少量销往西欧国家。著名的白茶产品有白毫银针、白牡丹、贡眉等。

7. 花茶类

花茶又称熏香茶，或称香片，是通过特殊的工艺将茶坯与鲜花混合，将花香熏制到茶叶中而成。用于熏制花茶的茶坯主要是烘青，也有少量的采用炒青、珠茶、红茶及乌龙茶。用于熏制花茶的鲜花有茉莉花、白兰花、珠兰花、代代花、柚子花、桂花、玫瑰花、栀子花、米兰花、树兰花等。花茶的产区较广，福建、广西、广东、浙江、江苏、湖南、四川、重庆等省市都有生产。花茶的消费主要在我国北方和西南地区。花茶的品质特征总体上可概括为花香浓烈、滋味醇厚。花茶中的主要产品是茉莉花茶，其他还有白兰花茶、珠兰花茶、代代花茶、桂花茶、玫瑰花茶等。

三、酒文化景观概述

酒是一种用粮食、果品等淀粉或糖的物质经发酵、蒸馏而成的含乙醇、带刺激性的饮料。酒中的主要成分乙醇在酒液中的含量用酒度来表示。我国规定酒液温度为20℃时，每100毫升酒液中含1毫升乙醇即为酒度1%Vol。

酒中含有乙醇，人们适量地饮用，可以兴奋精神，舒筋活血，祛湿御寒，消除疲劳。除乙醇外，酒水中还含有营养成分，对人体有较好的滋补作用，其色、香、味还可以增进食欲，帮助消化、促进身体健康。

（一）酒的起源与发展

1. 中国酒的起源与发展

（1）酒的起源。

酒的起源可以追溯到史前时期，人类酿酒的历史始于距今有四五万年的旧石器时代“新人”阶段。可考资料中有仪狄造酒、杜康造酒和皇帝造酒三种传说。尽管这些传说各不相同，大致说明酿酒早在夏朝或者夏以前就存在了。夏朝距今四千多年，而目前已经出土的酿酒器具距今五千多年。在远古时代，人们可能先接触到某些天然发酵的酒，然后加以仿制。这个过程可能需要一个相当长的时期，这一发现表明，我国酿酒起码在五千年前已经开始。

（2）酒的发展。

从其发展来看，中国酒可分为启蒙期、成长期、成熟期、繁荣期四个阶段。

启蒙期：从新石器时代的仰韶文化至夏朝初年为启蒙期。这一时期为原始社会晚期，先民们用发霉但已发芽的谷物制酒，即在6000年前人工酿酒就开始了。

成长期：从夏王朝至秦王朝，大约1800年，为中国酒的成长期。这一时期，农业中已有五谷六畜，酿酒业中发明了曲酿，使中国成为最早使用曲酿造酒的国家。同时，随着酿酒工艺的迅速发展，加速了酿酒行业开始作为独立手工部门与农业分离的步伐，朝廷开始设官治酒，以掌管重大的国事和王室的饮宴活动。酒官的设置，标志着酿酒已成为独立的手工部门，这对于规范和提高酿酒技术，总结和推广酿酒经验都具有重要作用。

成熟期：从秦王朝至北宋，大约1200年，迎来中国酒的成熟期。这一时期有汉唐盛世，经济贸易发展，中西文化交融，加之东汉末至魏晋长达两个世纪的战乱，从反面也促进了酒业大兴。由于酒量需求大增，为中国白酒的发明、发展奠定了社会与物质基础。

繁荣期：1840年鸦片战争以后，可谓中国酒发展的第四阶段。中国传统的酿酒技术与西方先进的酿酒技术相互影响，争放异彩。威士忌、白兰地、伏特加和日本清酒等都传入中国，不仅促使中国传统酒出现新品种，而且竹叶青、五加皮等老牌白酒也迅速发展。中华人民共和国成立后，特别是改革开放以来，中国酿酒业迎来繁荣时代。

2. 西方酒的起源与发展

西方酒的起源也是很早的，有一种说法是酒神狄奥尼索斯造酒的传说，但这只是传说，在西方不同类型的酒有着不同的起源与发展，在此，本书仅阐述在西方最具代表性的几种酒的起源与发展历史。

（1）威士忌酒。威士忌是以大麦、黑麦、燕麦、小麦、玉米等谷物为原料，经发酵、蒸馏后放入橡木桶中陈酿、勾兑而成的一种酒精饮料，属于蒸馏酒。相传 12 世纪，爱尔兰岛上已有一种以大麦作为原料的蒸馏酒，其蒸馏方法是从西班牙传入的。1171 年，英国国王亨利二世举兵入侵爱尔兰，将这种酒的酿造法带到了苏格兰，在那里，他们发现了优质的水源和原料。居住在苏格兰北部的盖尔人称这种酒为“Visge Beatha”，意为“生命之水”，即为早期威士忌的雏形。那时的威士忌主要是用来抵御严寒的具有芳香气味的药水。1700 年以后，爱尔兰和苏格兰移民来到了美国宾夕法尼亚州和马里兰州，建立了威士忌酿酒作坊。1789 年，欧洲大陆移民来到了肯塔基州的波本镇，开始从事威士忌的蒸馏，即后来被称为“肯塔基波本威士忌”，它以优异的质量和独特的风格成为美国威士忌的代表。

（2）白兰地酒。白兰地是由葡萄汁发酵、蒸馏得到的饮料酒，是国际上酒类贸易的大宗商品。法国白兰地酒是世界公认最好的白兰地，白兰地起源于法国干邑镇，至今已有 300 多年的历史。17 世纪初，法国其他地区开始效仿干邑镇蒸馏葡萄酒，并从法国逐渐传播到欧洲及世界各地。1704 年“西班牙王位继承战争”结束，酒商们发现用橡木桶盛装的无色的白兰地竟变成了琥珀色，酒没变质，且香味变得更浓。于是从那时起，用橡木桶陈酿工艺，成为干邑白兰地的重要制作工序。这种陈酿工序很快流传到世界各地，身价也日益提高，销量稳步上升。

（3）伏特加酒。伏特加酒，又译俄得克，是俄罗斯和波兰两国特有的蒸馏酒，是这两个国家的国酒。该酒以其酒体纯净的风格著称，近百年来在世界范围广泛流行，特别符合现代食品卫生标准。第二次世界大战后，伏特加酒从东欧扩展到欧美诸国，其独特的风格和优秀的品质使其需求量大增，欧美先进的轻工业基础又使伏特加酒的内在质量进一步提高，同时品种也越来越多样化，成为世界流行最广的蒸馏酒。

（二）酒的分类

1. 按制造方法分类

酒的生产方法有发酵、蒸馏、配制三种，因此生产出来的酒又称为发酵酒、蒸馏酒和配制酒。

（1）发酵酒。发酵酒是指用制造原料（通常是谷物与水果汁）直接放入容器中加入酵母发酵而酿制成的酒液，属低度酒。常见的发酵酒有葡萄酒、啤酒、水果酒、黄酒和米酒等。

（2）蒸馏酒。蒸馏酒是将经过发酵的原料（发酵酒）加以蒸馏提纯获得的含有较高度数酒精的液体。通常可经过一两次甚至多次蒸馏，便能取得高质量的酒液。常见的蒸馏酒有金酒、威士忌、白兰地、朗姆酒、伏特加酒、德基拉酒和中国的白酒，如茅台酒、五粮液等。

（3）配制酒。配制酒的制作方法很多，常用浸泡、混合、勾兑等几种。浸泡制法多用于药酒，将酒液按配方放入不同的药材，然后装入容器中密封起来，待药材溶于酒液中，人饮用后便会得到不同的治疗效果和刺激效果。如国外的味美思酒、比特酒，中国的人参酒、三蛇酒等。混合制法是把蒸馏后的酒液（通常用高度数酒液）加入果汁、蜜糖、牛奶或其他液体混合制成。勾兑也是一种酿制工艺，通常将两种或数种酒兑和在一起，如将不同地区的酒勾兑在一起，高度数酒和低度数酒勾兑在一起，年份不同的酒勾兑在一起，形成一种新的口味，或者得到色、香、味更加完美的酒品。

2. 按酒精含量分类

按酒精含量的不同可分为高度酒、中度酒和低度酒。

（1）高度酒。高度酒指酒精含量40%以上的烈性酒，国外的烈酒全属此类（如金酒、伏特加、朗姆酒、威士忌、白兰地和德基拉）。国产的有茅台、五粮液、汾酒、二锅头等。

（2）中度酒。酒精含量在20%~40%的酒类。中度酒有餐前开胃酒、餐后甜酒等，国产的竹叶青、青梅酒、五加皮酒等属此类。

（3）低度酒。低度酒酒精含量在20%以下，常见的有葡萄酒、桂花陈酒、香槟酒和低度药酒。

3. 按糖分含量分类

这种分类方法通常是对黄酒、葡萄酒而言的。

（1）甜型酒。黄酒含糖10g/100ml以上，葡萄酒含糖5g克/100ml以上的酒类，为甜型酒。

（2）半甜型酒。黄酒含糖3~10g/100ml的酒类，葡萄酒含糖1.2~5g/100ml的酒类，为半甜型酒。

（3）半干型酒。黄酒含糖在0.5g/100ml以下，葡萄酒含糖在0.4g/100ml以下的酒类，为半干型酒。

4. 酒的特点

一般按照酒的生产方式分为蒸馏酒、发酵酒和配制酒，这种分类方式是较为常见的，所以本书将按照这个分类标准来介绍各类酒的特点。

（1）蒸馏酒。

世界上著名的六大蒸馏酒分别是中国白酒、白兰地、金酒、威士忌、朗姆酒和伏特加。

中国白酒晶莹透亮，透明无色，无悬浮物，有的品种有粘杯之特点；酒香郁郁纯净，并有溢香、留香之感觉，其中清香、浓香、酱香、米香的香气协调；品味醇厚柔绵，圆正爽净，回味悠长。

白兰地酒口感柔和醇厚、精细讲究，具有特殊的芳香，酒体成琥珀色，清亮透明。

金酒酒液无色透明，气味奇异清香，口感醇美爽适，既可单饮，又可以与其他酒混合，或作鸡尾酒的基酒，人们也把金酒称为鸡尾酒的心脏。

威士忌酒原本无色，经过橡木桶的贮存，逐渐成为琥珀色，贮藏时间越长，酒味越醇厚。威士忌酒醇香，味微苦，酒精度在40%~42%Vol，饮用时与汽水、柠檬水混合，口感更佳。

朗姆酒原产于古巴，酒液呈现琥珀色、棕色，无色等。口感细致、甜润、芬芳馥郁，是以甘蔗压出来的糖汁，经过发酵、蒸馏而成。根据不同的原料和酿制不同方法，朗姆酒可分为朗姆白酒、朗姆老酒、淡朗姆酒、朗姆常酒、强香朗姆酒等。人们既可以喝纯朗姆酒，也可以调混成鸡尾酒，还可以作为调味品增加甜点和烟草风味。

伏特加是俄罗斯的传统酒精饮料。它以谷物或马铃薯为原料，经过蒸馏制成高达95度的酒精，再用蒸馏水淡化至40度到60度，并经过活性炭过滤，使酒质更加晶莹澄澈，无色且清淡爽口，使人感到不甜、不苦、不涩，只有烈焰般的刺激，形成了伏特加独具一格的特色。

（2）发酵酒。

发酵酒一般是用谷物、果汁等为原料，经发酵而成的酒。主要包括啤酒、葡萄酒和米酒。

啤酒酒精含量低，色泽透明，清亮有光，无悬浮物，有酒花所产生的微苦和麦芽酒香味，味觉清爽无异味，啤酒中富含多种氨基酸、维生素、低分子糖、无机盐等。这些营养成分利于人体的消化与吸收。

葡萄酒是以葡萄酿制而得名的一种原汁发酵酒，是果酒中历史最悠久、品种最多、生产量最大的一种。具有果味清香，酒液清亮，酒香醇正。无异味、无苦涩感、无悬浮物和沉淀物。

米酒制作工艺简单，米散汤清，颜色玉白，口味香甜醇美，酒精含量极低，还具有健脾、暖胃等功效。

（3）配制酒。

配制酒是用成品酒或实用酒作为基酒，再添加香料或中药材，经加工调配而成的酒。如开胃酒，餐后甜酒，利口酒和中国的药酒。

开胃酒气味芳香，有开胃的作用，刺激人的味蕾，增加食欲。还具有滋养、强壮、健胃等功效。

餐后甜酒用来消化食物，具有无色透明、质地纯净、醇香浓郁、味感丰富的特点。

中国的药酒以优质白酒为基酒，以名贵药材配制，酒液清亮透澈，无杂质，药香、酒香和谐醇厚，回味无穷，对治疗疾病有辅助功效。

四、饮食文化景观审美

（一）饮食文化审美

饮食文化之美体现于菜肴的色、香、味、形，饮食的环境、行为、人情和伦理；前者是视、味、嗅三觉享受的艺术美，后者则是精神与心理反应的感受美。因此，欣赏饮食文化之美可以从以下几方面入手。

1. 色泽美

颜色是人们的第一感官印象，饮食的色泽应使人感到清新、明快。俗话说“秀色可餐”，当“秀色”映入人的眼帘，首先会引起人精神上的愉悦，使食物色美，通常是在青、绿、红、黄、白、黑、酱等色中取3~5色调配，也就是选用适当的荤素菜料，包括一种主料和两三种不同颜色的配料，使用适当的方法烹制与调味，就能使得菜色美观。尤其在西方饮食中，他们更注重色泽，在色泽的搭配上讲究对比、明快，他们觉得色泽鲜艳，能够刺激食欲。

2. 香型美

菜点散发出的香气令人陶醉，从嗅觉上引起人的审美快感。精烹美食各异，其香味不尽相同。炸以酥香引人，爆以浓香诱人，焖以鲜香招人，拌以清香袭人，烤以焦香迷人，炒以芳香惹人，糟以酒香醉人，闻其香味而食欲油然而生，可谓“舌根未尝天真味，鼻尖已闻至妙香”。

3. 味觉美

味是美食的核心，菜点的味不美，就失去了品尝的价值，更谈不上以其味美而扬名，故食物之审美价值主要通过辨味来确定。对甜、酸、苦、辣、咸诸味的科学调配，而成味道鲜美、风味独特、口味多样之美食，才能适合和满足不同地区、不同习惯、不同风俗、不同年龄的消费者的需要。

4. 造型美

食品造型是给食用者以形象的美感，从而增进食欲的一门艺术。烹饪者以丰富的想象、精湛的烹技，塑造出形象各异的菜点，用来烘托宴席的气氛，饱食客以眼福，给人以美的享受。如接风宴上的“迎客松”，婚宴上的“鸳鸯戏水”，寿宴上的“松鹤延年”等食品造型，都表达了人们的美好向往和祝愿。造型之美首先体现在造型的多样与统一上，一盘造型完美的菜肴，其纹样、排列、结构、色彩各个方面应该是多样的统一，变化的协调。其次，体现在造型的对称与平衡上，最后还体现在重复与渐次上，重复指的是典型图案的反复运用，而渐次是将一连串相类似或同形的纹样由主到次、由大到小、由长到短、由粗到细地排列，也就是物象在调和的阶段中具有一定顺序的变动，达到了以上几项要求的造型又具有节奏和韵律之美。

5. 器皿美

常言道：“美食不如美器。”就是说美食须配美器，佳肴耀目，美器生辉，烘云托月，无疑会增加美感。中国最著名的美食爱好者——清代著名诗人袁枚在纵观古来美食与美器的发展史后，深有感触地说：“古诗云‘美食不如美器’，斯语是也。”并说，菜肴出锅后，该用碗的就要用碗，该用盘的就要用盘，“煎炒宜盘，汤羹宜碗，参错其间，方觉生色”。首先，食物与器皿在色彩、花样上要搭配。色彩上重在对比，前提是对各种颜色之间关系的认识。因此，一般来说，冷菜和夏天的菜宜用冷色食器；热菜、冬令菜和喜庆菜宜用暖色食器。将嫩黄色的蛋羹盛在绿色的莲瓣碗中，色彩就格外清丽；盛在水晶碗里的八珍汤，汤色莹澈见底，透过碗腹，各色八珍清晰可辨。其次，食物与器皿在外形上要和谐。中国菜品种繁多，形态各异，食器的形状也是千姿百态。可以说，在中国，有什么样的肴馔，就有什么样的食器相配。例如，平底盘是为爆炒菜而来，汤盘是为熘汁菜而来，椭圆盘是为整鱼菜而来，深斗池是为整只鸡鸭菜而来，莲花瓣海碗是为汤菜而来，等等。食物与器皿在空间上要和谐，菜肴造型与器皿图案也要和谐，整个一席菜的食器上总体的搭配更要和谐。

6. 行为美

行为美是人们在进餐中姿态行为与文明礼貌的融合。中国古代人们的饮食生活与文明礼貌结合得很密切，《礼记》在“进食之礼”中，规定了一整套饮食礼仪，如人们的位置该怎么坐，盘碗该如何放都做了规定。又如，吃饭时不许“反鱼肉”（把咬过的鱼、肉放回到菜盘中），不许“扬饭”（以手挥动散其热气），不许大口喝汤，不许剔牙齿等。在西方的餐桌上也是十分注重礼仪，一般在使用刀叉进餐时需要从外侧往内侧取用刀叉，要用左手持叉，右手持刀；在任何时候都不可将刀叉的一端放在盘子上，另一端放在桌子上。每次入口的食物不宜过多，在咀嚼时不要说话，更不要主动与他人谈话。这些细枝末节都作为礼仪加以规定，使饮食表现出了行为之美。

7. 环境美

饮食与整洁、典雅、轻松愉快的环境气氛相统一，是饮食美的又一内涵。环境氛围与食物特点应相得益彰，如中餐厅环境就体现出中国传统文化的特色，或富丽古雅，或清幽别致；而西餐厅则应布置出西式风格，桌椅餐具均应为西式；民族餐厅则应表现出浓郁地道的民族风情。环境给人整体的美感，提升了人们的食欲和食趣。尤其在吃西餐的时候在很大程度上是在吃一种情调：大理石的壁炉、熠熠闪光的水晶灯、银色的烛台、缤纷的美酒，这本身就是一幅绝美的画卷，所以环境的营造对于西方人来讲是十分重要的。

8. 伦理美

伦理美是人们赋予饮食生活的一种礼仪文化修养，如《红楼梦》中描述的中秋赏月宴，“凡桌椅皆是圆的，特取团圆之意。上面居中，贾母坐下，左边是贾政、贾宝玉、贾环、贾兰，团团围住”。“长幼有礼”“尊卑有序”，这是封建社会的礼仪。中国是礼仪之邦，新社会也需要伦理，以调节、和谐人与人之间的关系。常见的现代宴饮，总是以尊敬老人、师长、宾客，爱护儿童为原则，在西方则以女士优先、尊重女性作为他们宴会中的一种原则，这都是道德修养文化在饮食生活中体现出的一种伦理美。

（二）茶文化审美

茶文化是全感官参与的审美文化，包含了全部审美因素，具体说来，就是茶叶美、茶水美、茶具美、茶道美。

1. 茶叶美

品茶分为干品和湿品两步。干品就是观赏茶叶品质，即观叶和闻香。观叶要看茶叶的条、索、片形状色泽，好茶叶片呈现光滑紧秀匀净完整，色翠、油润，有灵气。那种粗、碎、厚、枯、褐，梗长、死气者均为劣质茶。

观叶之后是闻香，这里是干闻。好茶叶香气纯正清冽，沁人肺腑。人们都有这样的体会：茶叶店里的香味是最诱人的，一进入茶叶店，呼吸也会不自觉地变得深沉起来。观叶还包括观看已泡好的汤色与叶形。优等茶叶汤色或清绿如翠，或金黄艳丽，或深红浓丽，茶水清澈透明。叶芽立于水中，轻轻舒展，亭亭玉立，观之爱不释手。

2. 茶水美

茶与水犹如鱼与水，好茶必须用好水。水的要求是清、轻、软、活，煮茶的水以山水为最好，龙井茶叶虎跑泉可以说是最佳的搭配。其次是江河水，井水最差。还有梅花雪水、叶上露水等。山水还需作具体分析，要选择钟乳石滴下来的水或石池里缓慢流动的水。死水即使清澈也不可饮用，因为会有虫蛇草木之毒潜浸在里面。喝这种水要先掘开塘口，让有毒的积水流出去，等新泉水细细流入时再汲取饮用。江河水要到离人较远的地方去取，井水要到经常汲水的井中去取。

烧水沏茶要掌握火候。当水煮到出现鱼眼大的气泡，微微有声是第一沸，边缘连珠般水泡向上冒时是第二沸，这就是苏东坡所言“蟹眼正过鱼眼生，飕飕欲作松风鸣”。二沸之后，水味就不好了。因为水煮沸时间过长，水中氧气和二氧化碳等气体就会飘逸散失，这些气体能促使茶叶中所含的高分子精氨酸类物质分解，从而能提高茶的香气和茶汤的滋味。所以水煮老了不利于泡茶。另外在高温下，水中含有的硝酸盐会被还原成亚硝酸盐，人们饮用后会产生中毒现象。如果水质太嫩也不好，水不沸开，泡出的茶叶就漂浮不下沉，香气等物质没有溶浸出来，“汤嫩则茶味不出，久沸水老而茶乏”。烧煮的炉火也有讲究，以泥炉炭火为佳，次为煤气炉、煤球炉，不可用酒精炉。水壶以陶为佳，铜壶也可，铝壶就差了。

3. 茶具美

美的事物要看整体，有了好茶好水，还要好茶具，茶具是有文化艺术审美意义的品茶用具。茶具包括茶壶、茶杯、茶盘、茶盂、茶炉、茶罐、茶匙等。平常所说的茶具多指茶壶茶杯。茶具制作材料有金、银、铜、锡、玻璃、陶瓷、紫砂等，以白瓷器、紫砂陶器和玻璃为多。泡茶切不可用保温杯，否则再好的茶叶也变成一杯熟茶汤，全然失去了茶叶的芳香。

瓷器茶具首推景德镇白瓷，有白如玉，薄如纸，明如镜，声如磬之称，茶具的绘画装饰，造型均丰富多彩十分精美。龙泉青瓷是另一类高雅茶具，青花圣龙茶具青白分明，清新典雅。玻璃茶杯特别适合泡绿茶，以其晶莹透明，可充分显现绿茶汤色青翠，叶芽亭立之美。

在中国茶具中，值得重笔一提的是宜兴紫砂茶具。它用宜兴一带特殊的陶土制作，这种陶土有 20 多种矿物质，烧成的茶具分子空隙大，透气但不透水。紫砂壶柔韧致密，泡茶不走味，无熟汤气，可蓄香，不烫手，夏日贮水不易馊变，长期使用更显光泽，有“朱泥十滴泪，香语百年长”之美誉。紫砂壶的制作工艺与书画雕刻结合，成为多文化的特殊载体，具有强大的艺术生命力。紫砂壶的艺术美首先是其造型，一般分为光货、花货、方货、筋纹货四种，造型分为几何型、艺术型、特殊型、仿生型等。仿生型有树干、竹节、青蛙等，十分逼真可爱。紫砂壶的艺术美又体现在它的书、画、铭词雕刻文学意境美。一把小小的紫砂壶，经艺术大师的精心制作，可表现多种审美意境，如纤秀、艳丽或豪放、质朴，静穆、严肃或活泼、诙谐，富贵、绵柔或清寒、刚强，这种种美的意境，可吸引人们静观久视，把玩不已。

紫砂壶不仅供实用，还具有收藏价值。购买新紫砂壶后，要先养壶。因为新壶有胎骨火气，性脆，是生壶，要退去窑火气，蓄茶贮香，养成熟壶。其做法是用优质茶叶和水，内泡外冲，养壶三日，再晾干珍藏。平时品茗，要亲切摩挲，人与壶交流感情。残茶过夜，不可擦去茶垢，更不可用手伸入壶内，以免茶壶死去。若壶主长期出门，要有专人抚壶，人与壶的关系竟是如此奥妙。由于紫砂壶特殊的艺术性，成为人们制作、收藏的热门对象。历代出现了多名制壶高手，国内收藏的最名贵作品是明代的供春壶。清代一把大亨壶为上海名壶收藏家许四海所得。某壶迷慕名专程来沪愿以百万求赐而不得，只能摸一下此壶含泪离去，由此可见紫砂壶惊人的艺术魅力。

4. 茶道美

茶道美是中华茶文化审美的核心。茶道包括茶德茶艺等。茶艺美是指冲泡茶水的技艺美，茶室环境要求清幽雅致，窗明几净，布置典雅，有琴剑书画绿草香花则更增情趣。茶具茶桌整洁美观，茶道表演者装束优雅，举止大方。茶道表演应有民乐伴奏，可以增添艺术气氛。

中国茶道各地风格有所不同，各具特色，尤以四川天府茶道为中外茶客所赞誉。天府茶道从茶具配置到服务规程都格外引人入胜。天府茶道侧重于表演绝技，它可雅可俗，对茶室不十分讲究，茶馆、茶楼、茶摊均可，但非常看重选水、配具、匀茶、候火、斟茶等功夫的熟练利落以及追求一种特别感觉，使人于眼花缭乱中得到艺术的美感和享受，深切体验到人情之美、茶德之功、养性之效，进入妙趣横生的意境。天府茶道源于生活，又高于生活，从赏茶、展具、涤器到敬茶，处处给人以美的享受。

茶道美的另一方面就是茶德美。中国的茶德是“敬、清、和、美”四个字。茶德融道教的道德、佛教的功德、儒教的品德、社会的公德及美学的美德于一炉，具有独特的社会功利性和艺术审美性，它充分体现了东方中华文化的意蕴。敬是指人与人的交流和谐，谦让恭敬；清是指清心寡欲，洗去尘俗；和是指心境平和，恬淡自如，天人合一，茶中的静，茶中之和，百和妙殊，融洽一体；美指茶道全过程中的美景、美人、美器、美物、美言、美行。苏东坡说：“从来佳茗似佳人”，一语点出了茶道的美。

饮茶是一种陶冶精神的好方法，茶品与人品可以相提并论。唐陆羽《茶经》曰：“茶最易精行俭德之人”；唐韦应物茶诗《喜园中茶》曰：“性洁不可污，为饮涤尘烦……此物信灵味，得与幽人言”。值得一提的是孙中山先生对茶倍加重视，他在《建国方略》一书中提倡以茶代酒，颇有远见卓识。茶与酒比较所具有的优点人所周知。当今社会物欲横流，精神贫乏，在饮酒泛滥成灾的时候，提倡茶文化可说是精神文明建设的一项内容。提倡茶文化，让现代人回归自然，回归本性，寻回失去的精神乐园，这对于21世纪一代青年人来说是一件有意义的事情。

（三）酒文化审美

酒文化的美是指进饮时的时、空、人、事等多种因素的协调一致，讲究良辰、美景、怡人、乐事的有机联系，即强调大意境之美；酒的色、香、味、形、器之统一，则构成了饮酒的小意境之美。

1. 酒的审美特征

从事物的系统构成性方面看，任何一种美都包含两个基本层次：一是内在自然向人生成的肯定性意蕴；二是外在节律形式本身。所谓“自然向人生成的肯定性意蕴”是指世间万物，最终朝着人的本质方面生长前进。事物只要表现了人的本质和发展趋势，也就有了朝人自然生成的肯定性意蕴，该事物也就是美的了。表现在酒上的美是指其个性美，结构美。所谓“外在节律形式本身”是指大千世界，一切事物都在不停地运动，都具有一定的力度、气势、节奏和旋律。这些显示出一定秩序结构的运动形式，便是节奏形式。体现在酒上就是指意境美、诗美及艺术的灵性美。以此来审视酒品，那么他以“美”为灵魂的独特的艺术性，也就显而易见了。酒的个性美、结构美、意境美构成了“酒”文化的精华。

（1）个性美。

个性美是指事物的风格与典型，它是艺术的生命，是美的灵魂，也是各种名酒的生命和灵魂。就好像每一个人都有自己的特殊脾气一样，许多名酒也有属于自己的风格和特色，即酒的“香型”。在酒林中，独树一帜的各类名酒都是以其酸、甜、苦、辣、香等诸味协调统一而展现自己丰富的个性美。品味知文，一种酒源于一个地域的文化熏陶，也可以说，酒味本身就是一种文化。一方水土养一方人，一方人喝一方酒。酒里凝聚了创造者的智慧与心血，糅合了造酒者的性格与信仰，北方的酒度高味厚、质朴而浓烈，是因北方人醇厚朴实，性格坦荡豪放；南方的酒则继承了酒的精华，酸而不涩、甜而不腻、苦而不黏、辣不呛喉、香不刺鼻、饮后回甘，达到诸味浑然一体，如国酒茅台就属于南方酒系，体现了南方人勤快执着、睿智聪颖的个性特征。

（2）结构美。

结构美是指构成酒的各种成分在各个层次之间的平衡性、协调性、统一性与自然性。对于一种美酒来说，香与味的协调平衡是其成功的基点。例如，五粮液酒不上头，不上喉，回味愉快，突出地体现了这种香与味协调平衡。酒味本身虽具有酸、甜、苦、涩、辣、杂等之分，但它给人的感觉总是复合之味，综合之感。这些味觉的美感在茅台酒等名酒中非常突出，酸、甜、苦、辣、香五味俱全，均匀、平衡，达到非常协调统一的境界。总之，一种酒只有经过千百年发展、完善与精益求精的独特工艺，才能具有独特的典型风味及其结构美。

（3）意境美。

意境美是指品酒后，通过酒内在形式上的美与外在形式上美的协调，达到对美体的整体美感效应，从而产生妙趣无穷、时空无限的感受。酒是劳动者从天然食物中凝酿而成，是人的灵性与天地灵性的结晶。品酒，首先是领略酒内在形式上的美，即通过各种感官给人的一种风味综合感，然后随着人们艺术修养的不同，通过超越酒的风味本身，涌现出各种各样的酒诗、酒文、酒饰、饮酒环境、佐酒方式等美的外在形式，从而达到韵味无穷的境界。

2. 酒文化的审美功能与价值

从审美文化的角度和层面进行考察，酒文化体现了中和、调和的基本功能。它通过对人类无数个体潜移默化的审美同化，来实现对人类群体的审美调节，最终实现对人类环境的整体调节。这种巨大的调节功能主要表现为人际之和、民族之和与天人之和三个方面。

人际之和体现的是不带强制性的审美调节。酒文化的审美通过其审美同化的机制，一方面使审美者在审美愉悦中与自己同构，即让他们毫无痛苦地告别愚昧与落后，丝毫不受强制地走向文明与进步；另一方面使审美者通过酒为中介调动起双方的感情投入，消除相互间的误会与隔阂，化干戈为玉帛，达到人际关系相和谐从而促进社会稳定的目的。可见，只有人类个体之间的关系越和谐，人类个体自身的审美意识越浓、审美能动越强、审美的行为越自觉，其社会的调节功能则越大，调节的效果越好，就越有利于人类社会向着其控制论目的前进。

民族之和体现了各民族审美个体同质化的审美调节。酒文化是劳动实践和审美创造的产物，是各民族智慧的结晶。酒文化的审美就是通过不断地同化和优化各民族审美个体，来同化和优化民族群体，进而消除各民族间的隔阂，调和各民族间的矛盾，达到各民族之间和谐统一之目的。这也是酒文化之所以灿烂辉煌经久不衰的审美根源。

天人之和体现了人与自然高度和谐的审美调节。追求绝对自由、忘却生死、淡泊名利是中国酒精神的精髓所在。酒文化的审美则是通过同化和优化审美主体来同化美化自然，进而达到使审美主体与天地万物和谐统一的目的。

审美现象是一种群体现象，它是在一定的群体系统中起控制和调节作用的。酒文化作为一种审美现象，它的功能和审美价值体现在它对一定群体系统的控制和调节作用上。它所产生的巨大控制与调节功能——人际之和、民族之和、天人之和的调节机制与功能，不仅对中华民族的生存与发展，而且对整个人类的生存与发展都具有极大的促进作用。

第四节　中西方风俗文化景观审美比较

一、节庆景观审美比较

节日是一年中被赋予特殊意义的日子，是不同民族、地区和国家的政治、经济和文化的延伸，是社会文化的集中体现之一。因此，节庆的差异是中西方文化差异的重要内容，它具体体现在以下几个方面。

1. 泛神论和一神论

中国的传统节日也信仰宗教鬼神，但与西方宗教信仰不同，中国神灵信仰是泛神论的，祭祀的神灵数不胜数。如农历腊月二十三过小年，家家户户祭祀“灶王爷”，又称“灶君”“司命菩萨”或“灶君司命”，被玉皇大帝派到人间做督善之神，每年腊月二十三日晚，上天汇报。因此，民间于腊月二十三晚祭灶为灶神夫妇送行，为他准备香甜软糯的食物以沾到他嘴上，让他不能说主家的坏话，只能甜言蜜语地讲好话。

西方基督教信仰上帝，认为他是宇宙的创造者，是历史的主宰，是唯一的、绝对的，是全知全能的、至高无上的，是不能亵渎的；神与人之间存在着一条不可逾越的界限，人只能对他敬仰遵从。只有相信上帝，一切顺从上帝的安排，人死后灵魂才能升入天堂。

2. 集体主义和个体主义

中国几千年来处于儒家思想的统治下，蕴含着热爱生命、追求健康的人本精神，敬祖孝先、尊老爱幼的传统美德，以及团结和睦的心理追求。因此，中国的传统节日强调宗法集体主义价值维度，强调对集体利益和家族利益的维护，注重血缘性、群体性，以大局为重。如过春节，就要阖家团圆，家族、亲戚之间要相互拜年，共享家庭幸福，端午、重阳要孝敬老人，中秋要吃月饼赏月，全家团圆，共享天伦。

然而，中国的传统节日都有着厚重的伦理道德上的内涵，其主要作用在于道德伦理的传承，而不仅仅是世俗的娱乐休闲。中国传统文化尊重人，但是不注重个体价值和个体的自由发展。

相反，与重“家”重“合”的中国人相比，西方受文艺复兴运动的影响，主张个性解放。因此，西方的传统节日强调个体主义价值维度，以自我为中心，强调个人享乐，重视情感交流，追求自由、狂欢、新奇。如西方的狂欢节，人们可以穿奇装异服，戴上古怪面具，参加游行聚会、化装舞会，无拘无束，任意放纵；愚人节时，人们可以尽情戏弄别人或被人戏弄；万圣节晚上，孩子们可以任意扮成自己喜欢的造型，戴着鬼怪面具出来吓人。西方传统节日追求的是“自我快乐感”。

中西方节日都注重喜庆欢乐，但中国人受儒家“乐而不淫，哀而不伤”思想的影响，内敛保守，人们更多的是作为旁观者，置身事外，很少全身心地投入狂欢。而西方人更多的是一种全身心的投入，是一种非理性的精神狂欢，有一种对主流文化的颠覆精神。

3. 谷物和肉食

中国以农立国，民以食为天。中国人对生命的追求以健康长寿为目的，饮食特别注意与岁时节气协调。传统节日便是传承优秀饮食文化最好的时段。因此，中国的传统节日习俗主要以吃喝为主题。中国的饮食文化不仅体现了饮食本身的文明成果，而且也体现了中华民族热爱生命、追求健康的人本精神，其信仰与禁忌已经成为中华文化的隐喻象征符号，内化为中国人的民族心理。

中国主农，以种植谷物为主，因此中国传统节日食品多以谷物为主，如春节的饺子、元宵节的元宵、端午节的粽子、中秋节的月饼、腊八节的腊八粥，其主料都是各种五谷杂粮。立春是一年的开始，古人将农历立春之日作为春节，有在这一天劝人耕种的习惯，因而春饼、春盘、屠苏酒这三种有利于身体健康的食品应运而生。现在这些食品则多是表达新年吉祥如意、阖家幸福安康之意。年夜饭中的整只鸡意为“大吉”，整条鱼意为“年年有余”。夜间零点古代叫作“子时”，北方除夕晚上吃饺子，就是取新旧年交替从子时开始的“更岁交子”之意；饺子肉加菜调馅儿，谐音“有才”；其形状酷似金元宝，寓意“财源广进”。南方春节吃圆润甜糯的汤圆，寓意“团团圆圆”，吃年糕寓意“年高”，收成一年比一年高，生活一年比一年好。中秋赏月吃月饼，由于月饼形如圆月，象征家庭幸福团圆。

西方国家没有经历过长期的农耕社会，没有对季节和气候变化过多的重视，西方受工业文明、商业文明的影响，其传统节日习俗主要以玩乐为主题，主要是通过宗教仪式和娱乐活动来获得身心的解脱净化和精神的愉悦快乐，如摇曳的烛光、天籁般的圣诞颂歌，或是娇艳浪漫的玫瑰、甜心巧克力，或是释放压力和紧张的狂欢盛会。节日饮食处于次要地位。传统节日食品主要也是用来表达宗教的神圣感和人对上帝的崇敬感激之心。

西方国家的传统节日食品主要以动物肉类为主，如火鸡、烤鹅、烤猪、烤羊肉、烤兔肉、火腿和三文鱼。圣诞节吃火鸡大餐象征感恩耶稣降临。复活节制作彩蛋，把鸡蛋煮熟后染成红色，用鸡蛋象征新生命的开始，用红色象征耶稣用鲜血为人类赎罪。人们用彩蛋做游戏，认为彩蛋在地上滚动，可以使恶魔不断惊颤，备受煎熬。复活节吃烤羊腿的传统源于《圣经》记载，上帝为考验亚伯拉罕的忠诚，命令他把独生子杀掉做祭品。亚伯拉罕虽万分痛苦但还是决定按上帝的旨意去做。就在他举刀砍向儿子的一瞬，上帝派天使阻止了他。亚伯拉罕便把一只公羊作为祭礼献给了上帝。并且，羊在基督教中也具有重要的象征意义，耶稣被称为“上帝的羔羊”，被看作替罪羊，替世人赎罪。于是人们便在复活节用羊肉做祭品，吃烤羊肉。复活节还要吃“烤兔”，兔子在西方文化中象征优育多产，除旧布新。

中西方传统节庆蕴含着相同的文化内涵，都传承着尊重自然、感激天地、敬仰历史、缅怀祖先、忠于亲情、爱情的文明薪火，都表达着对美好生活的向往和热爱。民族传统节日是维系族群、家庭甚至个体存在于社会的精神纽带，是民族情感的凝结，是增强民族文化认同，维系国家统一、民族团结和社会和谐的重要保证。因此，在近年来西方外来节庆文化强势冲击下，经济转型期的中国一定要中西统筹，发展创造中西互补的中国特色节日体系。

二、民俗景观审美比较

民俗包括很多的部分，本书选取最具代表性的服饰民俗向大家介绍中西方民俗景观的审美差异。

（一）服饰样式差异

中国传统服装的主体形式是前开型的大襟和对襟式样。前开衣最早起源于中国，形成于黄帝时代。中国服装有两种基本形制，即上衣下裳制和衣裳连属制，女子穿上衣下裳式样的较多，男子多穿上下连属的袍衫。中国传统服装的剪裁方法是平面二维的剪裁方法，这样裁剪出的衣服结构简单舒展。衣领一般采用前开型的大襟和对襟的样式，腰部束腰带。正式服装往往配有蔽膝。这样的服装整体自然下垂形成纵向的垂皱，有拉长身形的作用，给人以洒脱、飘逸之感。这样的服装形制正符合中国人注重中和、含蓄、感性的审美需求，服装整体造型端庄、和谐。由于无意强调人体曲线，所以服装衣型较为宽松，反而更能体现着装者的洒脱和不拘一格的文人气息。

西洋服装在样式上有一个演变过程，古希腊的服装是披裹式，古罗马到中世纪，服装的式样以披裹式的非成型类衣和前开式的半成型类衣为主。4 世纪，日耳曼民族南下，日耳曼民族的四肢分离的体形型服装逐渐渗入到欧洲服装的基本样式中，从 13 世纪开始至今，体形型服装逐渐占据了主体地位，其基本形制是男子上衣下裤，女子为上下连属的裙装。西方服装的形制发展轨迹概括起来就是：非成型到半成型再到体形型。西方服装立体剪裁的构造方式，能够修饰、强调，甚至夸张人体曲线，这正符合西方文化重视冲突、直白、理性的审美需求。

（二）服饰外形差异

中国传统服装的外形强调纵向感觉，自衣领部位开始自然下垂，不夸张肩部，常用下垂的线条、过手的长袖、筒形的袍裙等纵向的装饰手法，使人体显得修长，特别是使四肢有拔长感。自然修长的服饰使男性显得清秀，使女性显得窈窕。同时，平顺的服装外形与中国人脸部较柔和的轮廓线条相称。

西洋古典服装的外形强调横向感觉，常采用横向扩张的肩部轮廓、各种硬领、轮状领、膨胀的袖型、庞大的裙撑、重叠的花边和花朵，使服装线条产生夸张和向外放射的效果。西洋服装的外形特点与西方人热情奔放的气质、起伏明显的脸部轮廓以及高大挺拔的体型相适应。

（三）服饰装饰差异

从装饰特点看，中国传统的镶、嵌、滚、盘、绣几大工艺的巧妙运用，使中式服装虽造型简练，但纹样色彩斑斓，美不胜收。

西洋服装是立体构成设计，表现三维效果，所以装饰与整体结构造型相对应，强调立体感和空间感，装饰手段是借助各种立体物，如穗饰花结、荷叶边、金银丝带、褶裥和切口等，点缀服装表面。最初，花朵、花边等只是少量装饰服装表面，丰富表面效果。到了洛可可时期，某些礼服竟是用立体花堆砌而成。

（四）服饰色彩差异

从服装色彩看，在上古时代，黑色被认为是支配万物的天帝的色彩，夏、商、周时天子的冕服为黑色。后来，随着封建集权专制的发展，人们把对天神的崇拜转向对大地的崇拜，所以形成了“黄为贵”的传统观念。黄色成为帝王的专用色，隐喻着统治者至高无上的地位。传统服装色彩受阴阳五行影响，有青、红、黑、白、黄五色之说。青、红、黑、白、黄色被视为正色，其余颜色则为间色，正色在大多数朝代为上等社会专用，表示高贵。在民间，正色是人们衣着配色所喜爱和追求的颜色。

在西方，古希腊人喜爱白色，古罗马服饰最流行的色彩是白色和紫色，紫色象征高贵，白色象征纯洁、正直。欧洲文艺复兴以来，随着服饰奢华程度的升级，明亮的色彩受到人们的欢迎，织锦缎和天鹅绒中还织进了闪闪发光的金银丝线。法国人特别喜欢丁香色和蔷薇色，也很迷恋含蓄的天蓝和圣洁的白色。西班牙人崇尚高雅的玫瑰红和银灰色调。在英国，黑色被认为是神秘、高贵的色彩，特别是黑缎子和黑天鹅绒常是贵妇的首选。迷人的黑色衬着白种女性白皙的肤色，非常炫目。西欧服装上的图案随着历史的变迁而不断变化。

（五）服饰图案差异

中式服装的图案纹样丰富多彩，有飞禽走兽、四季花卉、山峦亭阁和几何纹样等，抽象、具象、夸张、写实等风格俱全，图案纹样不仅精美，而且具有丰富的内涵。中式服装喜好运用图案表示吉祥的祝愿。从古至今，从高贵的绸缎到民间的印花布，吉祥纹样运用极为广泛。如龙凤呈祥、龙飞凤舞、九龙戏珠、蜥龙闹灵芝等纹图，不仅隐喻着图腾崇拜，而且抒发着“龙的传人”的情感。像鹤鹿同春、喜鹊登梅、凤穿牡丹、福禄寿喜、连年有余、吉祥八宝等图案，反映了人民对美满生活的希望。

西方服饰纹样是以对自然的模仿为主，所以其艺术效果重点在于逼真的程度，因此物象的明暗、色彩、体积、空间及物象之间的结构关系等因素都被准确地表现出来，这样才能达到立体、逼真的写实效果。这不是仅仅依靠线条就能体现出来的，只有通过准确的造型和色彩的空间透视相结合，构成整体的面才能做到。现藏于英国维多利亚·安德·阿尔伯特美术馆中的彩花竖条纹样印花布，每一朵花、每一片叶的色彩都具有显著差异。虽说花的固有色是红的，但在这里，每一片花瓣的红色都不一样，受光的一面呈现微红，甚至发白，背光的一面色彩明度逐渐降低，纯度提高，精确而立体地再现了受光线影响的蔷薇色彩的变化。

（六）服饰美学文化差异

西方文化起源于海洋文明，文化比较开放，易于融合外域服装文化。中国文化起源于大陆文明，文化本能比较封闭，在服装上具有固执的“原体”意识，传统服装形制几千年来地位稳定，吸收异域服装相对困难。

西方文化善于表现矛盾、冲突，在服装构成上强调刺激、极端的形式，以突出个性为荣。中国文化是和谐文化，强调均衡、对称、统一的服装造型方法，以规矩、平稳为最美。

西方文化是一种明喻文化，重视造型、线条、图案、色彩本身的客观化美感，以视觉舒适为第一。中国文化是一种隐喻文化，艺术偏重抒情性，追求服装构成要素的精神寓意和文化品位。西方文化崇尚人体美，重视展示人体的性差异，不忌讳表现性感。古典模式是表现女性的第二性征，如露颈、露肩、露背、半胸，以紧缩腰围和垫臀来表现女性身体曲线。现代模式是以简约的形式表现人体的自然身形，以短露和紧身为现代时髦。中国文化漠视“性”的存在，服装不表现人体曲线，不具备感官刺激要素，宽衣博带，遮掩人体，表现的是一种庄重、含蓄之美。

中国和西方服饰文化各具有丰富的内涵和鲜明的特色，都是人类祖先留下来的宝贵文化遗产，是世界文化宝库的瑰宝。

三、饮食文化景观审美比较

饮食文化内涵和外延十分丰富，既包括饮，又包括食，既包括饮食本身，又包括饮食过程的礼仪、器具。由于篇幅的限制，本书将选择饮食文化、茶文化和酒文化景观进行比较分析，以全面了解东西方的审美差异。

（一）饮食文化景观审美差异

1. 形象美差异

饮食的形象美是各个国家和地区文化在饮食上的折射。中国人在餐食方面讲究“色香味俱佳”，“色”排在第一位可见其重要性。中国菜的形象美主要体现在具有中国传统美的色彩与造型。如“芙蓉鸡片”是以白色鸡片为主料，配料用绿色的菜心、红色的火腿之类加以点缀衬托，就显得鲜艳而和谐。贵州苗族在过“吃姊妹饭”节时，主食是染成彩色的米饭，和过节人的心情一样热烈喜庆。或是将菜品雕刻成各种花卉和形态逼真、生动活泼的动物形象，镶围在菜肴周围，配以色泽艳鲜、形象逼真的月季花、菊花等上席，从而使菜肴显得清新素雅，美观大方，令食者满心喜悦爱不释口。尤其在糕点制作领域，自然界中的各种动物、植物、花草、树木、山水等自然景观，经过制作者的巧妙布局和精心组合，在糕点表面构成了一幅惟妙惟肖、栩栩如生的大自然景观图案。如形象完美、精神饱满、色彩鲜艳的月季花、莲花、荷花、菊花、梅花等花卉；水中漫游的鱼，正在戏水的鸳鸯以及“二龙”戏珠；天空中飞翔的白鹤；腾飞的“巨龙”；高耸入云的山峰、林鸟和潺潺流水；开屏的孔雀、飞奔的骏马、挺拔苍劲的松树、闹梅的喜鹊以及丹凤朝阳；园林风格的亭、台、楼、阁等。这些优美的造型图案，结构合理，层次分明，简洁明快，生动活泼，形象鲜明，让人陶醉在自然和生活的美景中，给人以美的享受。

西方的饮食由于分餐制的特点，在外形上与中国有很大的差异，以精致、简约、时尚为主要特征，主要体现在留白、色彩和立体三个方面。

中国人的留白主要体现在绘画领域，西方人的留白则主要体现在饮食方面。西方人尽管实行分餐制，但是盘子的体积相对较大，由于每个人单独菜肴的食用量减少，因此从空间上就会形成较大的留白。留白这种简约直观的装饰方式，将多余空间给食物“呼吸”，在这片区域，西方设计师主要是采用或紧凑，或均衡，或放射的布局方式以突出菜肴的主体性，从而使整个菜品产生宁静、稳定、均衡、对称或不对称的美感。比如，比利时 Hof van Cleve 餐厅主厨 Peter Goossens 制作的尼古拉土豆，这道菜品采用直线式样的指针摆放，菜肴的右侧指向 4 点钟，左下方指向 7 点钟，上方的蘸酱与碎颗粒指向 10 点钟，仿佛构成了 3 段不同的时间轴，极具稳定的美感。

西方受绘画艺术的影响，在色彩的把握上深得要领，体现在饮食文化上就表现为精准、和谐的色彩搭配。通常一道菜品会含有 2 种中性颜色和 2~3 种亮色食物，使人产生活力、兴奋之感，稳重、高雅之感以及宁静、深远之感。芝加哥米其林三星餐厅 Alinea 的主厨 Grant Achatz 制作的热带水果，朗姆酒香草和卡菲尔酸橙就给人以抽象派油画艺术作品的浓郁、斑斓之美。

现在西餐对各种食材原料之间的对立和层次感也十分重视。通过对食材之间紧密联系的纹理、结构、材质的把握，将不同质地的食材进行立体混合搭配，形成不同视角下具有一定空间结构美感的菜品。

2. 环境美差异

讲究优雅和谐、陶情怡性的宴饮环境，是饮食审美的重要指标。就餐环境包括三种：一是自然环境，二是人造环境，三是二者的结合。对于现代餐厅来说自然环境与人造环境的有机结合更容易使人产生美感。由于东西方在文化、审美方面的差异，因此就餐环境就具有典型的地域特色美。

一般而言，中式餐厅具有典型的东方风情与意境。很多知名的中餐厅都选址在风景名胜区或景色宜人的郊外。如颐和园万寿山山腰面向昆明湖的“听鹂馆”，使许多外宾陶醉于中国美食与皇家苑林之中；杭州四季酒店中餐厅就坐落在风景秀丽的西子湖畔。同时为追求环境与餐厅的和谐统一，内部环境布置也采取中式风格，而且常常带有鲜明的区域和品牌特征，比如北京展览馆的莫斯科餐厅，它的建筑和布置就是俄罗斯风格；“腾格里塔拉”自助餐馆装修得像宏大的蒙古包，演出的节目是内蒙古鄂尔多斯草原的艺术风格；一些傣味餐馆挂的照片是曼飞龙笋塔、泼水节场面、竹楼及井塔；新疆风味餐馆播放的是维吾尔族乐曲；苗族餐馆的墙上挂有芦笙，屏风是用苗族刺绣和蜡染缝制的屏布；藏族餐厅装有转经筒；蒙古族餐厅里悬挂着成吉思汗织锦像；东坡餐厅中有书法家写的苏东坡诗词等。这都是为了营造一个与饮食和谐一致的文化氛围，让那些远离家乡的游子有种宾至如归的回家的感觉；让那些没到过某地的人有种真实的身临其境的体会；让那些曾经到过某地的人，在异地有旧地重游的美好回忆。

西式餐厅环境根据定位的不同会呈现出古典、现代以及超现实等审美风格，当然也会根据菜品国别的不同而呈现出不同的地域特色。西式餐厅的环境通常带给人低调、奢华、时尚、新锐、简约的审美感受。比如“Roosevelt Prime Steak House Shanghai”，该餐厅是上海知名的牛排餐厅，坐落于太原路160号的“马歇尔公馆”，由一幢主楼和四幢副楼组成，前身是英国狄百达夫人的独立式花园住宅，马歇尔将军作为特使到上海曾住进这间别墅，这里因此而得名。从外观看，别墅陡直的四坡屋顶上铺着青瓦，屋面靠檐口处开有五扇拿破仑头盔似的天窗。底层宽敞的门廊用三根古希腊风格的陶立克柱支撑，门廊上方是露天大阳台。当客人推开餐厅那刻有醒目“R”的工艺玻璃镶嵌大门，垂地而挂的深红色天鹅绒帷幕首先映入眼帘。室内的装饰华丽而考究，门厅内两壁有壁柱装饰，高贵、典雅的大厅里柚木护壁与画镜线相齐，高大的壁炉几近天花板。餐厅整体以红木色调为主，配合高档的全牛皮沙发，西班牙式花形吊灯和壁灯，以及若干植物摆设，简约中不失庄重典雅。小包房以少见的鸵鸟皮来装饰整个顶部和墙面，伴着悬垂的水晶吊灯，做旧的实木长桌和墙上的一幅写意油画，奢华中透着轻松和舒适，在此就餐让人们流连的已不仅仅是对历史的悠悠回忆，更有对极品佳肴的绵绵回味以及那充满低调奢华怀旧风格的就餐环境。

3. 礼仪美差异

关于饮食，中西方都把它作为一件乐事，但饮食气氛却不同，中国人希望吃饭时不拘小节，热热闹闹，尤其是在茶馆饭店，更是无拘无束，笑语欢歌，划拳碰杯，一醉方休。遇到端午、中秋、春节，全家同乐，更是其乐融融，《红楼梦》中就曾多次描写贾府的喜宴、寿宴。每次吃，随着场合的不同，不仅吃的东西不同，吃的方法不同，而且环绕着吃，人物的情态性格、生活的矛盾斗争都像活的一样浮现在读者面前，给吃增添了诗情画意，使人得到美的享受。

西方人则强调吃饭时优雅温馨富有情趣的礼仪，他们的餐厅尽管座无虚席，但十分安静，人们用耳语交流，小口品酒，小块撕吃面包；在家中，也是各安其位，讲究礼节。当然也不是绝对的，在乡村酒馆，或在狂欢节时，西方人也会忘乎所以，毫不拘束。

（二）茶文化景观审美差异

1. 品饮审美差异

中国人饮茶属于“清饮”，不加入任何影响茶本味真香的配料，单用开水泡饮，也基本不配茶点。由于水的无色透明，因此中国人喝茶不仅仅是品尝茶的味道，也是对其色、香、形的鉴赏，在这一过程深刻体会茶“清”“和”“静”“真”的审美意境，从而获得一种充满诗意的精神境界上的追求以及充满生活情趣的审美满足，甚至实现一种精神上的寄托。

西方人饮茶属于“混饮”，通常在茶水中加入柠檬、牛奶、蜂蜜、糖、盐等，要先加茶，然后再加其他的调味品，顺序不能颠倒，而且往往会配有饼干、糕点等茶点。西方人的这种品饮方式仅仅是力求改善茶的口味，提高味觉的审美感受。由于东西方文化的差异，西方人在品饮茶的过程中是无法理解中国人的关于茶的精神层次的审美感受。

2. 器具审美差异

我国的茶具种类繁多，造型优美，既有实用价值，又富艺术之美。从材质看有陶器、白瓷、青瓷、黑瓷、玻璃、漆器等；器型高古、典雅；纹饰、铭词婉约隽永，静观就能够给人带来无与伦比的审美享受。可以说从含蓄古朴的陶器，到莹润典雅的瓷器，再到玲珑剔透的玻璃，茶器厚重、典雅、简约、逸趣、玲珑之美与各类茶品的有机结合，更加彰显了茶器审美的诗情画意。

西方饮茶早、中、晚均有，尤其以下午茶最有广泛的影响力。由于饮茶始于欧洲上流贵族阶层，因此饮茶时的器具都非常精美，材质以银质和陶瓷为主。受欧洲复古风格、文艺复兴等思潮的影响，西方茶器的纹饰以古典、花卉以及简约的几何图案为主，造型典雅、柔美，配以奶罐、糖罐等独特器型，使人在品茶过程中能够产生一种甜蜜、优雅、闲适的审美体验。

3. 茶道审美差异

中国人饮茶是为了体会“清”“和”“静”“真”的精神层次的审美意境，感受的是“慎独”带来的喜悦，是内心自省的追求，因此，中国人饮茶常常表现为精神的激励与情感的寄托；西方人将饮茶作为一种社交活动，更多的是追求一种轻松、闲适、活泼、愉快的氛围，因此常表现为一种群体性的活动，展示的是祥和、优雅的精神追求。

（三）酒文化景观审美差异

酒作为风靡东西方的饮品，受到了广泛的喜爱和接受。但在对酒的审美方面仍然略有差异。中国人饮酒喜欢“清饮”，即每种酒都是单独品尝，喜欢细细地体味每种酒带来的味觉感受，并将这种感受铭记在心。这是一种与饮茶类似的饮酒方式，反映出中国人对酒的“清”“正”“淳”“和”的精神层次的审美追求；西方人饮酒喜欢“混饮”，喜欢不同的酒混合后给味觉带来的多层次的刺激，这与西方人源自古希腊的开放、交融的文化精神具有密切的关系。同时西方人偏爱高度酒，同中国 50 多度的酒相比，西方人 70 度以上的酒种类非常多，这也反映出西方人在饮酒方面具有挑战自我的精神追求。从酒器来看，中国人传统的酒器为尊、爵、杯，器型、纹饰古朴大方或富丽奢华，材质多为金属或陶瓷；而西方的酒器多为杯，材质多为金属和玻璃，呈现出古典与简约两种极端的审美风格。从饮酒后的表现来看，中国人，尤其是中国的失意文人在饮酒后常常具有极高的创造力，中国古代很多的诗人、才子的不朽作品都与酒有密切的关系，甚至是酒兴所致下的成果，所以饮酒对于中国文人来说是其突破现实藩篱，实现自我超越的有效途径，如唐代著名书法家怀素好饮酒，每当饮酒兴起，不分墙壁、衣物、器皿，任意挥写，时人谓之“醉僧”。由此可见，酒与艺术、文学具有十分密切的关系，它在一定条件下能够激发人们更高层次的审美追求与创造；西方人饮酒产生最多的直接后果是狂欢，所以，在西方酒更多的是能满足人们对于愉快与放纵的追求。

【思考题】

1. 简述中西方节庆景观的审美特征。
2. 简述西方休闲文化景观的特点。
3. 简述节庆景观的特点。
4. 简述民俗景观的特征。
5. 试分析中西方人生礼仪审美的差异。
6. 试分析中西方在服饰审美方面的差异，并举例。
7. 试述节庆景观如何审美。
8. 试述民俗景观如何审美。
9. 试述饮食文化景观如何审美。
10. 试述中西方节庆景观审美的差异性。
11. 试述中西方服饰民俗景观审美的差异性。
12. 试述中西方饮食文化景观审美的差异性。

第九章

技术工艺景观

在历史长河中，人类技术的进步推动了社会各个层面的发展。当技术与艺术结合时，就形成了技术工艺景观。技术工艺景观是指在一定的时空下基于技术手段通过在有限的抽象化空间里赋予作品一种广泛朦胧的情感色调，以展示地域民俗风情、弘扬民族文化，使旅游者获得极大的审美享受。根据其历史价值的不同，它包括工艺品景观和非物质文化遗产景观两类。

第一节　工艺品景观

工艺品也称为工艺美术制品。它是人们采用不同原材料，经造型和装饰加工技艺处理所制成的具有欣赏价值的美观、适用的陈设品和日用品的总称。由于地理环境、历史进程、经济技术水平、民族习俗和审美意识等要求的不同而表现出多样的风格特色。所以工艺品的艺术水平是一个国家历史文化发展、经济技术水平高低的最重要标志之一，它标志着人们对物质财富的拥有程度，标志着人们鉴赏力和创造力的水平，能够全面地反映各个时代、各个民族的审美和科技特性。

一、工艺品景观的形成与发展

艺术远比宗教、政治制度等文明成果产生得早，工艺品艺术是原始艺术中最重要的形式之一。东西方的工艺品艺术从产生到发展都经历了漫长的历史过程。

（一）中国工艺品艺术的形成与发展

中国工艺品是伴随着石器生产而产生的，旧石器时代的山顶洞人将磨光、钻孔的小石球，以赤铁矿染成红色作为串饰。旧石器时代晚期已出现用兽骨、兽角、蚌壳等制成的工具和生活用具。在原始工艺品中，最令人瞩目的是陶器，彩陶多分布于黄河中上游各地，仰韶文化和马家窑文化遗址出土的彩陶令人惊艳，黑陶最早在山东章丘龙山镇发现，是龙山文化的代表。

殷商、西周时期，社会文明的发展拓展了工艺造物的实用内涵，宗教和礼制的出现则丰富了其精神内涵，工艺品艺术有了划时代的进步，表现为瓷器、青铜器、玉器工艺水平的提高。这一时期出现的原始青瓷为后世中国瓷器的辉煌艺术成就奠定了基础，青铜器以品种多、数量大、地区分布广、工艺水平高而著称。

春秋战国至秦汉时代的工艺品艺术显示了中国封建社会早期经济实力和意识形态的发展。越王勾践剑在历经两千多年的岁月后重见天日，依然寒光熠熠，通身没有一个锈点，显示出技术进步所创造的奇迹。战国时期的金属铸造工艺取得突出成就，代表作品有湖北随州出土的曾侯乙编钟、陕西临潼秦始皇陵园遗址出土的铜车马、河北满城出土的汉代鎏金长信宫灯、甘肃武威出土的铜奔马等。秦陵浩大的兵马俑表现出当时制陶工艺的高超和写实作风，各地秦、汉墓相继出土的生活陶俑则通过夸张、简化、变形等艺术手法，显示出活跃、自然、有趣的特点，更富于装饰色彩。

中国工艺品艺术在唐代获得全面的发展，织锦、印染、陶瓷、金银器、漆器和木工等技艺水平和生产规模都超越了前代。经济的发达、中外文化的交流以及思想意识的解放，使隋唐工艺品艺术表现出舒展博大的气势、精巧圆润的装饰意味和富丽丰满的形态特征。宋代是中国陶瓷史的黄金时代，全国各地有许多各具特色的名窑，如汝窑、官窑、哥窑、定窑、钧窑、景德镇窑等，生产的瓷器远销世界各地。

明清商品经济和城市经济的繁荣，市民阶层的出现，以及新的文化和科学的产生，促使工艺品艺术跨入一个新阶段，其品种之繁多、技艺之精湛、手法之丰富都远远超过前代，呈现出集各历史时期之大成的局面。明清工艺品仍以传统陶瓷的创新发展最为突出，当时的景德镇已成为全国最大的瓷业中心，新的陶瓷品种也相继出现，如宜兴紫砂陶、德化白瓷、石湾瓷等，还有琉璃器、法华器、珐琅彩等。明清时期的民间工艺也呈异彩纷呈之势，如剪纸、彩灯、风筝、泥塑和各种装饰工艺画等。

中国工艺品艺术呈现着两条清晰的发展脉络：以实用为主体的民间工艺品艺术和以观赏为主体的宫廷及文人士大夫工艺品艺术。民间工艺品主要是自然经济的家庭手工业，生产的目的主要是为了满足生产者自身的需要，生产与消费的统一，使其完美地体现了实用、审美一体的基本原则，具有朴质、刚健、明快的品质。宫廷及文人士大夫工艺品产生于官营或私营手工业作坊之中，迎合贵族和文人阶层的需要和趣味，因而重于显示观念意蕴和追求观赏把玩价值，推崇精雕细刻、矫饰奇巧。

（二）西方工艺品艺术的形成与发展

1. 陶器

人们很早就注意到了泥土的可塑性，并且逐渐尝试着美化泥土，把它制造成器皿，满足人们生活日用。一件在西亚出土的公元前 4000 年左右的陶杯，就被彩绘的图案所精心装饰。而那时候，人类还处在原始社会的新石器时期。

古代的东西方许多国家，都已掌握了制造精美陶器的技术。然而易碎的陶器也给日常生活带来了诸多不便。直到八九世纪，只有中国能制造瓷器，国外的人们才知道了瓷器的存在。欧洲直到 18 世纪初，才建立了第一家制瓷厂，生产出欧洲第一块硬瓷。

（1）古代埃及陶器。

埃及位于非洲大陆北端，很早便有人类居住。奔流不息的尼罗河贯穿埃及，为埃及带来水源，一年一度的河水泛滥，将肥沃的泥土留在了尼罗河三角洲。

在自然环境的影响下，埃及人崇拜太阳神、水神等诸神，相信法老是神的化身。他们认为人的生命和宇宙万物是永恒的，人死之后灵魂还会回归。所以古埃及人对尸体特别重视，制作木乃伊，修造金字塔保护它，等待有朝一日的“复活”。因此，埃及的陵墓艺术成就相当高。而作为陪葬品的陶器，则因此有了一定发展。

大约在公元前4000年中期，埃及彩绘陶器上出现了带有完整的甲板、桨、船舱和标旗的船只以及跳舞的女性形象，构图也变得较为完整统一。底色不再是黑红色，而是粉红色，上面用黑色线条描画。

公元前32世纪左右，埃及出现绿釉陶器，后来釉色增加，彩釉陶片被用来装饰木质家具。到公元前11世纪的后王朝时代，埃及的工艺美术受到外来的爱琴文明极大影响，制陶技术大大提高。但随着外族入侵和统治阶级内部的衰败，古埃及艺术逐渐消亡了。

（2）古代美索不达米亚陶器。

美索不达米亚是希腊语，意为“两河之间的区域”，即指幼发拉底河和底格里斯河的两河流域。这里早在公元前3000年，就已出现了苏美尔城市国家。历史学家称之为“东方文明的曙光”。

制陶工艺在两河流域源起很早，公元前5800—前5500年，两河地区就已出现陶器。美索不达米亚地区早期彩陶主要产生在两河下游地区，时间为公元前4800—前3400年。有些陶瓶形体高大，高达半米，它们主要以风格粗犷的动物图案和几何纹样为装饰，小动物如狗、羊、水鸟等都被大胆地抽象演变，融合在其他几何纹式中。

陶器除杯外，还有陶盘、陶罐、陶壶。现实生活对陶器造型影响极大，彩绘动物纹样同动物形的器皿在当时都很流行。

由于王朝的频繁更替，美索不达米亚制陶工艺也随之不断变更，成为各种艺术风格融汇的大熔炉。

（3）古代印度陶器。

古印度位于南亚次大陆，公元前3世纪达罗毗荼人就在这块土地上建立起一个高度文明的城市国家。古代印度历经孔雀王朝、贵霜帝国、笈多王朝三个历史时期，并实行种姓制度。宗教上先后形成有婆罗门教、印度教和佛教。多神宗教使得艺术中也产生与之相对应的反映形式。

印度制陶工艺起源于印度河文明时代（公元前2300—前1700年）最初的产品分三大类，即日常生活器皿；宗教祭祀用的赤陶偶，如地母像、瘤牛等；釉陶装饰品，如手镯。

（4）古代希腊陶器。

古希腊位于富饶的亚平宁半岛，拥有三大宝

古希腊黑陶

物：阳光、海水与石头。天然的赐予，使古希腊工艺美术蓬勃发展。再者古希腊宗教为多神教，泛神论思想影响极广。他们认为“人神同一”，并且“同形同性”，这种人本主义思想反映到艺术之上，则呈现出情调的轻松、愉快。

古希腊最杰出的陶工艺是陶瓶。大量造型优美并且用绘画精心装饰起来的陶瓶，把工艺与装饰美术和绘画融为一体，呈现出璀璨夺目的光华。

希腊制陶工艺在公元前6世纪—公元前5世纪繁盛一时。精美的陶瓶及绘画使之成为世界工艺中一支独具特色的奇葩。到公元前4世纪前后，由于金属制品的增多及其他人文原因，彩绘陶器在希腊逐渐衰落了。

2. 玻璃工艺

12世纪，随着贸易的发展，威尼斯成为全世界玻璃制造业的中心。因为，这里不仅全面继承了古罗马以来的制作玻璃器的传统工艺，而且这里也是大量生产中世纪时期壁画镶嵌装饰的产地。又因为它的地理优势，受到伊斯兰先进的玻璃工艺的影响，为此，高超的玻璃工艺给威尼斯带来了源源不断的财富。到1291年，意大利的玻璃制造技术已经非常发达。当时的政府为了垄断玻璃制造技术，下令把所有玻璃工匠们集中在与威尼斯隔海相望的穆拉诺岛（Murano）上。就这样，意大利的玻璃工匠都被送到这个与世隔绝的孤岛上生产玻璃。威尼斯政府为了防止玻璃制造技术泄露出去，还命令他们一生都不准离开这座孤岛。所以，文艺复兴时期玻璃工艺的生产地并不是在威尼斯城，而是在威尼斯庇护下的穆拉诺岛。所以，文艺复兴时期意大利的玻璃工艺是以“穆拉诺式玻璃器”闻名天下。15世纪末至16世纪上半叶是意大利文艺复兴的全盛时期，这时艺术走向成熟，新的古典艺术规范确立。佛罗伦萨城在15世纪末的政治动乱后已失去了它作为意大利经济和文化中心的地位，取而代之的是教皇所统治的罗马城和繁荣的北意大利商业城市威尼斯。这种良好的政治地位更加促进了威尼斯的经济发展，因此，15—16世纪威尼斯的玻璃生产达到鼎盛时期，产品几乎独占整个欧洲市场，同时还销往海外国家。16世纪以后，受高额利润的驱使和不甘在岛上工作至老死的心态，开始有玻璃工匠偷偷逃离穆拉诺岛，分散到欧洲各地，玻璃制造技术也逐渐传播开来。

彩绘玻璃杯

二、工艺品的类型与特征

（一）工艺品的类型

工艺美术品种类繁多。按照使用功能可以分为日用工艺品、陈设工艺品；按照原材料、制作手段和商品价格等因素可以分为特种工艺品、民间传统工艺品和现代工艺品。

1. 特种工艺品

特种工艺品是利用珍贵或特殊的材料，经过精心设计和细致复杂的特殊技艺加工而成的工艺品。常制成礼品、陈列欣赏品，如玉石制品、金银首饰等，具体类型如下：

（1）织绣，含刺绣、织锦、缂丝、抽纱、花边、绒绣、机绣、绣衣、绣鞋、手工编织、珠绣、地毯、十字绣等；

（2）雕塑，含玉器、骨刻、石刻、石雕、木雕、竹雕、刻砚及其他；

（3）编织，含竹编、草编、棕麻编、藤葵编、柳编等；

（4）人造花和工艺画，含绢花、通草花、塑料花、涤纶花、贝雕画、羽毛画、麦秸画、软木画、树皮画、竹帘画、棉花画等；

（5）美术陶瓷；

（6）工艺漆器，含推光、雕填、彩绘、镶嵌宝石和螺钿等；

（7）家具装饰，含硬木、镶嵌、树根、竹、藤等；

（8）金属工艺制品，含景泰蓝、烧瓷、花丝、铁画、斑铜、锡器、金银摆件等；

（9）玩具。

2. 民间传统工艺品

民间传统工艺品根据用途不同可分为三类：

（1）生活实用工艺品，含服装、蜡染、印锦、绣锦、花边、首饰、包装、建筑装饰等；

（2）节日喜庆工艺品，含年画、剪纸、乡土玩具、泥面塑、食品艺术与模具、风筝、皮影、木偶、龙舟、舞具、乐器、祭器等；

（3）叙事抒情色彩的工艺品，含绣球、筒帕、藤腰围、绣饰品、香包等。

3. 现代工艺品

现代工艺品是建立在传统工艺美术基础之上，随着社会水平的发展而逐步形成的现代工艺品的种类包括：陶瓷工艺品、玻璃工艺品、金属工艺品、漆（木）工艺品、纤维工艺品等。

（二）工艺品的特征

1. 实用性与艺术性相统一

实用性与艺术性是工艺品最重要的特征，两者密切结合的程度之高，在其他的艺术形式中是独一无二的。例如，古时的彩陶工艺不仅具有盛、煮、贮存等功能，其纹饰的流畅、明快、舒朗、富有韵律等特点同时体现了整体和谐之美，具有很高的艺术欣赏价值；茶壶原本是居家的日用品，然而江苏宜兴的紫砂茶壶何尝不是一件精美的艺术品，它简练、玲珑的造型，质朴、雅致的风格，使人们在品茗之余，得到一种美的享受。在古希腊，陶瓶占有重要的地位，陶瓶画面的构图和器形取得了高度的和谐，人物形象流畅细腻、比例和谐、动作自然舒展，成为整个希腊工艺传统的象征。

2. 民族性与时代性的统一

工艺品的时代性表现在每一个历史时期，生产出的工艺品都反映了当时人们的实用与审美的特点，都与人们的社会生活、经济发展水平、文化发展水平等相关联。比如景德镇的青花瓷器，自诞生以来，每个朝代都有其不同的特点；再如民间工艺品风筝，不同时期的制作材料，作品种类、风格均不一样。随着时代的发展，部分工艺品已成为商品流入市场，特别是旅游市场，使得传统工艺品不仅满足旅游者好奇、欣赏的审美心理，而且更可以满足旅游者留作纪念或馈赠亲友的购买欲望，很受旅游者的欢迎，正是这种不同的时代特点和时代精神，才使得民族工艺代代传承并不断发扬光大。

民族性是指建立在一个民族的生活方式、风俗习惯、性格特征、心理素质以及文化传统等方面的基础上而形成的特性，如果时代赋予工艺品生命，那么民族性就是工艺品的精神。比如，非洲木雕艺术的创作和用途多与当地的宗教信仰有关，造型上力求夸张变形，蕴含着大胆的创造精神和强烈的节奏感，人像通常是用一根木料雕制成，往往呈直立状态，没有任何转身姿势，没有手势动作，看似僵硬固定，却有一种内在的生命力。工匠们赋予雕像不同的表情和节奏，使作品具有极其感人的淳朴、稚拙、粗犷的艺术特征。同样，中国的戏曲人物也极富民族特色，它往往通过夸张的造型，强烈的程式感，运用五官的局部变形和色彩的变化来表现人物的忠诚、刚直、英武等性格，体现了原始拙朴、神秘而又鲜明的美感特点。

传统工艺品无一不渗透着深厚的文化渊源。彩陶是我国最古老的工艺品之一，它的形式简单稚朴，却负载着沉重丰厚的文化内涵。古代彩陶纹饰多为太阳、鱼、蛙、花等图案，太阳在当时被视为祭祀的图腾，对火神的崇拜都起源于对太阳的崇拜。鱼、蛙、花则被视为植物崇拜和生殖崇拜。不论是仰韶文化中丰富多彩、色彩绚丽和谐的蛙纹，还是线条流畅、活泼清新的花纹都蕴寓着中华民族对太阳的崇拜及对民族兴旺、花多子多、子孙连绵不断的渴望。在伊朗，波斯地毯是伊朗著名的传统手工艺品之一，自古在国际上享有盛誉，以其优良的质地、古朴雅致的图案和精美的工艺受到世人的喜爱。波斯地毯多用纯羊毛、棉丝或棉线织成，其染料从天然植物和矿石中提取，染色经久不褪不变。地毯的图案多取材于阿拉伯人喜欢的玫瑰花、郁金香和波斯梨花等植物，图案优美、工艺精湛，给人以强烈的民族特色之美。

三、工艺品景观审美

（一）形式美

人们在购买或欣赏工艺品时，无不被它独特的线条，具有创意的造型，醒目的色彩所吸引，爱不释手，欲罢不能。可见，工艺美术品首先是通过对人们视觉的冲击，使其感受到形式美，从而打动欣赏者。所谓形式美是指自然生活中，如线条、色彩、形状、节奏、声音等因素的有规律的组合。遵循变化与统一，对称与均衡，对比与调和，比例与尺度，律与数的原则，而呈现美的特点。本书将从上述几个方面来分别阐述。

西周·曾侯铜方鼎

1. 对称与均衡

对称是形式美运用得最早的一个，在中国工艺美术品中被普遍运用，比如古代的青铜器，就是对称法则利用的典范。由于社会的发展，时代的变迁，人们对工艺品的要求不能仅满足于简单的形式法则，这时均衡就被大量地运用，均衡具有活泼、放逸、优美的特点。与对称相比，它的变化比较自由，在静中趋向于动。在现实和艺术创作中，对称和均衡相结合加以运用，如有的"蜡染"桌布的图案就运用了对称与均衡的手法。

2. 调和与对比

调和与对比这一矛盾的统一体，最早用于中国的彩陶、青铜器的制造，后来在许多工艺品中也有广泛运用，成为工艺品形式美的重要因素。例如，色彩艳丽的"苗绣"，在运用了红、白、黑对比手法的同时又使用了与大红与橘红相近的色彩，使人在感受到鲜明、醒目的同时也领略到了融和、协调之美，给人留下了深刻的印象。

3. 比例与尺度

从古至今各种艺术创作中比例与尺度是形式美的一个最基本的要素。我国著名画家徐悲鸿就曾说过"比例正确……毋头大身小，臂长足短"，"马颈不可太长，如长颈鹿"。西方美学家认为"黄金比"最能取得形式的和谐、优美。中国传统美术也认为山水画比例应为"丈山尺树，寸马分人"，画人物则为"立七坐五盘三半"，大体是合乎自然的一种比例。然而艺术创造不同于现实世界，在民间工艺品创作中，并不依据客观事物的比例，而是依据想象事物的比例进行了扩张变形，如惠山泥人小阿福就舍去了肢体细节，放大了头部，突出了面部表情。

兵马俑

4. 律与数

有人说工艺美术的律是无声的诗篇，"动"则表现生命与运动美，"静"则表现秩序。像鱼跃水面，激起一圈圈同心圆的微波，如山巅的宝塔一层层伸向蓝天。周代青铜器的环带纹是带状的律，战国时金银错是交错的律，汉代的云气纹是起伏的律，等等。特别在图案装饰中，律应用得较多。

传统文化与数息息相关，与传统文化联系紧密的传统工艺品同样离不开数。数是图案形式美的核心，从古至今工艺美术品的制作离不开数，如鼎的三足是数，宋瓷的造型是数，明式家具的尺寸是数，三阳开泰是数，五福捧寿是数，八宝是数，九如是数。在现代工艺制作中，许多作品也都是数的巧妙运用。

5. 变化与统一

变化与统一是形式美法则的最高级形式，变化与统一原则是一切艺术品创作的普遍规律，工艺美术品制作中更是体现了这一点。有人说"变化是精神刺激之源泉，是有着继续唤起新的兴味之价值"的。如果没有变化，工艺美术品会显得呆板，唤不起欣赏者的兴趣，不能使人的精神受到感染，从而不会产生喜爱的感情。追求新奇和变化是人们审美心理的需要，是人们热爱生活的表现，但是，如果一味地变化而没有统一也不行，那会让人觉得零乱，没

车构件的纹饰图案

有整体感，也达不到很好的艺术效果。变化与统一的形式法则，在工艺美术品中运用广泛，如贵州苗族蜡染的图案就是把各种几何图形（花瓣形、叶片形、方形、圆形）组织在一起，从变化中求得统一，成为工艺美术品中的典范。

综上所述，形式美的各因素在工艺美术作品中得到了充分体现，工艺品的美就是通过外在的形式美来影响人、感染人，并起到烘托环境气氛的作用。

（二）功能美

1. 使用功能与审美功能的统一

西汉长信宫灯

工艺美术品有别于其他艺术品的特征之一，即大多数工艺美术品在具有艺术价值的同时还具有很强的使用价值，这与工艺美术品发展的渊源是分不开的。在新石器时代人们使用的石器，开始磨光除为了使之锐利，钻孔为了便于携带外，还注意用作劳动工具的石器是否具有美丽的色泽和纹理；再如汉代的铜灯有活动的灯罩，可以调节光照面，有虹管吸收油烟以防空气污染；汉代的羊形灯，羊的背盖翻置在头顶，作为灯盏，复原则为装饰品；唐代的银铛，柄可折置等。在现代工艺美术品、民间美术品中，不论是少数民族的刺绣挂包也好，还是四川剑阁的手杖、绍兴的折扇，都是使用功能与审美功能完美统一的工艺美术品。精巧的使用功能设计，加上装饰美的配合，使得工艺美术品美不胜收，满足了人们物质与精神的双重需求。

2. 传递感情的功能

工艺美术品除了作为家具使用、装饰、收藏之外，还有馈赠亲戚朋友，联络感情、传递感情的功能。王翰在《凉州词》中写道："葡萄美酒夜光杯，欲饮琵琶马上催。醉卧沙场君莫笑，古来征战几人回？"在这里"夜光杯"就起到传递感情的功能，直至今日朋友之间还有赠送酒具的习俗；再如，云南有男女之间定情互送荷包的风俗，有首名叫《绣荷包》的歌中这样唱道"小小荷包双丝双带飘，妹绣荷包嘛挂在郎腰"，荷包传达了姑娘对小伙的绵绵情意；又如，土家族母亲为女儿出嫁赶织的"西兰卡普"传递的浓浓母爱。还有春节的窗花、剪纸、灯彩以及祝寿送礼的面塑礼花，无不寄托老百姓对美好生活的向往，对吉祥幸福的渴望，对人的生命的关注，带有浓烈的感情色彩。由于工艺美术品具有鲜明的地域性，因此它不仅是物美价廉的旅游纪念品，同时还象征着一段经历、一段记忆和一段情感体验。

3. 材质美

一件优质的工艺品，一定离不开与它的艺术造型相一致的或匹配的优质材料，换句话说，就是材质对于工艺品的造型、色彩、装饰都有很大的影响。这一情形在我国的工艺品中表现比较普遍，因为材质的美成就了工艺品的价值，提升了它的品位，使其成为传世之宝的事例数不胜数。唐代诗人王翰《凉州曲》有"葡萄美酒夜光杯"之句，诗中所说的“夜光杯”的产地，在今天甘肃的酒泉市，该县盛产的玉石纹理秀丽，质地细腻，柔中有刚，纹脉清新，用它制作的酒杯质地精细，纹理天然，色彩多变，杯壁莹薄，轻巧透明，成为中国名贵的传统工艺品。另外，湖南浏阳河底的菊花石，因其质地细腻，黑色中间杂有洁白晶莹的菊花状花纹，用它雕刻出的花瓶、笔筒、装饰品等自然天成，美不胜收，成为我国著名的工艺品——菊花石雕。其代表作品“梅兰竹菊横屏”还曾在国际上获过大奖。

宋代《营造法式》一书，曾提出“以材为祖”的观点。自古以来我国工艺制作，都十分重视材质对工艺品质量、价值、品种的影响。所以工艺品的美，既是自然美与人工美融合的典范，也是天人合一的具象。

4. 表现性

工艺品是一种具有表现性的艺术，表现性是针对再现而言的，它强调的不是客观地再现现实世界本身，而是突出艺术家对现实的主观反应和内心情绪状态，多使用概括、抽象、夸张、变形等艺术手法。特别是民间传统手工艺品的夸张浪漫、变形抽象的造型更是深入民心，受到广大民众的喜爱，往往这些作品在色彩上追求喜庆、鲜明，对比强烈，给人很强的视觉效果。比如，山东的布老虎“黄身紫花，绿眉红嘴”；还有“红间黄，喜煞娘”“紫是骨头绿是筋，配上红黄色更新”等民间艺人的配色口诀，突出了运用夸张醒目的配色规则，很好地表达了劳动人民求善、趋利、避害的审美意识。我国吉林长白山地区的满族剪纸，人的形象都是长袍大辫，长辫竖立于头顶上，五官刻画多采用阴刻，眼睛被处理成扁扁的菱形，鼻子则呈直立三角形。这种抽象化的表现手法在民间工艺制造中较为普遍，这些表现手法给欣赏者的想象力提供了广阔的空间，使欣赏者能根据自己的经验、情感进行再创造，从而达到高级审美状态。特别是民间工艺品受到广大劳动人民喜、恶的影响，在构图中既追求完整饱满对称，又注重色彩鲜艳，对比性强，简洁明朗，造型完美。象征性、随意性、意象性的表现手法，在现代工艺美术品中也有很好的体现。

综上所述，工艺品具有形式美、功能美、材质美、富于表现性等基本的审美特征，审美特征决定了工艺品的独特的艺术价值，而具有艺术价值的工艺品又能给人带来满足感和愉悦感。

第二节 非物质文化遗产景观

当今世界，不但政治和经济呈现多极格局，文化同样显示出其丰富的多样性特征。文化起源于人类生存活动的创造性和超越性，体现了人的需要和价值体系，是历史凝结成的生存方式。虽然文化的影响力不像政治、经济那样直接和强烈，但更为持久和稳定，它往往能够跨越时代，超越政治、经济体制而左右人的行为，进而影响政治、经济活动和历史进程。因而，文化是人类生存的深层维度。文化的多样性如同大自然的生物多样性，是人类宝贵的财富和资源。而文化遗产是体现和维持文化多样性的载体，尤其是非物质文化遗产，是文化多样性的重要表现形式之一。由于非物质文化遗产中的很多类型在前文中已经有所体现，但考虑到非物质文化遗产自身的脆弱性，因此单独列为一节进行阐述。

一、非物质文化遗产的概念

（一）国际公约对非物质文化遗产的界定

根据联合国教科文组织2003年10月17日通过的《保护非物质文化遗产公约》的定义（以下简称《公约》），非物质文化遗产是指被各群体、团体、个人所视为其文化遗产的各种实践、表演、表现形式、知识体系和技能及其有关的工具、实物、工艺品和文化场所。各个群体和团体随着其所处环境，与自然界的相互关系和历史条件的变化不断使这种代代相传的非物质文化遗产得到创新，同时使它们自己具有一种认同感和历史感，从而促进了文化的多样性，激发了人类的创造力。

按照公约的定义，非物质文化遗产包括以下方面：①口头传统和表现形式，包括作为非物质文化遗产媒介的语言；②表演艺术；③社会实践、仪式、节庆活动；④有关自然界和宇宙的知识和实践；⑤传统手工艺。

（二）中国对非物质文化遗产的界定

根据2011年2月25日第十一届全国人民代表大会常务委员会第十九次会议通过的《中华人民共和国非物质文化遗产法》的界定，非物质文化遗产是指各族人民世代相传并视为其文化遗产组成部分的各种传统文化表现形式，以及与传统文化表现形式相关的实物和场所。包括：①传统口头文学以及作为其载体的语言；②传统美术、书法、音乐、舞蹈、戏剧、曲艺和杂技；③传统技艺、医药和历法；④传统礼仪、节庆等民俗；⑤传统体育和游艺；⑥其他非物质文化遗产。

二、非物质文化遗产的类型与特征

（一）非物质文化遗产的类型

任何非物质文化遗产现象都可以按照一定的观念，根据一定的原则和标准划分为一定的类别。这既是理论研究深化和系统化的必然要求，往往又是现实的实地考察、登录、保护、展示、利用、管理及申报代表作等实践活动的实际需要。

联合国教科文组织《保护非物质文化遗产公约》把非物质文化遗产划分为五大类：

（1）口头传统和表现形式，包括作为非物质文化遗产媒介的语言；

（2）传统表演艺术；

（3）社会实践、礼仪、节庆活动；

（4）有关自然界和宇宙的知识和实践；

（5）传统手工艺。

在我国民族民间文化艺术研究和保护的既有学术传统和非物质文化遗产保护的特殊实践经验的基础上，本书对原有《国家级非物质文化遗产名录》十大类别进行了一些修正和调整，归纳出一个更加全面、合理的分类体系：语言（民族语言、方言等）；民间文学；传统音乐；传统舞蹈；传统戏剧；曲艺；杂技；传统武术、体育与竞技；传统美术、工艺美术；传统手工技艺及其他工艺技术；传统医学和药学；民俗；文化空间。

（二）非物质文化遗产的特征

1. 传承性

非物质文化遗产的传承性，是指非遗具有被人类个体或群体一代接一代继承、享用或发展的特征。可以看出，非遗的传承性包含三方面的内容：①非遗具有被人类个体或群体认同的文化或精神价值，这也是传承的前提；②非遗传承过程是以人为载体，通过人与人的口传心授、身体示范等方式来传承和发展的，所以传承人对于非遗的保护和传承非常关键，一旦传承人没有了，非遗也会跟着消失；③对非遗的传承虽然强调保护原真性，但也必须发展创新，也就是非遗的传承具有变异性。很多非遗随着时代的发展会发生变化甚至消失，创新是非遗保护和传承的生命力所在。以我国民族戏曲黄梅戏为例，它是由茶歌、秧歌、山歌、采茶灯、花鼓调等逐步融合发展形成的，在漫长的发展演变过程中，黄梅戏不仅吸收了楚剧、汉剧、京剧、高腔等众多艺术的精华，而且保持与时俱进，不断适应观众的需求，在传承中实现了创新与发展。

2. 活态性

活态性是非遗的本然形态与生命线，是非遗的一个重要特征。非遗的传承必须以人为载体，无论是民间文学、音乐、舞蹈、民俗，还是传统手工技艺或医药等，它们都需要通过人们的行为活动来表现。在这些行为活动中，民间故事的叙说，民族史诗的传唱，音乐、舞蹈、戏剧等艺术的表演，民俗习惯的表现以及传统医药的运用都是动态的。这种动态特征贯穿于非遗的整个行为过程中，使得非遗具有活态的特征和生命力，从而和静态形式存在的物质文化遗产明显区别开来。

除此之外，非遗的传承过程也是活态的，传承人在不同时代、地域下的表演都会有一定的创新和发展，在传承的过程中加入一些特色元素，因而造成不同的艺术流派。以昆曲的传承为例，最初的表演风格是民间清曲小唱，后经魏良辅等戏曲家改革形成了流利悠远、委婉细腻的水磨调，至明万历年间流传到全国各地形成了众多流派，之后传入北京，经过明天启至清康熙之间一百多年的蓬勃发展，最终形成了独特的表演风格。

3. 多元性

非物质文化遗产的多元性，是保护世界文化多样性，确保文化可持续发展的重要源泉。非遗的多元性包含三方面的内容：①不同的国家、民族或地区有不同的非遗形态。以我国的少数民族非遗为例，四川阿坝州羌族的“祭山会”是一种山神崇拜的表现，湘西土家族的“毛古斯”则属于祖灵崇拜，而云南双柏等县彝族“跳虎节”却反映了虎图腾崇拜，这些非遗形态的不同体现出了非遗的多元性特征；②在同一国家、民族或地区的不同时期，非遗的形态也是有较大差异的。以皮影戏为例，宋代、明清与当代皮影戏的表演风格、道具及内容都有较大差别，即便是在当代皮影戏中，潮州皮影、贺州皮影和陕西皮影在形态上也有所不同；③同一时期同一种非物质文化遗产，由于非遗传承人不同的风格和素养往往会造就不同的流派。比如京剧中的流派就非常多，梅派、谭派、尚派等，都是不同的艺术家形成了各自独特的表演风格，从而自成一派，充分体现了非遗的多元性特征。

4. 群体性

非物质文化遗产是集体智慧与创造的结晶，通常在居住地、社区、民族或国家范围内流传和传承，具有群体性特征。非遗的群体性主要表现在三方面：①非遗创作主体的群体性。非遗的产生和形成融汇了集体的智慧，以我国柯尔克孜族英雄史诗《玛纳斯》为例，其主要讲述了柯尔克孜族人民不畏艰险，奋勇拼搏，创造美好生活，歌颂伟大爱情的故事，一共分为 8 大部共 22 万行。这么一部长篇史诗从 16 世纪传唱至今，曾被不同时代、不同国家的许多人所传唱和完善，他们当中的许多传唱者在传唱时都把自己的感情和思想融入其中，因而其内容越来越充实，发展规模也越来越大。②非遗创作思想的群体性。非遗是群体成员心理的一种外化表现，是集体成员无意识的创作结果，其反映的思想表现了群体的心理与观念。③非遗创作氛围的群体性。许多非遗都是在一种集体氛围之中产生和传承的，浓厚的集体氛围能为非遗的传承和发展开拓广阔的群体文化空间。

5. 地域性

非遗和其他的文化遗产一样，是特定自然和文化环境下的产物，只有在适宜的生态环境中才能更好地传衍，因而带有深深的民族与地域烙印。非遗的形成离不开它周围的环境因素，包括当地的自然资源、生产、生活水平、习俗、信仰、宗教、价值观等。以民俗为例，所谓的“十里不同风，百里不同俗”，就是对民俗的地域性特征的最好概括；另外，比如民间文化或曲艺等，内容主要也是来源于当地民间的生产和生活，其表演风格与表现形式等都具有浓郁的地域性。如新疆维吾尔族的木卡姆，由于在多个国家和地区进行传播，地区的烙印深深地打在木卡姆之上，从而形成了十二木卡姆、哈密木卡姆、刀郎木卡姆、吐鲁番木卡姆等多个艺术种类，这些木卡姆之间因所在地域的不同而有所不同。

6. 脆弱性

传承的经验性、浓缩的民族性、高度的个性化，导致了非遗的脆弱性。在全球经济一体化的背景之下，非遗的生存空间越来越小，随时面临消失的可能。埃及黑拉里亚史诗是一部长篇口头流传的诗歌。它讲述的是贝都因人巴尼·黑拉勒（BaniHflal）部落在 10 世纪从阿拉伯半岛移民至北非的传奇故事。它不但是一种重要的独特的文学和音乐表现形式，同时它还汇集了阿拉伯民族历史、习俗以及宗教信仰。这种曾经在中东阿拉伯世界广为流传的艺术形式，到今天仅存在于埃及一国了。

三、非物质文化遗产景观审美

美学家张世英认为生有四种境界：欲求境界、未知境界、道德境界、审美境界。审美为最高境界。吴冠中认为，现在很多人穷，穷的不是物质，也不是文化，而是审美。没有恰当的审美，生活剥露出最务实、最粗俗的一面，越来越追求实用化的背后，生活越来越无趣，越来越枯燥。非物质文化遗产是我国优秀传统文化的重要组成部分，生动诠释了中国文化的美丽精神，它不仅维系着相关群体和个人的民族文化认同感，也在精神匮乏的当代展现出日益绚烂的岁月风采。

（一）手作之美

现代工业文明为人类带来了巨大的物质财富，与此同时，它也忽略了人真正的内在文化诉求，带来了一系列的社会问题，比如丧失个性、趋功逐利、精神空虚、情感淡漠等。工业设计以先进的技术为根本，以市场价值为导向，以批量化生产为手段，忽略了风格上的多样性，忽略了个性化的审美需求，忽略了人对自然与生俱来的家园般的眷念，把世界推到了资源枯竭、环境污染、文化暗沉的危险境地，从而引发了人们对前工业时代的怀念，人们怀念那些传统手作工艺中传递出来的素朴力量和真挚温情，怀念那些与人类本性相伴生的自然与和谐。例如，并称为中国四大名绣的苏绣、湘绣、蜀绣、粤绣，一针一线，皆手绣而成，华贵清雅，形神兼备，具有深厚的文化底蕴和极高的艺术价值，在当代国际文化生活中传递着东方的古典、灵动与婉约。

（二）匠心之美

南宋·龙泉窑青釉菊瓣纹盘

“匠人”通常是指专门从事某一职业、经验丰富、技艺熟练的人。“匠心”一词源自唐代《孟浩然集序》中的“文不按古，匠心独妙”，即匠人拥有的巧妙心思，多指在技巧和艺术方面的创造性。非物质文化遗产是各族人民世代相传的各种传统文化表现形式，是历史文化的“活化石”，是自然力量与人类智慧的凝结，它之所以能够流传数百年乃至上千年，关键在于：一代又一代劳动人民以精工细作、精益求精、追求完美的工匠精神，对待自己的生活、劳作、工艺和产品，可谓是每一个创作者的心灵写照。也就是说，离开了人，离开了人类的辛勤与智慧，非物质文化遗产的产生、维系、绵延、发展之根基也就不复存在，因此工匠精神是非物质文化遗产得以活态传承的生命线，“匠心”存在于每一个非物质文化遗产代表作中。在工业化批量生产的当代，非物质文化遗产因其独具魅力的人文关怀和文化底蕴，散发出浓郁的岁月风采，充满了理性与温情的力量。

（三）设计之美

设计实际上是人内心世界的外在表现，是人创造智慧和潜能的一种自然表达，是人在自觉地运用各种媒介与外界的对话。当然设计是有优劣之分的，只不过优秀的设计师更加善于选择和造型，观察的角度和思考的层面更加独到而已。从人类发展史的角度来看，传统设计之精髓即在于它是手作文化。因为在人类进化中，导致人与动物最终区分的事件是直立行走，这样就解放了双手，进而创造了纷繁的文明。虽然非遗的生态基础已经发生根本改变，但辨识发掘其文化价值，探索其现代设计的风格与形式，必然更加耐人品读和回味，从而

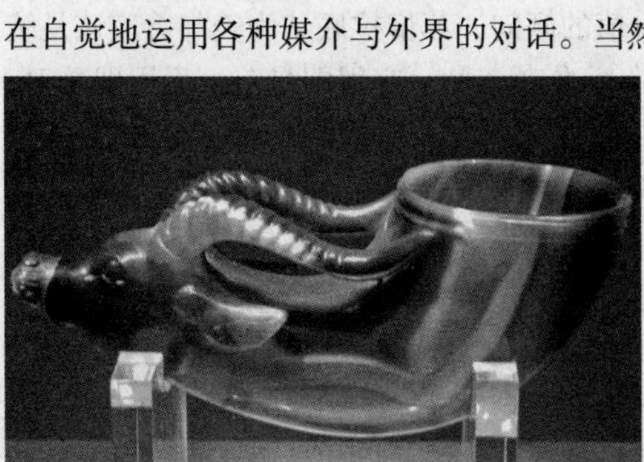

兽首玛瑙杯

实现传承与创新、形式与功能、人与自然的和谐统一。

（四）科学之美

最新入选世界非遗名录的“二十四节气”诞生于春秋，形成于中国黄河流域，它是通过观察太阳周年的运动，体悟认知一年当中的天象、气候、时令、物候等方面的变化规律，以指导农业社会的生产生活，是中国人民独创的一种历法，是农耕文明的瑰宝，被国际气象界誉为“中国的第五大发明”。在几乎没有任何气象观测仪器的时代，古人仅凭肉眼观察、身体感知和思考领悟，就归纳出了如此优美适用的时间指南，指点寒来暑往，道尽四季更迭。惊蛰、清明、谷雨、芒种等富有诗意的名称更是意境悠远，彰显了古人与自然和谐相处的智慧和创造力。二十四节气是中国人的“时间之书”，汇聚着光阴之美，虽然对农事的指导功能在逐渐减弱，但其对宇宙、自然、生命、人生的感受认知，仍然是现代生活应当遵循的节律框架，仍然闪烁着人与天地万物感应共鸣的理性之光。

第三节　中西方技术工艺景观审美比较

一、审美取向的差异

（一）昭德与适用

中国的传统观念中，道德是受到高度重视的。例如，中国人在评价历史人物时更重视的是道德而非业绩，一统天下的秦始皇始终没有摆脱暴君的恶名，大汉王朝的创立者刘邦在国人心中的形象也远不如他的手下败将项羽那么高大。对道德的重视使中国人在评价工艺品时也比西方多了一个标准，即“德”，要看工艺造物是否以恰当的方式展示了美德，并给人以感化作用。中国人爱玉是因为美玉恰如其分地体现了君子的美德，如楚庄王问鼎中原时，王孙满的回答是“在德不在鼎”。德的概念还体现在为某一阶层人士制作的工艺品要符合礼的规定，即符合等级制度的规定。可以说，任何一个工艺造物只有首先符合“德”的标准才具备审美的基本条件，才可以进一步审视其审美价值。

西方的工艺思想曾出现过过分强调使用价值的倾向，苏格拉底认为美与善应该是统一的，而他对善的解释即器物的功用，用这个标准来衡量，有用即是美，无用即是丑。他说粪筐可以是美的，如果它有用，而金盾可以是丑的，如果它不具有使用价值。用这种标准衡量工艺品显然是走向了极端，这种观点也并未被西方完全接受。西方的工艺品较早地将实用工艺与陈设工艺分开，前者是具有审美价值的日用品，后者是专供欣赏的陈列品。两种工艺的分流则从另一个方面体现了西方工艺思想对适用性的重视。

（二）飘逸与凝滞

飘逸与凝滞是两种美学风格。中国的工艺品虽造型简单，但却生动活泼。中国早期的彩陶制品，包括陶罐、陶碗、陶壶和陶鼎等，其形制变化多端，纹饰丰富多彩，色泽流光四溢，充分体现出优雅多变、飘逸灵动的艺术风格。这一特征，随着中国瓷器的产生和发展而进一步得到弘扬，因为瓷器本身的质地和光泽更易于发挥这种风格。

欧洲新石器早期的彩陶多为敞口小底，纹饰则以三角形、交叉线和平行线为主，后期的形制和纹饰有所丰富，但仍不及中国彩陶那般生动。17 世纪以前的西方艺术以庄重典雅和艳丽繁复为主要的审美特征，在工艺品中表现为整体造型和图案的一种艳丽繁复的凝滞。到 18 世纪，受中国艺术的影响，西方的洛可可艺术形成，其主要特征即风格清雅、色调清淡、光泽柔和、曲线优美、洗练而生动，这一艺术风格不仅影响到西方的建筑、园林，也给工艺品艺术带来了改变，中西艺术风格在这一时期产生了交会与融合。

二、收藏与创新的差异

中西方对待工艺品艺术的态度有所不同。中国人的观念是重视发掘、继承与发扬传统，西方人的观念则是抛弃过去、勇于创新。因而，中国人重收藏，西方人则重创新。而这种观念在旅游活动中的表现则是相反的情况，来中国旅游的西方人对各种文物收藏品感兴趣，而去欧洲游历的中国人则被那里新奇古怪的工艺造物深深吸引着。

重视传统是中国人独特的文化观念，尧、舜、禹、周文王及周公等古代先贤是历代志士仁人的榜样，也是他们创造改革社会思想理念的灵感源泉。中国人非常重视保存历史和研究历史，浩如烟海的历史典籍令世界其他古代文明难以望其项背。重视传统的观念在工艺品艺术中的体现就是重视收藏，以及重视对藏品的研究和发掘。中国历史上曾出现过几次收藏热，如北宋时期、明中后期、清康雍乾时期。中国悠久的历史，历代工匠艺人的辛勤创作，使我国拥有数量庞大、种类繁多的工艺品，这是一份巨大的文化遗产，也是收藏热得以兴起的基础。而经济的繁荣则是出现收藏热必不可少的基础，历史上的历次收藏热莫不如此。

西方较早地完成了从个人收藏到国家社会收藏这一过程，西方发达国家的博物馆数量之多、藏品之多都是我国远远不及的。可以说，西方国家对作为旅游资源的工艺品艺术在收藏方面的开发已经成熟，而中国的情况则有所不同。改革开放以来，随着中国经济的发展，新一轮的收藏热方兴未艾。尽管许多人投身收藏更多的是本着经济的而非文化的目的，但它造成的现实是当今中国相当一部分文物和传统工艺品被私人收藏家或收藏爱好者拥有，尤其在经济发达地区。如何利用这一部分私人藏品，使之转化为旅游资源，让这些藏在深闺的工艺品艺术成为经济的增长点，这是需要业界人士研究和探讨的。

与此同时，工艺品艺术的创新和发展也会给旅游事业带来新的机遇。文物的历史积淀固然重要，而工艺品本身的艺术价值也不容忽视，结合传统工艺和现代科技、具有较高艺术造诣的当代工艺品同样对人们产生强烈的吸引。

三、主要技术工艺景观审美比较

（一）陶器艺术

无论中国还是西方，陶器都是历史最悠久、历时最长的工艺品之一。陶器的审美价值主要体现在造型和纹饰上，而在这两个方面，中西方基本相似。中国的陶器到了西周以后，其大部分地位被瓷器所取代，但它并未消失，仍持续发展直到今天，因此常常把陶和瓷作为一个整体来看待。

从造型上看，中西方大同小异，各种形态的陶器基本上中西方都有，具有中国特色的是一些模拟动物形态的陶器，如仰韶文化出土的黑陶鹰尊，这些形态反映出汉民族特有的文化观念。“三”这一数字在中国文化观念中有特殊的含义，凡三足的动物也被认为具有神异的色彩，如三足乌、三足龟等，但三足器则并非为中国特有，西方的三足器并不罕见。这说明选择三足的设计主要还是出于实用的考虑。

在纹饰方面，中国和西方一样，主要的纹饰并非模仿自然的动物纹，而是各种抽象图形，如各种曲线、直线、水纹、旋涡纹、三角形纹和锯齿纹等。西方的陶器从新石器时代开始，历经爱琴文明时期、古希腊罗马时期，直至文艺复兴时期，一直十分兴盛，其纹饰的变化也不大，各种几何图形始终占主导地位，只是在古希腊罗马时期吸收了东方样式，即动植物纹样和怪兽纹样。

（二）瓷器与金属

耀州窑青釉提梁倒注壶

如果瓷器是中国工艺品艺术的代表，那么金属器就是西方工艺品艺术的代表。西方讲究华贵、华丽、精细的金属工艺，同中国讲究俭约、精练、清晰的瓷器工艺形成了鲜明的对照。

瓷器是中国人的发明创造，在中国取得了长足的发展，其质量之高、品种之多、样式之美、色彩之绚丽，是世界上任何一个国家和地区都不能与之相比的。

西方自迈锡尼文明时期，金属工艺已具有相当的规模，主要是金银制品，除各种形制的容器外，还有王冠、饰品和印章等。古希腊时期的工艺品艺术也以金属器最为典型，其中又以青铜器最为突出，品种有盔甲、盾牌、刀剑、饰品和货币等。古希腊的青铜器与中国的青铜器在风格上有很大差异，其原因则是双方社会背景的不同。希腊的工艺品艺术是建立在奴隶制民主制度和富于想象力的深厚基础上的，工匠艺人的创造力较少受到压抑，因而能展现出优美典雅、完整协调、自由开阔的艺术风格。而中国古代青铜器是在严酷的君主制度下创造出来的，它的古朴庄重掩不去那种沉重的压抑之情。古罗马的工艺品也以金属工艺为主导，尤以银器著称于世。中世纪的西欧，工艺品艺术不像文学、绘画和雕塑那样低落，它取得的成就是引人注目的，在金属工艺方面的特点则是金属、珐琅和宝石镶嵌工艺的结合运用，随着基督教的传播，圣十字架、圣书装帧和遗物箱等宗教器物在金属工艺中占了较大的比重。文艺复兴时期，许多优秀的艺术大师都涉足金属工艺，从而极大地提高了其品位和档次，它也为后来主要表现在建筑装潢上的巴洛克和洛可可风格的形成奠定了基础。

（三）玉器与玻璃

玉雕水牛

中国人对玉的爱好可以说到了登峰造极的地步，中国人不仅喜欢各种各样的玉器，还喜欢用玉来比喻各种美好的事物，天上有玉皇大帝、玉树、玉兔，地上有玉泉山、瑶琳仙境，纯真美好的女性被称为冰清玉洁，男人的思乡情怀是冰心玉壶。对玉执着的喜爱使中国的玉石加工工艺取得了很大的成就，不仅品种多样，且工艺精湛。

在西方，玉石工艺在古罗马时期已经出现，但西方人对玉石的热情显然没有中国人那么高，而大致同时出现的玻璃工艺则取得了长足的发展。玻璃器皿比陶器美观，比金属器价廉、轻便，既可用于制作实用工艺品，也可制作陈设工艺品，而在制作上，又比其他工艺品的工业化程度更高。这些因素的存在，使它在西方受到了更大的重视，因此取得了更大的发展。西方玻璃工艺的成就表现在两个方面：一是彩绘玻璃，这缘于中世纪教堂装饰的需要，教堂不仅需要采光，也需要营造神秘的宗教气氛，透过彩绘玻璃投射进教堂的光线色彩缤纷、光怪陆离，置身其间宛如走入天国；二是玻璃器皿，它模仿金属器和陶器的造型，仿造大理石和玛瑙石的纹样与色彩，充分发挥自身性能和工艺的优势，制成细腻、优雅、色泽丰富的各种器皿，显示出高贵、富丽和华美的特征。玻璃工艺既代表了西方的传统也体现出现代的特征，这与代表中国文化的玉器形成鲜明的对照。

【思考题】

1. 简述工艺品的特征。
2. 简述工艺品景观如何审美。
3. 简述非物质文化遗产的特征。
4. 简述非物质文化遗产如何审美。
5. 试述中西方技术工艺景观审美的差异。

第十章 博物馆景观

博物馆不仅是人类物质文化、精神文化和自然标本的重要储存库，而且是人们参观、学习、研究的重要基地和旅游活动的重要场所。博物馆一般都具有历史特征和地方特色，它既是进行国际文化交流的重要窗口，也是促进当地经济发展的重要文化资源，更是人们进行审美活动的重要场所。

第一节 博物馆的缘起

人类的收藏意识最初可以追溯到四千多年前。当时，埃及和美索不达米亚的统治者就开始寻找、保藏珍品奇物。古希腊、古罗马时代，绘画和雕刻技术非常发达，帝王将领们垂青不同流派的作品，不惜花重金买下作品藏于自己的密室。恺撒大帝曾花三十万迪那利金币购买两幅古希腊绘画，让子民欣赏。而人类历史上的第一个有规模的博物馆诞生于公元前300多年，是古希腊马其顿帝国的缪斯神庙。

一、第一批展览品

公元前356年7月20日，古希腊北部的小国马其顿，一个小王子呱呱坠地。尽管城中传言这个男婴是宙斯之子转世，但国王腓力二世对这个健康强壮的孩子却不怎么喜爱，原因有些难以启齿：因为孩子的母亲有与蛇同眠的怪癖。小王子亚历山大或许正是遗传了母亲的勇敢和某种奇异的力量，小小年纪便显示出不同凡人的智慧和勇气。

十二岁那年，小亚历山大得知有人给国王送来了一匹以色列骏马，众人爱不释手，却没有一个人能够驯服它。看到父亲一筹莫展之时，他大胆地要求一试身手。国王嗤之以鼻，但也接受了他的要求。众人只见王子拥抱骏马后，抚摸低语，然后牵着马转向背向太阳的一面，忽然上马奔驰——原来他发现了骏马害怕人们的影子，由此征服了它。腓力二世热泪盈眶，认定自己找到了接班人。

马其顿是古希腊发展较晚的一个国家，一直处于弱势。亚历山大二十岁继承王位，开始了南征北战，凭着非凡的智谋，马其顿帝国一跃成为最强大的征服者，他也成了亚历山大大帝。在征战岁月中，亚历山大的部队夺来了不少奇珍异宝和稀有古物，他并没有像一般的帝王那样，将它们锁在国库，或赏赐给将领大臣，而是交给了自己的老师亚里士多德。

二、“博物馆之父”亚里士多德

人类历史上第一个博物馆诞生在马其顿，亚里士多德可谓功不可没。他从亚历山大十三岁开始做他的老师，虽然自己的学生是王位继承人，但亚里士多德从不因此而觉得骄傲，他尽职尽责地教导亚历山大，并且主张学生在德、智、体、美等方面全面发展，教授学生哲学、伦理学、政治学、算术、几何、天文、音乐等学科。在任何时候，他都把重心放在发展学生的智力和情操修养上。反对刻板教学方式的亚里士多德，经常和学生在花园里一边散步、一边讨论哲理，因此后人把亚里士多德学派称作“逍遥学派”。

在如此百科全书式的素质教育下，亚历山大大帝对文化、历史、艺术、科技等知识都非常尊重。因此，之后他将文物全部交给自己的老师保存研究。

起初，亚里士多德只是独自对那些古物和艺术品进行整理和研究，并在课堂上将研究出的知识传授给学生。亚历山大去世后，其部下托勒密·索托继续征战，送回源源不断的战利品，为了安置它们，托勒密下令建造一座专门收藏珍品的缪斯神庙。缪斯女神是天神宙斯的九个女儿，她们是青春与美的化身，每个人分管绘画、音乐、诗词、歌曲、舞蹈等九项艺术，因此缪斯女神被认为是最适合守护艺术品的人。她们的名字造就了缪斯神庙（Mouseion），博物馆也由此而来。

当时的缪斯神庙里藏有公元前 4 世纪的艺术品和文物，种类繁多，它们来自不同的国家和民族，集中反映了古代时期的文化。来到这儿参观学习的学者非常多，传说在洗澡时发现了浮力定律的著名物理学家阿基米德以及著名数学家欧几里得都曾在这里从事研究工作。

缪斯神庙作为历史上第一家博物馆，最难能可贵之处在于，它并不仅是一个简单的展览处，更像是一个专门的研究机构。里面设大厅研究室，陈列天文、医学和文化艺术藏品，学者们聚集在此，从事研究工作。当时的主要任务便是修复公元 4 世纪前的文献文物和工艺品，还涉及收集生物标本，以及将展品科学分类等工作。可以说，这是非常难得的，即便是如今，一些博物馆或展览馆也没有完备的研究团队。缪斯神庙的作用决定了日后博物馆的发展不仅仅是展览这么简单，更应是具有一系列的衍生职能。基于此，展览才有了其真正的意义，即帮助人类了解过去，从而获得经验。

第二节　博物馆的发展历程

一、中国博物馆的发展历程

（一）中国博物馆的萌芽

关于我国从何时开始有博物馆，历来有两种不同的说法。一种说法是博物馆历史悠久，在周、秦期间就出现了收藏和陈列文物的场所；另一种说法是博物馆的出现是近百年间的事，是看到外国人办博物馆后才开始学习建办起来的。持前种说法者认为：中国历代的皇宫、祖庙、武库等都是收藏文物的地方。如鲁国太庙就存有重要文物，以纪念周公这位历史人物。还有孔庙，也存放有许多珍贵文物。所以应将太庙、孔庙等视为博物馆，或者说是博物馆的萌芽。持后种说法者则认为：虽然古代历朝都有皇家和私人收藏文物的场所，但那只能是博物馆的雏形，而真正名副其实的博物馆的出现则是鸦片战争之后的事。有的人认为，前一种说法可以作为博物馆历史渊源的追溯，不能认作真正的博物馆，中国开始有博物馆应是近百年间的事。

（二）外国人在华创办的博物馆

鸦片战争之后，帝国主义列强打开了中国的门户，肆无忌惮地对我国进行侵略。随着殖民者的东来与天主教传入中国，外国人为了政治、经济和文化侵略的目的，搜集我国历史文物、自然标本，并建立了博物馆。第一个到中国办博物馆的是法国神父韩伯禄。他在上海徐家汇开办自然历史博物馆，后因馆址不敷使用，1930 年在震旦大学兴建馆舍，改名震旦大学博物院。内设生物研究部及古物部，收藏了大批的中国植物标本。1874 年，英国人创办上海亚洲文会博物院，内设考古、动植物、古生物、地质等组，并对外举办展览和讲座。震旦博物院和文会博物院是现在上海自然博物馆的前身。此后，帝国主义假借各种名义，陆续到中国开办博物馆。先后建立了天津华北博物院、北疆博物院、成都华西协合大学博物馆、大连满蒙资源馆等。

（三）南通博物苑的诞生

张謇是我国博物馆事业的创始者和热心提倡者，也是我国最早的博物馆学研究者。张謇，南通人，是清末状元，但他却把精力放在实业和教育上，认为只有这样才能使国家富强。1905 年，张謇以个人财力在家乡南通着手筹建“南通博物苑”，用以陈列“中外动植矿工之物，乡里金石，先辈文笔”，接着兴建了南馆和北馆。这样，初具规模的中国人自办的第一个博物馆创立了。

（四）中国博物馆事业的第一次发展

1912 年，当时政府在北京国子监筹办历史博物馆；1914 年，在故宫前部成立了北平古物陈列所。1925 年，成立了故宫博物院（抗日战争胜利后，古物陈列所撤销，并入故宫博物院）。1933 年，中央博物院（南京）成立，由蔡元培等人组成理事会，拟定设立自然、人文、工艺三大馆。

当时除北平和南京的几所博物院外，在天津、上海、浙江、河南、广州、保定、广西等地建立了博物馆。同时，在一些大学和研究机构内也设有为数不多的博物馆。据估计，抗日战争前中国有 200 多座博物馆。抗日战争爆发后，博物馆事业基本上处于半停顿状态。到 1949 年，全国只剩下 21 座博物馆，且大多残破不堪，奄奄一息。

（五）中华人民共和国的博物馆事业

中华人民共和国成立后，在中国共产党和人民政府领导下，博物馆事业很快取得了巨大的发展。中央和地方政府都相继设立了专门管理机构。在文化部内设立了文物局，专门管理全国的文物和博物馆工作。

到 1957 年，全国已有博物馆 72 座（不包括台湾省），为 1949 年的三倍多。这段时间，是我国博物馆事业发展的一个高潮，在为广大人民群众服务和为科学研究服务方面做出了显著成绩，也积累了较好的经验。

党的十一届三中全会之后，博物馆工作逐步走上了正轨。特别是先后召开了中国博物馆学会和中国自然科学博物馆协会成立大会，这对全国各系统、各类型的博物馆工作有很大推动，也标志着我国博物馆事业进入了一个新的发展时期。

二、外国博物馆的发展历程

（一）外国早期博物馆的萌芽

一般认为，外国早期博物馆始于公元前的亚历山大时代。亚历山大把侵略别国得来的物品送给他的老师亚里士多德保存起来，因此认为这是博物馆的萌芽。约公元前 283 年，托勒密王朝在亚历山大里亚的宫殿里创立了一个“博物馆”。也有人认为，当时的托勒密王朝的宫殿还不能算作博物馆，它在当时主要是将些奇珍异宝存放在那里，目的主要是供观赏，所以只能算是博物馆的早期萌芽。

（二）欧洲中世纪的博物馆

欧洲中世纪的文化还是比较发达的，欧洲一些国家收藏中世纪的东西比较多。因此，中世纪时有不少博物馆。中世纪的博物馆主要是教会办的，它的特点是从宗教迷信出发。例如鸵鸟蛋，他们从外国带回去，人们不知道是什么东西，因此他们就说它是从天上来的，是神、是主等。那时的博物馆是带有侵略性的，就是展览掠夺人家的东西；还有一种是迷信的。这就是欧洲中世纪博物馆的特点。

（三）15 世纪的博物馆

15 世纪在博物馆史上是一个很重要的时期。15 世纪的两件大事对博物馆的发展具有很大的推动作用，一是文艺复兴，二是哥伦布发现新大陆。

文艺复兴主要是对古文物的兴致增高了，当时的资产阶级对希腊、罗马的古典文艺，特别是雕刻发生了很大兴趣，在此期间他们收藏保存和研究古物形成风气。所以说 15 世纪的文艺复兴对博物馆的推动作用很大。

哥伦布发现了新大陆，他到达美洲之后，搜集了不少印第安人的东西带回欧洲，引起了轰动，后来就把这些稀奇古怪的东西拿出来展览陈列，这对博物馆也是一个非常大的推动。自此以后，搜集动物、植物、矿物等自然标本的风气渐盛。还有发掘古典文物，使博物馆收藏东西的范围扩大了。因此，15 世纪的文艺复兴和新大陆的发现，使博物馆揭开了新的一页，对这一时期博物馆的发展来说是很重要的。

（四）19 世纪资产阶级革命时期的博物馆

1789 年，法国爆发资产阶级革命后，在欧洲，博物馆事业有了新的发展。1793 年，法国建立了第一个公共博物馆——卢浮宫，就是将皇宫改为共和国博物馆。1794 年，又将御花园改为国家自然历史博物馆。这一时期，博物馆从奇珍异宝的储藏所，渐渐成为学术研究和宣传教育的中心。

资产阶级革命后的博物馆有两个特点，一是建立了公共的国家博物馆，二是由原来单纯的作为收藏所，发展到进行研究和宣传，这在当时是很重要的。在此期间，值得一提的是伦敦成立了一些博物馆，特别是成立了水族博物馆、动物园。因此，资产阶级革命后主要的博物馆是在法国和英国。他们不仅建立了很多博物馆，而且对博物馆本身有所研究，制定了法令和规章。因此，欧洲资产阶级革命期间是博物馆发展的一个高潮。

（五）第二次世界大战后的博物馆

第二次世界大战后，博物馆发展的重点从欧洲转到了美洲（主要是指美国）。这一时期，英、法虽也有发展，但主要还是美国和日本。美国博物馆在老博物馆的基础上又发展了一批新的、大的博物馆，特别是科技博物馆。而且这段时间，以美国为代表的资本主义国家开创了建立私人博物馆的先河，成了这一时期博物馆发展的一个鲜明特点。第二个特点是着重为社会服务，强调博物馆的社会作用。他们除了强调博物馆的藏品以外，还强调研究工作、强调陈列强调群众工作。这是第二次世界大战后博物馆发展的另一个倾向。

（六）现代的博物馆

现代的博物馆基本上打破了原来僵化展览的格局，讲究陈列体系和陈列形式，强调策展的艺术和能力。同时博物馆的现代化也已提上了日程。所谓现代化的博物馆，一是重视保管与库房，强调密封，不见阳光，不通空气，没有灰尘。二是整个博物馆的现代化，如防火防盗、电力监控等各个方面的现代化。而且，这一时期也是博物馆蓬勃发展的时期，据统计，1933 年世界有 7000 多个博物馆，1979 年博物馆数量已经增至 50600 个，到了 2021 年全球博物馆的数量已经达到了 55000 座，而且这个数字还在不断激增。

第三节　博物馆的类型与特征

一、博物馆的类型

（一）中国博物馆的分类

参照国际上一般使用的分类法，根据中国的实际情况，中国博物馆可划分为历史类、艺术类、自然科学类、综合类四种类型。

1. 历史类博物馆

历史类博物馆主要展示历史藏品，如中国历史博物馆、中国革命博物馆、西安半坡遗址博物馆、秦始皇兵马俑博物馆、泉州海外交通史博物馆、景德镇陶瓷历史博物馆、北京鲁迅博物馆、韶山毛泽东同志纪念馆、中国共产党第一次全国代表大会会址纪念馆等。

2. 艺术类博物馆

艺术类博物馆主要展示的藏品具有较高的艺术和美学价值，如故宫博物院、南阳汉画馆、广东民间工艺馆、北京大钟寺古钟博物馆、徐悲鸿纪念馆、天津戏剧博物馆等。

3. 自然科学类博物馆

自然、科学类博物馆以分类、发展或生态的方法展示自然界，以立体的方法从宏观或微观方面展示科学成果，如中国地质博物馆、北京自然博物馆、自贡恐龙博物馆、台湾昆虫科学博物馆、中国科学技术馆、柳州白莲洞洞穴科学博物馆等。

4. 综合类博物馆

综合类博物馆综合展示地方自然、历史、革命史、艺术方面的藏品，如南通博物苑、山东省博物馆、湖南省博物馆、内蒙古自治区博物馆、黑龙江省博物馆、甘肃省博物馆等。

（二）外国博物馆的类型划分

国外对博物馆类型的划分不一致，选取的划分标准也不一样；在类型范围上有的主张宽泛，类别不宜过多，但也有的主张细分。以下选取英、日、美三国的博物馆分类进行介绍。

《大不列颠百科全书》按照博物馆功能，将其大致归纳为三大类：第一类是艺术博物馆，主要展示其收藏品的美学价值，包括一般性绘画、雕塑、装饰艺术、实用艺术和工业艺术博物馆等；第二类为历史博物馆，是从历史观点展示收藏品，依托考古遗址、史迹名胜等所建的博物馆以及个人纪念馆均属此类；第三类是科学博物馆，包括自然科学博物馆、实用科学博物馆以及技术博物馆等。

日本博物馆按博物馆收藏资料种类分类，可分为综合博物馆、人文科学博物馆和自然科学博物馆。自然科学博物馆又包括：自然史博物馆、综合科学技术博物馆、专业科学技术馆和理科教育博物馆（以青少年为主要对象的科学馆）。

美国博物馆的分类标准也很多，美国博物馆协会认为，恰当的分类应该是根据博物馆的基本性质所表现出来的内容来划分。他们主张分为综合、科学、艺术、历史、学校、公司、展览区等13大类72小类。

目前，国际上通常以博物馆的藏品和基本陈列内容作为类型划分的主要依据。按照这个标准主要划分为历史博物馆、艺术博物馆、科学博物馆、综合博物馆和其他类型。

二、博物馆的特征

博物馆与其他科学、文化教育机构相比具有以下特征：

（1）实物性。博物馆是以征集、收藏一定数量和质量的实物藏品为主要工作内容的机构，没有这些实物藏品，博物馆也就失去了存在的价值。

（2）直观性。博物馆是通过组织陈列大量的实物藏品向观众输送、传递信息。这种手段使其较之文字、图像资料更容易使观众得到生动、具体的直观教育。

（3）广博性。博物馆门类众多，藏品广泛。从地质到天文，从当代的航天科学到国防军事，从古生物到各个自然学科，从各个门类的科学技术到文学、工艺、美术，从一个国家、地区的历史到历史人物以及各个民族的风俗文化等，无一例外地证实了博物馆以它拥有的众多的藏品，记录了整个人类社会的不同阶段、不同领域的历史发展进程。

第四节　博物馆景观审美

建筑是一门艺术，它是国家或一座城市的独特标志和记忆，也是城市文化积淀的反映和载体。它是审美性和实用性、技术性与艺术性的统一，并具有自己独特的艺术语言。在现代文化语境里，博物馆作为一个重要的公共文化机构，以向全社会提供更多优质便捷的公共文化服务作为根本任务，追求美和传播美是博物馆重要的存在价值和历史使命。美学的精神贯穿于博物馆的建筑、陈列、环境、功能等诸多方面。纵观世界各地博物馆的发展历程，规模宏伟的外观建筑及其浑厚的文化底蕴，无不与美学息息相关，使美学艺术成为博物馆发展不可或缺的部分。世界著名华人建筑大师贝聿铭曾说过：“建筑就是空间的感觉，它不在于屋檐、瓦片等技术方面的东西，而在于内部空间。”而博物馆不同于其他建筑，它的一砖一瓦、一棱一角都具有独特的魅力，并且蕴含着深刻的文化内涵。

一、博物馆的建筑之美

理想的城市公共建筑艺术通常“以山水为体、文化为魂、功能为用”，这三点是实现理想和谐的生存环境的必要设计原则与人文理念。博物馆建筑艺术的存在是为了更好地促进理想的休闲和文化环境的生成，因此也遵循这样的原则与理念。

（一）山水为体

在博物馆的设计中，以“山水”为体其实就是以“自然”为体，而不是“为用”。山水可以成为博物馆建筑审美的重要元素。博物馆的建筑景观以山水为体，也就意味着，需要理解它、尊重它，通过观察与学习，进而与它契合。山水尤其是自然山水只有成为根本，博物馆的建筑设计才不会随意地剪裁山水，才能真正做到以自然为师、顺应自然。

博物馆作为公共艺术中文化精神最为突出的建筑，其景观与自然、山水的内在神韵往往互相契合。正如荆浩所言：“景者，制度时因，搜妙创真。”“制度时因”，是指博物馆建筑的“景”需要遵从自然山水和周围环境的客观变化；“搜妙创真”就是在求索自然时空与文化艺术的无限性与永恒性的过程中，创造出蕴含自然、艺术与人的生机和生命活力的审美对象。因此，博物馆建筑大多不与山水尤其自然山水对抗，而是欣然地与周围环境融为一体，从而形成一种“万物俱荣”的生命景观。

苏州博物馆
（图片来源于苏州博物馆官网）

博物馆建筑充分体现了环境与艺术之间的互动。它是一种活动艺术，而不是传统的在理想状态下被保养维护的艺术。环境的变化如光线、天气与季节的短暂影响，“生长—腐朽”的环境艺术化与艺术环境化的统一过程成为博物馆建筑审美不可或缺的部分。鉴于任何事物都永远处于变动之中，人们在进行审美时就需要以不同的眼光看待博物馆建筑本身，感受季节的变化、天气与阳光对博物馆建筑景观的影响，从而体验到富于自然变化的动态而多面的艺术景观，而不仅仅是需要维护的建筑。因此，对于博物馆建筑而言，变化性可以成为其审美上的优势，不停的运动、突如其来的变化都通过刺激我们的想象力，使我们的体验更兴奋和更具挑战性，从而鼓励人们以博物馆建筑为载体探索大自然的动态流程，鼓励人们与无限复杂的自然进行更多的对话。

（二）文化为魂

广义上的文化包括人类所创造的一切物质文明与精神文明，而博物馆建筑所涉及的文化主要指历史和艺术文化。博物馆所处的城市环境本身是人类历史文化深厚积淀的结晶，博物馆要想与城市浑然一体，必然要与城市独有的文化底蕴相契合，从而实现与历史文化的互生共荣。凯文·林奇认为：“（人类的）审美情感和符号体系通常在城市环境中的公共广场、历史标志物以及城市纪念碑上予以表现出来，这些审美情感和符号体系使得我们将城市的过去与城市的现在用黏合剂联结起来。”在特定的城市语境中，作为符号化的公共艺术的博物馆通过对现在与过去的黏合，展现一种城市文化发展的动势，从而构建出一张城市的过去、现在与未来相互交织的文化之网。

北京松美术馆

历史文化在很大程度上带有浓厚的地域性，是一种地域文化。博物馆的创造与设计往往体现每一个场所独具的历史和生态，以将它的过去、现在与未来通过审慎的设计，注入地域和内容的元素与特色，并以艺术的形式和内容呈现，从而使其最终形成了地域和文化相融合的存在方式。它把广泛意义的家的感觉带回我们的视觉范畴，像一幅幅地图，引导我们探求、发现博物馆这个特定场所所蕴藏的所有细节。这种艺术体验能连接文化与心灵，从而使我们对博物馆产生一种类似家园的归属感。

（三）功能为用

博物馆本身可以看作一个按照各种美的规律结合起来的统一整体，从整体的各个层次出发，人们都可以发现美学的存在，这种层次就是博物馆的美学架构。当今，个性化、艺术化、高科技化正将博物馆陈列水准带进一个崭新的时期。从整个博物馆的美学角度出发，博物馆身处城市之中，其选址、外观建筑、内部结构、展厅环境、展品陈列以及展品自身构成了博物馆美学架构。而博物馆的美学功能就是为了指导博物馆建设、陈列和服务等工作的创美和审美。

对于参观者来说，博物馆之游是对认知的提升、对文化的回味，同时也是对美的探求。一个优秀的博物馆，首先需要具备令人流连忘返的外观建筑，无论是气势恢宏的磅礴大气，还是玲珑小筑的婉约通幽；无论是时尚简约的现代气息，还是古色古香的怀旧韵味，只要能从人的审美意识角度出发、符合人的审美角度、给人以美的感觉，就是成功的第一步。除此之外，博物馆的内部结构、陈列与博物馆整体的契合以及空间设计的美感则构成了博物馆建筑内部审美的关键要素。

博物馆建筑是博物馆陈列展览空间的载体，整个陈列展览空间的设计要围绕着整个博物馆建筑来规划，两者紧密地联系在一起。博物馆内部的空间架构决定着馆舍内部的美感，从几何学和空间学的角度合理设计，能够更好地利用有限空间，将博物馆系统结构组合的风格表现出来，在有限空间内给人以无限的遐想。对每一个模块的精心设计会使博物馆的内部环境得到进一步的优化，也可以突显每一个展品的特色，进一步加深参观者对博物馆的美好印象。

今日博物馆陈列展览空间设计

可以说博物馆空间美感是由博物馆建筑师和陈列设计师共同营造的。博物馆空间不等同于建筑的物理空间，它涵盖了艺术与科学的双重领域，属于美学研究的范畴。美感是一种情感的起伏波动现象，即人们对呈现在眼前的事物，对其形状、色彩、结构、比例关系等，在心理上会产生一定的反应，这时所产生的愉悦，便是美感。它是客观事物的美在人的主观世界所引起的一种生理和心理的反应，体现出情感上高度的愉悦和精神上的满足。

二、博物馆的文艺之美

博物馆作为人类文明和文化传承的荟萃之地，其人文意蕴是其灵魂，它是构成博物馆巨大魅力的重要因素。建设城市博物馆需要彰显城市的人文意蕴。博物馆的人文意蕴，一是来自历史，二是来自当代，两者需要实现良好的整合。在一种历史的语境下，在一种人类文明的厚重积淀中，博物馆与历史文化达成一种完美的契合，艺术由于城市历史人文意蕴的介入被赋予了一种内在的灵魂，城市的历史人文意蕴因博物馆艺术的鲜活变得真实而具体，并感性地渗入城市的每一个角落。博物馆在历史语境中凸显其自身独特的艺术魅力，当凝结着百年乃至千年历史的城市博物馆激发出观赏者的想象力时，历史事件以及时代精神便开始复活，不仅联系了现在，而且通向未来。

（一）静观与动观的结合

博物馆的藏品作为艺术的一种呈现形式，必然具备传统意义上的纯艺术的一些特征，如绘画、雕塑、书法、物什、服饰等。因此作为审美客体，它必然蕴含纯艺术中的那些典型特征：确定的时间和空间界限、相对稳定和永久性、统一连贯的设计、主要为审美理念的表达而进行的有目的的创作，以及主宰我们的体验和欣赏的某些传统共识。由此，从审美模式而言，博物馆某种程度上适用“静观”的审美方式。

博物馆艺术不像传统艺术那样是一种有确定边界的艺术，而是一种具有不确定边界的艺术，欣赏者在其中能够借助自然、历史和文化的力量形成艺术的有机整体，并不断尝试在人与环境和展品之间建立对话，以寻求个体传统意义上的艺术升华与蜕变。在此基础上，博物馆艺术的审美模式因其自身的特色与传统的艺术审美模式大相径庭，这与“自然欣赏”的模式——环境模式有着千丝万缕的关系，即在展品与更广阔的环境背景之间建立一种根本性的关联。

上海无界美术馆孔明灯馆

博物馆艺术具有对时间和过程的解读能力，在其形成过程中，不仅承认自然物体所呈现出的物质原始、粗糙的自然表达，而且注重其在时间中被自然力量重建、侵蚀或消解的过程之美。博物馆的艺术作品不仅仅是可以陈列的展品，更重要的是，它和它的存在环境密不可分。一方面，博物馆艺术所处的环境不同于传统艺术中仅供展览的环境概念，而是成为了作品的主要内容；另一方面，环境的特征通过艺术得以充分体现，并且可以通过一种互动式的审美，建构一种关于环境的独特的时间和空间体验。由此，博物馆艺术既可以借助自然的变化，也能改变自然。它强调与自然的沟通，利用现有的场所，通过艺术的手段改变它们的特征，创造出精神化的场所，为人们提供全新的体验和理解方式。博物馆艺术所蕴含的意义与每一位游客的个人体验与独特理解互相融合。在此情境中，人们唯一要做的就是置身其中，在动观中获得自己关于自然、历史和文化的体验，并透过体验，了解世界是如何运作的。

静观与动观结合的审美模式，使游客在博物馆中以纯粹的审美参与的方式建立起与审美对象的积极互动，从而共同投入到审美欣赏中，并积极主动地向对象寻求指引，将自身置于积极和反应性的审美情境中。在静观与动观结合的审美模式中，博物馆艺术通过它所蕴含的无限的创造力，使审美主体摆脱了束缚传统美学和艺术创造的各种限制，为审美体验提供了丰富的可能性。

（二）审美性与功能性的交融

收藏、研究、教育是博物馆的基本功能。任何一个博物馆都需要收集保藏文物和自然标本，所以从博物馆的内部关系来说，收藏是博物馆的首要功能。大量藏品需要进行科学的整理、保管和研究，才能揭示藏品所具有的科学、历史以及艺术价值，才能有效地建立展品与观众之间的联系，以更好地实现全社会范围内的教育和熏陶。可以说，博物馆在发挥其自身功能的同时使环境与展品艺术化，从而突出了整体的审美性，而博物馆的审美性也突出了其功能性。因此，博物馆的审美是融合了功能性的审美，是功能性与审美性的完美结合。

三、博物馆的感官之美

梵克雅宝胸针

在博物馆中，书本中总结出来的审美方法与规律、评选出的文化艺术经典在这里有着真实的体现，人们与藏品间进行近距离接触，这样的审美冲击深入灵魂。

近距离接触意味着人们看到的是“实物”，而不是“形象”。“实物”是文化特殊的记忆和存储方式，虽然复制的敦煌壁画比原件更完整，但是绝对不会像原件那样牵动思绪，震撼人心。只有实物可以给予人们最生动的审美体验，因为真正的审美应该是全方位的。只有博物馆中的审美，才是一种全方位的感知，才能实现审美的全面均衡发展。“在大脑中枢神经的协调下，所有的体验方式要共同进行，整个身心的进入是参与式的沉浸，不是旁观式的品评。”博物馆正是给了人们这样的机会去实现审美的全面发展。博物馆中感官参与要素是完整的，人们的审美方式是全身心介入的，因此能让审美场中的各种要素融于整体感知，使人们体验到身心尽在其中的真实，并在博物馆整体氛围的影响下，产生心灵震撼之美，从而使审美主体真正获得了心灵的浸润。

四、博物馆的穿越之美

雍正时期白釉瓷器组

藏品无言却可以把人们带入一个广阔的空间中，一个任由人们的想象力纵横驰骋的空间，陶冶和净化人们的心灵，造就心理结构的平衡和谐，健全人格。因为，展品的背后是人，是他人的审美情趣和审美理想。比如瓷器馆，人们在参观瓷器馆的时候，会看到瓷器表面光泽莹润、釉色美丽、彩绘精致细腻，但这些不会在人们心中留下深刻的印象。瓷器真正的魅力在于瓷器表面特征背后的人的精神气质，这样的瓷器背后是怎样一个时代，具有怎样精神气质的人才会创造和欣赏这样的瓷器。而新的瓷器种类的出现、瓷器风格的变迁，背后都是人的变迁。因此，元代的人才会不遗余力地发展青花，清代的人才会竭尽所能地创造珐琅彩，瓷器的背后是人，生活于特定时空的人。再比如家具馆。家具馆里有紫檀、黄花梨、酸枝、鸡翅木等，人们要看的不是木料本身的色泽 、花纹，甚至也不仅仅是家具的种类、造型，更重要的是通过这样的家具看到古人的生活。黄花梨家具中蕴含的明代文人的文人气质，紫檀家具中蕴含的清代宫廷的奢华追求，透过这些家具，人们看到的应该是另一个时代的人们的生活。古代的人和古人的生活似乎与当下无关，但却是今人生活的重要参照。孔子说“智”就是知人，知道别人、了解别人 ，在这些瓷器、家具的背后，当人们看到了古人与古人的生活的时候，就得到了今人生活的参照，这些参照会让人们懂得今天生活的得失，让人们变得更有智慧。在审美过程中，人们对生活和人有了新的认识 ，这是一个积累“智”的过程。这些展品从不同视角为人们提供了人生的思考维度，重新唤醒人们对现实存在意义的探索。所以，博物馆审美以启迪心智方式，唤起人们的审美情感，激发人们的意志与行为，摆脱精神的疲惫与迷惘。

乌尔玛乌石碑

五、博物馆的广博之美

博物馆作为征集、典藏、陈列和研究代表自然和人类文化遗产的实物的场所，其类型众多，包括历史类、艺术类、科学与技术类、综合类四大类，因此，相应的藏品也相当丰富。上至史前下至当代，从宇宙到地球，从历史文物到绘画雕塑、从科技产品到矿石生物品类之盛前所未有，如北京故宫博物院收藏的各类文物共 90 多万件，卢浮宫收藏的各类艺术珍品达 40 余万件，艾尔米塔什博物馆共有各类藏品 270 万件。在博物馆中，人们可以在浩瀚的藏品中领略历史、科技、文艺、矿物、化石等带来的文化冲击和视觉盛宴，从而感受到宇宙之辽阔、世界之广阔、历史之深邃、科技之惊叹，进而产生出“白驹过隙”“沧海一粟”的审美感受。

第五节　案例分析

一、苏州博物馆新馆

苏州博物馆新馆位于历史保护街区范围，紧靠世界文化遗产拙政园和全国重点文物保护单位太平天国忠王府，占地面积约 10750 平方米。作为一座现代建筑，苏州博物馆新馆的设计遵循“中而新，苏而新”的设计理念，展现出中国传统建筑的元素特征，将苏州深厚的文化底蕴与现代建筑理念巧妙融合，成为传统文化与现代设计有机结合的典范。

（一）和谐的建筑理念

苏州有着独特的历史文化与地域特色，贝聿铭在设计中因地制宜地将江南以园林的建筑美学特色融入其中，使其能与苏州建筑以及苏州城市的人文历史风貌相吻合。博物馆新馆位于苏州齐门路与东北街交叉口，与老馆区紧密相连，设计时将沿河南侧的区域一并纳入规划之中，不仅拓展了建筑空间，也增大了整个区域的参观价值。

苏州博物馆新馆的设计运用了“中国黑”石材，或以线框形式镶嵌在白色墙面上，或以块面形式覆盖在屋顶上。这种黑白对比和映衬所产生的轻巧素雅之感与苏州建筑的标志性色彩基调达到了和谐统一，使苏州博物馆新馆在外观视觉上已融入了苏州的千年古韵之中。

苏州博物馆新馆与拙政园的建筑环境也浑然一体，在保持传统风貌的同时，又有其本身的设计独立性。在景观处理上，以中轴线贯穿园林及庭园空间，并将两者结合起来。在此基础上，设置了一个主院和若干小内庭院，布局极为精巧。

（二）独特的设计方式

在世界遗产密集的苏州，新型建筑的设计及其选址都关乎城市整体规划和历史保护。苏州博物馆新馆选址在以传统民居为主、经典园林为辅的老城区。新馆的设计借鉴了忠王府、拙政园的建筑特色，将传统的建筑元素与新的建筑理念相融合，从而实现了新旧建筑的结合，既具有内敛的气质，又异于旧建筑的繁缛和千篇一律。在新馆的设计中，屋顶采用了大屋顶的设计形式，具体表现为“硬山”形式。一条正脊和四条垂脊支撑起了整个屋顶，屋顶与山墙齐平或低于山墙，这样的设计主要是考虑到当火灾发生时，高出屋顶的山墙可以阻止火情向房屋蔓延，同时从外形看也颇具线条感。

在设计中，新馆采用了金属梁架结构，呈玻璃重檐两面坡式。在大门设计上，不仅包含传统建筑文化元素，又具有现代建筑艺术风格。透过这个开放的大门，游人可以感受到现代与历史相碰撞的气息。苏州博物馆新馆入口大厅一通到顶，气势磅礴；月门外一汪碧水，水池对岸是拙政园的白墙和婆娑树荫，白墙之下是“以壁为纸，以石为绘”的石片假山，粉墙黛瓦衬托出一幅工笔画的意境，对景和借景手法在这里得到了精彩的呈现。从美学角度看，苏州博物馆新馆的设计达到了“似与不似之间”的审美效果。既不会丧失对工业化社会人们审美心理的关注，又不会脱离中国传统文化的根基。因此，从整个建筑的设计来看，它是古典园林的传统元素与现代工业元素相融合的完美之作。

（三）简约多元化的展厅设计

1. 空间布局的灵活多变

苏州博物馆新馆的展厅空间由室内展区空间以及室外展区空间两部分组成，其空间组成比较复杂，可以把它划分成为几个相关联的“子序列”，其入口部分为一个序列形式；中央大部分基本呈环形序列形式；西部展厅部分则兼有串联和中心辐射两种序列形式的特点。可以说，新馆的布局是借鉴了传统园林的一种综合式空间序列形式。

整个博物馆的展示空间被划分成几何形状，以矩形和八边形为主。每个主题展厅都是一个矩形，每隔一段距离就会有一个较大的八边形展示空间。正方形、矩形、八边形等被认为是完全整齐一律的几何形体，它们本身简单、明确、肯定、各个要素之间具有严格的制约关系，彼此之间共同形成了既有规律，相互联系又相互制约的空间结构。

苏州博物馆新馆的展示空间主要集中在西侧，在设计时对陈列空间进行了很好的分割，提供了多层空间，而且并不仅仅是把所有的藏品都划分在主体建筑室内展厅，室外的庭院中也设计了一个独立的展厅，用来复原古时书房的旧貌。该处在陈列的展示设计处理上突显了时间距离，并用视觉塑造亲切和遥远的氛围，使人感悟到单纯空间的延伸。

新馆内部空间布局采用了传统园林中常用的“欲扬先抑”的手法，通过空间大小的对比，在通往主体空间的前部，有意识地安排一个极小或极低的空间。通过这种空间时，人的视线被极度压缩；但走到高大的主体空间时，豁然开朗，从而引起人们心理上的振奋和共鸣。比如，从门厅进入展区时，要经过一条狭长的廊道，走到尽头，便是一个较开敞的公共空间连接着两侧的展厅，再往里走，穿过狭窄的通道，又可见一个较大空间的展区。

2. 空间序列组合的艺术性

新馆的内部空间，并非完全是矩形，也有八边形的展区，不同形状的空间之间也形成了对比，虽然不如前一种方式对比强烈，但通过这种对比使得单调的空间得以变化，同时也使得空间变得丰富。比例不同的空间，不同的形状都可以给人以不同的心理感受，空间形状结合着功能和精神的要求可以给人特殊的感受。例如，贯穿西侧展区的走廊是一个相对细长的空间，“由于纵向的方向感比较强烈，可以使人产生深远的感觉，这种空间形状可以诱发人们怀着一种期待和寻求的情绪参观游览”。在其他的展区空间中，除了矩形的空间，还有一些其他形状的空间，这些空间也会因为其形状不同给人以不同的感受。如中间高四周低的展厅空间，一般给人以向心、内聚的感觉。而八边形的展厅形成环状空间，给人一种向导感，诱导人们沿着空间轴线的方向前进，关注空间中心位置的展品。

苏州博物馆新馆内部空间的设计也凸显了交流性和艺术性。交流性旨在观众与展品之间搭起一座桥梁，使得观众能够以最佳角度、必要时全方位地对展品进行观摩。艺术性则使观众在参观的过程中同时享受到一种来自展品之外的美。苏州博物馆在设计过程中充分考虑到这两个方面的因素，成为展示空间的典范。

新馆不仅具备了陈列展示文物的功能，它还具备了供人游玩观赏的休闲场所的功能，且其设计立意及手法的新颖独特，巧妙得体，使其本身也成为苏州的地标之一。苏州博物馆新馆作为现代主义建筑，在“极简主义”和“少即多”的理论下，追求空间上的极端简洁。在简约设计理念的主张下，展示空间被提升为一种高度简练概括，风格一致，造型统一，简约而不简单的抽象形态，在设计上采用单体元素系列化的手法，既保留了传统的风貌，又不落窠臼，体现了中西方、古典与现代的碰撞融合，使人在流连忘返之间深刻感受到建筑的精湛之美。

二、中国台北故宫博物院

中国台北故宫博物院位于中国台湾省台北市的西北部，面临双溪公园，周围是绿树成荫的山峦。它仿照北京故宫博物院形制而建，面积一万多平方米，气势宏伟，是一幢豪华的四层楼房建筑，这里珍藏着 70 万件历史文化艺术珍品。

中国台北故宫博物院始建于 1962 年，落成于 1965 年夏。所藏文物原属北京故宫的有 24 万余件，其中大部分是北京故宫博物院文物中的精品，于 1949 年分装 3824 箱运至台湾；如商周的铜器、玉器，晋唐以来的书法，唐宋以来的名画，宋元以来的名窑瓷器、竹器、善本书籍，清代档案，以及雕刻、玉器、漆器、珐琅等，品类繁多，均属华夏瑰宝、旷世之珍。

这里的文物展出主要设在院内主楼。大厦分为四层，博物院的正面入口设在二层。二层大厅设有孙中山先生的铜质坐像，这座铜像是按南京中山陵的铜像原模翻制而成，铜像四周是著名的书法和绘画，走廊两侧是大幅长卷的《清明上河图》和《出入跸图》，闪耀着中华文化的灿烂光辉。

在这些藏品中，最为游人争睹的，要数国宝——清道光末年（1850）在陕西岐县出土的西周毛公鼎了。这只鼎高 53.8 厘米，口径 47.9 厘米，下有三足，两耳高耸，花纹简洁，外形古朴，鼎内的铭文共 491 字，是青铜器中铭文字数最多的一件。

中国台北故宫博物院收藏有大批名家字画。如宋代杰出画家李公麟（1049—1106）的《免胄图》，陈居中（生卒年不详，南宋画家）的《文姬归汉图》，仇英（约 1509—1551，明代画家）的《汉宫春晓图》，王翠（1632—1717 年，清初画家）的《夏木垂荫》，以及范宽（约 950—1027，宋代画家）的《溪山行旅》、郭熙（约 1023—1085，宋代画家）的《早春图》、王羲之（约 303—361，晋朝书法家）的《快雪时晴帖》等。一幅幅字画笔意严谨工细，气象清劲潇洒，都是历代书画中的珍品。

中国台北故宫博物院的展品还以各自特有的魅力吸引着参观者。如河南安阳出土的殷商遗物枭形立雕，由整块云南大理石雕成，兼具枭喙、枭目、人耳、兽角、鱼鳞、象脚等造型，粗略看去，雄浑有力，仔细品赏，生命的韵律非常强烈；又如清代的一块肉形石，不但看去“肉”的肥瘦层次分明，而且肉皮部分肌理清晰，毛孔宛然，左方的折痕更把肌肉的弹性表现得十分逼真，配以红、粉相宜的色泽，酷似一块刚刚切下的猪肉，令人叹为观止。

中国台北故宫博物院还珍藏有许多名贵的文房用具，其中最有代表性的有宋代苏东坡（1037—1101，北宋文学家、书画家）砚，元代赵子昂（即赵孟頫，1254—1322，书画家）砚，明代制墨名家程君房、曾仲魁所珍存的墨及狼毫万年笔，明代竹雕人物笔筒，清代玛瑙蟠桃洗等，件件精细，都是十分罕见的藏品。

中国台北故宫博物院经常陈列的展品为 2 万件，每 3 个月轮换更新一次。每 10 年作为一周期，可把全部珍藏品分期陈列一次。

三、上海博物馆

上海博物馆是目前中国规模大、藏品丰富珍贵、建筑与设备现代化程度很高的著名博物馆之一，建筑面积 3.8 万余平方米。博物馆的外形为古代文物青铜器鼎的形式，型如巨鼎，颇具古意，而整个建筑的结构与材料均采用现代化新科技的成果。

上海博物馆主要是古代艺术博物馆，目前该馆分为十个分馆，它们是：中国古代青铜馆、雕塑馆、陶瓷馆、玉器馆、玺印馆、书法馆、钱币馆、绘画馆以及明清家具馆、中国少数民族工艺馆。除了以上十个专题馆作为固定的专题陈列之外，该馆还经常举办一些小型陈列和临时性的外来藏品展览，也将馆内的藏品组织到国内外去展出。

在上海博物馆的藏品中，有许多全国少有的珍品和精品。其中尤以青铜器、书法、绘画和明清家具最为突出。

中国商周时代青铜器是古代社会文明的重要标志，当观众进入中国古代青铜馆时，馆内古色古香的深墨绿色的色调，古朴典雅的木质展柜，以及顶部的射灯和柜内的灯光所营造出的气氛，散发出浓郁的青铜时代的文化气息。在 1200 平方米的展室内，陈列了 400 余件精美的青铜器，如德鼎、大克鼎、牺尊等，完整地反映了中国古代青铜艺术发展的历史。

中国历代书法馆集中了各个时期的经典名作，系统地展示了中国书法艺术的历史轨迹。展柜、自动感应的灯光照明和历代书法精品的巧妙结合，更使展室散发阵阵书香。其中王羲之的《上虞帖》卷、怀素（725—785，唐代书法家）的《苦笋帖》卷、苏东坡的楷书《祭黄几道文》卷为稀世珍品。

中国历代绘画馆展厅内长廊飞檐，轩窗低栏，颇有传统古建筑风格和儒雅的书卷气息。1200 平方米的展厅内共陈列历代绘画精品 120 余件，从唐代至近代，各种绘画门类均有所体现，如孙位（生卒年不详，唐代画家）的《高逸图》卷、唐寅（1470—1532，明代画家）的《春山伴侣图轴》等，反映出中国绘画的悠久传统和深厚底蕴。

明清时代是中国古代家具制造的鼎盛期，走进中国明清家具馆犹如步入中国明清时代的园林宅第。家具馆 700 平方米展厅内陈列了明清时代中国家具精华 100 多件。其中，明代家具造型洗练、线条流畅、比例匀称、榫卯严密；清代家具用料宽绰、体态凝重、装饰繁缛、厚重华丽。

上海博物馆的地下部分还布置了独具特色的中国传统仿真园林庭院，虽然深藏地下，但其建筑与环境胜似露天，为国内博物馆所仅有。

四、陕西历史博物馆

陕西历史博物馆是一座新建的国家级现代化大型博物馆，位于西安市雁塔区，占地6.5万余平方米，建筑面积近6万平方米。馆舍布局呈“轴线对称，主从有序，中央殿堂，四隅崇楼”的仿唐建筑风格，连廊庭院，参差错落，典雅凝重，堪称陕西悠久历史和灿烂文化的象征。

陕西历史博物馆展厅面积1.16万平方米，展出文物精品2700多件，展线总长2300米。整个陈列分为序厅、基本陈列、专题展览、临时展览和已开辟为国际画廊的中央大厅等几个部分。

陕西历史博物馆的基本陈列为陕西古代史陈列，它以历史进程为线索，选取各时代的典型文物进行组合陈列，以揭示陕西地区古代社会文明发展状况。该陈列展厅面积4600平方米，共三个展室，分为七个部分（史前、周、秦、汉、魏晋南北朝、隋唐、宋元明清），精选的2000余件珍贵文物包括：反映古代先民生活情景和艺术追求的丰富多彩的彩陶器皿，反映周人兴起与鼎盛的青铜器，反映秦扫六合统一天下气势的青铜剑、弩机、兵马俑等，以及显示秦汉奋发崛起精神的铜建筑构件、大型瓦当，还有反映封建盛世繁荣景象的精美的唐代金银器和唐三彩等，并配以遗址模型、图表、照片等辅助展品。这些展品系统地展现了自115万年前至1840年陕西地区的古代历史。由于中国古代社会周、秦、西汉、隋、唐几个鼎盛时期都是在陕西地区建都，所以该陈列以这几个时期为重点，既突出反映了陕西地区古代灿烂的文化，也反映了这几个时期中国社会经济文化发展的最高水平。

位于序厅东侧的临时展览厅先后举办过唐墓壁画真品展、昭陵文物精华展等。陕西出土的唐墓壁画无论数量还是质量都居全国首位。首次公开展出39幅壁画真品，如《客使图》《打马毬网》《狩猎出行》等，布局严谨，色彩富丽，线条挺劲流畅，惟妙惟肖，不仅是反映唐代社会风貌，尤其是唐代宫廷生活的形象资料，也是弥足珍贵的美术史料。

专题展览厅位于序厅西侧，陕西青铜器珍品展和陕西历代陶俑精华展是陕西历史博物馆首次推出的两个专题展览。展厅面积2600余平方米，展出文物600多件（组）。其中陕西青铜器珍品展选取陕西历史上文物最丰富、突出的横断面，从种类与用途、铭文与书法、造型与装饰、随葬与窑藏、青铜铸造工艺五个方面予以展示。展出青铜器260件（组），整个青铜器展室给人一种厚重凝练的感觉。陕西历代陶俑精华展室展示文物341件，以时间为序，分为秦汉、魏晋南北朝、隋唐、宋元和明代五个阶段，分别展示了陕西乃至中国陶俑的发展过程。

陕西历史博物馆现有文物藏品115000多件，比较典型的藏品有铜器、唐代墓葬壁画、历代陶俑、历代陶瓷器、历代建材、汉唐铜镜、金银玉器、历代货币等。

展品除上述八大类外，还有字画、版本、红卷、织物、骨器、木器、漆器、铁器、石器、印章以及近现代文物和民俗文物等。

五、美国大都会艺术博物馆

美国大都会艺术博物馆，是世界上最大的艺术博物馆之一，收藏了从史前时代至现代长达五千年的世界各地的艺术珍品。

博物馆位于纽约市中心，与中央公园相邻，主楼为一座融罗马、文艺复兴和古典三种风格为一体的建筑。这座宏伟的三层建筑在绿色的树林衬托下，显得格外典雅壮观。如今，这座美国最大的艺术博物馆横跨五个街区，占地8.5公顷，有1600多名工作人员，设立20个部门，展出世界各国古今艺术珍品300万件，每年接待观众达360万人次。

这座原址设在第五大道上的博物馆，后来曾暂时移到十四街的一座私人宅邸中，直到1880年才终于搬到现址。经过将近一个世纪的增建，以及不断地搜购并接受来自各地的捐赠，大都会博物馆才发展成现在横跨了四条街，占地140万平方英尺的宏伟规模。

大都会博物馆规模与馆藏之丰，足可与巴黎的卢浮宫及伦敦的大英博物馆媲美，堪称世界首屈一指的博物馆。其在陈列布局和展示内容上颇有特色，共有248个陈列室、展览厅和画廊，分别设有埃及艺术、古希腊和罗马艺术、东方艺术、伊斯兰艺术、西欧艺术和美国艺术等展室。陈列的艺术珍品，从古希腊、罗马史前的文物到现在的新潮艺术，琳琅满目，美不胜收。该馆内部根据陈列展览的需要设立一系列分馆，于是形成“博物馆中的博物馆”，这是大都会艺术博物馆的首创。各分馆都有自己的特点，从不同的角度反映人类文明以及艺术的历史和风貌。

博物馆中以“莱曼藏品馆”最受观众欢迎。该分馆于1974年对外开放。展出的绘画、素描、青铜器和陶器等都是罗伯特·莱曼家藏的一大批14—20世纪的珍品，像雷诺阿的《钢琴旁的两个少女》、安格尔的《德·勃罗格里公主像》等都是绝世名品。这个分馆的建筑，从房屋风格到装饰布局都保持莱曼原来住宅的环境和风貌，令观众感到亲切生动，以身临其境地感受19世纪末20世纪初纽约市华丽住宅的格调。

1978年建成的“沙克勒厅”向人们展示了埃及各个王朝丰富而又十分珍贵的文物。其中有距今两千年的埃及丹都尔神庙（包括公元前1世纪的一座内殿、一座塔门和一个码头），它原先建在埃及尼罗河中的一个小岛上，后因建造阿布·辛贝尔水电站，小岛淹没，岛上古物遗迹大都搬迁。埃及政府将这一神庙赠给美国，依原状陈列在这里。它在美术师的精心设计下，被安放在高而宽敞的玻璃大厅的大水池旁，形影相映，别有情趣。

“迈克尔·洛克菲勒陈列厅”则于1982年对外开放，7500多件原始艺术品展示了非洲、太平洋诸岛以及哥伦布发现新大陆以前的美洲的人类学和古代艺术等方面的面貌。其中九根巨大的记忆柱来自巴布亚新几内亚岛，屹立在展厅中分外令人瞩目。

以“恩格尔哈特庭院”命名的“美国厅”就坐落在大都会艺术博物馆内美国艺术部的入口处。它集中展示了美国艺术的风格。这是一座几乎露天的庭院陈列馆，核心部分为一座三层高的庭院大厅，它巧妙地利用巨大的玻璃天窗和一堵高61米，长22米的玻璃墙来笼罩整个大厅，使之光线充足，色调优雅。院内的一端是一座新古典造型的大理石门面，它原是1822年华尔街上布兰奇银行大厦的正门，现将原物造建于此。庭院另一端是很有特色的凉廊。凉廊中，有一个铁法尼式五色玻璃窗子，为长岛一庄园主1905年制造的原物。紧靠凉廊的三个彩色玻璃窗子，则取自1912年伊利诺伊州的一个剧院。

还有两边装饰华丽的金属楼梯，是1893年芝加哥股票交易所大楼的遗物。另外还有经过复原的20世纪初的起居室。庭院当中陈列着一组人物塑像，概括地介绍了美国雕塑艺术的历程。庭院四周的画廊和陈列室，展出了2000多幅17世纪后期以来美国画家的杰作，还有大量手工艺品、家具摆设等。

大量中国艺术品也展示在这里，从商周礼器，北魏佛像直至清代画像，应有尽有。特别值得介绍的还有1981年建成的中国庭院——“明轩”，它是仿照中国苏州网师园里的“殿春簃”庭院建造的，由大都会艺术博物馆常务董事斯托夫人赞助和捐赠，中国派遣园林建筑专家和技术人员帮助修建。

经常性地举办外国文物艺术展览是大都会艺术博物馆的又一特色。1978年，中国大型古代艺术品展览“中国的青铜时代”在这里展出，曾轰动一时。另外，博物馆还定期举办各种专题讲座和学术报告，并每年组织世界各国的观众去埃及、东方等地作文化旅行，为此吸引了广大的参观者。

大都会艺术博物馆能藏有如此丰富的艺术珍品，是该馆长期努力的结果。一般的观众并不知道在博物馆展厅地下8米处还有一条直径约10米、长约300米的隧道，这里收藏着比地面博物馆更多的艺术品，规模也与地上的博物馆不相上下。

六、法国卢浮宫

法国巴黎塞纳河畔的卢浮宫，是世界知名度最高的一座艺术博物馆。它以其灿烂辉煌的历史、丰富珍贵的文物而著称于世，不仅是法国文化传统的象征，而且也是世界传统文化的代表。卢浮宫从1793年开放以来，那炫耀人眼的众多珍藏，不知倾倒了多少观众，其魅力征服了所有参观者。卢浮宫建筑本身，是法兰西王朝的历史见证人。13世纪初，法王菲利浦·奥古斯特下令在一座原皇家大牢的原址上大兴土木。一座古典主义的壮观的城堡古塔，在这座古老的城市中矗立起来了。16世纪前半期，法兰西斯一世开始把它改建为文艺复兴式的宫殿。后来，又经过亨利四世、路易十三、路易十四和拿破仑三世的屡次改造，完成了卢浮宫的现存建筑。它的总面积达19.7万平方米，可展面积达4.5万平方米。

卢浮宫的收藏开始于法兰西斯一世。在此之后，这座宫殿的主宰们，又陆续为卢浮宫增添宝藏。一直到路易十四，这位被称为“太阳王”的艺术品收藏癖者，在卢浮宫居住了17年，买下了几乎所能买到的所有欧洲各派的名画，如拉斐尔的《巴达萨列·卡斯提尼奥尼肖像》，卡拉瓦乔的《圣母之死》《卜者》，提香的《戴手套的青年》等。这成了这位“太阳王”名垂青史的不朽业绩。以后，拿破仑用枪炮继续为卢浮宫增加收藏。他把所有被征服国家最好的艺术品都运进了卢浮宫，其中包括拉斐尔的《圣母的婚礼》，乔·凡尼的《圣母哀子像》等。在拿破仑的影响下，法国的外交官、教士、商人继续把搞到手的埃及、希腊、意大利、波斯、巴比伦的文物，塞进卢浮宫里。目前，卢浮宫的藏品总数达到40万件。它包括了古埃及、古代东方各国、古希腊、古罗马的文化艺术作品，包括了欧洲中世纪和文艺复兴时期的文化艺术作品，包括了此后法国、意大利、西班牙、荷兰和英国的绘画杰作，充分地体现了人类历史的源远流长，世界文化的光辉灿烂。它由古代埃及艺术馆、古代希腊罗马艺术馆、古代东方艺术馆、中世纪和文艺复兴时期雕刻艺术馆、工艺美术馆及绘画艺术馆 6 个部分组成。每部分都是一个独立的博物馆。在这里，人们可以看到从古到今许多艺术大师的作品，从古埃及、古希腊、古罗马以及波斯帝国等东方文明古国的艺术品，到中世纪文艺复兴时期的代表作，特别是法国古典主义、浪漫主义、印象主义和现代派所有著名大师的作品，几乎全部收藏于此。卢浮宫的收藏就是一部活化的艺术史，使人们除了品味其收藏品的艺术魅力外，还获得了丰富的百科知识。

古代东方艺术馆对世界学术界的贡献极大。此室储藏的古物是最多的，达 8 万多件。古文物主要以两河流域的亚述、苏美尔为中心。这里陈列有珍贵的楔形文字——西亚泥版文书，有著名的“汉谟拉比法典”。流连其中，人们会领略到古代东方民族那高度的文明和智慧。其丰富的藏品、珍贵的文物为了解早期人类的生活场面，研究人类文明的起源，提供了极为重要的资料。古代埃及艺术馆有古埃及文物 3.5 万多件，藏品相当丰富，是研究古埃及文明发展史的重要宝库。展室中，神秘的斯芬克斯像端庄地凝视着参观的人群，人们会感到历史的深不可测；那些正襟危坐的帝王像，显示了古埃及王者那叱咤风云的神采；从那些神话及宗教遗物中，人们能了解古埃及人的宇宙观和道德观；对那些死亡之书和石棺雕刻，人们会惊叹古埃及人发达的想象力。这里还有许多反映古埃及人日常生活的艺术品，著名的作品有“书记坐像”及“搬运供品的侍女”等。

古代希腊罗马艺术馆，藏品也有 3.5 万件之多，主要以雕刻及陶瓷工艺品为主。在这里，可以了解古希腊、古罗马雕刻演进的历史，以及古希腊、古罗马艺术的精湛，更重要的是，会领略到古希腊、古罗马艺术品中表现出来的内在精神。这种乐观、力量、精巧和现实的思想无不对欧洲文明的形成和发展有着重大的影响。

欧洲中世纪文艺复兴时期及近代欧洲的文物，共有 15 万件，其中雕刻品有 2250 多件，素描 9 万多件，版画 4.6 万多件。工艺美术室收藏的物品反映了从拜占庭到 19 世纪的工艺传统，既有中世纪的象牙与珐琅，也有文艺复兴时期的陶瓷及波旁王朝的家具和织锦画。绘画艺术馆囊括了大部分西欧绘画精品，不同历史时期、不同流派的作品汇聚一堂，其中有文艺复兴时期意大利著名大师达·芬奇、拉斐尔和提香等人的作品，也有西班牙画派及北方画派的作品。法国绘画的收藏向公众展示了法国绘画史的长河，那斑斓的色彩、深刻的哲理和诸多流派，会把人们带入一个神奇的世界，人们不但会从中得到美的启迪，而且也能了解绘画所代表的历史风貌。雕刻艺术馆收藏了从古罗马到近代的雕刻珍品，反映了雕刻的立体美，体现了不同历史时期文化的精神主题，有许多不朽之作，其中有艺术巨匠米开朗琪罗的《被缚的奴隶》，有巴洛克艺术代表者贝尼尼的陶塑品《真实》，以及法国著名雕刻家罗丹、卡尔波、吕德等人的作品。面对一件件伟大的作品，人们会产生一种崇高圣洁之情。

卢浮宫有 3 件镇馆之宝，堪称精美绝伦的珍宝，除了其本身的造型及艺术技巧令人赞叹外，还为后世留下了众多不解之谜。

第一件珍品为千古不朽的美女雕像《米罗的维纳斯》。这是一尊大理石雕像，高约 2.14 米，傲然耸立在卢浮宫一楼长廊尽头的希腊雕刻室中央。《米罗的维纳斯》，据说出自 2000 多年前雕刻巨匠帕克拉西戴尔之手，1820 年，在爱琴海米罗岛被发现。这件端庄典雅而富有残缺美的艺术珍品是古典艺术最伟大的杰作之一，因发现时双臂已缺，故又名“断臂女神”。后代艺术家们纷纷想象原雕像的双手是怎样的姿态，却始终不得要领。

第二件镇馆之宝是意大利文艺复兴时期著名画家达·芬奇所作的《蒙娜丽莎》，创作于1503—1505年。这幅作品以神秘的微笑而著称，被称为世界上最具魅力的古典女性形象。关于蒙娜丽莎的微笑也是人们争论颇多的一个问题，她的笑容似喜似嗔，似严肃似哀怨，令人很难揣测。

第三件镇馆之宝是《沙摩特拉的胜利女神》。这是一尊希腊时代的大理石雕像，高2.75米。这尊雕像虽然头部已经残缺，但从她仅仅披着一袭“薄纱”的胴体可以看出她那轻盈婀娜的风姿。她的双臂，代之以一双雄鹰的翅膀，似在有力地扑打，作舒展飞翔之姿。她是为纪念一次古代希腊海战中沙摩特拉岛的征服者德米特里大败埃及王托勒密的舰队而制作的刚柔结合的艺术品，雕成于公元前306年。

卢浮宫在20世纪80年代，又开始了大规模的扩建改造工程。总设计人是饮誉全球的华裔建筑师贝聿铭。卢浮宫扩建之后，许多长年不见天日的收藏品，都一一展示在观众面前。

【思考题】

1. 试述中国博物馆的发展经历了哪几个阶段。
2. 简述博物馆的特征。
3. 试述博物馆如何审美。
4. 博物馆有哪些地方是值得观赏的，它的审美特征是什么？
5. 以陕西历史博物院和美国大都会博物馆为例，试分析中西方博物馆的差异。

第十一章

休闲文化景观

随着经济社会的发展越来越快，人们所面临的压力也越来越大，越来越多的人渴望能够有一个放松的机会。休闲文化景观在一定程度上就可以缓解人们的压力，在休闲活动过程中将那些使自己感觉愉悦的活动与自己的审美活动、创造活动联系在一起，并根据自己的需要与理想，升华为人们的价值观念和生活方式。

第一节　休闲文化景观概述

休闲文化是指人在完成社会必要劳动时间后，为不断满足人的多方面需要而体现的一种文化创造、文化欣赏、文化建构的生命状态和行为方式。休闲的价值在于文化，使人们在精神自由中经历审美的、道德的、创造的、超越的生活方式，它的存在形式不仅可以表现为蓝天白云、名胜古迹，也可以是任何能够舒缓人们精神的活动。

中国是一个休闲文化历史非常悠久的国家。早在公元前11—前6世纪的《诗经》中已出现休闲思想。我国休闲思想主要受到儒家思想、道家思想和佛教思想的影响，尤其是老庄哲学的影响。可以说，中国人的休闲观念中渗透着独特的中国哲学思想，休闲已经不仅仅是一种生活方式，更多的是一种哲学感悟。几千年前的中国圣贤们，对“休闲”二字就有极精辟的阐释，“休，倚木而休”，强调人与自然的和谐；“闲”，娴静，思想的纯洁与安宁，从词义的组合上，表明了休闲所特有的文化内涵和价值意义。我国休闲文化的内容十分丰富，从《诗经》《楚辞》《汉赋》《唐诗》《宋词》《元曲》、清代文人小品，到衣食住行、诗词歌赋、琴棋书画，都是休闲文化的创造物。而许多民间活动，如赶集、庙会、放鹰、养鸟、观鱼、垂钓、猜谜、楹联、诗社、书院、打拳、踢毽、风筝、舞剑、气功等，都是中华民族休闲文化重要的表现形式。

在西方，对于休闲文化的研究已经有2000多年的历史，在人类文化史上占据相当重要的位置。西方休闲文化发端于古希腊古罗马、兴起于文艺复兴，随着时代的进步，现代休闲应运而生，下面将对其发展历程进行简要的梳理。

一、西方休闲文化的发端——古希腊、古罗马时代的休闲

休闲在古希腊哲人思想中占有很高的地位，被誉为西方休闲学之父的亚里士多德曾说过，“休闲是一切事物环绕的中心”“正在休闲的人才是真正幸福的”。

古希腊文化中可供选择的休闲活动是极其有限的。对人的一生有重要影响的休闲活动主要有政治、哲学、教养活动、学问、美术、趣味活动、宗教文化仪式、竞技大会以及奥林匹克运动会等定期举行的仪式。

在古罗马时代，奴隶制度使古罗马的有闲阶层每年能拥有大量的自由支配的时间来享受休闲。就休闲数量而言，古罗马人创造了自由时间之最，每年有 175 天的节假日。但是，与学习和创造等休闲活动相比，古罗马更盛行消费型休闲，而且他们也不重视高尚的、追求幸福的休闲。

二、人文主义休闲思想的兴起——文艺复兴时期

经过黑暗的中世纪，文艺复兴的到来使人文主义思想焕发出更为迷人的风采。这是一个天才频出的世纪，在艺术、哲学、建筑、科技等很多领域均出现了里程碑式的人物。自文艺复兴时期以来，个人的全面发展已经成为历史和文化方面最为迫切的任务。为了实现个人的发展和个人的自由，特别是思想和言论自由是必不可少的，这种自由激发了每个领域内的创造力，逐渐在生活中树立了以人为本的观点，这一观点的核心是个人生活的幸福。

文艺复兴也带来了休闲活动的复兴，知识的传播和大学的出现打破了中世纪以来的宗教束缚。新兴资产阶级在贸易、商业、金融业等领域积蓄了大量财富，他们把充足的财力和时间投入到娱乐和休闲生活中，文艺复兴时期人们可以直接参与狩猎、宴会、舞会、歌剧、演戏、艺术等活动，以财力援助的形式促进艺术、文学、娱乐部门的发展。增加了歌剧院等艺术型的休闲设施，许多有巨资的艺术赞助者更多地光顾画廊而不是教堂或大城市。可以说文艺复兴时期是休闲文化发展的一个里程碑时期，奠定了休闲是“成为人”的过程这一理念。把人类的情感从充满金钱欲的中世纪解放出来，把人类的理性从宗教的戒律中解放出来，从而构筑了数世纪以后产业革命的基础，形成了近代欧洲上流社会社交活动和休闲享受的风气。

三、现代休闲与社会效益

现代休闲是工业化的产物，生产力的发展，使得休闲成为一种大众化的需求。休闲已经成为社会现代化程度的一种标志，同时也成为一种解决现代社会问题的手段。

当前，无论按现金流、收入、产出，还是按创造就业机会来衡量，休闲产业都是世界上最大的产业之一。狭义休闲产业包括旅游业、体育产业、大型节庆或设施管理以及娱乐业。在绝大多数发达国家或地区，休闲产业都是最大的三个产业之一，旅游业目前是国际现金流量最大的产业，比全球所有农产品或汽车贸易量都大。

许多社会建制以休闲时间、休闲场所与休闲活动等为中心或高度依赖于休闲。大部分休闲研究者相信，适当的休闲机会将在相当大的程度上促进人类社会福利水平及社会发展。

第二节 休闲文化景观的类型与特点

一、休闲文化景观的类型

由于中西方的文化差异，造成人们对于很多事物的理解也不尽相同，在对于休闲文化的分类上虽有区别，但从总体上来讲仍然有一定的相通性。

（一）休闲怀旧型

主要包括亲朋好友间的无固定主题的聊天漫谈、玩笑逗乐，其中最常见的就是喝茶聊天或喝酒聊天。通过聊天让人们忘却烦恼，放松身心。竞争的日益激烈使人们身心疲惫，以致无暇顾及真实，只能通过肤浅的商业性文化抓住一些历史的碎片，因而总使人处于一种无根基的虚空状态之中。借助休闲方式，人们可以通过某种感性形式，回首寻觅人类一步一步前行的足迹，能够使人获得一种深沉的历史感，从而更好地理解今天。正是由于这些原因，怀旧休闲文化始终是休闲文化的主题之一。

（二）探险型

随着日趋激烈的竞争，人们总是处于高度紧张之中，大量重复性的劳动单调乏味，使人的身心疲劳程度远远超过历史上的其他时期。还依靠以前的休闲文化方式，如听歌、欣赏芭蕾、看电影，人的疲劳很难消除。只有强烈的刺激才能迅速地缓解人的紧张和麻木的精神状态，使他们的体力和精力得到恢复。于是，人们试图把自己置于一种极端危险的境地，通过充分激发人的生存本能，向人的体能极限挑战，以考验人的勇气、毅力、智慧，这种极其刺激的冒险方式成为人们自我价值求证的最新途径，成为最符合现代人的休闲文化方式。探险型休闲活动是一种对智慧、勇气和应变能力要求极高的活动，人们以此来锻炼自己的胆略和灵敏性，测试自己的能力，向世人展示自我，并从中找到乐趣。探险型休闲文化已成为现代休闲文化的一种主流，只是在某些人看来，惊险刺激大于休闲娱乐。

（三）求知探索型

主要包括主体在业余或课余时间学习人类已知的各种知识、技能，思考、探寻、求索未知世界的奥秘。通常表现为因兴趣所致的各类读书、交流、研讨活动。世界文化博大精深，随着经济的发展，越来越多的人想要走出国门到其他地方去欣赏不同的文化类型，体验不同民族的生活方式。在轻松愉快的旅游休闲活动中，学习不同民族的文化知识，感受不同的生活方式，体验任何与本民族有“悖”的文化，享受生命的乐趣。

从休闲文化的分类可以发现，人们总是在试图寻求一种释放压力的途径，或许是通过山水自然景观的陶冶，抑或是通过文化的浸染达到愉悦身心的目的，甚至会选择通过探险猎奇、刺激性的活动来释放。其实无论哪种方式，哪种类型的休闲文化，只要能够对人们的身心放松起到促进作用就是有益的休闲方式。

（四）生态型

大自然是人类共有的家园，为人类的生存与发展提供了基础。但是，如今地球遭受到触目惊心的掠夺和蹂躏，人们对自然进行了疯狂的开发与榨取，导致严重的环境问题。森林面积减小，水质恶化，空气污染，生态平衡受到破坏。由于环境危机的加剧，人们开始重新审视人与自然环境的关系，思考环境在旅游业中的意义。通过参加旅游休闲活动，了解环境，保护环境，这就是目前正在迅速发展的生态旅游的主旨。

生态型的休闲文化活动更倾向于一种学习方式。在生态休闲活动中，人们置身于大自然中，观察自然的各种变化，了解生态系统知识。最重要的是游客学会把自然当作有个性的独立的生命，虚心地倾听环境的呼唤与细语，而不是单纯地观看。正如美国一个国家公园入口处的指示牌上写的那样：你不妨中途驻足片刻，静静地作个聆听者，听听这片树林内一切居民的声音。

二、休闲文化景观的特点

休闲是人类普遍的生理需要和娱乐活动，受到经济、文化、地理、艺术、宗教、历史等因素的影响，中西方休闲文化的特点呈现出一定的差异性，但随着交流的不断深入，不同休闲文化间正在相互影响，相互渗透。

（一）主体广泛性

休闲文化的参与主体具有广泛性，几乎包括了社会中所有自由、健康的人群，不同民族、不同性别、不同职业、不同年龄、不同地位、不同学历结构、不同生活背景、不同知识结构、不同文化素质、不同居住环境的人都有各自的休闲文化生活的需要，都有适合自己特点的休闲文化活动，也大都在参与适合自己的各种休闲文化活动。休闲文化活动是全体社会成员都广泛需要、自发参加的一种社会文化活动。

（二）个性化

当代休闲文化景观的一个突出特征就是为旅游者充分展示自身个性提供了平台和机会，其宗旨表现为我想、我要、我发现，并试图让人们从复杂的社会关系中剥离出来，从自己的兴趣、需要、甚至人生特点出发，找出属于自己的旅游休闲方式。为此，个性化的旅游休闲景观更加崇尚根据社会不同的年龄、阶层和偏好的人群进行定位，其设计不盲从时尚，强调有个性特点的玩法，目的是使众多旅游休闲者能够在休闲活动中更加随心所欲，追求自我。

（三）活动自觉性

休闲活动方式是人们自觉进行的，具有鲜明的主观能动性，是人们自愿、自觉进行的自我创造、自我学习、自我娱乐、自我享受的文化活动，具有很强的灵活性和随意性。休闲活动的目的是自娱自乐、自我完善和自我发展，是人们为了满足自身的精神生活需求和获取知识的追求。

（四）内容丰富性

休闲文化内容极其丰富，涉及人类所能进行的文化生活的各个方面，渗透进人们生活的每个方面和每个角落。人们在“自由时间”内，用于减轻压力、恢复精力、舒缓情绪、消除郁闷、释放能量、缓解紧张、开阔视野、增长见识、陶冶情操、提升境界等“非劳动”的活动方式，都属于休闲文化范围。

（五）历史继承性

休闲文化源远流长，可以说自从有了人类就有了休闲文化。休闲文化是一种历史现象，有着自身的历史发展过程，应该说每一个社会、每一个历史时期都有与其相适应的休闲文化。休闲文化随着社会物质生产的发展而发展，并在发展的过程中呈现出鲜明的历史继承性。任何时代的休闲文化都不能割断与过去历史休闲文化的联系，都是建立在对以往休闲文化继承和创新的基础上，是对过去休闲文化的一种“扬弃”。可以说，一部人类社会的发展史，就是一部休闲文化的发展史。

第三节　休闲文化景观审美

随着社会的进步与发展，人们的休闲生活显然不会止步于满足基础的物质需要，在具备了“闲”的条件之后，为求精神上的愉悦与自由，审美自然成了休闲生活的重要内容。对美的追求是休闲生活很重要的一个方面，人作为休闲主体都带有一定的主观审美目的，休闲活动在一定程度上就是寻求美感体验的过程。

一、休闲与审美的关系

休闲与审美天生就是结合体，二者相辅相成、休戚相关。就休闲对审美的价值而言，美国的托马斯·古德尔和杰佛瑞·戈比认为休闲是占据人类思想史重要地位的应有活动，是审美活动开展的前提。于光远从社会整体角度来探寻休闲的基础性作用，认为休闲是审美活动的开始，是审美的培育。马慧娣直接把休闲比作人类的精神家园，是美的出处，是审美的动力和源泉。实际上人的休闲活动是对自我实践的充分支配，是对自己自由的可支配时间的利用，是承载审美倾向的享受。健康积极的休闲活动能够表现出人的个性，是“自由”的、愉快的审美体验过程。现代社会的休闲已经演变成一种文化，是人类社会文明程度的标尺，是一个意义世界。在这种文化氛围下，休闲与审美的关系越来越密切。休闲作为生活的一部分，是催生审美产生的重要条件，休闲能够极大地推进审美的生成。

就审美对休闲的价值而言，审美能够提升休闲的档次，让休闲从低级物欲式的享乐层面走向精神价值层面，实现人性“自由”的“和美”状态。埃伦·迪萨纳亚克强调审美对休闲的人是有人生观、价值观的重大指导意义的。约翰·赫伊津哈认为人生是一场游戏，而审美可以指导这场游戏。实际上休闲就是追求快乐，是人身心的放松，是一个愉悦的体验过程，快乐是休闲永恒不变的主题。而审美在休闲活动中有利于休闲主体产生美感，释放压力。奇克森特米哈伊针对休闲美感提出了 flow 的概念，“畅快”“舒畅”“痛快”“酣畅淋漓”等词大抵与 flow 有着相近的含义，flow 主要描述的就是人休闲过程所经历的心花怒放、极度陶醉与满足的心理体验，是人精神层面的极大满足。在休闲过程中进行审美，能够极大地提升人的这种快乐体验，实现从快感到美感的统一融合。

综上所述，休闲早已融入人们的日常生活，遍及生活的各个领域，从旅游观光、体育竞技、餐饮美食到谈玄论道等各方面，都看得到休闲活动的身影。在当前社会巨大的生活压力之下，休闲起着重要的调节作用，“为补偿当代生活方式中的许多需要创造了条件”。休闲活动过程中包含的比赛竞技、艺术观赏、科学实验和自然探索等一系列内容，不仅丰富了人们的生活、锻炼了人们的体魄，为激发自我的创造性思维提供了条件；还深化了人们的情感表达，有助于自我坚毅、广阔、坦荡、豁达的品质传承，为人类梦想的实现插上了腾飞的翅膀。因此，休闲并不单单是时间上的自由，也并非可有可无。休闲“是提高人的生命质量的需要，也是人的生命质量提高后的一种自我超越”。

二、休闲文化景观审美的表现

（一）闲适之美

闲，即自由，是休闲的重要属性，揭示出休闲带来的人身自由是促使审美产生的充分条件，无闲就没有时间进行审美活动。只有休闲才可以使人生相对变长，让人能够有充分的时间去体验人生的各种美好。同时，休闲是获得审美感受的必要条件，只有持无功利的休闲之心胸，主体才能使审美关系得以发生，去享受空明如水的月光和如藻荇交横的竹柏之影，即“适”。因此，休闲是激发审美心胸的必要条件，它使功利的人变为审美的人，使人能摆脱现实世界的束缚，得到灵魂和精神的解脱与超越。在中国，从古至今人们的休闲活动众多，从传统的琴、棋、书、画，到现代的旅游、广场舞等，休闲给人带来最多的就是以一种超越实用功利的心态和眼光，在精神上达到一种自由的境域，从而获得一种美的享受。比如围棋就是中国人从古至今的一种重要的休闲活动，也是中国的国粹。“手谈”“坐隐”“忘忧”“烂柯”“橘中之乐”之类的雅称很好地反映了围棋的文化精神。“手谈”强调围棋表情达意的作用，以棋发言，在无声中交流思想。“坐隐”“忘忧”“烂柯”之类，则表现了方寸棋枰对尘俗世间、庸碌人生的超越。归根结底，围棋代表了人的生命存在、精神追求的一种方式。这恐怕也是围棋被当作“雅事”，被众多“雅人”喜爱的原因。

围棋本来是一种竞技性游戏。当这种“技”与“戏”更多地与精神的愉悦、人生的解悟联系在一起，也就具有了审美的意义。其实，除了相对于下棋人这一审美主体，围棋自身便具有其特别的审美特质，并与中国的传统文化相契合。围棋的美，首先，表现为它的形状美。方局圆子，描摹万物，给人想象的无尽空间；黑白色彩搭配，别有一番情趣，给人清新之感，悦目之美。其次，表现为结构布局之美。超一流棋士讲究行棋结构的间架匀称、和谐，力求使之符合力学结构的美学原理，结构美本身就是力的体现，凡是符合力学原理的结构，都与自然规律相符，具有天然的美感。又如攻守美，是围棋美中最富魅力的表现形式，围棋是以黑白子代表两军对战的智力竞技。由于对局者棋风不同，有的偏好于像大力士般强大逼人、有的却如太极推手般棉柔但内藏魄力；抑或奇妙高远、持重深沉，用尽三十六计，令人如痴如醉，棋手犹如元帅带兵打仗，运筹帷幄之中，决胜千里之外。唐太宗李世民之所以在戎马生涯安闲之后，如此酷爱下棋，便是能体悟到围棋的攻守美，使心灵获得满足，享受这其间的快意。

另外，围棋之美，还在于其符合中国传统文化的思维。“中”是围棋形制中反映传统文化的极重要的概念。众所周知，“中和”之美是中国传统美学观念中最为核心的内容，伦理道德、天文地理、文明礼仪等，都要符合“中”的概念，因此，围棋形制中的“中”也极深刻地反映着社会的文化内涵。在“中”这个概念当中，和谐也是必须要提到的，而围棋之道恰在和谐之美中。无论是自然的下法形成的技艺与天道的完美融合，还是和谐的棋型、和谐的棋势，都会使人产生美的感受，同时也是棋手对于棋道精神的终极追求。这也是古人弈亦载道的思想反映，是围棋具有无穷魅力的深层原因。

（二）劲健之美

休闲是人们在空闲时间从事的一种活动，但活动的内容并非单纯的休息，运动也是一种重要的休闲方式。在运动中，人们以健康、高雅、完善人性的娱乐方式和审美趣味，在身体发育和发展的自然规律的基础上获得愉悦、轻松和自由的美感，这也是休闲运动劲健美的体现。比如唐朝的马球，它不仅是一种运动，还是雄壮、勇猛、矫健的象征，是唐人精神风貌的展现和张扬。马球的奔放飘逸是唐人观赏马球的感觉，打马球过程中所呈现出来的“飘”“拂”“落”“流”等飘逸的动作令人回味无穷。马球所体现的是一种文化，一种由统治阶级倡导的精神风貌，反映出唐代文化和社会生活的各个方面。唐代的马球以及所形成的马球文化对唐文化和唐代社会生活各方面的影响是巨大的，它从不同侧面展现了唐文化的开放性，也反映了唐人恢宏的气度和积极向上的精神风貌。而这一文化形态同时还广泛参与到审美生活中，形成了独具特色的马球审美文化。

登山是古往今来的一项重要的休闲活动。登山是对人的体力、耐力的极大考验，尤其在攀越高峰的过程中，人们不断地超越和突破自身的极限，在实现精神放松与解脱的同时，也实现了人格的完善，即人的内省。从而使心灵得到净化和提升，达到一种前所未有的空、净、清、明的审美心理状态。除去对人们自身的征服与挑战外，登临高山，俯瞰大地，总会让人们产生一种宽广的胸襟，亦有一种兼济天下的心绪。群山绵延，万里纵横，总会使人感叹苍生万物，千万年来千纵万变的神奇，从而产生对历史、对人生的深刻感悟与缅怀，在这一过程中就实现审美过程中的“人与天地万物的一体”。

（三）求索之美

左拉曾说过，“生命的全部的意义在于无穷地探索尚未知道的东西”。休闲活动中的阅读、旅游、探险等活动都是人们发现世界奥秘的过程，它可以满足人类的求知欲并增长知识和智慧，使人类深刻地体验到生命的快乐和幸福，即一种永恒的生命之美。阅读是最常见的休闲探索活动，它在给予人们简单直观的审美体验之外，还能给予人们更深刻的创作之美，帮助人们去理解自我与世界的关系，构造自己的灵魂世界。好比读欧几里得的《几何》，学习定理公式，学会推导解答习题，未免流于表面。倘若从“免俗”的角度去感受“平行线永远不相交”这一定律，则必然会震撼于人类思想的瑰丽：人们运用数学这个工具，从直接接触到的现实世界中抽象出来理想化的几何模型，然后发现埋藏在表象深处的平行定律，就会发现人类的思想多么的有趣！虽然人们的生命永远困顿在时间的有限、空间的阻隔和生老病死之中，但是思想却可以超越永恒，去认识到“无穷大的数字”“无限长的直线”，以及其他各种现实生活中不存在的又真真切切正确的数学模型。这是超越时空的人类思维之美，并没有什么具体的功用，却是一种普通人也可以触摸的永恒与伟大。此外，阅读之美，还在于“无所为而为”的精神，在于他人的思想所留下的痕迹，在于穿越时空和生死的对话、争辩、交流与理解，在于我站在你的肩膀上看到了超越凡俗的风景——这是一种幸运，也是一种恩赐，更是人生最美的体验。

第四节　中西方休闲文化景观审美比较

在肯定了东西方休闲文化正在逐渐共融发展的同时，也必须清楚地认识到差异的存在。由于经济结构的差异、文化意识的分歧以及传统习俗的区别，东西方社会形成了各自相对独立的休闲观念与模式，从而产生了迥异的休闲方式。

一、文化传承的差异

文化传承与宗教信仰的差异导致了东西方对休闲文化认知的不同。

东方文化一直受到儒释道思想的熏陶。儒家思想讲究忠、孝、义，其精奥在于儒家文化外形：求美，求善，求仁义；忧国，忧民，忧天下；重文，重礼，重气节；畏天，畏地，畏天命。在这样的思想熏陶下，休闲总是与社会责任联系在一起；忠，要求人们“先天下之忧而忧，后天下之乐而乐”，在乐之前，必须背负着国家的重任，弃国而偷乐，视为不忠。孝，要求人们“父母在，不远游，游必有方”，因此，人们不可能离乡背井进行远途的旅行或活动，有远亲而寻游，视为不孝。义，要求人们“君子之于天下也，无适也，无莫也，义之与比”，人们往往重视朋友，重视集体利益，而非个人，孤朋而独戏，视为不义。在这样的道德标准的束缚下，东方人的休闲活动往往以满足集体甚至国家的需求为其前提。

西方休闲思想的文化渊源起源于古希腊和希伯来文化。柏拉图在《理想国》中写道：休闲“是以自我启发和自我表现为目的的自由时间”。古希腊著名的哲学家亚里士多德被誉为休闲之父，其休闲观深深地影响着西方休闲的发展。他在著名著作《政治学》中对快乐、幸福、休闲、美德与安宁进行了阐述，并在《伦理学》第十二卷中明确指出

“幸福存在于休闲之中”。瑞典天主教哲学家皮普尔在《休闲：文化的基础》一书中以深刻而精辟的语言阐释了休闲作为文化基础的价值意义，指出休闲是人的一种思想和精神的态度，不是外部因素作用的结果，也不由空闲时间所决定，更不是游手好闲的产物，人有了休闲就拥有了心态的平和并能自己感到生命的快乐。可见西方的休闲哲学崇尚自由，崇尚人的自身发展和自我满足。

二、地域文化的差异

东方国家以内陆型居多，人口和族群生活在相对固定的区域。长达数千年的农耕文化培养出的东方人的性格趋于封闭和内敛，思想意识强调娴静、强调人与自然的和谐、强调思想的宁静和纯洁。加上农耕文化季节性的特点，休闲活动往往含蓄并且文雅。正如儒家的“六艺”和“琴、棋、书、画”，佛家的“禅修”，道家的“自然”“隐逸”，都意在人格修养、审美情趣、文学艺术、养生延年。绘画、饮酒、诗歌、乐舞、武术等活动便成为东方人主要的休闲方式。受农耕文化制约的休闲空间和社交范围，形成了东方人以个体或者小群体开展休闲活动的特征。人们刻意追求孤独，在天地间寻求一处属于自己的净土，以摆脱尘世的喧嚣达到心灵的平静。

生活在地中海沿岸的西方人受到的是海洋文化的熏陶，培养出了勇敢、张扬、霸气的性格。自古以来西方人在不断的战争和迁徙中发展壮大，与东方的农耕文化不同，他们在一个地区仅做短暂的停留。可见，西方人的休闲方式往往与不断的领土扩张和战争相关。著名的奥林匹克运动兴起的原因便是战争。西方的休闲活动追求感官的刺激，热情开放，以求畅爽、活动频繁、场面宏大并且奢侈。他们热爱运动、旅游与冒险，某些活动甚至有些残忍。最著名的便是古罗马的斗兽场，大批的角斗士被驱赶上角斗场，相互残杀，或与野兽肉搏，嗜血的贵族奴隶主则在角斗士的流血牺牲中获得一种野蛮的快感。然而这却正好真实地反映了海洋文化的休闲特征。西方人不断地大规模迁徙，因此西方传统休闲文化以集体活动居多。大型的体育竞技、节庆活动、宗教盛事都伴随着部落集体的活动共同展开，活动的主题往往围绕着战争、宗教、贸易、外交，场面宏大同时耗费大量财物。

不同的文化培养出了“静”与“动”两种截然相反的休闲方式。有人将东方的休闲比作月亮，正如他们崇拜的月神一样干净、美丽。将西方的休闲比作太阳，正如他们崇拜的太阳神一样，热情、奔放。

三、社会制度的差异

社会演进方式的不一致导致了东西方休闲观念、休闲普及性及休闲公平性的不一致。封建制度在东方国家历时长达千年。封建制度加上儒家文化，社会阶级观念浓重。于是，休闲方式也分成了不同的阶级。贵族的休闲活动往往与劳作并不相关，而平民的休闲活动却与劳作息息相关。百姓间流传的民谣、歌曲、舞蹈往往饱含农耕的因素，反映人们劳动的场景。并且在这样等级分明的社会中，举办大型节庆的休闲方式往往是暂时的。往往在固定的节日举办活动或者搭建娱乐设施，之后又恢复以往的日常生活。休闲对于百姓来说并非时时刻刻能够享有。

文艺复兴以后，人本主义得到了发展。处于资本主义社会的西方国家大力发展生产力，社会经济与科技水平得到了大幅度的提高。休闲理想从贵族走向了民众，从少数人的专利变成了大多数人的权利。正如皮普耳所说的，休闲是“上帝赐予人类的礼物”。英国思想家斯宾塞在《教育论》中，突出了两个教育目的，即“为全部生活做准备”和“培养健全活动的人”，认为“承认美的教养及其愉快的价值中发现休闲的意义，其中包含着安慰和娱乐的概念”。圆拉法格发表《休闲的权利》，被认为是休闲社会学的直接起点。以上种种表明，西方国家在很久以前便认为休闲是每个人应该拥有并且必须拥有的权利。休闲的大众化成为东西方休闲差别之一。

四、生产水平的差异

东西方文明的最大区别是生产力的不同。东方文明是建筑在人力上面，而西方文明则建筑在机械力上面。自古以来人们的劳动靠的都是自己的双手，日出而作，日落而息。劳动剥夺了人们大量闲暇的时间。耕作成为人们生活的重心，而且是理所应当的重心。因此，休闲也被歪曲成了游手好闲，休闲观念的扭曲、闲暇时间的不足成为东方休闲发展的阻碍之一。

工业革命实现了西方国家从人力向机械力的过渡。机械力的出现带来了丰富的物质基础的同时，也将人类从传统的生产方式中解脱出来。人们拥有了更多的闲暇时间用于休闲，相关休闲产业的研究也发展起来。人们提倡休闲，力图在休闲中获得知识的积累、技术的发展和思维的开拓。西方人很早便认识到休闲在工作和生活中的重要地位，他们的休闲活动是自主的，且不受时间的限制。同时，西方生产力的蓬勃发展带来了更多休闲活动。火车、照相机、电话等都是西方的发明。火车缩短了地域间的时空距离，照相机为生活带来了乐趣，电话则大幅度扩大了人们的社交范围和接触频率。

当西方人在享受这些休闲乐趣的同时，东方世界却仍然紧闭大门，过着日出而作，日落而息的农耕生活。如果没有对过去的理解，人们也不可能对现状有所把握。没有对“休闲”历史的理解，也就不可能对现代人的“休闲”现状有深刻的领悟。“休闲”及其观念是一个历史过程，只有将休闲放到其产生、演变的历史大背景之下，才能领会休闲的宏大意义。而对于东西方休闲的比较更加重要，它让人们发现了休闲发展差异中的共融。它对于发掘“休闲”的历史资源、推进休闲学走向深入都是十分必要的。

东方休闲注重向内发掘内心世界，西方休闲注重向外张扬自我个性；东方人休闲的目的意在调适性情，实现心灵的慰藉；西方人休闲的目的意在锻炼筋骨，寻求感官的刺激。东方人赏花品茗，从淡淡的茶香中舒缓压力、放松心情。西方人运动竞技，在热烈的欢呼中释放压力、感受成功。东方人喜欢隐逸，因为他们追求天人合一，与自然和谐共生。他们的物质生活并不丰富，于是便试图从精神境界中得到补偿。封建制度的政治压力剥夺了百姓的自由，于是他们淡泊名利，追求与世无争的桃源生活。西方人喜欢冒险，因为他们力求征服自然，挑战不可能中的可能。几千年来的历史长河中，西方人不断地与大自然抗争，征服野兽，征服高山，在危险中显示自己的尊严。

尽管东西方休闲文化存在显著的差异，但在经济全球化浪潮不断向前推进的历史条件下，休闲的全球化趋势正在势不可当地向前发展。世界从来没有像今天这样“你中有我，我中有你”，相互理解、支撑、沟通、对话从来没有像今天这样成为最有意义的价值考量。如同美国经济学家弗里德曼所发现的那样：世界是平的。自由、多元、接纳、共融正是休闲之魅力所在。而东西文化兼容、华洋休闲互通、全球和谐共进将是未来休闲发展的新主题。

【思考题】

1. 简述休闲文化景观的类型。
2. 简述休闲文化景观的特点。
3. 简述休闲与审美间的关系。
4. 试述休闲文化景观的审美表现。
5. 试述中西方休闲文化景观审美的差异。

参考文献

［1］《看图走天下丛书》编委会．看图走天下丛书走进世界著名博物馆［M］．广州：世界图书出版公司，2011.

［2］《尚游旅图》编委会．行摄中国风光游（精选中国 TOP 摄影地）［M］．北京：星球地图出版社，2016.

［3］《视觉天下》编委会．视觉天下博物馆寻珍［M］．北京：中国画报出版社，2012.

［4］《走遍中国》编辑部．走遍中国——江苏［M］．北京：中国旅游出版社，2016.

［5］巴兆祥．中国民俗旅游［M］．福州：福建人民出版社，1999.

［6］白慧颖．知识经济与视觉文化视野下的非物质文化遗产保护与开发［M］．北京：北京理工大学出版社，2012，12.

［7］蔡宗德，李文芬．中国历史文化［M］．北京：旅游教育出版社，2003.

［8］曹晖．美学概论［M］．北京：对外经济贸易大学出版社，2014.

［9］曹诗图，孙静．旅游文化学［M］．北京：中国林业出版社，2015.

［10］曹诗图，等．旅游审美概论［M］．天津：南开大学出版社，2013.

［11］陈国生，黎霞．旅游资源学概论［M］．武汉：华中师范大学出版社，2006.

［12］陈国生，潘建明，袁鹏．旅游文化学［M］．西安：西北工业大学出版社，2015.

［13］陈坤林，何强．中西文化比较［M］．北京：国防工业出版社，2012.

［14］陈鸣．实用旅游美学［M］．广州：华南理工大学出版社，2004.

［15］陈水雄，等．旅游文化概论［M］．哈尔滨：哈尔滨工程大学出版社，2012.

［16］陈怡君，唐红云．旅游美学［M］．重庆：重庆大学出版社，2014.

［17］陈宗海．旅游美学［M］．福州：福建人民出版社，2004.

［18］成竹．新编旅游美学［M］．天津：南开大学出版社，2006.

［19］崔莉．休闲规划开发案例［M］．北京：旅游教育出版社，2012.

［20］丁烨．企业参展管理［M］．天津：南开大学出版社，2015.

［21］董建辉，何叶．旅游资源评价与开发［M］．北京：旅游教育出版社，2011.

［22］窦志萍．导游技巧与模拟导游［M］．北京：清华大学出版社，2006.

［23］杜莉，孙俊秀．西方饮食文化［M］．北京：中国轻工业出版社，2006.

［24］范德华．旅游景观鉴赏［M］．北京：旅游教育出版社，2013.

［25］范高明．旅游文化［M］．厦门：厦门大学出版社，2015.

［26］冯荭．园林美学［M］．北京：气象出版社，2007.

［27］方帅．日常生活审美化与当代休闲文化研究［D］．成都：四川师范大学，2015.

[28] 付念屏 . 美术基础训练教程［M］. 北京：高等教育出版社，2011.
[29] 高照明，赵昭 . 中国旅游文化［M］. 北京：冶金工业出版社，2009.
[30] 宫宏祥，郭建兰 . 新编中国旅游文化［M］. 太原：山西人民出版社，2013.
[31] 顾明远 . 教育大辞典［M］. 上海：上海教育出版社，1991.
[32] 郭鲁芳 . 休闲学［M］. 北京：清华大学出版社，2011.
[33] 郝春生 . 人文素质教程［M］. 北京：清华大学出版社，北京交通大学出版社，2004.
[34] 何爱平 . 东西方园林差异［J］. 四川建筑，2016，97（4）：78-79.
[35] 侯红萍 . 酒文化学［M］. 北京：中国农业大学出版社，2012.
[36] 黄细嘉 . 导游业务通论［M］. 北京：高等教育出版社，2010.
[37] 黄咏梅 . 中国旅游资源概论［M］. 重庆：重庆大学出版社，2009.
[38] 黄园园 . 唐代休闲文化之审美研究［D］. 兰州：西北师范大学，2009.
[39] 剑君 . 怎样欣赏工艺美术［M］. 北京：北京燕山出版社，2006.
[40] 黎先耀，罗哲文 . 中国博物馆［M］. 北京：五洲传播出版社，2004.
[41] 李凤丽 . 当代运动与艺术潮流：世界饮食文化卷［M］. 长春：吉林出版集团有限责任公司，2015.
[42] 李红蕾 . 休闲学概论［M］. 北京：中国旅游出版社，2014.
[43] 李华东 . 西方建筑［M］. 北京：高等教育出版社，2010.
[44] 李麟 . 植物百科［M］. 呼和浩特：内蒙古人民出版社，2008.
[45] 李如嘉 . 模拟导游［M］. 北京：高等教育出版社，2009.
[46] 李素芬 . 茶艺概论［M］. 青岛：中国海洋大学出版社，2014.
[47] 李伟 . 中国旅游文化［M］. 北京：清华大学出版社，2013.
[48] 李文芬，蔡宗德 . 中国历史文化［M］. 5 版 . 北京：旅游教育出版社，2010.
[49] 李玉华 . 旅游文化学概论［M］. 北京：对外经济贸易大学出版社，2009.
[50] 廖国强，夏宏钟 . 中西方文化差异与商务交际［M］. 北京：外语教学与研究出版社，2015.
[51] 刘爱月 . 导游讲解［M］. 北京：中国林业出版社，2008.
[52] 刘建章 . 中国旅游文化［M］. 西安：西北工业大学出版社，2010.
[53] 刘晓光 . 景观美学［M］. 北京：中国林业出版社，2012.
[54] 刘秀梅，高照明 . 中外民俗［M］. 郑州：郑州大学出版社，2006.
[55] 刘咏梅 . 中国旅游资源［M］. 北京：北京交通大学出版社，2009.
[56] 刘玉平，王晓鹏 . 文化产业文献导读［M］. 福州：福建人民出版社，2013.
[57] 刘振礼，王兵 . 新编中国旅游地理［M］. 5 版 . 天津：南开大学出版社，2015.
[58] 卢晓 . 旅游景区服务与管理［M］. 北京：清华大学出版社，2009.
[59] 邝金丽，陆新文 . 中国旅游文化［M］. 3 版 . 郑州：郑州大学出版社，2012.
[60] 吕济民 . 中国博物馆史论［M］. 北京：紫禁城出版社，2004.
[61] 黎先耀，罗哲文 . 中国博物馆［M］. 北京：五洲传播出版社，2005.
[62] 马静 . 导游基础知识应用［M］. 西安：西北工业大学出版社，2015.

［63］马莹，马国清．新编旅游美学［M］．北京：中国旅游出版社，2005.
［64］马莹．旅游美学［M］．北京：中国旅游出版社，2009.
［65］马勇总．展览原理学［M］．重庆：重庆大学出版社，2013.
［66］潘宝明，等．旅游美学［M］．北京：中国商业出版社，2008.
［67］彭民科，袁牧林．旅游美学［M］．北京：科学出版社，2006.
［68］彭明福，朱云才．实用美学与审美鉴赏［M］．重庆：重庆大学出版社，2015.
［69］祁颖．旅游美学基础［M］．北京：高等教育出版社，2004.
［70］乔修业．旅游美学［M］．天津：南开大学出版社，2001.
［71］染学成．中外民俗［M］．西安：西北大学出版社，2004.
［72］荣丹．美学漫步［M］．成都：西南交通大学出版社，2013.
［73］沙润，等．旅游景观审美［M］．南京：南京师范大学出版社，2005.
［74］沈辉敏，王金明．宇宙万物探奇［M］．北京：中国社会出版社，2004.
［75］沈小娜．浅谈科普教育景观的设计表达——“寓教于乐”在科普教育景观设计中的运用［J］．美与时代（上半月），2009（2）：123-125.
［76］石应平．中外民俗概论［M］．成都：四川大学出版社，2002.
［77］石云霞，祁超萍．中国旅游文化概论［M］．天津：南开大学出版社，2013.
［78］宋海宏，等．建筑设计及其方法研究［M］．北京：中国水利水电出版社，2015.
［79］宋妍．媒介之镜与休闲时代［M］．沈阳：辽宁教育出版社，2009.
［80］汤丽平．中国建筑审美发展趋势——从古典审美观到现代审美观的发展历程［J］．华中建筑，2006，10（43）：43-46.
［81］唐雁凌，姜国刚．公共关系学［M］．北京：清华大学出版社，2007.
［82］田学哲，郭逊．建筑初步［M］．北京：中国建筑工业出版社，2010.
［83］汪正章．建筑美学——跨时空的再对话［M］．2 版．南京：东南大学出版社，2014.
［84］王冠星．旅游美学［M］．北京：北京大学出版社，2005.
［85］王宏钧．中国博物馆学基础［M］．上海：上海古籍出版社，1990.
［86］王怀通．简明美学原理［M］．开封：河南大学出版社，1995.
［87］王坤欣．旅游资源评价与开发［M］．北京：清华大学出版社，2010.
［88］王昆欣．旅游景观鉴赏［M］．北京：旅游教育出版社，2004.
［89］王丽梅，朱多生．餐厅服务技术［M］．北京：中国纺织出版社，2009.
［90］王世瑛，朱瑞艳．旅游美学基础［M］．重庆：重庆大学出版社，2007.
［91］王婉飞．休闲管理［M］．杭州：浙江大学出版社，2015.
［92］王伟刚．行云集［M］．哈尔滨：黑龙江人民出版社，2016.
［93］隗静秋．中外饮食文化［M］．北京：经济管理出版社，2012.
［94］魏华．外国工艺美术史［M］．北京：中国传媒大学出版社，2013.
［95］魏士洲．展览实务［M］．天津：南开大学出版社，2013.
［96］无锡博物院，黄浩然．无锡博物院论文集［C］．扬州：广陵书社，2008.
［97］吴樊升，等．旅游美学［M］．杭州：浙江大学出版社，2006.

[98] 吴旭光 . 美学导论［ M ］. 北京：人民交通出版社，2000.
[99] 吴宇红，米粟粟 . 美术欣赏［ M ］. 北京：社会科学文献出版社，2010.
[100] 吴月红，刘丽君 . 旅游美学基础［ M ］. 北京：北京理工大学出版社，2011.
[101] 吴忠军 . 中外民俗［ M ］. 4 版 . 大连：东北财经大学出版社，2005.
[102] 汪涛 . 节庆文化西双版纳——勐巴拉娜西民族文化丛书［ M ］. 昆明：云南教育出版社，2006.
[103] 徐明 . 茶与茶文化［ M ］. 北京：中国物资出版社，2009.
[104] 徐新林 . 中国旅游文化［ M ］. 北京：清华大学出版社，2016.
[105] 徐学书 . 旅游资源开发与保护［ M ］. 南京：东南大学出版社，2009.
[106] 许宗元 . 许宗元文存上文学卷［ M ］. 合肥：安徽文艺出版社，2009.
[107] 邢斯，等 . 现代旅游景观开发与规划［ M ］. 吉林大学出版社，2011.
[108] 杨滨章，等 . 旅游美学［ M ］. 哈尔滨：东北林业大学出版社，2002.
[109] 杨丽娅 . 文化法学［ M ］. 济南：济南出版社，2001.
[110] 杨英杰，祁向文 . 中外民俗［ M ］. 2 版 . 天津：南开大学出版社，2013.
[111] 叶朗 . 美学原理［ M ］. 北京：北京大学出版社，2009.
[112] 尹光华 . 旅游文化学［ M ］. 北京：高等教育出版社，2014.
[113] 游明谦 . 中外民俗［ M ］. 郑州：郑州大学出版社，2002.
[114] 于德珍 . 旅游美学［ M ］. 2 版 . 天津：南开大学出版社，2012.
[115] 于明悻，等 . 看不见的杀手——漫谈饮食文化中的安全问题［ M ］. 济南：山东人民出版社，2014.
[116] 雨辰 . 青少年实用写作丛书：游记与写作［ M ］. 乌鲁木齐：新疆美术摄影出版社，2015.
[117] 简书作者：静静向前冲 . 阅读之美 读《谈美》［ EB/OL ］. https：//www.jianshu.com/p/129aa2130112.
[118] 张柏君 . 旅游美学［ M ］. 北京：中国科学技术出版社，2009.
[119] 张宏梅，赵忠仲 . 文化旅游产业概论［ M ］. 合肥：中国科学技术大学出版社，2015.
[120] 张书珩，岳鑫 . 纽约大都会博物馆［ M ］. 呼和浩特：远方出版社，2006.
[121] 张魏 . 非物质文化遗产旅游开发系统的动态仿真研究［ M ］. 南昌：江西人民出版社，2014.
[122] 张以琼 . 会展场馆管理与服务［ M ］. 广州：广东经济出版社，2007.
[123] 张玉能 . 美学教程［ M ］. 3 版 . 武汉：华中师范大学出版社，2013.
[124] 赵辰昕 . 唱响非物质文化遗产保护专家访谈录［ M ］. 北京：中国发展出版社，2012.
[125] 郑冬子 . 旅游地理学［ M ］. 2 版 . 广州 . 华南理工大学出版社，2013.
[126] 郑彦离 . 礼仪与形象设计［ M ］. 2 版 . 北京：清华大学出版社，2015.
[127] 郑耀星 . 旅游资源学［ M ］. 北京：中国林业出版社，2009.
[128] 钟颖 . 会展理论与实务［ M ］. 大连：东北财经大学出版社，2014.

［129］周作明 . 旅游策划学新论［M］. 上海：上海文化出版社，2015.
［130］朱辉 . 非物质文化遗产及其审美意蕴［J］. 遗产与保护研究，2017（5）：42–44.
［131］朱新民 . 景观欣赏［M］. 北京：京华出版社，1994.
［132］朱永兴，等 . 茶与健康［M］. 北京：中国农业科学技术出版社，2004.
［133］邹启山 . 人类非物质文化遗产代表作［M］. 郑州：大象出版社，2006.
［134］杜夫海纳 . 美学与哲学［M］. 孙菲，译 . 北京：中国社会科学出版社，1985.
［135］巫汉祥 . 文艺符号新论［M］. 厦门：厦门大学出版社，2002.
［136］鲁道夫·阿恩海姆 . 视觉思维［M］. 北京：光明日报出版社，1987.
［137］李泽厚 . 李译厚十年集［M］. 台肥：安徽文艺出版社，1994.
［138］金学智 . 中国园林美学［M］. 北京：中国建筑工业出版针，2000.
［139］林兴宅 . 象征论文艺学导论［M］. 北京：人民文学出版社，1993.
［140］巫汉祥 . 文艺符号新论［M］. 厦门：厦门大学出版社，2002.
［141］侯幼彬 . 中国建筑美学［M］. 哈尔滨：黑龙江科学技术出版社，1997.
［142］四川省社会科学院文学研究所 . 艺术美学文摘 1983 第 1 辑［M］. 成都：四川省社会科学院出版社，1983.
［143］百度文库：https：//wenku.baidu.com/view/1a207e230722192e4536f639.html.
［144］百度文库：https：//wenku.baidu.com/view/1a207e230722192e4536f639.html.
［145］百度文库：https：//wenku.baidu.com/view/9ae16d02a6c30c2258019e05.html.
［146］百度文库：https：//wenku.baidu.com/view/9ae16d02a6c30c2258019e05.html.
［147］百度文库：https：//wenku.baidu.com/view/cb6de8ed7e192279168884868762caaedd33bafa.html.
［148］郑冬子 . 旅游地理学［M］. 广州：华南理工大学出版社，2013.
［149］吴国清，旅游地理学［M］. 福州：福建人民出版社，2007.
［150］尹华光，旅游文化学［M］. 长沙：湖南大学出版社，2005.
［151］李凯华 . 设计美学与展陈设计［M］. 长春：吉林美术出版社，2019.
［152］陈履生 . 博物馆之美［M］. 桂林：广西师范大学出版社，2020.
［153］日青 . 博物馆之眼［M］. 济南：山东美术出版社，2010.
［154］周春林 . 旅游文化［M］. 南京：南京师范大学出版社，2013.
［155］陈望衡 . 将城市建设成温馨的家——中国城市现代化道路的反思之一［J］. 郑州大学学报（哲社版），2009，（3）：101.
［156］黄有柱，雷礼锡 . 城市公共艺术研究——环境美学国际论坛暨第七届亚洲艺术学会襄樊年会学术文献集［M］. 武汉：武汉大学出版社，2014.
［157］晏杰雄，陈国雄 . 环境艺术化与艺术环境化的统一——城市公共艺术的美学考察［J］. 文艺争鸣，2011，（8）：18–20.
［158］朱瑾 . 建筑设计原理与方法［M］. 上海：东华大学出版社，2009.
［159］王宏钧 . 中国博物馆学基础［M］. 上海：上海古籍出版社，2001.
［160］马远，郁健 . 苏州博物馆新馆的内部空间设计分析［J］. 河南建材，2008（1）：37–38.

[161] 宗白华 . 美学散步 [M] . 上海：上海人民出版社，2020.
[162] 朱光潜 . 西方美学史 [M] . 北京：人民文学出版社，1979.
[163] 朱光潜 . 谈美书简 [M] . 北京：商务印书馆，2018.
[164] 辞海（第七版彩图本）[M] . 上海：上海辞书出版社，2020.

项目策划：孙妍峰
责任编辑：孙妍峰
责任印制：孙颖慧
封面设计：武爱听

图书在版编目（CIP）数据

旅游景观审美 / 吴荻主编. -- 2版. -- 北京 : 中国旅游出版社, 2022.5

中国旅游业普通高等教育应用型规划教材

ISBN 978-7-5032-6954-7

Ⅰ. ①旅… Ⅱ. ①吴… Ⅲ. ①旅游一景观美学一高等学校一教材 Ⅳ. ① F590 ② P901

中国版本图书馆CIP数据核字(2022)第074076号

书　　名：旅游景观审美（第二版）

作　　者：吴荻主编
出版发行：中国旅游出版社
（北京静安东里6号　邮编：100028）
http://www.cttp.net.cn　E-mail:cttp@mct.gov.cn
营销中心电话：010-57377108，010-57377109
读者服务部电话：010-57377151
排　　版：北京旅教文化传播有限公司
经　　销：全国各地新华书店
印　　刷：北京明恒达印务有限公司
版　　次：2022年5月第2版　2022年5月第1次印刷
开　　本：787毫米 × 1092毫米　1/16
印　　张：17
字　　数：430千字
定　　价：49.80元
ISBN　978-7-5032-6954-7